Peter Rohregger

DUMME HERDE, BÖSE HIRTEN

Religion – das Verbrechen an der Vernunft

Als schädlicher Parasit nistete sich die Religionsphantasie schon bei den urzeitlichen Menschen in die Köpfe ein. Dieses geistige Übel begleitet den Homo sapiens seit er über die Nahrungsbeschaffung hinaus zu denken begann. Der Glaube treibt mit dem Verstand ein böses Spiel und erlaubt die spirituelle Antinomie: Trost und Gewalt – beides ist möglich.

Die Geschichte ist prall gefüllt mit Beweisen, dass eher die verderblichen und »verrückten« Elemente der Religionsutopien die Gedankenareale der Gläubigen besetzten und wenig Raum ließen für Humanität und Vernunft. Der Religionsparasit formte »das Weib« zum Werkzeug des Teufels. – Millionen Frauen und Männer mussten (und müssen) dem Parasiten ihr Leben oder mit der »Beschneidung« wenigstens ein Stück ihres Fleisches opfern. – Rassen und Völker wurden durch ihn der Vernichtung geweiht. – Freies und kritisches Denken hat er zum Verbrechen erklärt.

Auch im 21. Jahrhundert wird die Vernunft – sogar wieder verstärkt – von diesem Parasiten gequält. In religionsgeprägten Gesellschaften gelingt es ihm immer noch, den sozialen, kulturellen und ökonomischen Fortschritt beharrlich zu verhindern.

Welche Merkwürdigkeiten das von der Religion deformierte Denken erlaubt, wird in diesem Buch an zahlreichen interessanten Beispielen ohne Scheu und unterhaltsam beschrieben.

Bibliografische Information der Deutschen Nationalbibliothek
Die Deutsche Nationalbibliothek verzeichnet diese Publikation in der Deutschen Nationalbibliografie; detaillierte bibliografische Daten sind im Internet über http://dnb.d-nb.de abrufbar.

Originalausgabe

Herstellung und Verlag: Books on Demand GmbH, Norderstedt

ISBN: 978-3-8370-4905-3

INHALT

III. Grosse Würde und kleiner Geist

IV. Alpentaliban

V. Religion und Gewalt

Wo bleibt der Mensch?

Vier entführte und als fliegende Bomben missbrauchte Flugzeuge steuerten mein Denken nach einem lange getrennten Weg erstmals wieder zur Religion zurück. Nein, auch jetzt erlaubte ich dem Glauben kein Verfügungsrecht über meinen Verstand – »Gott bewahre!« Der religiös motivierte Angriff auf Amerika am 11. September 2001 durch arabische Terroristen war jedoch für den Impuls mitverantwortlich, die Bandbreite meines historischen Interesses mit der – bisher eher ignorierten – Religionsthematik zu erweitern. Erst durch dieses folgenreiche Ereignis wurde mir deutlich bewusst, wie sehr sich unser aller Leben immer noch (oder schon wieder) in der Geiselhaft trügerischer Glaubensphantasmen befindet.

Wenige Wochen bevor zwei der gekaperten Flugzeuge das World-Trade-Center zerstörten, konnte ich von der Dachterrasse des Nordturms den überwältigenden Panorama-Blick auf die Weltmetropole New York genießen. Durch dieses Erlebnis etwas sensibilisiert, ließ mich die Tragödie vom 11. September »schlagartig« erkennen, dass die destruktive Kraft des Glaubens auch im 21. Jahrhundert nichts von ihrer Jahrtausende alten Bedrohlichkeit eingebüßt hat. Ich rieb mir die Augen, wie Millionen andere religionsferne Menschen auch und bemerkte nun klar und deutlich, dass unser altes Europa nur eine kleine säkularisierte Insel ist, an deren brüchiger werdenden Dämmen die rauen Gewässer der Religion anbranden. Wer hinsieht, erkennt, dass die Flut steigt.

Jährlich verlieren um ein Vielfaches mehr Menschen durch Religionshass und Glaubensstreit ihr Leben, als durch sämtliche Verkehrsunfälle auf den europäischen Straßen. Doch freundliche Stimmen beschwören die Notwendigkeit des Glaubens als zivilisatorische Kraft. Ohne die ordnende Disziplin der Religion wäre der Mensch gewissenlos und anarchisch. Grob fahrlässig wird übersehen, dass es die Gegenden mit starker Religionsdurchdringung sind, in denen der Gewaltverzicht und der Konsens nicht zu den vorrangigen Idealen gehören. Auch die Geschichte zeigt, dass in Zeiten der stärksten Glaubensinbrunst die Hemmschwelle zu Mord und Totschlag am ehesten überschritten wird. Als nach den Anschlägen in den Vereinigten Staaten im Internet die Telefonnummern der saudischen Attentäter veröffentlicht wurden, brach das Fernsprechnetz des arabischen Wüstenstaates zusammen, weil unzählige Menschen gleichzeitig die Familien der für den Islam gefallenen »Märtyrer« zu ihren Heldensöhnen beglückwünschen wollten.

Einen Wert der Religionen für das allgemeine Menschheitsglück erkenne ich nicht. An göttliche Ideen gekettete Gesellschaften hinken der fortschrittlichen Entwicklung meist weit hinterher. Auch das intellektuelle Potential leidet. Wie der syrischstämmige Exil-Schriftsteller Rafik Schami gegenüber dem *Stern* erwähnte, werden in der arabischen Welt mit 200 Millionen Menschen weniger Bücher produziert als in Hessen.

Um meinem Urteilsvermögen mehr Kompetenz zu verleihen, näherte ich mich den Religionen durch einen tiefen, neugierigen und langen Blick in die Geschichte. Durch diese interessante Zeitreise wurde mir erstmals so richtig bewusst, wie stark die meisten historischen Prozesse und das menschliche Zusammenleben insgesamt – direkt oder indirekt – von der Religion und vom Glauben beeinflusst wurden (und immer noch werden). Was mit einem leeren Blatt Papier, der Durchsicht des eigenen Bücherbestandes und einem ersten Besuch in der reichlich ausgestatteten Bibliothek einer Theologischen Fakultät begann und sich mit unzähligen Stunden in Archiven und Universitätsbibliotheken fortsetzte, liegt mit diesem Buch nun als Ergebnis vor. Die Ausbeute meiner Geschichtsexkursionen war wesentlich größer, als in einigen hundert Seiten Platz finden könnte, deshalb musste ich – schweren Herzens – eine kürzende Auswahl treffen. Erstaunt war ich darüber, bei den Theologen sehr viel religionskritisches

Material zu finden. Die Textrecherche in den Zeitungen und Zeitschriften des 19. Jahrhunderts war besonders in der Bibliothek des Tiroler Landesmuseum Ferdinandeum angenehm und ergiebig.

Der Mensch und seine Religion – das ist eine Geschichte der Tragödien, aber auch der Skurrilitäten. Noch in der Epoche der »Aufklärung« konnte jemand in Europa zum Tode verurteilt werden, wenn er während einer vorbeiziehenden Prozession vor den »heiligen Sakramenten« den Hut nicht zog. Der neunzehnjährige Chevalier Jean Francois de La Barre, ein Anhänger Voltaires, wurde 1766 gefoltert und geköpft, weil er seinen Hut vor einer Prozession nicht abnahm und ein spöttisches Lied über seine Lippen kam. Dreißig Jahre später predigte der Karmeliter F. Damascenus in München: »Liebe Christen, morgen ist Prozession. Ihr werdet da an vielen Fenstern Freimaurer und Freidenker sehen, Unchristen, die unsrer spotten. Waffnet euch mit dem Eifer des Herrn, greifet nach Steinen und werfet sie nach ihnen.«

Im Jahr 1911, als sich Europa für den bald kommenden großen Krieg rüstete, musste sich ein reichsdeutscher, protestantischer Fabriksdirektor in Tirol vor Gericht verantworten, weil er sich »zum Ärgernis für andere unanständig betragen habe«, da er »bedeckten Hauptes« an einer katholischen Erntesegen-Prozession vorüber gegangen war. Ein Zeitgenosse dieses »Verbrechers« machte seinem Unmut über das gängige Zusammenspiel zwischen Klerus und Justiz in den Spalten einer liberalen Zeitung Luft: »Die Römlinge kümmert es nicht, dass nur sie es sind, die durch ihr herausforderndes Verhalten Ärgernis erregen, nicht aber der harmlos Vorübergehende, welcher aus irgend einem Grunde seinen Hut nicht abnehmen will. Unersättlich in ihrer Herrschsucht und Unduldsamkeit und übermütig gemacht durch den Rückhalt, den ihnen die Gerichte gewähren, benützen diese schwarzen Herren ihr heiligstes Symbol als eine Art Geßlerhut, um damit jeden, sogar den Andersgläubigen in den Staub zu zwingen.« Dieses Zusammenspiel, um »religiöse Gefühle und Gewohnheiten« zu schützen, hat in den letzten Jahren besonders in Deutschland fröhliche Urständ gefeiert – zugunsten jener bisher hier fremden Glaubensidee, die weltliches und religiöses Handeln nicht trennen will.

Neue Zeiten beginnen nur selten mit dem ganz großen Knall. Die Zerbröselung des einst so mächtigen Römischen Reiches war ein Prozess, der sich über Generationen hinzog. Mal hier, mal da wurde den – auf der Suche nach dem besseren Leben – in das Reich einsickernden »Barbaren« Konzessionen gemacht. Ansiedlungen wurden erlaubt und die geburtenfreudigen Fremden, deren immer mehr in das Römische Kaiserreich zogen, durften bald auch herausragende Positionen im Staat und beim Militär besetzen. Die Aushöhlung des über Jahrhunderte so stolzen imperialen Gesellschaftssystems nahm der einzelne Römer durch den unspektakulären Veränderungstakt kaum gewahr. Doch eines Tages hatten die Anderen das Sagen und die eigenen Götter waren auf dem Misthaufen der Geschichte gelandet.

Die Glaubensdämonen – die nun wieder Aufwind verspüren – aus Europa zu vertreiben, war ein mühsames Unterfangen und Rückschläge blieben auch im 20. Jahrhundert nicht aus. Noch 1946 wurden in Polen mindestens 42 Juden erschlagen und gesteinigt. Am 4. Juli jenes Jahres, knapp 14 Monate nach der Kapitulation des Nazi-Regimes, fiel in der 220 000 Einwohner zählenden Stadt Kielce (südlich von Warschau) ein Mob aus mehreren hundert Personen – junge und alte, Männer und Frauen – über die Juden her und tobte stundenlang seine Mordlust aus. Babys wurden mit dem Schädel voran an die Hausmauern geschleudert. Ein polnischer Lausebengel, der für drei Tage von zu Hause fortlief, erklärte bei seiner Rückkehr – um der Strafe des Vaters zu entgehen – Juden hätten ihn entführt und in einen Keller gesperrt. Für die streng katholischen Polen, die noch an die uralte Legende vom jüdischen Ritualmord glaubten, war diese Kinderlüge Grund genug, mit der Judenhatz zu beginnen. Jahrhunderte lang glaubten die Europäer, dass die Juden Christenblut brauchen, um es aus religiös-rituellen Gründen in das ungesäuerte Passahbrot zu verbacken und mit dem vorgeschriebenen Wein zu vermischen. Die Fäuste von jüdischen Neugeborenen konnten angeblich erst durch das Bestreichen mit Christenblut geöffnet werden. Wenn irgendwo ein Kind verschwand oder tot aufgefunden wurde, gerieten sofort die Juden in Verdacht, sich von dessen Blut bedient und es anschließend getötet zu haben. Auch die Polen besaßen eine solide Tradition im Juden abschlachten. Allein in den zwei Jahren 1945 und 1946 wurden zwischen 1 500 und 2 000 Juden, von denen die meisten gerade erst die deutschen Vernichtungslager überlebten, auf brutalste Art zu Tode gebracht.

In früheren Jahrhunderten waren die Religionsverantwortlichen nicht nur mit der Eliminierung der Glaubensgegner beschäftigt, sondern auch mit sehr tiefschürfenden dogmatischen Fragen: Was passiert, wenn eine geweihte Hostie von einer Maus zernagt wird oder in eine Kloake fällt? Hört der Leib Christi auf, in der Hostie zu sein und kehrt die Substanz des Brotes zurück? Landet Christus nach dem Empfang der Kommunion im Magen der Menschen, oder wird er, sobald die Zähne die Hostie zerreiben, zum Himmel entführt?

Oder: Wie erhalten jene Personen, die von Menschenfressern, Fischen, Raubtieren oder Geiern verspeist wurden, ihren Körper zur »Auferstehung« am Jüngsten Tag zurück? Hier war es allgemeiner Konsens, dass die Allmacht Gottes schon ausreichen würde, um die Einzelteile wiederzufinden und sie in der richtigen Anordnung zusammenzukleben. – Mussten Eva und Adam im Paradies ein stilles Örtchen aufsuchen oder nicht? Einige meinten, körperliche Ausscheidungen wären der Würde des Paradieses kaum angemessen gewesen. Eva und Adam aßen so gut wie nichts, deshalb war auch kein Toilettenbesuch nötig. Andere Denker der Kirche wiederum »wussten«, dass Gott die Ausscheidungen der beiden dezent entsorgte, damit die Reinheit des einzigartigen Gartens erhalten blieb.

Theologische Überlegungen mit ähnlicher Qualifikation finden in einigen Religionen heute noch statt. Vor wenigen Jahren mussten in Israel auf Geheiß des Rabbinats zweieinhalb Millionen Liter Milch weggeschüttet werden, weil diese nicht rechtzeitig vor Beginn des Sabbats ans Ziel gekommen sind und die Lastwagen mit dem leicht verderblichen Ladegut – wegen des göttlichen Gebots der Sabbatruhe – nicht mehr weiterfahren durften. – In Bagdad kursierte als Gerücht die Warnung, dass die Restaurants keinen Salat mehr servieren dürfen, der zugleich Tomaten und Zwiebeln enthält. Das verlangen die religiösen Eiferer, denn Tomaten seien weiblich und Gurken männlich. Das Mischen der beiden ist *haram*, also verboten.

Sobald ein einzelnes Schaf isoliert wird und es alleine ist, läuft das Tier aufgeregt und laut blökend durch den Stall, sein Herz schlägt um ein Fünftel schneller als in der Gruppe und der Körper produziert vermehrt die Stresshormone Adrenalin und Kortisol. Durch sein evolutionäres Erbe drängt auch der Mensch zur Gemeinschaft und sucht den Schutz in der Schar. Die vermeintliche Geborgenheit der Herde mit einem wachhabenden Hirten hat den Religionsgemeinschaften einen guten Teil ihrer Legitimität verliehen.

Die Frage eines Zweiflers, der den Wohlfühlversprechen der frommen Hüter nicht traute, bleibt immer noch ohne Antwort: »Ihr kümmert Euch um Gott, wo bleibt der Mensch?« Diese Frage bietet sich als begleitender Leitgedanke beim Lesen dieses Buches an.

Peter Rohregger

I. DER PREIS DES GLAUBENS

EIN HUNGRIGER GOTT

Das Kind lacht, ist glücklich und spielt übermütig mit seinem Hund. Anders als seine liebevollen Eltern weiß es nicht, dass dies der letzte Nachmittag seines erst fünf Jahre währenden Lebens ist. Am Ende des von der nordafrikanischen Sonne durchfluteten Tages wird es über den glühenden Arm der großen Bronzestatue des Kronos in eine Flammengrube gerollt und verbrannt. Vielleicht hat es Glück und ein Priester mit etwas theologischer Milde leitet die Zeremonie, dann wird es – allerdings zum Unwillen vieler der Opferung zusehenden Bürger Karthagos – vor dem Stoß ins Feuer erwürgt.

An diesem Abend sind es an die zweihundert Erstgeborene der karthagischen Oberschicht, die zum Lobe der Gottheit und vor einer vieltausendköpfigen ergriffenen Menge sterben müssen. Die erwählten Kinder werden von ihren Müttern gestreichelt und geherzt, denn sie sollen lächelnd aus diesem Leben treten, nur dann wird das Opfer von den göttlichen Kräften wohlwollend gewürdigt.

Wie schon bei früheren, ähnlichen Bedrohungen von außen, werden einige der Kleinen nicht verbrannt, sondern lebendig in den Stadtwall eingemauert. Die allseits geachteten Priester wissen, dass sowohl das Verbrennen als auch das Einmauern unschuldiger, noch nicht geschlechtsreifer Kinder, seit Jahrhunderten das wirksamste Ritual ist, um für das bedrohte Staatswesen den Beistand des mächtigsten Gottes zu sichern.

Die Mutter beobachtet ihr herumtollendes, jauchzendes und in seinem kurzen Leben so braves Kind. Ihre aufgewühlten Gedanken geraten gefährlich in die Nähe zur Blasphemie, zum Zweifel an der Notwendigkeit der von ihr für das Gemeinwohl verlangten Opfergabe. Stolz soll sie sein und freudig das Opfer geben. So will es ihr Mann, der angesehenste Schiffseigner Karthagos, wenn auch mit deutlichem Zittern in seiner ansonsten so kräftigen Stimme. Die Nachbarn und Freunde gratulieren. Das Kind wird die Nähe der Götter finden. Kein Schicksal ist in seinem hohen Stellenwert mit diesem vergleichbar. Die Ehre, die Auszeichnung, für die bedrohte Stadt, dem Staat das Liebste zu geben, ist nicht jedem gegönnt. Doch alle wissen, dass die Gabe an den Moloch nur Wirkung zeigt, wenn das Wertvollste, der eigene Nachwuchs, geopfert wird.[1] Die Gottheit ist wählerisch und anspruchsvoll, doch sie ist unbestreitbar der wichtigste Kampf- und Bundesgenosse im energischen Abwehrkampf gegen die verfluchten Römer. Das fleischige Mahl stärkt Saturn, das war eine sichere Glaubensgewissheit schon der Ahnen im alten Phönizien. Wie wir aus der Geschichte wissen (»*ceterum censeo* …«), halfen den Karthagern die vielen Kinderopfer am Ende nichts. Nach dem »Dritten Punischen Krieg« (149–146) war die Stadt vollständig zerstört und das Staatsgebiet wurde zur römischen Provinz »Africa«.

Zwei Jahrtausende später, Ende August 1914, nach Veröffentlichung der ersten Verlustlisten, zirkulierte in der deutschen Presse folgender Aufruf: »Wir wissen jetzt, dass unser Heer trotz des langen Friedens das Kämpfen und Siegen nicht verlernt hat. Darum richten wir die Bitte an alle, denen der Kampf um die heiligsten Güter schon schmerzlichsten Verlust gebracht hat und noch bringen wird: Legt keine Trauer an um eure gefallenen Helden! Wie ein schwerer finsterer Druck würde es sich auf die Stimmung im Lande legen, wenn immer mehr Gestalten in Trauergewändern in der Öffentlichkeit erscheinen würden. – Das darf nicht sein. – Die hochgemute zuversichtliche Stimmung muss gewahrt bleiben! Wohl wissen wir, dass wir ein Opfer fordern, vor allem von den deutschen Frauen, die ihrer Trauer nach alter Sitte auch durch licht- oder farblose Gewandung Ausdruck geben möchten. Aber es handelt sich hier jetzt um keinen gewöhnlichen Todesfall infolge von Krankheit oder Alter, es handelt sich um den Tod von Lieben, die mit Freuden gestorben sind, für ihr Volk und für ihr Land. Solch ein Tod soll nicht nur Trauer wecken, sondern auch Stolz! Darum denkt nicht an euer persönliches Leid, sondern an das, wofür die Toten ehrenvoll gefallen sind!«[2] Es war natürlich eine große Ehre und Freude, mit offenem Bauch oder abgerissenem Fuß im Schlamm des Schlachtfeldes für Gott, Kaiser und Vaterland sein Leben zu lassen. Der Zynismus der »Meinungsmacher« sowie der geistlichen und weltlichen Führungskräfte und die spiegelbildlich notwendige Dummheit der Masse überspringt eben Zeit und Raum.

Zu Kriegsbeginn fabulierte der steirische Heimatdichter Peter Rosegger in der Grazer »Tagespost«: »Der Krieg bringt Elend und Not, aber er hat uns auch herrliche Güter gebracht, [...] vor allem die allgemeine Opferfreudigkeit, mit der der einzelne sich dem Ganzen hingibt. Weltgeschichte wird nicht mit dem Munde gemacht. [...] Unsere Zeit ist groß. Warum nennen wir sie so? Weil sie große Menschen macht. Selbstlose, reine, fromme, heldenhafte Menschen.«[3]

Wie unzählige patriotische Dichter, die selbst nie eine reale Front des Ersten Weltkrieges zu sehen bekamen, begeisterte sich auch der Tiroler Priester und Religionsprofessor Anton Müller (»Bruder Willram«) für das Opfer des Heldentodes: »Wie sie zwischen Leichengarben – noch im Tode lächelnd starben, fest den Rosenkranz umschlungen; wie die Alten so die Jungen!«[4] Zu denken, »dass man der Gottheit durch Unmenschlichkeit schmeicheln und ihre Gerechtigkeit mit Grausamkeit befriedigen könne« (Charron)[5], ist eine epochenüberdauernde kriminelle Verwirrung der Sinne mit tagesaktueller geopolitischer Brisanz – heute vor allem dokumentiert durch die unverändert akute, geistige Verblendung innerhalb des Islams. Wie im alten Karthago sollen auch moslemische Mütter stolz darauf sein, wenn ihre Kinder einer höheren göttlichen Sache geopfert werden. So lautet der Text eines im palästinensischen al-Aqsa Radiosenders ausgestrahlten Liedes: »Rühmt den Namen Allahs [...] zieht die Gürtel an und beladet sie mit TNT! Oh, Märtyrer Mutter, sei glücklich und wonnetrunken.«[6]

Die Geschichte des Homo sapiens sapiens ist angefüllt mit Beispielen, wie menschenverachtend Priester und Religionsführer die ihnen anvertrauten und untergebenen zweibeinigen Schafe für einen angeblich höheren und »göttlichen« Zweck zur Schlachtbank führten und immer noch führen. Der im Glauben seiner schiitischen Anhänger nun bei Allah wohnende Ayatollah Khomeini und seine noch immer aktive Mullah-Bande sind das Paradebeispiel für die kaltschnäuzige Manipulation naiver Religiosität für ein weltliches Ziel. Im Krieg zwischen dem Irak und Iran in den achtziger Jahren wurden tausende religiös indoktrinierte Jugendliche, fast noch Kinder, in Saddams Minenfelder in den sicheren Tod geschickt, um das Risiko für die regulären persischen Truppen geringer zu machen. In feierlicher Zeremonie wurden den jungen »Märtyrern« in Japan hergestellte Plastikschlüssel um den Hals gehängt, mit dem tollkühnen Hinweis, damit sei die Pforte des Paradieses zu öffnen. Den Gipfel der amoralischen Geschmacklosigkeit bildete ein theatralisches Schmierenstück, das zusätzlich zum Gang über die irakischen Minen motivieren sollte. Ein erwachsener Soldat wurde in einen phosphoreszierenden Anzug gesteckt, um den jugendlichen Eiferern kurz vor ihrer Himmelsreise anfeuernd zu suggerieren, der Iman Mehdi galoppiere auf einem Schimmel die Front entlang.

Für die Schiiten ist der im vierten Jahrhundert in die »Große Geborgenheit« verschwundene zwölfte Iman (Mohammed al-Madi) eine mystische und zugleich auch reale Hoffnungsfigur. Allen Ernstes glaubt die überwiegende Mehrheit der Schiiten, allen voran der iranische Staatspräsident Mahmud Ahmadinejad, an die Wiederkehr des im Nichts verborgenen Iman. Nach dessen Rückkehr unter die Rechtgläubigen erwartet diese das neue, goldene Zeitalter.

Von den jungen »Märtyrern« in den Minenfeldern lagen regelmäßig sehr bald nur mehr Fetzen von verbranntem Fleisch und Knochenteile herum. Um die »Ästhetik« dieser national-religiösen Mission zu verbessern, hüllten sich die Kinder schließlich vor dem Betreten der Minenfelder in Decken ein und rollten auf dem Boden, damit ihre Körperteile nach der Detonation der Minen nicht auseinander fielen und man sie kompakter zu den Gräbern tragen konnte.[7]

Nicht nur in Karthago, sondern überall wo göttliche Hilfe erwartet wurde und diese Unterstützung ausblieb, fanden die selten in Verlegenheit geratenen Priester die Schuld für die fehlende göttliche Huld im mangelnden Glaubenseifer und in der fehlenden Gottesfurcht. Gerne wurde (und wird) auch die Unsittlichkeit des gemeinen Mannes (und der gemeinen Frau) für das Zurückziehen der schützenden göttlichen Hand verantwortlich gemacht. Immer, wenn das Schlachtenglück der österreichisch-ungarischen Truppen zwischen 1914 und 1918 zu versiegen schien, wurde von den Tiroler Kanzeln mit Donnerstimme verkündet, dass die Ursachen für die nun spürbar geringere göttliche Waffenhilfe in der scheinbar brüchiger werdenden Glaubensstärke der bisher in der absoluten Mehrheit bigotten Bergbewohner und in der von den entsetzten Geistlichen verstärkt georteten Unmoral zu finden sind. Das alttestamentarische Beispiel der Bewohner von Sodom und Gomorra wurde als Menetekel an die Wand gemalt, deren lasterhaften Lebenswandel der verärgerte Gott mit der totalen Vernichtung bestrafte.

Millionen blutige Gaben

Das Opfern gehört zu den Fundamenten der Religion. Der Priesterstand und die kultischen Handlungen formten sich aus dem Urbedürfnis der Menschen, den Göttern zu danken für die Nahrung und für den Schutz vor Krankheiten und Gefahren. Um bei den oft launischen und meist grausamen Göttern gute Stimmung zu machen, sich anzubiedern, gut Freund zu sein, dafür war man bereit, das Liebste und Wertvollste zu opfern: die eigenen Kinder, Mitmenschen aus der Gemeinschaft, das beste Vieh, einen Teil der Ernte, Sklaven und Gefangene, sogar das eigene Leben. Das Bedürfnis zu opfern ist leider wieder sehr aktuell, wenn islamische Wirrköpfe sich und andere in die Luft bomben, um Allah zu schmeicheln. Religionswissenschaftler bezeichnen das Opfern als den eigentlichen Ursprung der Religion.

Ramses III. opferte den ägyptischen Göttern fünfzehn Tonnen Honig.[8] Ein teures, jedoch harmloses Opfer im Vergleich zu den wilden Kultpraktiken gegenüber der phrygischen Kybele und der syrischen Atargatis. In religiöser Verzückung und unter rauschhaftem Geschrei entmannten sich junge Männer zu Ehren der Göttinnen. Die Jünger der Atargatis warfen ihre abgetrennten Glieder wahllos in Häuser, um von deren Bewohnern Schmuck und Gaben zu fordern. Die Novizen der Kybele beschenkten das Kultbild ihrer Göttin mit dem bluttriefenden eigenen Stück Männerfleisch. In den antiken morgenländischen Kulturen besaßen Genitalien einen hohen religiösen Symbolcharakter.[9]

Elagabal, der aus dem Orient stammende Wüstling und römische Priesterkaiser (204–222), ließ in religiöser Zeremonie täglich das Blut von hunderten Stieren und Schafen auf dem Palatin vergießen, um den skeptischen Römern seine Gottesnähe zu demonstrieren. Im Geheimen wurden auch hübsche Knaben kultisch getötet, damit der religiöse Wahn ausreichend Befriedigung fand.

Gerne weihten die Römer ihre gefangenen Christen dem Staatsgott Saturn. In der Arena wurden die eifrigen Glaubensaktivisten der neuen Religion zum Gaudium der pöbelnden Zuseher von Bären, Leoparden und anderen Tieren zerrissen und teilweise verspeist. Durch diesen beeindruckenden Vorgang erfuhr das Christenfleisch im Glauben der Leute eine mystische Wandlung und weckte den Appetit der fiebernden Masse. Man eiferte darum, etwas vom Eingeweide der zwischenzeitlich verletzten oder getöteten Tiere zu erhaschen, solange das darin befindliche Menschenfleisch noch annähernd »frisch« war, um von diesem zu naschen.[10] Dies alles geschah nach dem zeitlosen Motto: »Näher mein Gott zu Dir«.

Unzählige Religionskapriolen später, am Beginn des 19. Jahrhunderts, beobachtete ein englischer Sklavenjäger namens Richard Drake ein ausnehmend makaberes Opferritual bei den Aschantis, im heutigen Ghana: »Frühmorgens wurden wir von den Kriegstrommeln geweckt, die ein Menschenopfer bei den Aschantis verkündeten. Man erklärte uns, dass 500 Menschen, Jungfrauen und Jünglinge bald geopfert würden. Die

Opfer wurden in einer langen Prozession nahe an unsere Hütten herangeführt. Einem dieser Opfer war ein Messer durch die Wangen gestochen worden. Man hatte ihm beide Ohren abgeschnitten und ein Messer durch seine Arme gestoßen. Eine lange Lanze war unter seinen Schulterblättern quer durch seine Sehnen gesteckt worden. An dieser führte man ihn wie ein Rind. Danach kam ein junges Mädchen, völlig nackt, dem man beide Brüste abgeschnitten hatte. Ihre Lenden und ihr Bauch waren voll Peitschenstriemen. Einem anderen Mädchen hatte man die Brüste mit einem Messer durchstochen. Man führte es an einem Strick, den man durch seine Nasenlöcher gezogen hatte. Die schreckliche Vielfalt der Torturen nahm kein Ende.«[11] Schöne Jungfrauen, die den Fetischen geweiht waren, wurden im westafrikanischen Dahomey jahrelang liebevollst versorgt und mit den erlesensten Speisen verwöhnt. Wenn der Zeitpunkt der Opferung günstig schien, pfählte man die jungen Frauen durch die Vagina und bot sie, in reichlich Fett gehüllt, den Göttern zur Speise an.[12]

Die Geschmacksrichtung des jüdischen und später in Doppelfunktion auch christlichen Gottes war einem fortwährenden Wandel unterworfen. In frühester Zeit, als YHWH sich beiderseits des Jordans noch mit konkurrierenden Göttern herumärgern musste, war er Menschenopfern gegenüber nicht abgeneigt. Zu bestimmten Anlässen genügte ihm offenbar auch ein Tierbraten. Als der rechtschaffene Gelegenheitsskipper Noah seine Arche endlich auf dem armenischen Ararat-Hochland aufs Trockene setzte, »baute er dem Herrn einen Altar und nahm von allem reinen Vieh und von allen reinen Vögeln und opferte Brandopfer auf dem Altar. Und der Herr roch den lieblichen Geruch.« (Geschichte der Sintflut im 1. Buch Mose). Zwischenzeitlich Vegetarier, wurde der HERR im Spätmittelalter und in der frühen Neuzeit doch wieder rückfällig und erfreute sich am penetranten Geruch brennenden Ketzer- und Hexenfleisches. Heute ist der alte jüdische Gott in seiner christlichen Mutation bescheidener geworden: ein wenig Geld, einige Kerzen und Gebete, viel mehr fordert er derzeit (zumindest im weitgehend säkularen Europa) von seinen Anhängern nicht ein. Dramatisch verändern sich seine Forderungen allerdings, sobald er unter dem Alias-Namen »Allah« auftritt. Von seinen Glaubenssklaven, auch Muslime oder Moslems genannt, fordert er nicht nur die totale Unterwerfung und eine Unmenge täglicher Bücklinge, er will auch, dass seine gehorsamen Diener keine größeren Vertraulichkeiten mit Christen oder anderen künftigen Höllenbewohnern pflegen.

Zudem verlangt Allah als Opfergabe Jahr für Jahr das langsame Massensterben einer in die Millionen gehenden Zahl von wehrlosen Tieren.

Mit dem Buch *»Saison in Mekka. Geschichte einer Pilgerfahrt«* verarbeitete der amerikanische Universitätsprofessor marokkanischer Herkunft Abdellah Hammoudi seine Mekkareise literarisch. Sein Verständnis für das von jedem Mekka-Pilger »im Namen des Allbarmherzigen Gottes« verlangte Tieropfer ist durch sein eigenes Erleben sehr brüchig geworden: »Den Geruch von Blut und Tierschweiß werde ich nie vergessen. [...] Es war auf der Rückfahrt von Arafat nach Mina, in jenem überfüllten Bus, der uns in Mekka zugewiesen worden war. [...] Langsam begann ich die Schafe zu riechen. Dann sah ich die ersten Ställe. Der Geruch wurde immer stärker, je länger die endlosen Reihen der Viehhallen vor den Bergen, deren scharfe Reliefs zu erahnen waren, an uns vorüberzogen. Unweit der Straße verbrachten die Tiere dort ihre letzte Nacht, verharrten reglos unter schwacher Beleuchtung. Man blickte über runde, weißliche Formen in engen Reihen, die sich in der Ferne verloren. Einige Schafe hoben den Kopf, als wir vorbeifuhren, und blickten uns mit jenem Ausdruck ängstlicher Ergebenheit an, den Haustiere annehmen, wenn Menschen zu ihnen kommen. [...] Die Blicke zusammengepferchter Tiere waren mir nur allzu vertraut. Ich hatte die Ausreißversuche und Paniken sowie die fragenden Mienen der Tiere in den Schlachthäusern vor Augen, die man packte, um ihnen die Kehlen durchzuschneiden. Ich hörte das herzzerreißende Blöken wieder, das Flehen, das mit dem Dampf und dem Geruch heißen Bluts zum Himmel aufstieg. Dieselben Szenen würden sich also morgen wiederholen, am Tag des Opfers; Millionen Lebewesen warteten darauf, getötet zu werden. Die Ställe in Mina sahen aus wie ein riesiges Tierkonzentrationslager: zwei, drei, vier Millionen Köpfe oder noch mehr. Eine riesige Anzahl von Pilgern bereitete sich darauf vor, ihre Opferpflicht durch eine Opfergabe zu erfüllen. [...] Jede Opferung [setzt] einem Leben ein Ende, das ebenso einzigartig ist wie jedes menschliche Leben: Es ist ein Gewaltakt, kurz gesagt, ein Mord.«[13]

Gleichzeitig mit dem Messerschnitt quer über die Halsunterseite des unbetäubten Tieres spricht der Schlachter üblicherweise die Formel: »Im Namen Gottes. Gott ist groß. Herr Gott, in deinem Namen durch dich und für dich. Nimm es von mir an, wie du es von deinem Freund Abraham angenommen hast.«[14] Der religiöse Ursprung des wichtigsten islamischen Opferfestes »Id al-Adha« findet sich im Gehorsam Abrahams gegenüber Gott.

Als die in Istanbul geborene deutsche Sozialwissenschaftlerin Necla Kelek nach dreißig Jahren erstmals während des Opferfestes (türkisch: *kurban bayrami*) wieder in ihrer alten Heimatstadt war, wurde sie von der rückwärtsgewandten gesellschaftlichen Rustizität, die zwischenzeitlich in Istanbul vor sich gegangen war, überrascht und unangenehm berührt. Das ostanatolische Dorf mit seinen archaischen Traditionen hat das Bild der Weltstadt sichtbar verändert. Necla Kelek: »Atatürks Republik hat eine westlich orientierte bürgerliche Schicht und ein Industrieproletariat entstehen lassen – die verarmende Landbevölkerung hat sie nicht erreicht. Dort sind die alten Stammesbräuche Gesetz geblieben. Die Bauern haben ihre Sitten und Gebräuche vom Land mit in die Stadt gebracht, und seitdem wuchert der Traditionalismus wie Gras zwischen den Gehwegplatten. Viele Frauen tragen Kopftuch, in den Teestuben sitzen bärtige Männer, ein gehäkeltes Käppi auf dem Haupt, die Gebetskette in der Hand; sie schauen den Frauen nach. In der Nähe der vielen wie Pilze aus dem Boden schießenden Moscheen sieht man junge Männer im *Schalvar*, weiten Pluderhosen und langen Hemden, der traditionellen Kleidung aus den islamischen Koranschulen, die jeden Fremden mit misstrauischen Blicken beäugen, als hätten sie über die Ordnung der Welt zu wachen.«[15]

Durch das Opferfest wird die Metropole am Bosporus wieder von Europa entfernt. Selbst die auflagenstarke türkische Tageszeitung *Hürriyet* bilanzierte über das »blutige Drama« des Opferfestes im Jahr 2005 resigniert: »Es gab offizielle Schlachthäuser, aber für viele Bürger schien der Weg dahin offensichtlich zu weit, sie wollten es eigenhändig bei sich zu Hause, im Garten oder auf der Straße erledigen. Sie gingen in Parks, auf die Straße, auf den Balkon, sogar auf Kinderspielplätze. Sie banden die Tiere an Bäume und an Laternenpfähle, auf Spielplätzen an die Kinderschaukeln und an die Basketballkörbe und hinterließen überall blutige Spuren. Innereien, Pansen, abgeschlagene Köpfe ließ man zurück. Ganz Istanbul war ein Blutbad. Dieses Land will nach Europa, und allen soll gezeigt werden, dass wir dafür bereit sind. Aber dieser Tag war ein heftiger Rückschlag.«[16]

Meist ist es ein Schaf, das der jeweilige Familienpatriarch zur Opferung kauft. Doch der Wert und die Größe des Opfers ist natürlich auch eine Sache des Prestiges. Der zunehmend bessere ökonomische Hintergrund vieler Türken führt zu einem Wettbewerb zwischen den Familien und Nachbarn. Wer es sich nun leisten kann, besorgt ein Rind. Den barbarischen Ablauf einer solchen »Opferung« beobachtete Necla Kelek mit kaum verhohlener Abscheu: »Am Abend vor dem Fest zogen die Männer los, um das Tier vom Viehtransporter abzuholen. Es war ein großes braunes Rind mit riesigen Augen, das, von allen bestaunt, an einem Baum gebunden auf den Tod wartete. Überall im Viertel, in Gärten, Balkonen, auf Terrassen blökten, muhten und meckerten Tiere. Als am nächsten Morgen der Muezzin von der nahen Moschee zum Gebet rief, waren bereits alle auf den Beinen, und nach dem Gebet trafen sich die Männer, um vor dem Haus mit Schaufeln ein großes Loch auszuheben. Ihre erwartungsvolle Unruhe übertrug sich auf das Rind, das immer aufgeregter an seinem Strick zerrte, bis einer der Männer ihm die Hinterläufe so fest zusammenband, dass es sich nicht mehr rühren konnte. […] Ich stand am Fenster im ersten Stock und sah zu. Als die Grube fertig war, brachten die Männer das Tier zu Fall, einer von ihnen sprang hinzu und durchtrennte die Halsschlagader. Das Tier zappelte und zuckte, bis zwei Männer auf seinen Körper stiegen und so lange mit den Knien wippten, bis das Blut aus dem Rind in einem dicken Schwall in die ausgehobene Kuhle floss und einen roten See entstehen ließ. Nach einer Ewigkeit erst, so schien es mir, hörte der Körper zu zucken auf. Dann begannen die Männer mit Messern und Beilen den riesigen Kopf vom Körper zu trennen und legten das Haupt in den Rinnstein der Straße. [...] Vor jedem der Häuser spielte sich die gleiche brutale Inszenierung ab, durch die Straßen strömte Blut, begleitet vom Geruch des Todes.«[17] Auf die Frage nach dem »warum« dieses grausigen Spektakels fand die Sozialwissenschaftlerin erst Verständnislosigkeit, dann erhielt sie die Begründung: »Wir können es uns leisten, und es ist unsere Pflicht vor Gott.«[18]

Den Qualen vermeidenden raschen Messerschnitt durch den Hals des unbetäubten Rindes gibt es nicht. Der deutsche Veterinär Martin von Wenzlawowicz bemerkte in einem *Spiegel*-Interview dazu: »Beim Rind gibt es zusätzliche Arterien, die in der Nähe der Wirbel verlaufen, mit Messern kann man die nicht durchtrennen. Da müssen sie schon den Kopf des Rindes abschneiden. Das ist aber nicht die normale Praxis beim Schächten. So dauert es also grundsätzlich länger, bis die Tiere so wenig Sauerstoff im Gehirn haben, dass sie nichts mehr spüren.«[19]

Nicht nur in Istanbul, das anatolische Dorf ist nunmehr mitten in Deutschland, in Österreich und der Schweiz. Sowohl die seit Jahrzehnten an den Sorgen, Ängsten und Bedürfnissen des Volkes vorbeiregierenden deutschen Politiker der verschiedensten Coleur als auch die Minderheitenfantasien gegen die Interessenslage der Bürgermehrheit durchsetzenden Richter (inklusive des Bundesverfassungsgerichtes) haben es mit ihren Entscheidungen und Nichtentscheidungen zugelassen und gefördert, dass das anatolische Dorf mit seinem unaufgeklärten antimodernen Geist im Land von Goethe und Kant triumphiert. – »So beherrscht die Torheit das Universum« (Erasmus von Rotterdam, 1466–1536).

Abstinenz der Vernunft

Der Luxus des kritisch-rationalen und vernunftgesteuerten Denkens wurde in Europa gegen den erbitterten Widerstand der Kirche und Religion erst vor nicht allzu langer Zeit mühsamst errungen. Die Wegbereiter der für den Fortschritt Europas so weichenstellenden Entwicklung waren die »Aufklärer« des 18. Jahrhunderts. Sie befreiten das Denken aus den klerikalen Fesseln und lenkten den vom zukunftsfeindlichen religiösen Ballast erleichterten Geist hin zur modernen Wissenschaft, Forschung und Ökonomie – und nicht zuletzt auch in späterer Folge zur Demokratie. Den Wahlspruch der Aufklärung formulierte der Königsberger Philosoph Immanuel Kant (1724–1804): »Sapere aude! Habe Mut, dich deines eigenen Verstandes zu bedienen!«

Die modrige Mischung aus der Furcht vor Gott und der gleichzeitig drakonischen Bevormundung der christlichen Europäer durch eine Vielzahl verrückter kirchlicher Gebote und Verbote, die von der »durch Gott eingesetzten« und dem Klerus weitgehend hörigen Obrigkeit sanktioniert wurden, hielt die Menschen in einer würdelosen Unmündigkeit. Sich aus diesem Geisteskäfig endlich zu befreien, war die dringliche Aufforderung des klugen Ostpreußen Kant: »Aufklärung ist der Ausgang des Menschen aus seiner selbst verschuldeten Unmündigkeit. Unmündigkeit ist das Unvermögen, sich seines Verstandes ohne Leitung eines anderen zu bedienen. Selbstverschuldet ist diese Unmündigkeit, wenn die Ursache derselben nicht am Mangel des Verstandes, sondern der Entschließung und des Mutes liegt, sich seiner ohne Leitung eines andern zu bedienen. [...] Faulheit und Feigheit sind die Ursachen, warum ein so großer Teil der Menschen, nachdem sie die Natur längst von fremder Leitung frei gesprochen, dennoch gerne zeitlebens unmündig bleiben und warum es anderen so leicht wird, sich zu deren Vormündern aufzuwerfen. Es ist so bequem, unmündig zu sein.«[20] Nicht nur den Koran und die »Hadith« (gesammelte Aussprüche des Propheten) als einzigen Fundus für die Fragestellungen des Lebens und der Spiritualität zu verwenden, sondern unser kostbarstes Gut, den Verstand, eigenverantwortlich zu aktivieren, dies wäre von den streng schriftgläubigen Moslems am Beginn des 21. Jahrhunderts zum Wohle aller zu fordern. Auch die Abwesenheit der Vernunft, als Ergebnis einer strikten Bibelgläubigkeit der evangelikal-fundamentalistischen Christen und der streng orthodoxen Juden, wäre durch eine radikale »Entgöttlichung« der alten Sagentexte dringend zu korrigieren. Dringend deshalb, da die zunehmende geistige Verflachung der US-Gesellschaft durch einen immer gierigeren, eindimensionalen Religionskonsum in unheilvoller Verquickung mit dem militärischen Gewaltpotential der Supermacht nichts Gutes für die Zukunft verspricht. Jene Mehrheit der Europäer, die im freien Denken und in der säkular gestalteten Politik- und Rechtsform die höchsten gesellschaftlichen Güter sieht und bereit ist, diese auch zu verteidigen, muss dem diese freiheitlichen Fundamente untergrabenden Islam und dem rasanten Anschwellen der amerikanischen Bigotterie eine sehr wachsame Aufmerksamkeit schenken.

Sich endlich von den »Vormündern« zu emanzipieren, seien es geistliche Autoritäten, göttliche Gesetzbücher oder das stupide Ritual und der richtungsgebende Meinungsstrom einer unkritischen Masse, das wünschte sich Immanuel Kant von den Menschen seiner Zeit. Er wusste, dass dies ein weiter und beschwerlicher Weg sein würde: »Dass der bei weitem größte Teil der Menschen (darunter das schöne Geschlecht) den Schritt zur Mündigkeit, außer dem, dass er beschwerlich ist, auch für sehr gefährlich halte: dafür sorgen schon jene Vormünder, die die Oberaufsicht über sie gütigst auf sich genommen haben. Nachdem sie ihr Hausvieh zuerst dumm gemacht haben und sorgfältig verhüteten, dass diese ruhigen Geschöpfe ja keinen Schritt außer dem Gängelwagen, darin sie sie einsperrten, wagen durften: so zeigen sie ihnen nachher die Gefahr, die ihnen drohet, wenn sie es versuchen, allein zu gehen.«[21]

In der heutigen Zeit würde das Gedankengebäude dieses großen deutschen Philosophen mit der in unseren Gesellschaften bisher leider praktizierten »Toleranz« kollidieren, die archaische und vernunftfeindliche

Absonderlichkeiten, wie eben das Schächten, in unser Wertesystem eindringen lässt.

Es soll allerdings auch nicht unerwähnt bleiben, dass es politische Bemühungen für korrigierende Veränderungen gab und gibt. Immerhin wurde vor wenigen Jahren der Tierschutz als Staatsziel in die bundesdeutsche Verfassung aufgenommen und ist somit gegenüber der Religionsfreiheit gleichrangig geworden. Die dieser Entscheidung vorausgegangene politische Debatte stand unter dem Eindruck eines Grundsatzurteils des Bundesverfassungsgerichtes im Januar 2002, das einem klagenden muslimischen Metzger das betäubungslose Schlachten erlaubte, weil sein Glauben ihm dies gebiete. Das von religiöser und multikultureller Verständnisduselei diktierte Schandurteil der Bundesverfassungsrichter legitimierte die Quälereien der ohne Betäubung »geschächteten« Tiere und war ein verheerendes Signal für die weitere Praxis dieses »unheiligen Krieges der muslimischen Metzger gegen Rinder, Schafe und Co.«[22]

Durch die nunmehrige verfassungsrechtliche Gleichrangigkeit von Religionsfreiheit und Tierschutz wurde jedoch die praktische Umsetzung der Gesetze nicht einfacher. Wenn »zwingende« religiöse Gründe ein betäubungsloses Schlachten und das Ausbluten des Tieres erfordern, können Ausnahmegenehmigungen bei den Amtstierärzten beantragt werden. Dies ist die offizielle, zumindest behördlich sichtbare Ebene. Was in den Hinterhöfen und Garagen quer durch Deutschland durch unsachgemäß mit dem Messer hantierende, »opfernde« Familienväter passiert, ist nichts anderes als die gedanklich schwer nachvollziehbare Massenqual unschuldiger Tiere, deren Sterben mit erheblichen Schmerzen und Erstickungsanfällen verbunden ist – und das alles nur zu Gunsten einer kindlichen und fiktiven Gottesidee. Die unsachliche »Metzgerei« mit oft stumpfen Messern zeigt sich als verbreitetes Phänomen. Dazu bemerkte der Karlsruher Veterinärdirektor Dirk Stegen: »Dass hier Defizite bestehen, zeigt auch der Ablauf der Opferfeste in den islamischen Ländern selbst: Weil blutende Opfer ihren ungeübten Schlachtern quer durch die Stadt davonlaufen und ein unschönes Bild abgeben, sollen in Istanbul städtische Helfer die flüchtenden Tiere einfangen.«[23] – Da Glaube, nach Jon Krakauer, das genaue Gegenteil von Verstand ist,[24] müssten im aufgeklärten Europa Tierschutzinteressen auch für die Gerichte eindeutig den Vorrang vor blutigen Ausgeburten der religiösen Fantasie besitzen. Eine solche Forderung gilt natürlich auch für das jüdische Schächten.

Der österreichische Verfassungsgerichtshof ordnete sich ebenso dem religiösen Märchendiktat unter. Dieser erkannte, »dass ein Schächtverbot einen Eingriff in die verfassungsrechtlich gewährleisteten Rechte gesetzlich anerkannter Religionsgemeinschaften darstellt. Zudem sei eine Vereinbarkeit des Schächtens nach islamischem Ritus mit der öffentlichen Ordnung und den guten Sitten gegeben. Die EU-Richtlinien garantieren in 93/119/EG das Schächten für Juden und Muslime.«[25]

Die hässliche Krone der Schöpfung

Ohne solche Rücksichten auf religiöse Gefühle und natürlich auch als Maßregel gegen die Juden wurde unter dem damaligen deutschen Reichskanzler Adolf Hitler mit dem Gesetz über das Schlachten von Tieren vom 21. April 1933 (RGBI I S. 203) der Zwang eingeführt, warmblütige Tiere vor der Schlachtung zu betäuben. Hitler begründete diesen Entscheid mit einem Humanitätsideal: »Wir Mitteleuropäer haben eine anständige Einstellung zum Tier.« Um die ihm verhassten »Hebräer« im Zusammenhang mit dem »Schächten« besonders zu desavouieren, bemerkte Hitler außerdem: »Ein Volk, das derartiges zulässt, begeht eine Kulturschande.«

Religion und Tiere, das war auch im Christentum eine sehr selten humanitär orientierte Kombination. Die angebliche »Gottähnlichkeit« des Menschen als »Krone der Schöpfung« förderte seine Distanz und Überheblichkeit gegenüber den vierbeinigen Nachbarn. Ausgerechnet die fleißigsten Kirchenbesucher, die Bergbauern Tirols, taten sich durch die roheste Behandlung ihrer tierischen Umwelt hervor. Wenn ein Bauernbursche des 19. Jahrhunderts wieder einmal heldenmütig einen der letzten Adler erschlagen konnte, wurde diese bravouröse Tat mit Hochachtung in den Heimatzeitungen vermeldet. Es waren die liberalen Zeitungen, die vor etwas mehr als hundert Jahren den Tierschutzgedanken erstmals in die Öffentlichkeit trugen. Für die damals sehr zahlreich verbreiteten klerikalen Blätter war dies kein notwendiges Thema.

Mit seiner Hexenbulle *Summis desiderantes affectibus* legitimierte der geldgierige und immensen Prunk liebende Papst Innozenz VIII. (1484–1492) kirchenamtlich die alsbald mit Wucht einsetzende Verfolgung von Menschen beider Geschlechter, die der Hexerei verdächtigt wurden. Dieser Papst, Vater von acht Söhnen, ebenso vielen Töchtern und außerdem homoerotischen Eskapaden nicht abgeneigt,[26] wandte sich jetzt mit tödlicher Konsequenz auch den Katzen zu, die braven Christenmenschen generell als verdächtig erschienen. Die Katzen jener Frauen und Männer, die der Gotteslästerung, Teufelsbuhlschaft und Zauberei angeklagt waren, sollten künftig gemeinsam mit der »vermaledeiten Hexenbrut« auf dem Scheiterhaufen verbrannt werden. Gegen Ende des Mittelalters wurden Katzenverbrennungen zu einem grausamen und von der primitiven Mehrheit dennoch begrüßten Bestandteil von religiösen Feierlichkeiten. In mehreren Gegenden Frankreichs war es lange Zeit ein liebgewordener Brauch, in der Johannisnacht lebende Katzen als Brandopfer in das geweihte Feuer zu werfen.[27]

Sogar für den Religionskampf zwischen Protestanten und Katholiken mussten Katzen auf grausame Art ihr Leben lassen: »Während der Krönungsfeierlichkeiten für Elisabeth I. wurde ein großer Korb durch die Straßen getragen, der mit Katzen gefüllt war und außen das Bild des Papstes trug. Dieser Korb wurde öffentlich verbrannt, und die Schreie der Katzen wurden als die Schreie des Teufels im Körper des Papstes gedeutet.«[28]

Selbstgefällige und in ihrem eigenen Verständnis »gute« Christen verwahren sich auch heute noch strikt gegen den Gedanken, Tiere und Menschen könnten vor der Schöpfung einen gleichrangigen Stellenwert haben. Dabei vergötterten die Menschen über einen jahrtausendelangen

Zeitraum ihrer Geschichte die unterschiedlichsten Tiere. Bevor die Götter menschliche Eigenschaften und Gesichter bekamen, galt das Raubtier für den schwachen und weitgehend wehrlosen Frühmenschen als Sinnbild für zerstörerische Macht und überirdische Kraft. Je nach geografischem Raum wurden Löwen, Panther, Tiger, Krokodile, Wölfe, Bären und andere, dem Menschen an Kraft und körperlicher Geschicklichkeit (Flugfähigkeit u. a.) überlegene Tiere als göttlich verehrt und gefürchtet, vor allem gefürchtet! Viele Religionsforscher sind sich darüber einig, dass die Wurzeln der Religion in der Urbegegnung des Menschen mit dem Raubtier liegen. Diese These untermauerte der österreichische Verhaltensforscher und Nobelpreisträger Konrad Lorenz mit einer beachtenswerten Erkenntnis. Er verwies auf die physiologischen Parallelen zwischen tiefer religiöser Ehrfurcht beim Menschen und der Erregung von Tieren angesichts einer Bedrohung: »Der heilige Schauer ist nichts anderes, als das Sträuben unseres nur mehr in Spuren vorhandenen Pelzes.« Bei Furcht stehen dem Tier die Haare zu Berge, damit es mächtiger wirkt. Die Menschen fürchteten sich vor den Raubtiergöttern, und der durch eine überwältigende Angst den Körper durchflutende *heilige Schauer* hat sich als »Gottesfurcht« bis in unsere Zeit erhalten. Schon vor zweitausend Jahren stand für den römischen Dichter Statius fest: »Vor allem die Furcht hat die Götter in die Welt gebracht.« Der sich heute schrecklich anhörende Männername *Fürchtegott* war im deutschen Sprachgebrauch bis vor wenigen Jahrzehnten gebräuchlich. In den Religionsstunden wurde den Kindern die »Furcht vor Gott« noch in den fünfziger Jahren des vorigen Jahrhunderts von strengen Pfarrern mit Feldwebelmanieren in die von Engeln und Teufeln durchschwirrten Köpfe gebleut. Bei der geringsten Respektlosigkeit gegenüber dem Herrn drohte dem verschreckten Nachwuchs die ewige Folter in der höllischen Glut. Ein liebender Gott existiert erst seit kurzem – allerdings nicht für die Moslems.

Das genetische Erbe des vergötterten Raubtieres ist zum Schaden des zivilisatorischen Fortschritts leider noch immer bei *Allah* zu finden. Dieser hält nichts von freundlichen Schwafeleien. Er fordert nicht nur vom afghanischen Mohnbauern, pakistanischen Mädchenräuber, marokkanischen Schafhirten und prügelnden saudischen Religionswächter die tägliche sklavische Unterwerfung unter sein frühmittelalterlich geprägtes Diktat. Der in seinem brutalen Absolutheitsanspruch an den Kommunistenmessias Stalin erinnernde Wüstengott *Allah* verlangt dies – inklusive einer absoluten Verleugnung der kritischen Vernunft – unvermindert auch von seinen vermehrt in einem modernen Umfeld lebenden Glaubensrobotern. Die unduldsame Herrschaft des göttlichen Tyrannen speist sich fatalerweise aus der geballten unaufgeklärten Gedankenkraft seiner mehr als eine Milliarde zählenden Untertanen.

Der vom deutschen Übersetzer und Herausgeber Fritz Erik Hoevels als Deschner des Islams bezeichnete Inder Jaya Gopal geht mit den fortschrittshemmenden Strukturen dieser Religion schwer ins Gericht: »Denken wir nur einmal an das zerstörte Lebensglück, die zerbrochene Persönlichkeit fast aller Frauen und der meisten Männer, wo immer der Islam sich austoben darf. Allzu lange hat dieser Islam nicht nur nichts dazu beigetragen, den einzelnen Moslems höhere Werte nahezubringen, ihr Blickfeld zu erweitern und ihr Leben zu bereichern, sondern er hat ihnen vielmehr ausdrücklich jegliche Freiheit abgesprochen, anders zu denken und Verbesserungen einzuführen. Es bedarf keiner besonderen geistigen Reife, um derartige autoritäre Ideologien und Systeme zu entwerfen; die Schaffung autoritärer Strukturen ist im Gegenteil vielmehr ein signifikanter Hinweis auf eine fehlende geistige Entwicklung. Das System des Islam und die islamische Gesellschaft sind nach dem Vorbild Mohammeds und seines Gottes und nach der schlechteren Seite des nomadischen Arabien im Frühmittelalter gestaltet. [...] Ein arabisches Sprichwort besagt, dass der Gläubige sich an den Gegenstand seiner Verehrung anpasst. Und welch niedriger Gegenstand ist ein derart tyrannischer, unmoralischer und selbstgerechter Gott, welch üble Verhaltensmuster werden durch dieses für den autoritären Charakter maßgeschneiderte himmlische Phantasma aus den schmutzigsten und verklemmtesten Seelenwinkeln herausbeschworen!« (Gopal: Gabriels Einflüsterungen, S. 442)

Bildungstod in Pakistan

Um doktrinäre Ideen, wie die Furcht vor Gott und die absolute Unterwerfung unter seinen unerklärlichen Willen, stabil in den Köpfen der Gläubigen zu verankern, sollte möglichst im frühen Kindesalter mit der Gehirnwäsche begonnen werden. Die Mehrheit der Bevölkerung in den meisten der islamisch geprägten Ländern ist arm. Eine breit gefächerte, solide aber gleichzeitig kostenintensive Bildung ist nur einer Minderheit gegönnt. Den anderen wird in *Deoband-Schulen* (Pakistan, Indien) und *Madrasas* der Koran und zum Teil auch die Aussprüche des Propheten (Hadith) als hauptsächliches Wissensmaterial eingetrimmt. Der weltreisende Menschenbeobachter Naipaul besuchte eine solche Schule in Indonesien, hier *Pesantren* genannt: »Hier und da saßen Jungen auf dem Hof und taten im trüben Licht so, als lernten sie. Sie taten nur so, denn das Licht war zu schwach. Vor sich hatten sie: ein Buch über islamisches Recht, eine *Arabische Grammatik*, eine *Geschichte des Islam*, ein Buch mit dem Titel *Wie man betet*. Im Letzteren sah man acht Zeichnungen, die die wechselnde Körperhaltung beim islamischen Gebet darstellten [...], es war Islamisierung, eine Abstumpfung, wie sie kein Lehrplan westlichen Stils hätte mit sich bringen können.« (Naipaul: Eine islamische Reise, S. 545) – Ayatollah Khomeini war während eines Freitagsgebetes in diesem Punkt gegenüber der Welt ehrlich: »Wir wollen keine Kopfmenschen.«

Das pakistanische Nest Kalat, im gleichnamigen Verwaltungsbezirk in Belutschistan, liegt inmitten einer freudlosen Region mit einem erbärmlich organisierten Gesundheitswesen, schmutzigem Trinkwasser, enormer Kinder- und Wochenbettsterblichkeit und hoher Arbeitslosigkeit. Die Schuld für diese düstere Situation wird, wie meist bei den vom Islam geprägten rückständigen Völkern, nicht im eigenen, durch Korruption, Fatalismus (Kismet), Bildungsfeindlichkeit, Feudal- und Stammesdenken geprägten Gesellschaftsrahmen geortet. Für die Misere verantwortlich sind natürlich die unmoralischen Gottlosen im Westen und deren Nachahmer im eigenen Land. In Pakistan darf auch der heidnisch-hinduistische Erzfeind Indien als Mitverursacher aller Übel nicht fehlen. Die mehrere Jahre in Pakistan lebende und diesem Hort der religiösen Finsternis nun sehr skeptisch gegenüberstehende niederländische Autorin Betsy Udink besuchte eine Koranschule in Kalat – von den schwarzbärtigen jungen Lehrern mit größtem Misstrauen beobachtet. In diesem staubigen Ort im Südwesten von Pakistan gibt es nur eine mehr schlecht als recht funktionierende staatliche Grundschule, dafür jedoch sechsundzwanzig Madrasas, deren Lehrpersonal offene Sympathien für die afghanischen Taliban hegt. Der Koran wird von den kahlrasierten, ernst blickenden Buben mit wiegendem Oberkörper auswendig gelernt. Diese in allen ähnlichen »Schulen« zu beobachtende gleichförmige Bewegung erleichtert offenbar das Auswendiglernen jenes Buches im klassischen Arabisch, dessen Original sich nach der islamischen »Wahrheit« unverändert und unkorrigiert im himmlischen Schreibtisch des *Allerhabenen* befindet. Die jungen Lehrer wissen nicht, was sie den Kindern beibringen. Betsy Udink: »Auch [ihnen] wurde das Arabische in den Madrasas eingebleut, ohne eine Übersetzung und ohne die Bedeutung des Gelernten zu erfahren. Unzählige fremde Wörter werden in die Köpfe kleiner Jungen gestopft, wie Stopfgänse und Stopfenten mehrmals am Tag einen Trichter in den Hals geschoben bekommen, durch den ein Kilogramm Mais gepresst wird. Die kleinen Kerle begreifen nicht, was ihnen eingehämmert wird, und wenn sie nachfragen, bekommen sie von [den] Bärtigen einen Schlag auf die Fingerknöchel oder mit dem Bambusrohr auf den Rücken. […] In der Madrasa werden die Kinder geschlagen und gedemütigt, aber der Unterricht und die Bücher sind gratis.« (Udink: Allah & Eva, S. 205ff.)

Die schwierigen Recherchen der mutigen Autorin ergaben, dass es nirgendwo so viele Vergewaltigungen durch Lehrer und Mitschüler gibt wie in diesen absolut fundamentalistisch geprägten Koranschulen. Doch die »hochmoralische« und zugleich unsäglich heuchlerische Erziehungsaufgabe besteht ja *hauptsächlich* darin, zu lehren, sich vor Frauen mit unbedecktem Haar zu fürchten und vor dem Satan zu fliehen. Nach fünf Jahren sind die meisten Schüler zwar in der Lage, den Koran auswendig zu zitieren, um künftig als respektierte Vorbeter und Imame zu werken, doch gleichzeitig verbleibt der Großteil der Absolventen durch den einseitigen Lehrplan im Status des Analphabeten. Allein in Pakistan gibt es zehntausend Madrasas und Deoband-Schulen. In vielen Fällen sind es Brutstätten eines militanten düsteren Weltbildes voller Sünde und ungläubiger Feinde. Zur Entscheidung, sich als Märtyrer freudig erregt für den »heiligen« Islam und Allah zu opfern, bedarf es von hier aus nicht mehr viel.

In Pakistan – dem »Land der Reinen« – geht ein Viertel der jährlichen Staatsausgaben an das Militär und weniger als drei Prozent des Geldes stehen für die öffentlichen Schulen, das Gesundheitswesen und die Sozialfürsorge zur Verfügung.

Doch auch Bildung bietet keinen Schutz vor dem religiösen Wahn. Ein Teil der Attentäter vom 11. September 2001 in New York besuchte die Hochschule und dennoch war ihr Verstand in die logiklähmenden Fänge eines steinzeitlich-magischen Opfergespinstes geraten. Indem sie den Piloten der gekaperten Flugzeuge wie Opfer-Hammeln zu »Ehren Gottes« die Kehlen mit Messern durchschnitten, brachten sie ihrem blutsaufenden göttlichen Monster ein *Schlachtopfer* dar. Eine unsinnigere verbrecherische Idiotie ist kaum vorstellbar.

Das Raubtier als Gott. Hier ergibt die Blutorgie des Opferns zumindest für den Fressenden einen praktischen Sinn. Die Haie vor Hawai wurden von den Insulanern als göttlich verehrt und mit Futter verwöhnt. Im Bemühen um eine drastische Göttersicht und Opferbereitschaft konnten die religiösen Verrücktheiten gegenüber besonders aufgeschlossenen Inder mit den Gläubigen in der Südsee ebenbürtig konkurrieren. Der portugiesische Missionar und Abenteurer Sebastian Manrique wurde im 17. Jahrhundert an der Mündung des Hugli Augenzeuge eines selbstmörderischen Opferrituals: »Sie gehen bis zur Brust ins Meer und werden bald gepackt und verschlungen, und weil sie [die Haie] sich an den Geschmack von Menschenfleisch gewöhnt haben, das ihnen ständig vorgesetzt wird, werden sie so blutdurstig, dass sie schon beim kleinsten Schatten gierig heraneilen.« (Ehrenreich: Blutrituale, S. 92).

Den Haien ähnlich verachtete auch JAHWE kein Fleisch: In einem der ältesten Werke der fantastischen Literatur – in der mit Abenteuer, Gewalt und Sex gefüllten Bibel – findet sich im ersten Hauptkapitel, dem Alten Testament, die klassische Eifersuchts- und Totschlagsgeschichte von Kain und Abel. Diejenigen gläubigen Christen, die solche religiös gefärbten Tatortthriller heute noch glauben – und das sind mindestens einmal achtzig Millionen evangelikaler und »wiedergeborener« Amerikaner – wissen, dass ihr Gott, zumindest in biblischer Zeit, der vegetarischen Lebensart nichts abgewann. Als nämlich die Söhne des ersten Menschenpaares um die Gunst des Himmelsherrn buhlten, galt dessen Interesse allein dem Fleischopfer des Schafhirten Abel (Genesis 4, 1–9). Die harsche göttliche Abfuhr, die Abels älterer Bruder, der Ökobauer Kain, für sein kümmerliches Getreide- und Gemüseopfer erhielt, war der Auslöser für das bekannte brüderliche Eifersuchtsdrama mit tödlichem Ausgang.

Gedankenfesseln und Koran

Fassungslos sieht die moderne zivilisierte Welt auf eine Gottesvorstellung, die an einen blutrünstigen Folterknecht oder KZ-Schergen erinnert: »Deine Tat wird durch Gottes Willen befürwortet. Wenn du deine Tat beginnst, schlage hart wie ein Held zu, denn Gott mag Menschen nicht, die ihre begonnene Arbeit nicht beenden. [...] schlag sehr hart in das Genick, in dem Wissen, dass der Himmel auf dich wartet und du dort ein besseres Leben führen wirst, und Engel rufen deinen Namen und tragen für dich ihre schönsten Kleider.« (Textausschnitt aus der grotesken, vom religiösen Wahn diktierten Handlungsanweisung für den verbrecherischen Anschlag auf das World Trade Center.)

Die mit salbungsvollen Worten das tatsächlich vorhandene Droh- und Gewaltpotential im Koran und im Islam verniedlichenden Verteidiger dieser totalitär ausgerichteten Religion wollen das pervertierte Glaubensverständnis dieser und anderer Mord- und Selbstmordaktivisten vom »guten« und »friedlichen« Islam trennen. Solch irreführenden Bemühungen erinnern an den Bau der potemkinschen Dörfer. Die Trennung in ein gutes und böses, ein richtiges und falsches Islamverständnis funktioniert nicht, denn sämtliche glaubensrelevanten Denk- und Verhaltensstrukturen sind durch den elementaren Gesetzescharakter des Korans verbindlich miteinander verschweißt. Die Verse des Korans und die mündlich überlieferten Aussprüche des Propheten (Hadith) haben nun einmal ein mittelalterlich brutales Weltbild mit permanenter Abwertung Andersgläubiger und kritisch Denkender bis in unsere Zeit konserviert. Hier finden die Frommen genug *göttliches* oder prophetisches Textmaterial, um ihr antidemokratisches, frauenfeindliches und die westlichen Werte verachtendes Verhalten zu legitimieren. Listige Koran-Exegeten, die den Koran geschickt »entschärfen«, um ihn naiven europäischen Dialogaposteln als den Religionsbestseller mit absoluter Toleranz- und Friedensbotschaft schmackhaft zu machen, leisten geschickte Vernebelungsarbeit. Die Historiker Carsten Peter Thiede und Urs Stingelin haben für ihr Buch *Die Wurzeln des Antisemitismus* moderne Interpretationen verschiedener Suren aus dem Koran auf manipulative Abweichungen zu den für die Gläubigen eigentlich verbindlichen Texten geprüft. So heißt es etwa in der Sure 9, 29–30: *[…] die Nazarener sagen: Der Messias [Christus] ist der Sohn Allahs. Das ist ihre Rede aus ihrem eigenen Munde. Damit reden sie so wie die Ungläubigen zuvor. Allah schlage sie tot! Wie sind sie ohne Verstand.* In der für empfindsame europäische Gemüter modifizierten Fassung wurde aus dem *»Allah schlage sie tot!«* das etwas mildere *»Gott bekämpfe sie!«*. In den für die Moslems relevanten arabischen Korantexten liest sich die Sure 47, 4–6 so: *Wenn ihr auf die Ungläubigen trefft, dann schlagt [ihnen] den Kopf ab, bis ihr ein Gemetzel unter ihnen angerichtet habt.* Das *»Kopf ab«* wurde hier mit dem weniger als finale Handlung erkennbaren *»dann schlagt ihnen auf den Nacken«* entschärft. Bei der »Weichspülung« des Korans wird ganze

Arbeit geleistet. All jene Suren, deren unmissverständlich rohen und brutalen Aussagen für den wahren Gläubigen kein Problem darstellen, da von Allah diktiert, wurden und werden ohne Skrupel für alle am Inhalt dieses »heiligen« Buches interessierten Nichtmoslems »dialoggerecht frisiert.« Den Islam-Puristen bereiten die Übersetzungen des Korans aus dem Arabischen (der »Sprache Gottes«) indes Unbehagen, da dadurch das Wort Allahs verwässert wird.

Ein erstrebenswertes Ziel für alle Glaubenseiferer ist die Verbreitung von Furcht. Zwischen Nordsee und Alpen sind die diesbezüglichen Erfolge schon phänomenal. So wie im »neuen« Russland die Angst vor dem mafiosen mächtigen Staatsapparat potentiell kritische Geister in der Politik, in den Medien und in der Wirtschaft schon wieder zur Selbstzensur zwingt, so ähnlich erfolgt bei uns unter dem Deutungsdruck der Religion ein stiller Rückzug der vor nicht allzu langer Zeit erst mühsamst errungenen Meinungs- und Gedankenfreiheit. Unserem liberalen Denken konträr gegenüberstehende Vorstellungen und Forderungen der muslimischen Mitbürger werden nicht selbstbewusst energisch als unserem Wertesystem widersprechende Zumutungen zurückgewiesen. Man vermeidet lieber Schwierigkeiten, niemand darf beleidigt werden, die innere Schere im Kopf funktioniert. Das humanistisch geprägte Europa mit seiner christlichen Tradition wird schrittweise wieder damit vertraut gemacht, sich vor einem religiösen Gespenst zu ducken. Diesmal ist es ein exzentrischer Machogott aus der arabischen Wüste. Seine moralische Empfindlichkeit bei außerehelichen Spielereien (nicht beim Blutvergießen!), seine Streit- und Kampfeslust, seine Intoleranz und Opfergier weisen ihn ohne Zweifel als den Urenkel des alten Jahwe der jüdischen Schafhirten aus.

Aus der in Mohammed Attas Reisetasche gefundenen spirituellen Anleitung für den Mord- und Selbstmordanschlag auf die Twin Towers in New York ist der hohe Stellenwert der *Gottesfurcht* für den »wahren« Gläubigen erkennbar: »Dir wird nichts Böses geschehen, solange du nur dem Wege Allahs folgst, der alle Menschen erschaffen hat. Das Vorgehen wie auch die Aussprüche Ungläubiger werden diesen nicht helfen. Und dir werden sie keinen Schaden zufügen können. Allah steht dir bei, denn du zählst zu den Gläubigen. Und die Gemeinschaft der Gläubigen fürchtet keinen anderen. Alle, die Angst verspüren, sind Söhne und Töchter des Satans. Nur jene, die Allah fürchten und seinem Weg folgen und immer nach seinem Willen handeln, werden später zu den Auserwählten gehören. Allah steht dir bei und sagt dir, dass der Satan gegen ihn nichts ausrichten kann. [...] Du verrichtest ein Werk, das Allah gefallen wird. Und Allah segnet das. Du wirst das Paradies sehen, es ist der Wille Allahs.«

Das arabische Wort *taqwa* bezeichnet die überwältigende Gottesfurcht, die den wahren Gläubigen schon bei der Anrufung Allahs erschauern lässt. Der Islam wird eher durch die Furcht vor Gott angetrieben und gestützt als durch die Liebe zu ihm. Durch den buchstabentreuen Glauben an den Koran ist auch die Angst vor der Hölle bei den gläubigen Moslems topaktuell. Heißt es doch in Sure 32, Vers 14: *Füllen will ich die Hölle mit Dschinn und Menschen allzumal.* Bei Vers 21 derselben Sure nimmt sich Allah ebenso kein Blatt vor den Mund: *Jene aber, die ungehorsam sind – ihre Wohnstatt wird das Feuer sein. Sooft sie daraus entfliehen möchten, werden sie wieder dahin zurückgetrieben.* Um hier noch eins draufzusetzen, verspricht der *Allbarmherzige* allen glaubensschwachen Moslems (und den Ungläubigen sowieso) in der Sure 4, Vers 57 seines im »Teamwork« mit dem Erzengel Gabriel und dem Kaufmannsgehilfen Mohammed unter die Leute gebrachten zeitlosen Pamphlets eine derbe Tortur: *»Die Unseren Zeichen Glauben versagen, die werden Wir bald ins Feuer stoßen. Sooft ihre Haut verbrannt ist, geben Wir ihnen eine andere Haut, damit sie die Strafe auskosten. Wahrlich, Allah ist allmächtig, allweise.«*

Sturm über Indien

Die stürzenden Aktienkurse an den europäischen Börsen versetzten viele Investoren in Schweißausbrüche. Anzeichen der ersten weltweiten Wirtschaftskrise waren nicht mehr zu leugnen, und gleichzeitig wurde die Sensationsgier der abendländischen Zeitungsleser auf das ferne Indien gelenkt. Im Sommer des Jahres 1857 fegte eine Welle der Gewalt in apokalyptischem Ausmaß über Indien und erschütterte die Autorität der englischen Kolonialmacht in ihren Fundamenten. Der »Sepoy-Aufstand«, so genannt nach den *Sepoys*, den indischen Soldaten der britischen Armee, die nun die Waffen gegen ihre christlichen Offiziere richteten, war eine religiös motivierte Rebellion, die erst viel später aus patriotischer Räson zum nationalen Aufstand der Inder umgedeutet und politisch aufgewertet wurde. Die Bürger im christlichen Europa fühlten sich in ihrer Furcht und Skepsis bestätigt, als zu Septemberbeginn ein aussagekräftiger Aufruf der meuternden Inder auch den Weg in ihre Gazetten fand: »Es ist eine bekannte Sache, dass in diesen Tagen alle Engländer den üblen Plan gehegt haben, zuerst die Religion des ganzen hindustanischen Heeres zu vernichten und dann das Volk mit Gewalt zu Christen zu machen. Deshalb haben wir uns, bloß um unserer Religion willen, mit dem Volke geeinigt, keinen einzigen Ungläubigen am Leben zu lassen und die Dynastie von Delhi wieder aufgerichtet. Hunderte von Kanonen und große Schätze sind in unsere Hände gefallen. Deshalb geziemt es sich, dass alle, welche keine Christen werden wollen, sich wie ein Herz und eine Seele verreinigen, muthig handeln und auch nicht eine Spur dieser Ungläubigen am Leben lassen«.[29]

Der britische Generalgouverneur James Andrew Brown Ramsay of Dalhousie, der 1848 sein Amt in Indien antrat, betrachtete die eingeborenen Fürsten und Gutsherren als Unterdrücker und die Engländer als Befreier des – durch Aberglauben, unverständliche Traditionen und großgrundbesitzende einheimische Ausbeuter – geknebelten Volkes. Die Engländer waren seit längerem bemüht, Elemente der europäischen Zivilisation nach Indien zu exportieren. Dem einfachen und armen Volk sollten verschiedene Reformen zugute kommen. Durch solche Neuerungen fühlten sich die etwas besser gestellten Sepoys und ihre Standesgenossen allerdings in ihrer Stellung bedroht. Viele Inder blickten lieber zurück als nach vorne, und die Angst vor einer »Christianisierung« des Landes durch die Europäer schürte den Widerstandswillen zusätzlich an. Der Funke, der die Lunte zündete, war aus heutiger Sicht eher kurioser Natur. Es ging um die Gefahr der religiösen Verunreinigung. Ein Missionar aus Madras schrieb dazu: »Der Grund ihrer Widersetzlichkeit schien eine neue Art von Patronen für ein neu eingeführtes Gewehr (Enfield rifle) zu sein. Das Papier dieser Patronen ist geölt oder mit Fett bestrichen, und die Soldaten wollten sie nicht anbeißen, weil sie glaubten, oder zu glauben vorgaben, dass sie mit Rinds- und Schweinsfett – das erste ist ein Gräuel der Hindu, das andere ein Gräuel der Mohammedaner – bestrichen worden seyen. Durch Berührung dieser Patronen mit den Lippen würde die religiöse Reinheit der Kaste der Hindus und die der Mohammedaner schwer verletzt. Ihnen ihren Irrtum auszureden suchen half nichts. Viele hatten die neuen Patronen noch gar nicht empfangen, und diese selbst waren weder mit Rinds- noch Schweinefett bestrichen, sondern mit einer Composition aus Wachs und einem Oel, das in Indien von jedem gebraucht wird.«[30]

Das fehlende Einfühlungsvermögen britischer Offiziere zeigte sich nun an einem Oberst, der neunzig Soldaten seiner Truppe antreten ließ und befahl, die Patronen auszuteilen. Bis auf fünf Mann verweigerten alle die Annahme dieser vermeintlich *unreinen* Patronen. Daraufhin wurden sämtliche Befehlsverweigerer in Ketten gelegt und zu hohen Zuchthausstrafen verurteilt. Am nächsten Tag brach der Aufstand los. Das gegenseitige Massakrieren begann mit elementarer Gewalt. Die Spalten der Zeitungen waren wochenlang mit Gräuelszenen aus Indien gefüllt. So schrieb auch die Augsburger *Allgemeine Zeitung* in ihrer Ausgabe vom 22. August 1857: »Die Sipahis in Delhi ermordeten plötzlich ihre Offiziere und suchten alle Europäer auf, um sie umzubringen; 50 Weiber und Kinder hatten sich in einen Palast gerettet und wurden miteinander niedergemacht. Ein englischer Offizier sprengte das Arsenal in die Luft und rächte sich so an 1 500 Eingebornen, die dabei umkamen. Wie viele Europäer umgekommen sind in jener Stadt, weiß man noch nicht.

Die Vorgänge in Delhi waren das Signal zum Ausbruch der Revolution an vielen Orten. Was nicht alsbald vom Militär losbrach, seine Offiziere ermordete und nach Delhi marschierte, wurde von Fakirs und Gurus (mohammedanischen und Hindu-Priestern) zur Rettung der Religion und zur Ehre des Propheten aufgereizt zum Mord eines jeden Christenhundes. Nun drängte sich Gräuelszene auf Gräuelszene. Die Zeitungen hatten Stoff genug, die Spalten zu füllen, um mitzutheilen wie aller Orten und Enden Aufruhr, Mord, Raub und Brand das Land erfülle.«[31]

Der zeitgenössischen Meinung, dass die *mohammedanischen* Inder tapferer seien als deren hinduistischen Landsleute und daher für die Engländer gefährlicher, wollte sich die *Allgemeine Zeitung* in Augsburg nicht anschließen: »Denn erstens will ein solches Lob im Vergleich mit den Hindus nicht viel bedeuten. Mit Ausnahme einiger Stämme, besonders Bergstämme, sind diese [die Moslems!] ein weibisches Volk, welches in seiner ganzen Geschichte nie hervorstehende Proben des Muths an den Tag gelegt hat. Nur zuweilen lassen sie sich, wie es bei schwächlichen und weibischen Menschen so oft geschieht, zu schreckenerregenden Ausbrüchen grausamer Wuth hinreißen, dessen unmittelbar wieder die alte timide Schlaffheit folgt.«[32]

Ein englischer Offizier schrieb beruhigend an seine Lieben zu Hause: »Zwar lässt sich nicht leugnen, dass die Sepoys wie leibhaftige Teufel kämpfen; aber wir sind Engländer und sie sind Eingeborene. Die Stimmung unserer Leute ist so gut wie möglich, und ein jeder brennt vor Begierde, seine Klinge an diesen Teufeln zu versuchen, und wie wird darauf losgestochen und geschlagen! Dieser Tage spießte einer unserer Soldaten zwei Feinde zugleich mit einem Bajonett gegen eine Mauer. Der Gewehrlauf ging einen Fuß weit durch den ersten Sepoy und bog sich wie ein Propfenzieher.«[33] Aus London wurde am 2. August gemeldet: »Auf der Börse war gestern ein aufgeregter Tag. Gegen Mittag hieß es: Die ängstlich erwartete indische Post sey in Triest angelangt, aber niemand empfieng eine glaubwürdige Depesche. In Ermangelung bestimmter Nachrichten wurden die beunruhigsten Gerüchte in Umlauf gesetzt. Unter dem Einfluss dieser Unglücksbotschaften, die theilweise um so schlimmer wirkten, weil sie so nebelhaft vage waren, giengen sämmtliche Werthpapiere abwärts.«[34]

Erst Monate später, im Jahr 1858, kam die in der englischen Geschichtsschreibung als *Indian Mutiny* (indische Meuterei) benannte Rebellion gänzlich zum erlöschen.

Die fremde, vieltausendfache Götterwelt der Hindus, wo in einem Dorf Götter verehrt werden, die man im übernächsten Nachbardorf schon nicht mehr kennt, blieb den Engländern unergründlich. Düstere Opferrituale mit blutigen Exzessen und orgiastischer Umrahmung nährten die Motivation der Kolonialherren, das *Licht des Christentums* in diese mysteriöse Wildnis zu tragen. Von Kindheit an zur Opferung bestimmte Mädchen wurden von den englischen Verwaltungsbeamten und Offizieren freigekauft, um dem religiösen Irrwitz die Nahrung zu nehmen. Es blieb ein langwieriges und immer wieder auch vergebliches Bemühen.

Die bäuerliche Volksgruppe der Kondh, im gebirgigen Dschungelgebiet des 1803 als Teil von Bengalen britisch gewordenen Orissa, opferte bei dem zu Ehren der Erdgottheit und für die Fruchtbarkeit ihrer Felder abgehaltenen *Meriah-Fest* junge Mädchen, manchmal auch Burschen. Gegen welchen Wahn die Engländer hier ankämpfen mussten, ist aus der kühlen Schilderung eines Zeitzeugen erkennbar: »Die Mädchen, die man als Repräsentantinnen der großen Sonnengöttin betrachtete, wurden von allen Seiten verehrt und verwöhnt. Eines Tages aber wurden sie ganz überraschend auf das Torturgerüst geführt. [...] Die Menge, die das Opfer, die *meriah* umgab, unterbrach seine frenetischen Tänze und sexuellen Orgien nur, um es zu beklagen, während ein Vertreter des Kults sie zwang, eine Mischung von Opium und Datteln zu schlucken. Dann warf sich die entfesselte Meute auf diese *meriah*. Man brach ihr die Glieder und zwängte ihren Körper zwischen zwei Planken. Dann folgte die Zerstückelung der Beute. Mit Nägeln und Zähnen fasste jeder nach ihren Eingeweiden, jeder riss Stücke aus ihrem Fleisch und tauchte seine Finger in das warme Blut und besprengte sich damit. Die Tränen und das Schmerzensgeheul des Opfers waren wie Musik in den Ohren dieser fanatisierten Menge, denn sie gingen einem Überfluss an Regen und Fruchtbarkeit voraus.«[35]

Der *Bothe für Tirol und Vorarlberg* konnte sich in seiner Ausgabe vom 31. August 1857 einen publizistischen Seitenhieb gegen die »anglikanischen« Missionierungsversuche nicht verkneifen: »England ist seit langem im Besitze von Ostindien, und trotzdem hat das Christenthum fast gar keine Fortschritte daselbst gemacht. An vertheilten Bibeln, selbst an reich besoldeten Geistlichen der Hochkirche, an glänzend bezahlten Schulen hat es sicher nicht gefehlt. Es scheint also der Anglikanismus und die englische vielartige Sektiererei eine sehr schlechte Methode oder äußerst geringen Segen bei den Bekehrungsversuchen an den armen Indianern zu haben. Bis jetzt haben es die Engländer [...] zu nichts weiter gebracht, als dass die schlimmen Seiten und Frivolitäten und Laster der europäischen Ueberkultur in das Reich des Indus und Ganges drangen, während die wahre, die christliche Bildung des Volkes unterblieb. Wir wünschen den Engländern nicht, dass sie Indien verlieren; aber wir wünschen, dass es lerne, Indien christlich zu machen.«[36]

Nur wenige Tage nach dieser Kritik aus Tirol ortete die Augsburger *Allgemeine Zeitung* in ihrer Samstagsausgabe vom 22. August 1857 eine *welthistorische Aufgabe* für Europa: »Trotz der jetzigen Empörung eines längst entgeisteten Heidenthums bleibt für Europa die welthistorische Aufgabe, jene tiefgesunkene asiatische Menschheit der christlichen Civilisation zu gewinnen; und wem sollten wir politisch unbetheiligte Deutsche die Lösung dieser Aufgabe in erster Reihe lieber gönnen, als dem uns blut- und geistverwandten England?«

Die britischen Ansätze zur Christianisierung Indiens versandeten bald. Heute bezeichnen sich 19,6 Millionen Bewohner dieses großen Landes als Christen; das ist ein Bevölkerungsanteil von 2,3 Prozent. Dabei besitzt das indische Christentum auf diesem Subkontinent um einiges ältere Wurzeln als der Islam. Mit hoher Wahrscheinlichkeit predigte schon der Apostel Thomas an der Malabarküste und fand hier auch den Märtyrertod. Die heutigen Nachfahren der im 4. Jahrhundert nach Indien kommenden syrischen Nestorianer sind als *Thomas-Christen* bekannt.

Als eifrige Verbreiter des römisch-katholischen Glaubens zeichneten sich die portugiesischen Eroberer aus. Missionarisch waren die Nachkommen der iberisch-keltischen Lusitanier deutlich erfolgreicher als ihre Konkurrenten von den britischen Inseln. Allerdings konzentrierten sich die Heilsbemühungen der Portugiesen auf einen wesentlich kleineren geografischen Raum, vor allem auf Goa und die Küste am arabischen Meer.

Derzeit sorgen sich nicht nur fundamentalistische Hindus wegen der über das Land schwappenden Invasion evangelikaler US-Prediger. Ihr rhetorisch aggressives Auftreten, gepaart mit hemdsärmelig amerikanischem Selbstbewusstsein, bricht schon so manche Bresche in die vorhandenen indischen Glaubensstrukturen. Die gewalttätige Antwort auf diese neue christliche Bekehrungswelle fand sich in jüngster Zeit in wiederholten Ausschreitungen gegen Christen und Kirchen.[37]

Das Wilde, Ungezügelte und Unergründliche der hinduistischen Götterbande, das die viktorianischen Engländer gleichzeitig faszinierte und erschreckte, überdauerte in unterschiedlicher Schärfe die Zeit. Auch heute noch werden der zornigen Stadtpatronin der für europäisches Empfinden anstrengend chaotischen Megametropole Kalkutta, der vierarmigen, schwarzhäutigen, nackten, die bluttriefende Zunge der Welt verächtlich entgegenstreckenden und um ihren Hals einen Kranz von Totenschädeln tragenden Göttin Kali blutige Opfer dargebracht, um sie zu besänftigen. Zweimal in der Woche muss in *Kalighata* (Ufertreppen der Kali) – so der ursprüngliche Name von Kalkutta – ein zitterndes Zicklein mit dem roten Punkt an der Stirn für die Religion sein Leben opfern: »Die scharfe Klinge des halb nackten Priesters fährt auf das Tier herunter, das in schwarze Steingabeln geklemmt ist. Blut spritzt in großem Schwall, vermengt sich mit dem Saft aufgeschlagener Kokosnüsse, in dessen reinigendes Nass die Gläubigen ihre Zehen tauchen.«[38]

Kali, die zentrale Gottheit der Kalikula-Tradition, verbindet Grausamkeit und Erotik in ursprünglichster Form. Bei Leichenverbrennungsstätten herumstreifende Schakale werden von den Anhängern Kalis als deren Verkörperung erkannt und ehrerbietig gefüttert.[39] Menschliche Opfer wurden 1835 durch die britische Kolonialmacht verboten. Nach übereinstimmenden Aussagen von Indien-Kennern und Ethnologen werden jedoch heute noch in abgeschiedenen ländlichen Gegenden Menschen geopfert – zum Lob und zur Besänftigung der furchtbaren Kali, die auch gezeigt wird, wie sie ihren eigenen abgetrennten Kopf hält und ihr eigenes Blut trinkt, das aus ihrer Halswunde spritzt. »Die *Göttin*, die grausame blutlechzende Zerstörerin, verlangt Leben und Blut für alle ihre Wohltaten – die Fruchtbarkeit der Erde muss durch Mord angeregt werden.«[40]

Die berüchtigsten Anhänger der Kali, eine der unheimlichsten Mördergesellschaften, welche die Welt je kannte, waren die *Thag* (englisch: Thugs oder Thugees). Diese Raubmörder, deren kriminelle Energie mit religiösem Wahn todbringend verschmolz, strangulierten die Überfallenen – meist Reisende – unter Anrufung Kalis mit einem *geweihten* Tuch und boten diese Opfer zugleich mit einem Drittel der Beute ihrer Lieblingsgöttin an. In die obskure Gottesverehrung der meisten religiösen Geheimbünde mischen sich gerne auch ritualisierte sexuelle Perversionen. Geraubte junge Männer und Frauen wurden von den eifrigsten Anbetern der Kali auf grausamste Art kastriert und defloriert. Die Geschlechtsteile und das Blut der ermordeten, unglückseligen Opfer brachte man der dem morbiden Sadismus (zumindest im Glaubensverständnis ihrer verrückten Anhänger) sehr zugeneigten Göttin unterwürfigst dar. Erst in der zweiten Hälfte des 19. Jahrhunderts gelang es den Engländern unter größter Mühe, diesen Religionsterroristen das Handwerk zu legen.[41] Eine Steigerung des Gotteswahns ist überall und jederzeit möglich, man erinnere sich nur an die mehr als dreitausend Toten vom 11. September 2001 in den USA.

Im Vergleich zu den Lambaris, einem Nomadenvolk, deren Nachfahren heute in Goa Souvenirs an Touristen verkaufen, erscheinen die Thag allerdings fast schon zivilisiert. Bevorzugt nahmen die Lambaris – ebenso wie ihre Glaubensvettern – einsame Reisende gefangen. Im qualitativen Unterschied zu den Thag quälten sie ihre Opfer um einiges länger. Die Gefangenen wurden bis zum Hals in die Erde vergraben. Anschließend stellten die Religionsverbrecher eine brennende Kerze auf deren Haupt und der *Gottesdienst* fand seinen Inhalt damit, dass die braven »Gläubigen« so lange im Kreis um ihre Opfer tanzten, bis diese elendig zugrunde gingen.[42]

Schlachtfest im Aztekenland

Kein religiöses Argument kann das Opfern, diese abscheuliche Verirrung des menschlichen Geistes, Verständnis fordernd entschuldigen. In seiner 1997 erstmals in Paris herausgegebenen ausführlichen Beschäftigung mit Gott – *Histoire Générale de Dieu* – rechnete der französische Politikwissenschaftler und Orientologe Gerald Messadié mit dem Opferirrsinn ohne dem üblichen akademischen Verständnisgeschwafel ab: »Warum sind die Götter – alle Götter – so fordernd? Warum haben sie andauernd Durst? Und Hunger? Blut, Wein, Fett, Milch, Ochsen, Lämmer, Tauben und vor allem Menschenfleisch, schöne und junge Leiber, insbesondere Menschenleiber; man opfert weder Greise noch Hässliche, sondern Jungfrauen und Jünglinge! […] Welcher Gott ist denn je erschienen, und welchen Menschen, um ihnen zu sagen: Gebt mir eure Töchter, gebt mir eure Söhne, auf dass ich sie verschlinge? Welch eine hartnäckige Wahnvorstellung, die seit Jahrtausenden überlebt hat und die darauf hinausläuft, die Götter als wilde Bestien darzustellen! Und warum muss diese Wahnvorstellung ausgerechnet der Krone der Schöpfung erscheinen? Weder die Bakterien noch die Affen begehen solche kaltblütigen Massaker – sie bleiben allein den Menschen vorbehalten«.[43]

Bei allem Widerwillen gegen dieses barbarische Element der sakralen Verehrung, das kollektive Opfern und die damit verbundenen religiösen

Vorstellungen und Rituale ermöglichten und förderten frühzivilisatorische Identitätsbildungen. Gegen übel wollende Angreifer, gegen Naturkatastrophen, Hungersnöte und Krankheiten musste ja für die ganze Gemeinschaft die Hilfe der Götter *erkauft* werden. Ob jung oder alt, es duckten sich alle gemeinsam vor dem Zorn der meist sehr launischen Mächte. Es galt, den Göttern Nahrung, Geschenke und Wohlverhalten zu geben. Diese heikle Aufgabe wurde mit der Zeit ganz selbstverständlich jenen geistig gewieften Stammesmitgliedern überlassen, deren Führungsqualität sich auch in Krisenzeiten bewährte. Aus diesen *heiligen Hinrichtern* entfaltete sich der geachtete Berufsstand der Priester. Diese brachten vor aller Augen Lebewesen zu Tode, um die Gemeinde vom Druck der kollektiven Furcht zu befreien oder um eine Dankesschuld an die höchsten Wesen abzutragen. Die Gemeinschaft profitierte vom Opfer und blieb selbst ohne Makel. Nur die Hände des Priesters (oder der Priesterin) waren voll Blut, hier bündelte sich die Verantwortung für das Auslöschen von Leben. Allerdings geriet das Volk durch die Ausübung der *heiligen Handlung* durch die sakrale Führungsperson in deren Schuld und es bildete sich ihr gegenüber eine distanzgebende Scheu. Die in überirdische Sphären reichende Mittlerrolle dieser Persönlichkeit wurde mit Untertänigkeit (Duckmäusertum), Hochachtung und materiellen Gaben belohnt. Der Weg zum herrischen und herrschenden Priestertum und zu *Gottkönigen* war frei.[44]

Vier Jahrzehnte nachdem Johannes Gutenberg erstmals mit seiner neuen revolutionären Drucktechnik eine mehr als tausend Seiten starke Bibel produzierte, badete ein junger und aggressiver mittelamerikanischer Militär- und Theokratiestaat wieder einmal tief im von der Religion eingeforderten Blut seiner Opfer. Bei der Einweihung nach dem Umbau des von den verdrängten und absorbierten Tolteken übernommenen Haupttempels in Tenochtitlan, der Hauptstadt der Azteken, wurden im Jahr 1487 innerhalb von vier Tagen an die 20 000 Menschen als Opfer für die Götter auf drastische Weise zu Tode gebracht. Verschiedene Überlieferungen schildern den Ablauf des grausigen Rituals weitgehend identisch: »Ein Priester schneidet das Herz eines Gefangenen heraus, dessen Blut die Treppe hinabläuft. Für diese als Herzopfer bekannt gewordene Hauptform des aztekischen Menschenopfers legte man das Opfer über einen niedrigen Stein, sodass sich die Brust herauswölbte. Während Hilfspriester Arme und Beine festhielten, öffnete der Hauptpriester mit Hilfe eines Steinmessers die Brust und riss das Herz heraus, das mit dem Blut in die steinerne Adlerschale (*quauxicalli*) gelegt und dem Idol dargebracht wurde. Den Körper stürzte man die Stufen der Pyramide hinab und zerstückelte ihn, den Kopf steckte man auf eine Querstange des Schädelgerüstes (*tzompantli*). Das Herzopfer war schon den Tolteken bekannt und wurde bei den Maya, den Mixteken und den Nahua von Puebla angewandt. Man soll auch Kinder in der Hoffnung geopfert haben, ihre Tränen würden Regen bringen.«[45] Vor allem das Herz und das Blut der Opfer sollten der Sonne die Energie zuführen, um jeden Tag aufs Neue zu erscheinen und die Welt zu beleuchten. Das Kriegervolk der Azteken »adoptierte« die Götter der von ihnen eroberten Völker. Als Folge dieser offenen Religionspolitik war dieses indianische Pantheon »personell aufgebläht« wie eineinhalb Jahrtausende später das Ostberliner Ministerium für Staatssicherheit. Als ursprünglich nomadisches Volk aus dem Norden übernahmen die Azteken viele Elemente des »zivilisatorischen« Fundaments in den von ihnen eroberten Gebieten und wurden damit auf der Grundlage eines extrem pessimistischen Glaubenskonglomerats verantwortlich, »die Götter durch Menschenopfer zu ernähren, um den Fortbestand der Welt zu garantieren.«[46]

Parallel zum immer größeren Appetit der Götter wuchs die Macht des aztekischen Kriegeradels und der die Geschicke dieses imperialistischen Staatswesens selbstbewusst mitbestimmenden Priesterkaste.

So wie in unserer Zeit das dekadente saudi-arabische Königshaus die geistlichen wahabitischen Eiferer im eigenen Land durch die Finanzierung der weltweiten Expansion der islamisch-fundamentalistischen Ideologie zufrieden stellt und dadurch ruhig hält (wie lange wird dieses absolut schmutzige Spiel noch gelingen?), so ähnlich war auch das nur dem eigenen Machterhalt dienende anbiedernde Verhalten der aztekischen Kaiser. Die Priester, die mit ihren von Kasteiungen zerfetzten Ohren und schwarz bemalten Körpern einen finsteren, unheimlichen Anblick boten und die sich während der Opferungen mit Hilfe von Tabakspillen und Räucherwerk in Trance versetzten,[47] forderten als Anerkennung der eigenen Herrlichkeit immer mehr herausgerissene Herzen und Unmengen an Blut. Auch Kaiser Montezuma II. – *Moctezuma* – (1502–1519/20) gewann die mächtige Priesterschaft für sich, indem er dafür Sorge trug, den gewaltigen Blutstrom für die Tempel beständig anschwellen zu lassen. Um den Nachschub an schlachtbarem »Menschenmaterial« zu sichern, wurden schon in der zweiten Hälfte des 15. Jahrhunderts sogenannte Blumenkriege initiiert. Die Feldzüge mit dieser freundlichen Bezeichnung dienten nicht zur neuen Landnahme,[50] sie sollten vielmehr die aztekischen Jünglinge im Kriegshandwerk schulen. Gleichzeitig konnten bei den immer wieder bedrängten Nachbarvölkern tausende Männer als Gefangene für die nächsten Opferrituale »geerntet« werden. Das Blut dieser Männer – Frauen galten rituell als *unrein* und wurden daher nur in Ausnahmefällen geopfert – wurde mit Maismehl vermischt und bildete für das an den Opfertagen feiernde Volk der Azteken die wichtigste Feiertagsspeise.[51] Die Bedeutung von Mais ging für die mittelamerikanischen Völker weit über ein simples Nahrungsmittel hinaus. In den Mythen der Mayas finden sich sogar die ersten vier Menschen der Schöpfung aus gemahlenem Mais gemacht.[52]

Es kann zu Recht vermutet werden, dass sich kaum einer der Christen, welche die Rituale ihrer Religion korrekt befolgen und deswegen auch zur *heiligen* Kommunion gehen, sich je Gedanken über den von ihnen symbolisch verübten Kannibalismus machen. Man isst den »Leib des Herrn« in Form einer Oblate und der Priester trinkt dessen Blut ersatzweise als Wein. Dieses *Mahl*, auch noch im 21. Jahrhundert (meist) ohne tiefere Überlegung praktiziert, ist nichts anderes als ein von uralter Mystik geprägtes Verhaltenserbe aus der religiösen Kinderstube der Menschheit vor tausenden Jahren, als die Horde Fleischstücke aus dem »heiligen

Opfer« (Mensch oder Tier) riss, um durch deren Genuss von den magischen Kräften des Opfergegenstandes zu profitieren.

Ähnlich wie noch heute in der kindlichen Wunderwelt des Islams gelangten die für eine »gute Sache« der aztekischen Glaubensgemeinschaft gefallenen Krieger unverzüglich in ein paradiesähnliches Jenseits. Ausnahmsweise erhielten auch Frauen, die beim Gebären starben und somit als »Heldinnen« galten, dieses ansonsten den tapferen Männern vorbehaltene jenseitige Privileg. Die begünstigten Personengruppen stiegen nach ihrer Einäscherung ins *Haus der Sonne* auf und durften den Sonnengott auf seinem täglichen Weg begleiten.[53]

Die gebündelte Erfahrung aus der Religions-, Staats- und Sozialgeschichte lehrt uns, dass es wie fast überall auch bei den Azteken die Regel war, dass selbstverständlich die Herrscher, Priester und obersten Repräsentanten des Staates ebenso wie ihre tapferen Krieger bevorzugt in ein besseres Jenseits kamen. Nicht das ethische Verhalten während ihres Erdendaseins reservierte ihnen den jenseitigen Platz, sondern einzig und allein ihr irdischer Rang. Wir kennen die gleichartige Situation bei den katholischen Päpsten. Nicht wenige von diesen waren Mörder, Banditen, Kriegsherren, Kinderschänder und unersättliche Erotomanen. Doch ihre solidarischen Nachfolger modellierten sie zu Heiligen und schnell fanden sich diese sauberen Herren im Himmel an der Seite Gottes wieder. »Ohne Zweifel im Paradies und in der nächsten Nachbarschaft Allahs« würde heute ein braver Schiit auf die Frage nach dem Aufenthaltsort des üblen Tyrannen und Groß-Ayatollah Hadsch Seyyed Ruhollah Mousavi Chomeini antworten. Als Transportmittel in den Himmel oder in das Paradies bewährten sich selten selbstlose Hilfsbereitschaft und freundliche Menschlichkeit in der insgesamt geistig abnormen religiösen Vorstellungswelt. Jedenfalls musste sich der einfache aztekische Sterbliche mit einer simplen Erdbestattung begnügen und wurde, wenn er großes Glück hatte, in den einfachsten der drei vorhandenen Himmel befördert. Dort war es nicht ganz so übel, immerhin konnte man vier Jahre lang Froschhüpfen, singen und Schmetterlinge jagen. Nach dieser Zeit wurde man wiedergeboren, allerdings nach Klasse und Rasse getrennt. Adelige, die sich wegen exzessiver irdischer Leidenschaften mit diesem wenig eleganten drittklassigen Himmel begnügen mussten, wurden immerhin als Vögel oder Säugetiere wiedergeboren. Einfache Menschen kamen nur als Insekten in das diesseitige Leben zurück. Doch der größere Teil des aztekischen Plebs war auch diesen billigen Himmel und das spätere Insektenleben nicht wert. Dessen Seelen mussten über eine Leiter ins Zentrum der Erde (in die Hölle) steigen, einen von einem gelben Hund bewachten Fluss überqueren und bei Orkanwind und eisiger Kälte einen Berg aus Lava besteigen. Endlich wurde Mictlan, der dunkelste Teil des Universums erreicht, und hier fanden die armen Seelen nach vier Jahren der brutalsten Bestrafung und Folter endlich Ruhe, Frieden und ewige Langeweile.[54]

»Je kostbarer das Opfer, desto geschmeichelter ist der Gott, dem es dargebracht wird, und desto höher steigt in den Augen des Gottes das Ansehen dessen, der das Opfer darbringt.«[55] Eine für das Opfertier zwar tragische, doch für die bei stürmischer See den zornigen Gewalten ein besänftigendes Geschenk übermittelnden berberischen Seeleute des 17. Jahrhunderts vergleichsweise billige Variante des Opferns bestand darin, ein Schaf bei lebendigem Leib mitten durchzuschneiden, um die eine Hälfte an Steuerbord und die andere an Backbord ins Meer zu werfen. Beruhigte sich das Meer durch diese Geste nicht, mussten weitere Tiere für die Unreife des menschlichen Geistes büßen. Zur Abwehr der Gefahren waren immer mehrere Schafe an Bord.[56]

Aberglaube und Islam

Das zeitlose, emsige Bemühen der Glaubensfunktionäre aller großen Weltreligionen, ihre theologischen Mätzchen, Rituale und Traditionen vom ach so peinlichen »Märchenbruder« (dem Aberglauben) abzugrenzen, ist in Wahrheit vergebliche Müh'. Hier wie dort spielt der menschliche Geist verrückt und der ordnenden Vernunft wird jeder Zugang verwehrt. Eines schönen Tages konnte der Prophet Mohammed in einem absolut leeren Raum keinen Sitzplatz finden, denn alle Plätze waren schon von Engeln besetzt.[57] Der dieses »Erlebnis« seinen staunenden Anhängern erzählende Religionsgründer glaubte diesen Unsinn offenbar selbst, und bis heute versagt sich die islamische Welt auch nur den leisesten Zweifel an solch schönen Geschichten.

Der fleißig betende und theologisch informierte Moslem weiß, dass es von entscheidendem spirituellen Vorteil ist, wenn er seine persönlichen Gebete vor dem abendlichen Maghrib-Gebet einschiebt, da in dieser besonderen Zeitspanne die Engel gerade ihre Schicht wechseln und sie daher Gott sogleich von den Gebeten des braven Gläubigen unterrichten können.[58] Die Hüter solcher »Wahrheiten« wissen auch, dass eine fromme Muslima ihr Haar nicht entblößt, denn die Engel kommen auf keinen Fall zu Frauen mit offenem Haar.[59]

Der lernwillige und neugierige Mekka-Pilger Ilija Trojanow wurde von einem spirituell weit forgeschrittenen Glaubensbruder über das korrekte Ritual des *Zikr* (das Gedenken an Gott) aufgeklärt: »Beginne mit *Laa ilaaha* (Es gibt keinen Gott), lasse dein Kinn nach links wandern und drücke es mit Kraft auf deine linke Seite, um die Sünden, die sich als Flecken in deinem Herzen angesammelt haben, zu vertreiben und sage dabei *illallaah* (außer Gott). Zweihundertmal musst du dies wiederholen, gefolgt von *illallaah* alleine, vierhundertmal, und schließlich von sechshundert *Allahu Allah*. Aber du solltest dieses Zikr nicht üben, es ist nur für Fortgeschrittene. Du musst klein anfangen. In der ersten Klasse. Du musst *Bismillah* und *Subhanallah* sprechen, hundertmal am Tag. Ein Jahr lang, dann kannst du aufsteigen, zu schwierigeren Gebeten. Sonst wirkt das Zikr nicht, weil du es nicht richtig ausführst. Es kann sogar eine schlechte Wirkung entfalten.«[60]

Könnte es nicht sein, dass es einem klugen Gott viel angenehmer wäre, wenn seine *auch* mit etwas Verstand beschenkten Geschöpfe ihre knapp bemessene Lebensspanne mit etwas Nützlicherem (und sei es nur, die

Lebensqualität im eigenen Umfeld zu verbessern) ausfüllen würden, als mit dem geistlosen Herunterleiern hohler und genormter Gebetsformeln?

Eine Pilgerreise nach Mekka ebnet den Weg zu IHM, dem »Allerbarmer«, denn dort in dieser abfallübersäten, fest im kommerziellen Würgegriff der arabischen Wuchermentalität befindlichen »heiligen« Stadt finden sich genügend »Profis« des wirksamen Betens. Von diesen erfährt man ausnahmsweise einmal für Gotteslohn, dass die beste Zeit für *Zikr* am frühen Morgen sei, »wenn Allah sich im ersten der sieben Himmel aufhalte und sich umhöre, wer Hilfe benötige«.[61]

Heute, im Zeitalter der Wissenschaft und der Hochtechnologie, finden solche mittelalterlich anmutenden Faseleien bei Millionen von Gläubigen bereitwillig Gehör. Und anders, als von Karl Marx prognostiziert, wurde die Religion nicht zum Auslaufmodell, ganz im Gegenteil, sie befindet sich weltweit auf einem besorgniserregenden Vormarsch. Der Autor des Bestsellers *The Clash of Civilizations,* Samuel P. Huntington, beobachtet seit dem letzten Viertel des 20. Jahrhunderts eine Ermüdung der Säkularisierung und eine Renaissance der Religion in den meisten Teilen der Welt. Von einem »religiösen Revival« und den »ersten Schwalben eines religiösen Frühlings« spricht der Dekan der Theologischen Fakultät an der Universität Innsbruck, Jozef Niewiadomski in einem Interview für die Zeitung *Sonntag* (23. 12. 2007).

»Christus ging übers Land, sah einen Brand, hob die Hand …«[62] Dieser *Brandsegen*, mit dem Verbrennungen rasch geheilt werden sollten, zählt heute als Aberglaube, wie Tausende andere volkstümliche Glaubenselemente auch. Aberglaube beinhaltet eine magische Grundstimmung, die sich auch in zahlreichen christlichen Betätigungen wie Gebet, Andacht und sonstigem Brauchtum wiederfindet.[63] Weil auf unserem Erdteil das christliche Glaubensgerüst in den letzten Jahrzehnten porös und brüchig wurde, ist auch der vernunfthemmende Ballast des altüberlieferten Aberglaubens zum Wohle des Fortschritts in Europa geringer geworden. Allerdings ist hier »säkular gerüstete« Wachsamkeit geboten, denn durch die fortschreitende Islamisierung wird die Rückkehr des *magischen Denkens* in unserem »noch« der Aufklärung verpflichteten Kontinent in nicht allzu ferner Zeit die geistigen Wertigkeiten spürbar verändern.

Noch mehr Götterspeise

Julius Cäsar, nach eigenem Verständnis einem modernen Staatswesen mit hohem Zivilisationsgrad vorstehend, mokierte sich in seinen Schriften über das eigenartige Religionsverständnis der wilden Gallier – der Kelten. In Cäsars Buch über den »Gallischen Krieg« erwähnt er in der ihm eigenen sachlichen Weise auch eine ungewöhnliche keltische Opferform: »Die ganze gallische Nation ist gottesdienstlichen Gebräuchen sehr ergeben. Wenn daher jemand von einer schweren Krankheit befallen wird oder Schlachten und anderen Gefahren entgegengeht, so pflegt er Menschenopfer darzubringen oder zu geloben und lässt die Druiden die gottesdienstliche Handlung besorgen. Sie glauben nämlich, die unsterblichen Götter könnten nur dadurch besänftigt werden, dass für ein Menschenleben wieder ein Menschenleben geopfert werde. Derartige Opfer sind bei ihnen sogar von Staats wegen eingeführt. Einige Stämme verwenden dabei Gebilde von ungeheurer Größe, deren Glieder aus Reisiggeflecht gebildet und mit lebendigen Menschen angefüllt werden; hierauf zündet man sie von unten an, die Menschen werden von den Flammen erfasst und geben ihren Geist auf. Man glaubt allerdings, dass die Opferung derjenigen, welche bei Diebstahl, Raub oder sonst einem Verbrechen ergriffen worden sind, den unsterblichen Göttern angenehmer sei; wenn es aber an solchen Leuten mangelt, versteht man sich auch zur Opferung Unschuldiger«.[64] Der spätere Imperator Cäsar war ein Kind von 3 Jahren, als der republikanische römische Senat im Jahr 97 v. Ch. im eigenen Machtbereich das Menschenopfer generell untersagte. Doch ein Menschenalter später wird Kaiser Augustus zu Ehren des mittlerweile vergöttlichten Cäsar die Schlachtung von 300 Menschen anordnen. Der Ururenkel des Augustus, Kaiser Nero (37–68 v. Ch.), Tyrann, Mutter- und

Gattinnenmörder, arbeitete an der offiziellen Wiedereinführung des Menschenopfers nach der Sichtung eines Kometen. Sein Erschrecken über dieses Himmelsschauspiel trieb ihn zur Opferung mehrerer römischer Edelleute, um die Bedrohung von oben durch ein wertvolles Geschenk von sich fernzuhalten.[65]

Mit Staunen beobachtete der arabische Gesandschaftssekretär Ahmad Ibn Fadlan die Begräbniszeremonie für einen Häuptling der noch nicht christianisierten slawisch- und skandinavischstämmigen Rus im Reich von Kiew. In seiner 932 verfassten Reisebeschreibung ist die Opferung einer jungen Frau beschrieben, die dem ranghohen verstorbenen Häuptling in den Tod nachfolgen musste. Es scheint, als ob diese »Sterbebegleitung« ohne Wiederkehr von dem Mädchen als besondere Ehre empfunden wurde, denn sie meldete sich zur Überraschung des arabischen Augenzeugen »freiwillig« zu diesem letzten Dienst an ihrem Herrn. Zuerst vollzog sie in den Tagen vor der Beisetzung mit den besten Freunden und Kampfgefährten des Verstorbenen den als kollektive Freundschaftskundgebung für den Häuptling gedachten Geschlechtsverkehr. Bevor die »Totenhochzeit« begann, rief das Mädchen: »Da sehe ich meinen Herrn im Paradies sitzen, und das Paradies ist schön und grün, und bei ihm sind Männer und Jünglinge; er ruft mich, so bringt mich zu ihm.« Ein Schiff wurde zur Verbrennung mitsamt dem Leichnam und dem sich opfernden Mädchen vorbereitet. In einem Zelt auf dem Dach des Schiffes »begatteten« sich noch einmal sechs Männer als »Pflicht der Kameradschaft« mit ihr. Nachdem der letzte tropfende Kumpanenpenis ihren Körper verließ, wurde das Mädchen von den sexgesättigten Männern als *heilige* Handlung erwürgt und synchron von einer alten Frau (dem *Todesengel*) erdolcht.[66] – Wie hartnäckig sich uralte, den menschlichen Verstand aufs Gröbste beleidigende Denkmuster noch bis in unsere Zeit behaupten, konnten Ethnologen durch mühsame Feldforschung in den südamerikanischen Anden erkennen. Nach den erschreckenden Ergebnissen der Wissenschaftler besitzt das Menschenopfer in den Anden »nach wie vor eine große soziale und gesellschaftliche Bedeutung und hat direkten Einfluss auf Rang, Status und Reichtum«.[67] Insbesondere die in den südchilenischen Anden und am Titicacasee im südlichen Peru siedelnden Mapuche-Indianer sollen noch heute für Menschenopfer zugänglich sein. Nach einem Erdbeben im Jahr 1960 schnitten ein Häuptling und sein Helfer einem Buben die Arme und Beine ab, und mit den Armen vollführten die religiös grausam orientierten Indianer einen rituellen Tanz. Nachdem auch das Herz herausgerissen und das Kind endlich tot war, wurde der Bub wie ein Pfahl in die Erde gesteckt. Noch am Ende der achtziger Jahre erschreckten Meldungen über bestialische Ritualmorde im Andengebiet, die mit glaubensmotivierten Menschenopfern in Verbindung gebracht wurden.[68]

Die Hauptstadt des Wahnsinns

Ähnlich wie die Neutronenbombe besitzt der Religionsvirus ein selektiv anwendbares Zerstörungspotential. Während dieser Virus Teile des Gehirns befällt und nicht wenige Regionen des Vernunftsareales besetzt und vernichtet, bleiben oft jene Gebiete, die den familiären und beruflichen Alltag regeln, von diesem grimmigen Okkupanten weitgehend verschont. Dadurch ist die schizophrene Eigentümlichkeit möglich, dass geachtete und erfolgreiche Menschen, die zumindest in ihrer Außenwirkung mit beiden Beinen fest im praktischen Leben stehen, mit Inbrunst an die unmöglichsten Fabeln glauben. Wer wollte die Realität bestreiten, dass George W. Bush und seine Millionen *wiedergeborenen* Glaubensfreunde (mehr oder weniger) erfolgreich in den Bereichen der Politik, der Wirtschaft und Wissenschaft tätig waren oder immer noch sind. Gleichzeitig sind es solche Personen aus dem evangelikalen Biotop, die ein extrem verrücktes Element des orthodoxen jüdischen Glaubensfundaments unterstützen. Bis vor wenigen Jahren war es für die säkular orientierten Europäer undenkbar, dass Religion am Beginn des dritten Jahrtausends als auslösender Funke und als Generalmotiv für mörderische

Konflikte noch verwendbar wäre. Das Wissen über jahrzehntelange blutige Metzeleien zwischen tödlich verfeindeten Religionsgruppen etwa in Indien oder Indonesien hat unser bequemes, westliches Bewusstsein kaum beschwert. Erst durch den schicksalhaften 11. September 2001 wurde eine breitenwirksamere »Aufklärungsarbeit« angeschoben, und doch gibt es außerhalb der zwischenzeitlich in die abendländische Aufmerksamkeit vorgedrungenen religiös aufgeheizten Konfliktherde noch ein immenses Potential an glaubensgetränktem Sprengstoff, das erschreckenden Konfliktszenarien in der nächsten Zukunft eine reale zerstörerische Grundlage geben kann.

Wer kennt schon die *Rote Kuh* und deren einzigartige Bedeutung für die orthodoxe jüdische Eschatologie? Es wäre eine Geschichte zum Schmunzeln, ideal für das Kuriositätenkabinett der Religionen, wenn nicht, man glaubt es kaum, tatsächlich eine reale Gefahr für den Nahen Osten und somit auch für den künftigen Weltfrieden von dieser besonderen Kuh in Israel ausginge. Während eines politikwissenschaftlichen Seminars an einer norddeutschen Universität gelang es einem gewieften Studenten, seinen verblüfften Professor zu irritieren und die Neugier der vor sich hindösenden Kollegenschar zu wecken. Bei der professoralen Fragestellung nach möglichen Auslösern künftiger globaler Konfliktszenarien verwies der gut informierte Politologiestudent auf die außerhalb Israels und seiner arabischen Nachbarstaaten fahrlässig gering beachtete Gefahr durch die *Rote Kuh*. Verständlich, dass die Seminarteilnehmer feixten und lachten ob dieser ihnen unbekannten und als eigenartigen Scherz klassifizierten skurrilen Bedrohung. Der bisher in Ehren ergraute Professor wusste nicht, ob er mitlachen oder verärgert sein sollte. Eine *Rote Kuh* als potentielle Zeitbombe in der nahöstlichen Krisenregion war ihm als Faktum religions- und weltpolitischer Überlegungen absolut fremd. Mit dieser Ahnungslosigkeit befanden sich der Professor und seine Studenten in größter Gesellschaft.

Schon Jahrhunderte vor Jesus warteten die rechtgläubigen Juden auf das Kommen des Messias, dem gesalbten Nachkommen des jüdischen

Königs David, der das jüdische Königreich wiedererrichten wird, damit das Haus David abermals über das jüdische Volk herrsche. Die armen Juden warten immer noch. Doch für die Ankunft des Gesalbten, der in Jerusalem ja auch irgendwo wohnen muss, ist erst eine schwierige Vorarbeit zu erfüllen: Ein neuer Tempel, der dritte Tempel in der jüdischen Geschichte, ist noch zu bauen. Ein solches Vorhaben wäre für ein erfahrenes Hochbauunternehmen kein Problem, wenn nicht die jüdischen Reinheitsvorschriften und Tabus sowie die lästigen Araber den grandiosen Bauambitionen einen schwer knackbaren Riegel vorschieben würden. Nach jüdischer Überlieferung dürfen eben nur durch die Asche der *Roten Kuh* »entsühnte« und somit rituell gereinigte Gläubige den Tempelberg – den heiligen Ort der Wohnstatt Gottes – zur Rekonstruktion und Verwaltung des dritten Tempels betreten. Der zweite Tempel wurde vor zweitausend Jahren von den heidnischen Römern zerstört. Es gibt allerdings auch seit ähnlich langer Zeit nur mehr *unreine* Juden. Schuld daran ist nach der *Halacha*, dem jüdischen Gesetz, der Umstand, dass die Juden, wie die Menschen anderer Völker auch, direkten oder indirekten Kontakt mit Toten haben. Deshalb *verunreinigt* dürfen sie große Bereiche des Tempelberges, die als besonders »heilig« gelten, nicht betreten. Jeder Jude ist heute im orthodoxen rituellen Sinn *verunreinigt*. Schon das Gehen auf der Straße oder die Arbeit im Garten macht unrein, da ja immer irgendwo im näheren oder weiteren Umfeld körperliche Bestandteile von Toten im Erdreich sind.

Aus diesem Dilemma kann die auf das Erscheinen des Messias wartenden Juden nur die *Rote Kuh* befreien. Um genau zu sein: Es ist die Asche dieses besonderen Tieres, die mit viel Wasser verdünnt, abertausende gläubige Juden von ihrer Unreinheit und Sündhaftigkeit befreien kann. Dann ist der Weg auf den heiligen Tempelberg für das *gereinigte*, von Gott angeblich »auserwählte« Volk frei. Vorsorglich kündigte schon im September 1998 der Abgeordnete der Nationalreligiösen Partei in der Knesset, Hanan Porat, die Einberufung einer Parteikonferenz an, um den Bau des dritten Tempels zu diskutieren.[69]

Der Bau des dritten jüdischen Tempels auf Gottes privatem Grundstück wird allerdings auf massiven moslemischen Widerstand stoßen, denn nichts Geringeres als die für den Islam ungemein bedeutsame *al-Aqsa-Moschee* und der *Felsendom* thronen seit Jahrhunderten auf diesem umstrittenen Felsenplateau, dem Haram Asch-Scharif, auf dem nach der religiösen Überlieferung Gott vor etwa viertausend Jahren Abraham in letzter Sekunde daran hinderte, seinen Sohn zu opfern. Und ausgerechnet von hier, vom *Felsen der Gründung*, wie der Jerusalemer Tempelberg von den Juden genannt wird, weil sie glauben, ihr Gott Jahwe habe hier einst Adam erschaffen, soll Mohammed auf einer Leiter aus Licht in den Himmel aufgestiegen sein. »Jerusalem ist die Metropole des Monotheismus und der Erlösungsfantasien. Beinahe alles dort ist eine Frage der Religion, und die Grenzen zwischen Glaube und Wahn sind oft beängstigend löchrig.«[70]

Als gegen Mittag des 14. Juli 1099 die christlichen Kämpfer des Ersten Kreuzzuges Jerusalem in einem *heiligen* Blutrausch zum größten Teil erobert hatten, flüchteten die bisher noch überlebenden muslimischen Verteidiger und die restliche Bevölkerung auf den Tempelberg, um dort ihrem grausamen Schicksal doch nicht zu entrinnen. Der verzweifelte Versuch, im Felsendom und in der al-Aqsa-Moschee vor den rasenden *Streitern Christi* Schutz zu finden, wurde durch den höllischen Blutrausch der Kreuzritter vereitelt. Nach der Schändung tausender moslemischer Frauen erfolgte deren bestialische Zerstückelung. Die vielen Kleinkinder der *irrgläubigen* Muselmanen wurden wertlos wie faule Melonen an die Mauern geschmettert. Es dauerte nicht lange und die siegreichen Kämpfer aus dem Abendland wateten knöcheltief im *heidnischen* Blut. Während dieser Mordorgie wurden mindestens 35 000 Moslems, darunter an die 12 000 Frauen und 6 000 Kinder bedenkenlos hingeschlachtet. Ein Chronist erwähnt sogar bis zu 70 000 Opfer. Nur so nebenbei verbrannte man 5 400 in ihre Hauptsynagoge geflüchtete Juden bei lebendigem Leib.[71] Nach dem beispiellosen Gemetzel wurden die christlichen Schlächter von frommer Rührseligkeit übermannt. Ein Augenzeuge erinnerte sich: »Dann kamen sie alle voll Begeisterung und vor lauter Freude weinend am Grab unseres Heilandes Jesus zusammen; sie beteten es an und weihten ihm ihr Leben.«[72] Der Chronist Raymond von Aguilers schrieb: »Nun da die Stadt genommen war, war es unsere gesamten Mühen und Entbehrungen wert, die Frömmigkeit der Pilger am Heiligen Grab zu sehen. Wie sie jubelten und frohlockten und dem Herrn ein neues Lied sangen! [...] Dieser Tag wird für alle Zeiten berühmt sein. Er bedeute den Triumph der Christenheit, die Erniedrigung der Heiden und die Erneuerung unseres Glaubens. Diesen Tag hat uns der Herr beschert, lasst uns jauchzen und fröhlich sein!«[73]

Das christliche Intermezzo in dieser seit ihren Ursprüngen von der Religion verseuchten Stadt, in der die Juden auf den Messias, die Christen auf die Wiederkehr von Jesus und die Moslems auf den Mahdi warten, dauerte nur ein knappes Jahrhundert. Seither herrscht der Islam wieder auf dem heiligen Hügel. Für die jüdischen Glaubenseiferer und ihre evangelikal-fundamentalistischen christlichen Alliierten gibt es keinen Zweifel, dass die Palästinenser, angeblich Nachkommen der Erb- und Todfeinde aus biblischer Zeit, der *Amalekiter*, sehr bald von ihren teuflischen Heiligtümern auf dem Tempelberg, dem Felsendom und der al-Aqsa-Moschee, zu vertreiben sind. Die anschließende Zerstörung dieser beiden (für die Moslems außerordentlich bedeutsamen Kultstätten auf dem *Haram Asch-Scharif*) ist für die (künftigen) neuen Verwalter von Gottes Grundstück eine Selbstverständlichkeit, denn nur durch einen solchen Gewaltakt wird die kostbare Parzelle frei, um den seit fast zwei Jahrtausenden ersehnten dritten Tempel zu errichten.

Und hier kommt die *Rote Kuh* nun wieder ins Spiel: Gerüchte aus dem jüdisch-fundamentalistischen Umfeld orakeln, dass es aus der jüdischen Priesterkaste der Kohanim schon einen völlig isoliert aufwachsenden Knaben gäbe, der nie in den fernsten Kontakt mit Toten gerät und daher die absolute rituelle Reinheit bewahrt. Über die künftige, für die Endzeiterwartung so bedeutsame Aufgabe des Knaben schreibt der durch seine Recherchen in Jerusalem vom dortigen »Klima aus Paranoia, Angst und

Erlösungsfantasien« schockierte Walter Sailer in *Geo*: »Wenn dieser Junge 13 Jahre alt ist, soll er eine makellose rote Kuh, wie sie im 19. Kapitel des 4. Buches Mose beschrieben ist, schlachten und brandopfern. Die Asche des Tieres wird dann vermischt mit Wasser aus der Jerusalemer Quelle von Siloah, und jeder, der sich damit besprengt, wird wieder in den Zustand der Reinheit versetzt, so wie ihn die Gesetze der Halacha für die Teilnahme am Opferdienst im dritten Tempel verlangen. Zum letzten Mal hat dieses Ritual wahrscheinlich in den Tagen des Herodes stattgefunden.«[74]

Ist die *Rote Kuh* (englisch: *red heifer*, hebräisch: *parah adumah*) endlich ausfindig gemacht, der Opferungs-, Verbrennungs- und Reinigungshokuspokus vollzogen und die Araber vertrieben, kann Gottes exquisites neues Stadthaus, der dritte Tempel, gebaut werden. Dem so lange ersehnten Erscheinen des Messias steht nichts Gröberes mehr im Wege.

In unserer modernen Zeit sollten solch irre Fantasien eigentlich nur als kreatives Gedankenspiel für das politische Kabarett verwendbar sein. Doch leider sind viele Millionen religiös fanatisierter Narren auch tatsächlich bereit, mit Gewalt die Erfüllung biblischer Endzeitszenarien zu erzwingen. Um der schnellen Erlösung willen, müssen die Moscheen auf dem Tempelberg brennen. Den Radikalen ist es egal, ja sie wünschen es sogar, wenn dadurch der Nahe Osten und die halbe Welt in einen Strudel der Gewalt hineingezogen werden. Die messianischen und auch nationalistischen »Gewissheiten« machen den Tempelberg zu einer Zeitbombe mit verheerendem Potential. »Viele Muslime würden in der Zerstörung des *Haram Asch-Scharif* den apokalyptischen Angriff der Israelis auf den Islam sehen. Und aufrufen zum Heiligen Krieg. Weltweit.«[75]

Wie wenig es braucht, um die Lunte zu zünden, wurde beispielhaft am 8. Oktober 1990 demonstriert. An diesem Tag ging bei den Palästinensern in Jerusalem das Gerücht um, dass ultraorthodoxe Juden planten, einen Grundstein für den dritten Tempel zu legen. Daraufhin bewaffnete sich eine große Menge hitzköpfiger Palästinenser mit Steinen, um den Tempelberg gegen das Sakrileg eines jüdischen Zutritts mit aller Macht zu verteidigen. Es kam – wie so oft im »Heiligen Land« – zu einem Massaker, da die israelischen Soldaten und Sicherheitskräfte befürchteten, die feindlichen *Amalekiter* würden die an der Klagemauer (ein letzter Rest des zweiten Tempels) betenden frommen Juden mit Steinen bewerfen. Geschossen wurde auf alles, was sich bewegte, selbst auf Krankenwagen, Sanitäter und Ärzte. Die israelischen Behörden meldeten zufrieden: Glücklicherweise wurde niemand getötet. Unter »niemand« waren freilich nur Israelis gemeint, denn auf palästinensischer Seite gab es 21 Tote und 145 Verwundete. Der Weltsicherheitsrat in New York befasste sich mit diesen blutigen Zwischenfällen, und der irakische Diktator Saddam Hussein drohte Israel mit dem Einsatz einer neuen Langstreckenrakete, die mit *Gottes Hilfe* für die »Zeit der Abrechnung« entwickelt wurde.

Ähnlich unbeeindruckt wie der Elefant im Porzellanladen verkaufen messianisch orientierte oder auch nur geschäftstüchtige Israelis in Jerusalem Karten, die an Stelle der al-Aqsa-Moschee schon den neuen jüdischen Tempel zeigen.[76]

Noch ist das zur Opferung geeignete Tier nicht gefunden. Die letzte Geburt einer makellos roten Kuh wird von den Rabbinern noch in die Zeit vor der Zerstörung des zweiten Tempels datiert.

Wenn es eigenen Zwecken dient, bedienen sich jüdische, christliche und islamische Fundamentalisten mitunter der sonst von ihnen vehement verteufelten modernen Wissenschaft und Forschung. So wird an einem Zuchtprojekt gearbeitet, das endlich eine perfekt einfärbige *red heifer* hervorbringen soll. Es ist ja nicht so, dass keine roten Kühe in Israel zur Welt kommen. Immer wieder werden die jüdischen und evangelikalen Exzentriker in einen Taumel der endzeitlichen Erregung versetzt, wenn israelische Medien die Geburt einer möglichen *parah adumah* aufgeregt in die Welt posaunen. Ein Kalb mit dem Namen *Melody* wurde als *die Rote Kuh* 1997 in einem Kibbuz nahe Haifa entdeckt. Den Arabern, aber auch den säkular orientierten Israelis bereitete diese Meldung größtes Unbehagen, weil (so Rabbi Gershon Salomon) »die Geburt einer Roten Kuh eine ebenso große Gefahr darstellt wie eine Atombombe, weil sie das

Tor und die Möglichkeit für Millionen von Juden öffnen wird, sich selbst zu reinigen und dann auf den Tempelberg zu gehen, ihn von der islamischen Besatzung zu befreien und den Tempel zu errichten.«[77] Doch es dauerte nicht lange und im Fell von *Melody* wurden einige weiße Haare gefunden. Nun war sie zur Ascheerzeugung nicht mehr tauglich. Viele besorgte Beobachter der radikal-religiösen Szene atmeten erleichtert auf.

Das Mannesopfer für Gott

Das jahrtausendealte Opferbrimborium zeigt »Gottvaters« beharrlichsten und bisher kaum therapierbaren Tick. Das Gieren nach einem Fetzen Fleisch, und sei dieser noch so klein wie die Vorhaut des Penis, ist verwandt mit dem unstillbaren Verlangen des Trinkers nach irgendeinem Tropfen Alkohol. Wie sich die Sexualfetischisten an den unmöglichsten Dingen zu delektieren vermögen und zum Zeichen ihrer neigungsgeprägten Verbundenheit untereinander einen oft eigenartigen Austausch betreiben, so verlangte Jahwe von den alten Israeliten zum Zeichen des Bundes und des Gehorsams gegenüber Gottes Gebot ein bizarres Pfand: »Das ist aber mein Bund, den ihr halten sollt zwischen mir und euch und deinem Samen nach dir: Alles, was männlich ist unter euch, soll beschnitten werden. Ihr sollt aber die Vorhaut an eurem Fleisch beschneiden. Das soll ein Zeichen sein des Bundes zwischen mir und euch. Ein jegliches Knäblein, wenn's acht Tage alt ist, sollt ihr beschneiden bei euren Nachkommen. […] Beschnitten soll werden alles Gesinde, das dir daheim geboren oder erkauft ist. Und also soll mein Bund an eurem Fleisch sein zum ewigen Bund. Und wo ein Mannsbild nicht wird beschnitten an der Vorhaut seines Fleisches, dessen Seele soll ausgerottet werden aus seinem Volk, darum dass es meinen Bund verlassen hat.« (Gen. 17, 10–14). Der »Bund« war (und ist) für die Israeliten der göttliche Beleg dafür, ihrer minderen Nachbarschaft gegenüber höherrangig und viel besser, nämlich *auserwählt* zu sein.

Für seine neue Patchwork-Religion kupferte Mohammed, der alte Spielverderber, ungeniert von den Juden, den Christen und asiatischen Religionen eine Unmenge ab. Inwieweit er hinsichtlich der Spielerei mit der Vorhaut Anleihen aus den jüdischen Gesetzen übernommen hat, lässt sich schwierig rekonstruieren, da die Absonderlichkeit der Penisbeschneidung in Arabien offenbar schon in grauer Vorzeit bei einigen Stämmen Bestandteil der rituellen Praktiken war. Insgesamt bleibt die Herkunft dieses Kultes weitgehend im Dunkeln.

Religiös gewöhnlich gut unterrichtete Kreise behaupten unverdrossen seit jeher, dass Jahwe diesen Bund schon mit Ahnvater Abraham für alle Nachkommen geschlossen hat. Damit die Partnerschaft eine ernst gemeinte Grundlage bekam, musste das (den »mündlichen« Vertrag besiegelnde) Blut aus Abrahams Fortpflanzungsorgan kommen. Wie bei uns früher der »Handschlag« als Ehrengarantie für eine Abmachung galt, war für die Semiten der vertragsbesiegelnde Griff an das Gemächt des anderen ein normaler und in diesem Zusammenhang erwarteter Vorgang. Diese sensible Körperpartie des Mannes besaß in der Jugendzeit der monotheistischen Religion (allerdings auch schon davor) einen fast sakralmystischen Wert. Und von diesem guten Stück opfern die Juden und Moslems auch heute noch einen kleinen Teil, banal die Vorhaut genannt. Nach jüdisch-rabbinischer Lehrmeinung »ist das Gebot der Beschneidung so wichtig, dass Himmel und Erde nicht ohne das Blut des Bundes existieren würden.«[78] Jeder jüdische Vater hat die Pflicht, dafür zu sorgen, dass sein Kind bis zum achten Tag beschnitten ist. Böse Zungen behaupten sogar, dass die männliche Beschneidung gar keine Schrulle Gottes war, sondern eine gemeine Finte von Moses, der seinem widerspenstigen Volk eine schmerzhafte Lektion erteilte: »Als die Juden aber in Sittim sich dem wollüstigen Kult des Baal Peor ergaben, und die Plage [gemeint ist eine Geschlechtskrankheit!] unter ihnen entstand, da stellte sich grell nicht nur die Zweckmäßigkeit, sondern selbst die Notwendigkeit der Befolgung der Reinigungsgesetze im allgemeinen wie der Beschneidung insbesondere heraus, und so reifte in Moses die längst aufgefasste

Idee, die Zirkumzision als vorzügliches Symbol der Einheit mit Jehova dem Volke zu gebieten.«[79]

Es kann uns egal sein, wessen wunderliche Idee die Beschneidung war. Dumm ist nur, dass seit unzähligen Generationen an Millionen von Männern herumgeschnipselt wurde und wird, nur um durch das fehlende Stück Vorhaut die untertänige Zugehörigkeit zum jeweiligen Bet- und Opferverein zu beweisen.

Für den Gott der Israeliten wurde die Beschneidung zu einer ausartenden Obsession. Wehe jenen Stammesführern, die bei ihrem Volk hier Nachlässigkeiten duldeten. Bei der fantasievollen Ausgestaltung eines Strafkataloges konnte Jahwe mit dem blutgedopten Einfallsreichtum orientalischer Potentaten mühelos konkurrieren. Wegen der Erinnerung an diese – formulieren wir es höflich – *göttliche Eigenart*, trauten sich die israelitischen Stämme erst dann den Jordan zu überschreiten, um in Kanaan einzumarschieren und die dortigen Bewohner zu erschlagen, als sie Tausende ihrer Männer, die in der Wüste geboren und noch nicht beschnitten waren, gleichzeitig dieser Jahwe wohlgefälligen Zeremonie unterzogen. Das Operationsbesteck der biblischen Quacksalber bestand vermutlich aus wenig scharfen Flintmessern. Den Ort des (vermeintlichen) Geschehens nennt man seither *Gilgal – »Hügel der Vorhäute«*.[80]

Abraham (»Vater einer Menge«) oder Ibrahim, wie ihn die Moslems nennen, beschnitt sich im reifen Alter von 88 Jahren selbst, das weiß zumindest die biblische Überlieferung. Der alte Schwerenöter, der mit 99 Jahren angeblich noch Vater wurde, baute in seinen Bund mit Gott auch die vorausschauende Klausel ein, dass beschnittene Männer nicht in die Hölle kommen. Diese Vereinbarung ist so lange unproblematisch, bis das Sündenregister des jeweiligen Kandidaten nicht ausufert. Bei argen Sündern, für die im jüdischen Verständnis nur die Hölle (*Gehinom*) der geeignete jenseitige Alterssitz ist, muss sich der (seit seinem irdischen Tod) den Zugang zur höllischen Unterwelt kontrollierende Abraham mit einem Trick behelfen, um die Überstellung des Sünders in das Feuer, trotz der schützenden Immunität durch das beschnittene Glied, zu ermöglichen.

Der schlaue Fuchs nimmt einfach die Vorhaut von Kindern, die vor der Beschneidung gestorben sind und versieht den jeweiligen Verdammten damit, um ihn – nun am Penis wieder komplett – ohne Widerrede, da die schützende Immunität nicht mehr gilt, ins Höllenfeuer des *Gehinoms* befördern zu können.[81]

Obwohl Stammvater Abraham interreligiös auch für die Christen und Moslems von herausragender Bedeutung ist, sein Türsteherjob vor dem *Gehinnom* (der jüdischen Hölle) hat eben nur mit den Nachfahren Davids zu tun. Teufel, welche die Sünder peinigen und quälen, kennt man dort nicht. Das ist die gute Nachricht. Die Schlechte? Vom rechten Glauben abgefallene Juden werden dort für immer brennen. Wer das ewige Feuer schürt, weiß man nicht.

Es hat in biblischer Zeit tatsächlich einen Ort im Südwesten Jerusalems gegeben, der durch geschickte Glaubensmanipulation allmählich zum geografisch lokalisierten Ort der israelitischen »Hölle« wurde. An einem bestimmten Platz im Gehenna-Tal wurde von Nichtjuden den assyrischen Göttern Menschen geopfert. Die in der Umgebung siedelnden Juden ärgerten sich nicht darüber, dass hier Menschen auf grausame Art ihr Leben verloren, sondern dass die »Heiden« fremden Göttern Ehrfurcht und Referenz erwiesen. Dadurch begann man diesen Ort mit Absicht und Berechnung zu dämonisieren. König Josua ließ am Ende des 7. Jahrhunderts v. Ch. das Tal entweihen und man begann dieses besondere Territorium im Gehenna-Tal mit Bergen von Knochen und Abfall in eine brennende und stinkende Müllhalde zu verwandeln.[82] Die Vorstellung eines höllischen »Glutofens« war geboren.

Auf die Frage von Necla Kelek an eine ihrer Studentinnen: »Kannst du dir vorstellen, einen Deutschen zu heiraten?« antwortete die muslimische junge Frau: »Warum soll ich einen schmutzigen Mann nehmen, wenn ich in meinem Kulturkreis saubere Männer um mich habe? Dort gibt es genug Auswahl.« Die sich gegen den traditionellen und religiösen Stumpfsinn mutig engagierende deutsch-türkische Sozialwissenschaftlerin wies die Studentin darauf hin, dass Gott den Männern auch die Vorhaut gab.

Weshalb ist dieses Gottesgeschenk also abzuschneiden? Das vom religiösen Nebel verdunkelte Denken gab der »Studentin« die Antwort vor: »Gott hat den Männern dies als Prüfung auferlegt. Wer sich weigert, dieses Opfer zu bringen, fügt sich auch sonst nicht Gottes Willen.«[83] Allah will also, dass »seine« Männer für ihn da unten ein Stück verlieren und als Kinder Schmerzen erleiden und damit Basta! Man stelle sich einmal vor, ein Firmenchef würde von seinen Mitarbeitern die Beschneidung als Zeichen der Firmentreue und der Unternehmenszugehörigkeit verlangen. Ein allgemeiner Aufschrei der Empörung über diesen »Perversling« wäre die geringste Reaktion. Immerhin kann sich der muslimische Bub, der Mann, über den Schmerz und den Verlust hinweg damit trösten: Ich bin anders, ich bin besser als die *Ungläubigen*. Die Beschneidung gehört bindend zur heroisch-männlichen Identität der islamischen Gesellschaft. Auch in Deutschland kommen jährlich an die zehntausend muslimische Buben in das Idealalter, um der Beschneidung »unterworfen« zu werden. Gerne wird dieser *einschneidende* Brauch, der von niemandem *wirklich* begründet werden kann, außer mit dem vagen Hinweis, »dass es Allah so will«, während des Sommerurlaubes – verbunden mit einem großen Familienfest mit oft Hunderten Gästen – in der heimatlichen Türkei durchgeführt.

Die Freude an diesem »Mannesopfer« für Gott und den Glauben ist bei den Verwandten und Festgästen groß. Den betroffenen Kindern jedoch wird die »Heiligkeit« des Herumschneidens an ihrem Ding und die Bedeutsamkeit dieser Handlung für die Größe und den Sieg des Islams in diesem Moment nicht bewusst, zu sehr schmerzt der Unterleib. Necla Kelek über die »Nachwehen« der Beschneidung ihrer beiden Neffen: »Der Beschneider wechselte den Verband und übte mit ihnen das Wasserlassen. Die Jungen schrien, weil es ihnen entsetzlich wehtat. Durch die Hitze wollte die Wunde sich nicht so schnell schließen. Als sie am zweiten Tag aufstanden, torkelten sie mit unsicheren Schritten breitbeinig herum, sorgfältig darauf bedacht, das Nachthemd weit weg vom Körper zu halten, damit der Stoff nicht die schmerzende Wunde reizte. Es dauerte fast drei Wochen, bis sie sich wieder unbefangen bewegen und ohne Schmerzen zur Toilette konnten.«[84]

Die Soziologin Farideh Akashe-Böhme, deren Arbeit sich mit den Themen Islam, Migration und Frauenforschung beschäftigt, erinnert, dass durch die barbarische Praktik der Beschneidung von Jungen und Mädchen die Aufnahme in die Männer- bzw. Frauengesellschaft erfolgt und durch eine körperliche Zeichnung besiegelt wird: »So gesehen gehört die Beschneidung in die Ebene der Brandmarkung, mit der ein Jungstier in die Herde seines Besitzers aufgenommen wird, oder der Zeichnung, mit der in historisch überholten Rechtsordnungen Menschen für ihr Leben als Verbrecher bestimmten Typs markiert wurden.«[85]

Es gab und gibt Gläubige und weniger Gläubige, die in der *Zirkumzision* (der Beschneidung) zumindest in Ansätzen auch einen weltlichen Sinn sehen wollten und wollen. So befürwortete im 13. Jahrhundert einer der größten Denker der katholischen Kirche, der Dominikaner Thomas von Aquin, die Entfernung der Vorhaut mit der Begründung, »dass Männer mit einem unbeschnittenen Penis geil und triebhaft seien und damit eine Gefahr für ein geordnetes Gemeinschaftsleben darstellten.«[86]

Zu jener Zeit, als die türkischen Eroberer das Herz der abendländischen Christenheit (die Kaiserstadt Wien) mit Feuer und Schwert erobern wollten, kamen »über die wahrhaft wichtigen Dinge der Welt« grübelnde osmanische »Religionsexperten« im Kontext mit der Beschneidung zu einer fulminanten Erkenntnis: Angeblich war schon dem Adam im Paradies sein Penis so lästig, da dessen vorwitziges Eigenleben die uneingeschränkte spirituelle Hingabe an seinen Schöpfer bedrohte, dass er ihn sich selber ohne viel Federlesens abschneiden wollte. Gott war es schade um dieses für die weitere Menschheit so wichtige Stück und pfiff den vor Lust und Begierden fliehenden Adam von seinem dummen Vorhaben zurück. Damit der Tölpel in diesem Punkt in Zukunft Ruhe gab, so der »Augenzeugenbericht« des Erzengels Gabriel, durfte er wenigstens ein kleines Stück des *heimlichen Gliedes* – eben die Vorhaut – absäbeln und seinem göttlichen Herrn zum Geschenk reichen.[87]

Es gab neidische jüdische Stimmen, die im Wettbewerb mit Christenmännern um »willige Frauen« die Beschneidung für so manch verlorene Werbung verantwortlich machten. Auch der Rabbi Isaak ben Yedaiah bedauerte im späten Mittelalter die Tatsache, »dass die Jüdinnen so scharf auf nichtjüdische und nichtmuslimische Männer seien [...], weil die Christen *wegen ihrer Vorhaut* die jüdischen Frauen *viel besser stoßen* könnten.«[88]

Unabhängig von religiösen Zwängen wird die Beschneidung auch innerhalb säkular orientierter Bevölkerungsschichten massenhaft und ohne geringste Notwendigkeit praktiziert. Vor allem viele US-Amerikaner, die für jeden vorgeplapperten Blödsinn leicht empfänglich sind, lassen sich von geschäftstüchtigen Ärzten gerne einreden, dass die Entfernung der Vorhaut bei ihrem männlichen Nachwuchs der Hygiene und Gesundheit sehr zuträglich sei. Europäische Mediziner bezeichnen diese – auch von »modernen« Moslems verwendete – Argumentation als Unfug. Hinsichtlich einer notwendigen Hygiene schneidet man ja auch nicht die Ohren ab, um diese sauber zu halten. In den USA werden jährlich mehr als eine Million Beschneidungen an Neugeborenen vorgenommen. Bis zu 230 Todesfälle sind infolge dieses unnützen Eingriffes im gleichen Zeitraum zu registrieren, und mehr als 150 Millionen Dollar wandern in die Kassen der durchführenden Ärzte.[89]

Was passiert mit diesem abgetrennten kleinen Stück Aas? Als Zwischenlager wird ein profaner Müllkübel dienen, oder eine hungrige Katze angelt sich den winzigen Happen. Eine weitaus herrlichere Karriere war dem Vorhäutchen von Jesus beschieden. Dieses heilige Stück (das *sanctum praeputium*) oder was dafür gehalten wurde entwickelte sich zuerst zum Kassenschlager und später zur Peinlichkeit für die katholische Kirche. Es wurden jahrhundertelang mindestens dreizehn Vorhäute des Jesuskindlein an ebenso vielen Orten verehrt. Lästige Zweifler, die daran erinnerten, dass – wenn überhaupt – nur ein *praeputium* echt sein könne, wurden mit dem so »logischen« Hinweis abgespeist, dass der Sohn Gottes ja ohne erkennbare Mühe auch Brot, Wein und Fisch um ein Vielfaches vermehren konnte, warum sollte ihm also die Vervielfältigung der eigenen Vorhaut nicht möglich sein. Wer vom arglosen Glaubensvieh wollte dieser von den »hohen geistlichen Herren« verordneten Folgerung schon widersprechen? Kritische Vernunft war eben schon immer ein seltenes Gut.

Durch die körperliche »Himmelfahrt« Christi – nach seiner schmählichen Hinrichtung – blieb für die reliquienvernarrte Nachwelt, die jeden »Heiligen« in tausend Stücke zerriss, um wenigstens einen halben wundertätigen Fingernagel zu erbeuten, nur die im kirchlichen Schamgefühl *heilige Tugend* genannte Vorhaut zurück. Wie jedem männlichen jüdischen Baby, blieb auch dem kleinen Jesus dieser Schnitt nicht erspart. Und die frühreife »Jungfrau« Maria, die den gutmütigen Zimmermann Josef mit einer mehr als dubiosen Vaterschaft beglückte, deren »wahren«, raffiniert konstruierten Hintergrund wir aus der Religionsstunde kennen, bewahrte das Häutchen ihres Sohnes, den sie und ihre Verwandten angeblich schon früh als verrückt bezeichneten, in weiser Vorahnung für die künftige Anbetung durch eine religionshysterische Menschheit auf: »Als mein Sohn beschnitten wurde, bewahrte ich die Membrane auf, wo ich auch hinging. [...] Als die Zeit der Abberufung kam, übergab ich sie dem heiligen Johannes, meinem Beschützer.«[90]

Die 1373 verstorbene und schon 18 Jahre später heiliggesprochene Brigitta von Schweden erhielt das Privileg, dass die Muttergottes aus den jenseitigen Sphären »von Frau zu Frau« mit ihr sprach. Bei dieser Gelegenheit erfuhr die verblüffte Schwedin auch, dass das wertvolle *Praeputium* durch Glaubensgetreue konspirativ an einem *reinen* Ort unter der Erde versteckt wurde, bis es endlich unter tatkräftiger Mitwirkung eines Engels nach Rom gelangte.[91] Durch die wundersame Vorhautvermehrung wurde dieses kostbare Stück in mehreren französischen, niederländischen und italienischen Orten einem staunenden und Geld bringenden Publikum gezeigt. In Deutschland durfte sich Hildesheim an diesem angeblichen Teil von Jesus erfreuen. Eigene »Vorhaut-Kapläne« zogen in feierlicher Prozession mit dem heiligen Fleischpartikel, der – so Augenzeugenberichte – nach 1 500 Jahren ziemlich ledern geworden war, durch die Straßen von Antwerpen.

Die holde Weiblichkeit besaß eine besondere Affinität zu diesem wunderlichen kleinen Teilchen vom edlen Penis des Herrn. Als *Braut Christi* mystifizierte so manche Nonne die Vorhaut des *Heiland* zum göttlichen Verlobungsring. So eröffnete auch die heilige Katharina von Siena ihren wundergläubigen Mitmenschen, dass ihr Jesus während einer ihrer religiös (!) begründeten Ekstasen – bei denen der Körper der frommen Frau von Wogen sinnlichster Empfindungen durchflutet wurde – seine Vorhaut als Vermählungsring zum Geschenk gemacht habe.[92]

Von einer überhitzten Fantasie gebeutelt, spürte die Wiener Nonne Agnes Blannbekin die Vorhaut des Herrn urplötzlich im Mund. Ein Benediktinerpater gab ihre schwülen »heiligen« Offenbarungen im Jahr 1731 zum Druck. Im 37. Kapitel mit dem Titel »Vom Praeputium des Herrn« wird die verdrängte sexuelle Begierde der Braut Christi auch für Nichtpsychologen erkennbar: »Die fromme Person pflegte fast von Jugend an am Fest der Beschneidung innig den Blutverlust zu beweinen, den Christus so früh zu erleiden sich herabgelassen hat. Das tat sie auch, als sie ihre Offenbarung hatte, nachdem sie am Fest der Beschneidung ihre Kommunion empfangen hat [...] so fing sie an, darüber nachzudenken, wo die Vorhaut ist. Und siehe da! Bald fühlte sie auf der Zunge ein kleines Häutchen, gleich dem eines Eies, voll übergroßer Süße, und sie schluckte es hinunter. Da fühlte sie wieder das Häutchen mit seiner Süßigkeit auf der Zunge. Dann wurde sie versucht, es mit dem Finger zu berühren. Als sie dies wollte, ging es von selbst die Gurgel hinab. [...] Die Süßigkeit war beim Hinunterschlucken so groß, dass sie an allen Gliedern und Muskeln eine Umwandlung fühlte. Innerlich war sie voll Licht.«[93] Nach dem Schlucken erneuerte sich das »Häutchen« auf der Zunge noch hundertmal und der süße Rausch des seligen Hinunterschluckens fand sehr lange kein Ende. Während dieser himmlisch inspirierten Schluckorgie teilte der freundliche Jesus seiner Nonnenbraut noch mit, dass seine Vorhaut mit ihm auferstanden und somit auch in jeder konsekrierten

Hostie zugegen sei. Der ausgeprägte Geschäftssinn der 13 Wallfahrtsorte – mit jeweils eigener Vorhaut von Christus – half, die an die Blannbekin gerichtete göttliche Nachricht vom Verbleib des guten Stückes geflissentlich zu ignorieren.

Im Jahr 1900 war das Thema »Vorhaut Christi« dem ansonsten noch mittelalterlichen Denkgebilden zugeneigten Vatikan inzwischen so peinlich, dass er unter Androhung des Kirchenbannes verbot, weiter über diese so zahlreich vorhandene Reliquie zu sprechen oder zu schreiben. Der Spott der Nicht-Katholiken und auch vieler nachdenklicher Katholiken wurde zu groß.[94]

Die Hölle voll Frauen

»Deutsche Fotzen! Bald schon werden wir eure Dinger mit dem hier abschneiden.« Dinger? Der etwa vierzehnjährige Rabauke zeigt fuchtelnd ein Messer. Sein nur wenig älterer Freund oder Bruder, offenbar der »intellektuell« gewandtere der beiden, präzisiert die Drohung und gibt ihr den religiösen Schliff: »Beschneiden! Wir werden alle Weiber beschneiden, so wie Allah es will, ihr christlichen Schlangen!«

Es ist ein warmer Septembertag, ideal für luftige Kleidung, und die Szenerie ereignet sich im Alten Botanischen Garten seitlich des Münchner Justizpalastes. Die beiden halbwüchsigen Möchtegernverstümmler sind ägyptischer Abstammung, das ist aus den bisherigen Gesprächsfetzen erkennbar. Ihre Empörung über die »morallosen deutschen Schlampen« wurde entzündet, weil drei durch den Park schlendernde junge Frauen auf die plumpen Annäherungsversuche der beiden orientalischen Böcke mit abweisendem Verhalten reagierten. Die mehrere Parkbänke in Beschlag nehmenden Mütter, Tanten oder älteren Schwestern der beiden zornigen »Männer«, rundliche Matronen, gehüllt in moralisch korrekte Wolken aus dunklem Textil, schenken dem flegelhaften Verhalten ihrer unreifen »Aufpasser« keine Beachtung. Ein Münchner mittleren Alters, der den belästigten deutschen Frauen beistehen will und trotz gegnerischem Messerbesitz mit kräftigen Ohrfeigen droht, wird von den muslimischen Halbstarken auf das unflätigste beschimpft, wobei der Ausdruck »stinkender Schweinefleischfresser« noch nicht zu den unfreundlichsten zählt. Die beiden Radaubrüder, deren muselmanisch-chauvinistisches Weltbild ihr Verhalten diktiert, starten noch einen missglückten Versuch, zwei der drei verunsicherten Frauen zu begrapschen und ziehen sich dann unter dem Druck der nunmehr allgemeinen Aufmerksamkeit mit lautem aber unverständlichem Palaver in Richtung Sophienstraße zurück.

»So wie Allah es will!«. Unwissenheit war schon immer ein mächtig sprudelnder Quell für Gewalt, Elend und Not. Weil Millionen Muslime irrtümlich glauben, *»Allah will ES«*, werden immer noch unzählige Mädchen an ihrem Geschlechtsteil *beschnitten*. Dr. Henriette Kouyate, Ärztin und Geschäftsführerin eines Komitees, das gegen gesundheitsschädliche traditionelle Praktiken kämpft, bemerkte dazu in einem Interview: »Wir haben nirgends im Koran gefunden, dass Beschneidung eine Pflicht sei. Nehmen Sie als Beweis die Frauen in Marokko, die nicht beschnitten werden [...].«[95]

Afrika, »das Herz der Finsternis«, darf sich rühmen, jener Erdteil mit den meisten beschnittenen Frauen zu sein. Dieser törichte, schmerzhafte und gesundheitsbedrohliche Brauch ist uralt und wurde schon lange vor der Erfindung des Islams in Afrika, auf der arabischen Halbinsel und anderen Gegenden praktiziert. Als generationenübergreifendes Unglück für Millionen muslimischer Frauen sickerte diese alte unsägliche Tradition der Körperverstümmelung als schädliche Geistessubstanz in die islamische Überlieferung ein. So erklärte Mohammed die männliche Beschneidung angeblich zur »Pflicht« und den drastischeren Eingriff bei den Frauen zur »Ehre«.[96] Immerhin soll sich schon Sarah, das Weib Abrahams – zum Wohlgefallen Gottes – selbst beschnitten haben, um ihr *Werkzeug der Wollust*, vorbeugend gegen jegliche erotischen Anfechtungen, für alle Zukunft zu ruinieren.

Wie auch in anderen Bereichen stimmen die islamischen »Gelehrten« ebenso in der Frage der weiblichen Beschneidung nicht überein: »Von vier Sunnitischen Rechtsschulen befürworten zwei die Beschneidung als religiöse Pflicht und zwei als ehrenvoll.«[97] Allah ergreift in diesem Zusammenhang weder für die Befürworter der Beschneidung noch deren Gegner offen Partei, er hält sich nobel bedeckt. Doch die Gläubigen wissen, dass er bei seinen weiblichen Gefolgsleuten die jungfräuliche Reinheit sowie eine gehörige Portion Keuschheit und Ehre sehr schätzt. Vor diesem Hintergrund glaubt ein großer Teil der islamischen Umma, dass die Drosselung der weiblichen Lust auf jeden Fall als gottgefälliges Werk zu betrachten ist. Die Essenz dieser – für die körperliche und seelische Wohlbefindlichkeit der Frauen – verheerenden Geisteshaltung hat ein Philosoph schon 1923 in wenigen Worten kompakt beschrieben: »Der Mann ist der Mensch und die Frau das Geschlechtswesen.«[98]

Anders als im Christentum wird die Sexualität durch den Islam nicht verleugnet. Der Prophet Mohammed trat dieser für viele Gläubige oft heiklen Thematik meist unbefangen und aufgeschlossen gegenüber. Die Mitglieder beider Geschlechter seiner jungen Religionsgemeinschaft wurden von ihm wiederholt zu einem aktiven Sexualleben ermuntert – allerdings innerhalb der durch Allahs Gebote gezogenen Grenzen. Erst als sich der Islam nach einigen Jahrzehnten zu einer situierten und mächtigen Religions-, Staats- und Kampfgemeinschaft formte, wurde die Frau als latente Gefahr für die islamische Ordnung verstärkt diskriminiert. *Fitna* – dieses böse Wort für *Aufruhr* – wurde nun mit den Frauen identifiziert. *Fitna* ist auch gleichbedeutend mit der »unerträglichen Beunruhigung, die die Frauen durch ihre pure weibliche Erscheinung bei Männern auslösen.«[99] Das männliche Umfeld Mohammeds (seine Kampfgenossen) drängte ihn allmählich zu einer unduldsamen, moralisch intoleranten und schon vorhandene Elemente einer Gleichberechtigung drastisch wieder einschränkenden Haltung gegenüber den Frauen. So sehr der Prophet mit der Weiblichkeit in seinem engeren privaten Umfeld auch weiterhin einen respektvollen und in Maßen zärtlichen Umgang pflegte, im öffentlichen Raum wurde der Ton gegenüber dem anderen Geschlecht von Jahr zu Jahr rauer. Während seiner »Nächtlichen Himmelfahrt« wurde ihm durch den Erzengel Gabriel auch ein informativer Blick in die Hölle gewährt, und er sah dort wenige Männer, doch um so mehr Frauen: »Ich habe Frauen gesehen, die weinten und flehten, aber niemand kam ihnen zu Hilfe. Ich sagte: Wer sind diese, Bruder Gabriel? Er antwortete mir: Es sind die, welche sich für andere Männer außer ihren Ehemännern herausputzen. Ich sah Frauen in schwarzen Hosen, die einen Eisenring um den Hals hatten. Wer sind diese, Bruder Gabriel, fragte ich. Er antwortete mir: Es sind diejenigen, die ihre Ehemänner hassen. Ich sah Frauen mit verbrannten Gesichtern, deren Zungen bis auf ihre Brüste herabhingen. Ich fragte: Wer sind diese, Bruder Gabriel? Es sind diejenigen, die gegen den Willen ihrer Ehemänner die Scheidung verlangen. Ich sah aufgehängte Frauen, aus deren Köpfen Qualm aufstieg. Ich fragte: Wer sind diese, Bruder Gabriel? Er antwortete: Es sind diejenigen, die sich vor Fremden mit unverschleiertem Gesicht zeigen. Ich sah stumme, blinde Frauen, die man ins Feuer geworfen hatte und deren Körper einen pestilenzartigen Geruch ausströmten. Ich fragte: Wer sind diese, Bruder Gabriel? Er antwortete: Das sind die Ehebrecherinnen.«[100]

Mohammeds selbstgerechter Schwiegersohn Ali gab den künftigen Generationen das bis heute in weiten Teilen der islamischen Welt gültige Frauenbild vor: »Die Frau als Ganzes ist ein Übel. [...] Wenn [die Frauen] sich selbst überlassen sind, so kennen sie keine Religion. Sie sind ohne Tugend und ohne Erbarmen, wenn es um ihre fleischlichen Begierden geht. Es ist leicht, sie zu genießen, doch der Kummer, den sie bereiten, ist groß. Selbst die Tugendhaftesten unter ihnen sind (immer noch) leichtfertig. Doch die Verdorbensten sind nichts als liederliche Huren! Sie lassen vom Laster erst ab, wenn das Alter ihnen den letzten Hauch von Charme entzogen hat! [...] Erflehen wir Gottes Hilfe, um siegreich aus ihren teuflischen Verführungskünsten hervorzugehen!«[101]

Etwas volkstümlicher im Ton, deshalb jedoch nicht weniger boshaft, antwortete der in der zweiten Hälfte des 17. Jahrhundert das Wiener

Publikum in seinen Bann ziehende Augustinerpater und Hofprediger Abraham a Sancta Clara auf die Frage: *Wer sind die Weiber?* »Die Weiber sind ein notwendiges Übel; ein Palast, der über einer Mistlacken gebaut ist; eine Maultrommel im Hauswesen; ein lebendes Zankeisen; eine Zerstörung des wahren Ruhestandes; eine Beißzange des Teufels; ein unbeständiges Mühlrad; ein Paradies für die Augen; ein Fegefeuer für den Geldbeutel und eine Hölle für die Seelen.«

Im Christentum bewegte sich die moralische Bewertung der Frauen wie ein Pendel zwischen eifriger Verleugnung ihrer Sexualität einerseits und geifernder Verteufelung andererseits. Innerhalb des islamischen Disputs wurde das Sexualpotential des weiblichen Geschlechts nicht verdrängt und doch gleichzeitig gefürchtet. Die neue »Herrenreligion« wurde allerdings schon in ihren Anfängen so ideal geformt, dass Ibrahims Söhne die Frauen vorrangig als Freiwild und deren Körper als Schlachtfeld und Spielwiese unter dem verständnisvollen Augenzwinkern Allahs betrachten. Der Koran und mehr noch die unzähligen Überlieferungen der Aussprüche des Propheten (*Hadith*) dienten (und dienen) durch eine männerorientierte Textgestaltung zur umfassenden Domestizierung des für die *Reinheit* der Mannsbilder so verhängnisvollen und gefährlichen Geschlechts.

»Wusstet ihr, dass die Religion einer Frau in ihrer Vagina sitzt?«, fragte Sheikh Nefzawi vor 500 Jahren in seinem vielbeachteten Werk »Der duftende Garten«. Der erhabene Sheikh konnte die Quelle des Verderbens mühelos orten: »Das Verlangen ihrer Vulva ist unersättlich, und solange ihre Lust gestillt wird, ist es ihnen gleich, ob der Betreffende ein Narr, ein Neger, ein Diener oder gar ein Geächteter ist. Es ist der Satan, der die Säfte ihrer Vagina fließen lässt.«[102] Bevor er mit seinem »Pflug« das *Saatfeld* seiner Frau »beackert«, sollte der vorsichtige Muslim sich immer an die mahnenden Prophetenworte erinnern, die lauten: »Im Namen Gottes! O Gott, schütze mich vor dem Teufel, und schütze auch das vor dem Teufel, was du für uns bestimmt hast.«[103] Immerhin will der Höllenfürst in drei Nächten des Monats zugleich mit dem Ehemann den Beischlaf vollziehen. Wer weiß, welch Geistes Kinder dabei gezeugt werden könnten. Vielleicht sogar künftige Liberale und Religionskritiker – *Allah, bewahre mich vor solch schändlichem Kummer.*

Da Satan ständig um das prinzipienschwache Weib herumschleicht und ihr Denken mit zuckersüßen, gotteslästerlichen und unaussprechlichen Fantasien anreichert, befindet sich der gute Gläubige in einem permanenten moralischen *Djihad* zur Abwehr der höllischen Gefahr.

»Beschnittene« Mädchen

Der Ideenmorast aus dümmster Überlieferung, dunklem Aberglauben und einer Religion, die für beutegierige Männer ohne geringste intellektuelle Ambition erfunden wurde, mündete schließlich in der breit akzeptierten Vorstellung, dass – schnipp, schnapp – die »Entknospung« der Frau Allahs unabänderliche Wille und die *Fitna*, der *Aufruhr*, die Störung der islamischen Ordnung dadurch eher zu vermeiden sei.

Weltweit sind derzeit an die hundert Millionen Frauen durch die Beschneidung verstümmelt. Der Bogen der Länder, wo dieses ausnehmend dumme und sinnlose Ritual am öftesten durchgeführt wird, reicht von zahlreichen schwarzafrikanischen Staaten über den Sudan nach Ägypten, von dort bis zu mehreren Ländern im Mittleren Osten – wie zu den sonst so verwestlichten und modernen Vereinigten Arabischen Emiraten – um schließlich in Malaysia und Indonesien zu enden. Der Sudan, ein *Gruselland par excellence*, darf sich rühmen, dass über 90 Prozent seiner Frauen der brutalsten Form der Beschneidung – der pharaonischen – im Kindesalter unterworfen werden.[104]

»Das kleine Mädchen ist in der Regel völlig nackt und wird von mindestens drei Frauen auf einem niedrigen Hocker festgehalten. Eine hat ihre Arme fest über der Brust des Kindes verschränkt; die beiden anderen drücken gewaltsam die Oberschenkel auseinander, um die Vulva möglichst weit zu öffnen. Die Arme der Kleinen werden hinter ihrem Rücken zusammengebunden oder von zwei weiteren Frauen fixiert. Die Beschneiderin spricht ein kurzes Gebet, dann breitet sie auf dem Fußboden Opfergaben aus: Mais etwa, in der Stadt vielleicht sogar Eier. Daraufhin schneidet die Alte die Klitoris des Mädchens mit einer Rasierklinge heraus. Die Infibulation folgt: Die Beschneiderin schneidet mit der Rasierklinge die kleine Schamlippe der einen Seite von vorn nach hinten ab und schabt dann das Fleisch von der Innenseite der entsprechenden großen Schamlippe. Diese Nymphektomie und Ausschabung wird dann auch auf der anderen Seite der Vulva vorgenommen.

Das kleine Mädchen schreit vor Schmerzen und bäumt sich auf, obwohl es mit aller Kraft festgehalten wird. Die Beschneiderin wischt das Blut von der Wunde, damit die Mutter und die anwesenden Frauen »bezeugen« können, dass sie gute Arbeit geleistet hat. Manchmal wird die Wunde daher auch befingert. Wie stark die äußeren Schamlippen ausgeschabt werden, hängt vom ›technischen Können‹ der Beschneiderin ab.« (Alan David, *Infibulation en République de Djibouti.*)[105]

Die Qualen bei einer solch unmenschlichen Tortur sind schwer vorstellbar. Es besteht die Gefahr, dass sich das »behandelte« Mädchen vor Schmerzen die Zunge durchbeißt. Um dies zu verhindern, hat sich die alte Methode bewährt, ihr jedes Mal, wenn die Zunge draußen ist, heißen Pfeffer darüber zu streuen. So wagt sich die gefährdete Zunge nicht mehr zwischen die Zähne.

Außerhalb des Sudans wird die pharaonische Beschneidung – ein Infektionsherd der besonderen Güte – in Eritrea, Somalia und in weiten Gebieten des tropischen Afrika praktiziert. Die von Alan David erwähnte »kleine Öffnung« wird während der Narbenbildung durch ein Hölzchen offengehalten. Nur wenige Jahre später – die Mädchen werden nicht selten schon im Kindesalter von 10 oder 11 Jahren »verheiratet« – wird die Vaginalöffnung in der »Hochzeitsnacht« mit einem Rasiermesser oder Skalpell erweitert. Später, sobald die »glückliche Braut« gebärfähig ist und mit einem Kind niederkommt, werden die nach der »Erweiterung« noch vorhandenen Nähte geöffnet und nachher wieder zugenäht.[106]

Doch nicht an allem sind die bösen Männer schuld. Sie haben zwar mit ihrer Schwert- und penisfixierten Wüstenreligion das geistige Klima für den haarsträubenden Unsinn der weiblichen Beschneidung gefördert und die Übernahme derartiger vorislamischer Bräuche in das eigene theologische Spektrum erlaubt, die tatsächliche Ausführung der Geschlechtsteilamputation wird jedoch in erster Linie generationenübergreifend von den Frauen (den Müttern) gefordert und realisiert. Immer noch glauben die meisten Mütter in den vorerwähnten Gebieten, der Koran verlange von den Eltern, ihre Töchter zu beschneiden, damit diese im weiteren Leben als gute muslimische Frauen den höchsten Idealen der Reinheit und der Moral ganz nahe kommen. Viele afrikanische Muslime sind überzeugt, dass es ohne jeglichen Wert ist, zu beten oder in die Moschee zu gehen, solange man nicht beschnitten ist, da ja der Teufel mit diesem unheiligen und schmutzigen Stück Fleisch immer noch sein Unwesen treibt. Die Angst der Eltern, eine unbeschnittene Tochter wird (da *unrein* und der latenten Widerborstigkeit verdächtig) keinen »anständigen«, finanziell gut situierten Ehemann abbekommen, ist leider begründet.

Es gibt auch die eher harmlose und doch vielsagende Geschichte eines ehemaligen Präsidenten Malis, der während seines Staatsbesuches im Senegal kategorisch verlangte, dass sein Essen nur von beschnittenen Frauen zubereitet wird. Den personellen Bemühungen der Gastgeber misstrauend, ließ er rasch einige Frauen aus Mali kommen, bei denen er sicher war, dass sie beschnitten waren und daher die Präsidentenmahlzeit nicht durch *unreine* Köchinnen »beschmutzt« und verdorben werden konnte.[107]

Manchmal will der Staat seine starrköpfigen Bürger wenigstens in Teilbereichen des Lebens zur besseren Einsicht zwingen, doch diese geben sich trotzig, zum eigenen Schaden. So wurde die weibliche Beschneidung in Ägypten schon vor mehr als zwanzig Jahren von der Regierung verboten, doch nach wie vor werden bis zu 80 Prozent der Mädchen auf dem Land und annähernd 40 Prozent in den Städten an ihren Genitalien verstümmelt.[108] Im Land am Nil, dessen frühe Hochkultur die heutige islamische Gesellschaft wie eine schäbige Bettlergemeinschaft aussehen lässt – nicht umsonst möchten die Islamisten die sichtbaren Monumente aus der Pharaonenzeit zerstören, um die geschichtliche Erinnerung an die vorislamische Zeit zu löschen – wird hauptsächlich die Amputation der *glans clitoridis* oder der gesamten Klitoris praktiziert.

Die UNICEF schätzt, dass jährlich weltweit – trotz massiver Aufklärungskampagnen – bei zwei Millionen Mädchen zwischen vier und zwölf Jahren mit Rasierklingen, unsterilisierten Küchenmessern oder einfach nur Glasscherben am kindlichen Körper herumgewerkt wird.[109] Sehr oft sind es ältere Frauen und manchmal auch Männer, die mit zitternder Hand ihr blutiges Werk an den schmerzempfindlichsten Regionen der jungen Opfer verrichten.

Tausende Mädchen sterben alljährlich qualvoll an dem törichten Eingriff, der nur der Tradition und der Religion zu verdanken ist. Für die Töchter aus besser situierten afrikanischen und arabischen Familien ist das Gesundheitsrisiko weitaus geringer. Diese werden für die »Operation« nach Europa und hier vor allem zu »spezialisierten« Ärzten nach England geflogen, um endlich »fleischlich gesäubert« für ein braves muslimisches Leben wieder in das heimatliche Gefängnis, gebaut mit der Stahlbetonmischung aus *Ehre, Religion und Moral*, zurückzukehren.

Ihre weltweite Bekanntheit als Topmodell nützt Waris Dirie für einen engagierten Kampf gegen die weibliche Beschneidung. Sie verweist in ihrem Buch *Schmerzenskinder* auf einen verleugneten Aspekt dieser mit den Begriffen »Ehre« und »Religion« zugepflasterten unseligen Tradition: »Jungfrauen sind auf dem afrikanischen Heiratsmarkt eine begehrte Ware, und das ist einer der Hauptgründe für die weibliche Beschneidung, auch wenn das niemand zugeben würde. Für seine schönen jungfräulichen Töchter konnte mein Vater einen hohen Preis erzielen, aber eine, die schon einmal Sex mit einem Mann gehabt hatte, würde er nur schwerlich loswerden.«[110]

»Schätzungen zufolge leben auch in Deutschland rund 30 000 Frauen, die eine Genitalverstümmelung über sich ergehen lassen mussten«, so die

Bundesgesundheitsministerin Ulla Schmidt.[111] Eine Studie der »African Women's Organisation«, der Organisation afrikanischer Frauen in Wien, dokumentiert auch für das kleine Österreich ein erschütterndes Ergebnis: Unter den nichtsahnenden Alpenbewohnern leben mindestens 8 000 am Intimbereich verstümmelte Frauen. Mitten in Europa bemühen sich nicht wenige Väter, den »Marktwert« ihrer Töchter durch die Beschneidung zu steigern.[112] Nur zur Erinnerung: Wir befinden uns im 21. Jahrhundert! Daran sollten auch unsere penetrant selbstgerechten »Traditions-, Religions- und Brauchtumsversteher« öfters denken.

In ihrer alten somalischen Heimat wurde dem erfreuten Vater der damals dreizehnjährigen Waris der beachtenswerte Brautpreis von 5 Kamelen für das beschnittene Mädchen geboten. Als ergänzendes »Humankapital« brachte der stolze Brautwerber die Fülle der Erfahrungen seines schon sechzig Jahre währenden harten Nomadenlebens mit. Aus Angst vor der arrangierten Ehe mit diesem alten Viehhirten floh die völlig weltfremde und des Lesens und Schreibens unkundige junge Ostafrikanerin in einer dramatischen Odyssee nach Mogadischu, um von dort wenig später in eine unbekannte Ferne, zu der ihr völlig fremden weißen Rasse, nach England, zu gelangen. Als Waris Dirie mit vierzehn Jahren nach Europa kam, war sie schon lange *beschnitten* – in der »pharaonischen« Form. Ihre Erinnerung an den für die gesellschaftliche »Reinheit« angeblich so notwendigen Akt deckt sich mit den unmenschlichen Praktiken in den dunklen Folterkellern zur Zeit des christlichen Hexenwahnes: »Die Zigeunerin griff mit ihren langen Fingern in die Tasche und brachte eine zerbrochene Rasierklinge zum Vorschein, die sie von allen Seiten prüfend musterte. Die Sonne war gerade erst aufgegangen, und man konnte zwar schon einzelne Farben erkennen, jedoch noch keine Einzelheiten. Trotzdem fiel mir auf, dass auf der schartigen Schneide der Klinge Blut klebte. Die Frau spuckte darauf und wischte sie mit ihrem Kleid ab. [...] Dann spürte ich, wie mein Fleisch, meine Geschlechtsteile, fortgeschnitten wurden. Ich hörte den Klang der stumpfen Klinge, die durch meine Haut fuhr. [...] Es gibt keine Worte, die den Schmerz beschreiben könnten. Es ist, als ob dir jemand ein Stück Fleisch aus dem Oberschenkel reißt oder dir den Arm abschneidet, nur dass es sich dabei um die empfindsamsten Teile deines Körpers handelt.«[113]

Wie bei der »pharaonischen« Beschneidung üblich, wurden dem vor wahnsinnigen Schmerzen bebenden und nur noch sterben wollenden Mädchen mit Dornen des Akazienbaumes Löcher in die Haut gestochen, durch welche die »Beschneiderin« einen festen, weißen Zwirn schob, um die Scheide des nun *sauberen* Wüstenkindes zuzunähen. Gleich den unzähligen anderen »versiegelten« Mädchen und Frauen wurde auch für das verstörte Kind Waris das »Wasserlassen« (und später die Menstruation) von nun an zu einem Riesenproblem: »Der erste Tropfen, der herauskam, brannte, als würde mir die Haut von Säure fortgefressen. Als die Zigeunerin mich zunähte, hatte sie für den Urin und das Monatsblut nur ein winziges Loch offengelassen, ein Loch in der Größe eines Streichholzkopfes. Mit dieser ausgefeilten Methode sollte sichergestellt werden, dass ich vor meiner Hochzeit keinen Sex hatte, und mein Ehemann konnte nachprüfen, dass er eine Jungfrau bekam.«[114]

Natürlich entzündeten sich die Genitalien des Mädchens, doch anders als ihre Schwester Halemo, die nach dem »Eingriff« der Zigeunerin verblutete, überlebte Waris schließlich die Tortur. Für die tröpfchenweise Harnentleerung benötigte sie ab dem Zeitpunkt der Beschneidung – wie auch die Millionen anderen Opfer dieser verrückten Ausgeburt einer wahnwitzigen Tradition – jeweils den nervzehrenden Zeitraum von 10 Minuten. Damit der beschnittene und genähte Vaginalbereich »ordnungsgemäß« zuwächst, werden den für einen abartigen Glaubens- und Ehrbegriff gequälten Mädchen die Beine für mehr als einen Monat zusammengebunden. Als die Bänder um die Beine von Waris Dirie endlich gelöst wurden und sie ihre zur »Ehre« der Sippe und Religion vergewaltigte Schamregion erstmals sah, fand sie außer einer Narbe, »die in der Mitte entlang lief wie ein Reißverschluss, nur mehr ein völlig glattes Stück Haut.«[115] Ihr Geschlecht war *versiegelt* und »unzugänglich wie hinter einer Steinmauer«. Kein Mann, kein jugendlicher Freund würde in das

Mädchen eindringen können. Erst der die Jungfrau *kaufende* Ehemann wird diese in der Hochzeitsnacht mit dem Messer aufschneiden wie ein verpacktes Stück Hausrat.

Zumindest blieben der jetzt Beschnittenen die verächtlichen und den Kern dieser widerwärtigen »Tradition« treffenden Worte eines Freundes des Vaters künftig erspart: »Der Mann war ein miesepetriger Alter, und wann immer meine kleinere Schwester oder ich ihn ärgerten, verscheuchte er uns wie Fliegen. ›Weg mit euch, ihr unreinen Mädchen. Ihr seid schmutzig‹, schimpfte er. ›Ihr seid ja noch nicht beschnitten.‹ Diese Worte schleuderte er uns entgegen, als wären wir Unbeschnittene etwas so Verachtenswertes, dass unser Anblick für andere nur schwer zu ertragen ist.«[116]

Die Beschneidung ist kein alleiniges »Privileg« der islamischen Welt. Sowohl die christlichen Kopten in Ägypten als auch zahlreiche ahnen- und geisterverehrende Stämme in Schwarzafrika sind diesem Wahn zugetan. Auch die *heilige Jungfrau Maria* musste sich wohl oder übel mit dieser heiklen Thematik beschäftigen. Im Spanien des 13. Jahrhunderts verweigerte ein sittsames Edelfräulein ihrem reichen, ungeliebten Gatten, den sie unter irgend einem Zwang (Geldprobleme?) heiraten musste, die eheliche Vereinigung. Aus Zorn und zur Strafe ließ er sie von vier Frauen festhalten, und der Unglücklichen wurden die Schamlippen und die Klitoris abgeschnitten. Soweit die schlechte Nachricht und nun die gute: Die jungfräuliche Mutter von Jesus erbarmte sich ihrer keuschen und gequälten Geschlechtsgenossin und brachte durch einen himmlischen chirurgischen Eingriff an der »Pforte« und dem »Zünglein« des Fräuleins alles wieder ins Lot.[117]

Das Werkzeug der Wollust

Es ist eine Sache der Geografie, ob die Klitoris und ihre Umgebung (*loca dilectabilia*) als Spielwiese des Teufels oder als verehrenswerter Bestandteil des Körpers bewertet wird. Elementar abweichend vom körperlichen Ehrverständnis in Ägypten und den anderen beschneidungssüchtigen Gebieten, gab es etwa auf Tahiti ein *hakatoro repe* genanntes Ritual, »bei dem die Klitoris des Mädchens stimuliert wurde, bis sie erigiert war. Daraufhin wurde an der Glans ein dünner Faden mit einem Steinchen befestigt, das die Klitoris im Laufe der Zeit bis zu einer Länge von 5 bis 8 cm zog.[118] Hier in der Südsee, wie auch bei manchen anderen Naturvölkern, wurde die Klitoris der Mädchen kontinuierlich gedehnt, um deren künftiger Geschlechtslust schon ein günstiges Terrain zu bereiten.

In der Zeit der mitteleuropäischen Hexenhysterie des 16. und 17. Jahrhunderts, bei der aufregenden Suche nach dem *stigma diabolicum*, dem Teufelsmal, konnte eine etwas größere Klitoris (»Myrtenbeere«) oder eine sonderlich geformte Schamlippe zum Verhängnis führen, da so mancher eifrige Hexenjäger solche Auffälligkeiten im Bereich der »unehrbaren« Körperlandschaft für nichts weniger als die *Teufelszitze* hielt.[119]

Das viktorianische Zeitalter, mit rigider Prüderie und heuchlerischer Doppelmoral ausreichend gesegnet, blickte weniger mit der religiösen Brille, sondern mit dem hocherhobenen Zeigefinger der gutbürgerlichen Anstandspolizei auf dieses unaussprechliche Ding, da von diesem eine arglistige Bedrohung für die »zufriedene« Sittsamkeit der jungen Damen ausging. »Mit dem Jud spielen«, nannte man in Wien die Onanie der Frauen,[120] und vor solch eigenständigem Handeln wollte man die braven Töchter bewahren. Mit der Angst vor der gesellschaftlichen Unordnung durch eine ungezügelte und der Kontrolle entzogenen weiblichen Sexualität war man dem ähnlichen Abwehrkampf des Islams gegen die *Fitna*, gegen die sexuelle »Anarchie«, welche die »heilige Ordnung« der Gemeinschaft schwächt, geistig sehr nah, ohne dass man es wusste.

Die Klitorisabschneidung (Clitoridectomie) wurde im 19. Jahrhundert auch in Europa zum Thema. Ärzte, vor allem in England, empfahlen besorgten Eltern *erblühender Töchter* mit wissenschaftlicher Bestimmtheit die Amputation dieses *part of horribile*. Isaac Baker-Brown, ein prominenter Londoner Chirurg und Präsident der Medical Society in London, leistete ab 1858 Pionierarbeit auf diesem heiklen Gebiet. Er hielt die Beschneidung für unbedingt notwendig, da nach seiner »wissenschaftlichen Erkenntnis« die Masturbation zu Hysterie, Epilepsie und Krampfadern führe. Allein 1866 berichtete er von 48 solcher »Operationen« an Mädchen und Frauen.[121]

In einer französischen, medizinischen Fachzeitschrift sympathisierte im Jahr 1882 der Arzt Dr. Demitrius Zambaco mit der Klitorisentfernung bzw. deren Zerstörung, um die »Heilung« von einem »gewissen Laster« brachial zu erzwingen, oder um einer eventuellen »Erkrankung« vorzubeugen. Immerhin war der Glaube weit verbreitet, dass die »Sünde der Selbstbefleckung« zur Schwächung der Sehkraft, zur Beschädigung der Nieren, zur Epilepsie und sogar zur Austrocknung des Gehirns führen kann. Dr. Zambaco: »Es ist vernünftig, zuzugestehen, dass die Verbrennung mit glühenden Eisen die Sensibilität der Klitoris beseitigt, ja, dass nach wiederholtem Brennen man in der Lage ist, sie vollständig zu entfernen … Es ist leicht einsichtig, dass die [Mädchen], nachdem sie durch die Verbrennung die Sensibilität eingebüßt haben, weniger aufreizbar sind und weniger dazu neigen, sich zu berühren.«[122] – Noch 1975 wusste Papst Paul VI., »dass der (oder die) Masturbierende der Liebe Gottes verlustig geht«. Es soll niemand über den Papst lachen, denn noch vor zwanzig Jahren glaubten chinesische Regierungsstellen, die über die Moral der Jugend zu wachen hatten, dass Selbstbefriedigung Impotenz, Gehirnschäden und Kurzsichtigkeit zur Folge hat und empfahlen als »sicheres« therapeutisches Gegenmittel die Beschäftigung mit den Werken von Marx, Lenin und Mao.[123]

Als wirksamen Behelf gegen die »Unterleibshitze« empfahl ein Jahrhundert vorher der Moraltheologe und Trappistenpater Debreyne kalte Abwaschungen mit Schneewasser, das mit Küchensalz gesalzen sein sollte. Zu bevorzugen war für ihn aber auch die Entfernung der Klitoris, da diese ja keinesfalls für die Zeugung notwendig sei und nur der Lust diene.[124] Auch der deutsche Pastor Karl-Gottfried Bauer (1765–1842) glaubte, dass die *heimliche Beschäftigung* der Frauenzimmer mit ihrer unteren Körperpartie »Verstopfung, Hypochondrie, Geschlechtskrankheiten, Blutvergiftung und Störungen im Nervensystem« fördere. Im wohltuenden Unterschied zu anderen Gesundheits- und Moralaposteln stand für Bauer jedoch nicht die Klitorisamputation als ordnende Maßregel im Zentrum der Überlegungen, er begnügte sich mit der bescheideneren Idee, den Frauen das Lesen von erotischen Romanen zu verbieten, damit von vornherein keine gedanklichen Turbulenzen die Sittsamkeit gefährden.[125]

Um der Keuschheit mit *allen* Mitteln zum Sieg zu verhelfen, da Gott die *Sünde des Fleisches* für das Verwerflichste hält, wurde dem »Lustzentrum« der Frau von einigen christlichen Sekten der totale Krieg erklärt. Immerhin, so glaubten diese religiösen Spinner, ist die *Geilheit* des schwächeren Geschlechts hauptverantwortlich für die Übel der Welt. Die für die *Reinheit* der Gesellschaft daher unbedingt notwendige »Beschneidung der Weibsleut« wurde im 17. Jahrhundert von den Männern der »Societät der Mutter Eva« eigenhändig in brachialer Manier durchgeführt. Sie fassten den Frauen auf brutalste Weise in die Vagina, »um den Uterus, den Sitz der ungeheuren Begierde der Frau nach dem *membrum virile* (dem Penis!) zu zerquetschen.« Eine zeitgenössische Schilderung lässt hier an Deutlichkeit nichts vermissen: »Darauf habe einer von Anfang mit dem einen Finger, nachgehends mit dem zweiten und so fort, bis er mit der ganzen Hand hinein kommen, durch die Scham zu ihnen gegriffen, und ihnen dermaßen im Leib herumgefahren, dass sie ihre fünf Sinne nicht gehabt.«[126]

II. HEILIGE REINHEIT, TABU UND BEGIERDE

GESCHWISTEREHE UND TÖCHTERSEX

Der Stacheldraht und das Tabu sind bemerkenswerte Produkte des menschlichen Geistes, mit beiden werden sensible und heikle Grenzen markiert. Bis hierher und nicht weiter, sonst ...! Hinter dem geistigen oder realen Stacheldraht, dort ist das Böse – »hüte uns vor dem Übel«. Also bleiben wir lieber auf dieser, unserer, der guten Seite, um keinen Schaden zu nehmen. Alle Religionen, Gemeinschaften und politischen Ideologien konstruierten eine Unmenge an Tabus und Vorstellungen über das *Reine* und *Unreine* im komplizierten Beziehungsgeflecht zwischen den göttlichen und irdischen Kräften sowie der untergeordneten Menschenherde als Knetmasse mittendrin. Die Wertigkeiten des *homo sapiens* verändern sich laufend und mit ihnen auch die religiösen Ideen und moralischen Bedürfnisse, die zur gesellschaftlichen Selbstzensur führen. Es gab Zeiten und Gesellschaftsformen mit unbegreiflichen, mächtigen und persönliche Freiräume erstickenden Tabus. Gleichzeitig wurden jedoch heute unvorstellbare Sexualverbindungen von der Gemeinschaft akzeptiert. Geschlechtliche Aktivitäten zwischen Erwachsenen und Kindern, Vätern und Töchtern, Müttern und Söhnen sowie zwischen Geschwistern waren vor allem innerhalb des religiös-rituellen Kontextes erlaubt. Auch die Staatsraison oder religiöse Pflichten forderten die Ehe und deren Vollzug zwischen Blutsverwandten. Das schrankenlose Liebesleben zahlreicher Gottheiten bot sich den folgsamen Erdenkindern zur Nachahmung an.

Einen hohen Rang innerhalb des altägyptischen Pantheons besaßen die sich paarenden Geschwister Geb und Nut (Erde und Himmel). Diese zeugten die Geschwisterpaare Isis und Osiris sowie Seth und Nephthys, die jeweils als Ehegatten einander zugetan waren und deren Leidenschaft zu einem außerirdischen Drama führte. Geb, der Erdgott, hat sogar seine Mutter Tefnut vergewaltigt und zur Gattin genommen.

Eine rustikale und durch das bäuerliche Umfeld inspirierte Liebesstrategie wählte der sumerische Fruchtbarkeitsgott und Gott der Herden Dumuzi (auch Tammuz genannt), als er seine Schwester Geschtinanna verführen wollte. Er brachte die Arglose in einen Schafstall, damit der Geruch und der Anblick der einander besteigenden Tiere ihrer sexuellen Bereitschaft den nötigen erotischen Impuls verlieh.

Ganz real, in den letzten Jahrhunderten der Pharaonenzeit, reaktivierten die ptolemäischen Herrscher über Ägypten die alte Idee der Geschwisterehe zum Zweck der Erhaltung des dynastischen Erbes. Ptolemaios II. Philadelphos (er regierte von 285–246 v. Ch.) heiratete seine Schwester Arsinoe. Sein griechischer Beiname »Philadelphos« – »geschwisterliebend« galt auch den nachfolgenden Pharaonen zur Nachahmung. Ptolemaios VIII. lebte in Doppelehe mit seiner Schwester und seiner Stieftochter. Kleopatra VII. heiratete als Sechzehnjährige ihren neunjährigen Bruder Ptolemaios XIII. und nach dessen Tod gelangte der nächste Bruder als »Gemahl« in die Pflicht.[1]

Zu bestimmten Zeiten war am Nil auch die *Tochterehe* nicht ungewöhnlich. Tausend Jahre vor dem Eintritt der griechischen Ptolemäer in die ägyptische Geschichte, im »Neuen Reich«, führte Ramses II. (Pharao aus der 19. Dynastie) sogar mit dreien seiner Töchter eine Ehe. Nebenbei »erfreuten« sich auch weit über hundert Nebenfrauen seiner nächtlichen Gunst. Der wohl zu den fruchtbarsten Herrschern der Weltgeschichte zählende und stets von einem zahmen Löwen begleitete Ramses (reg. 1290–1224 v. Ch.) blickte stolz auf eine Kinderschar, deren Zahlenstärke heute ein Schulhaus mit acht bis zehn Klassenzimmern füllen würde. Trotz seiner vielen amourösen Verpflichtungen – das »Turiner Papyrus« zeigt den alternden Pharao bei einer Orgie im Harem – hatte er noch genug Zeit und Energie, um sich als »Baulöwe der ägyptischen Antike« (Philipp Vandenberg) einen Namen zu machen. Unter seiner Ägide war die religiöse Revolution der Echnatonzeit endgültig vergessen. Der schon zu Lebzeiten als »Ketzerpharao« verfluchte Echnaton (Amenophis IV.) besaß einige Jahrzehnte vor der Regierungszeit von Ramses den kompromisslosen Ehrgeiz, das Glaubensgebäude der Ägypter niederzureißen, um es von Grund auf zu erneuern. Gegen den erbitterten Widerstand der mächtigen Priester wollte Echnaton den bisherigen alten Reichsgott Amon und dessen große Verwandtschaftssippe aus dem Land jagen und den Monotheismus (die Verehrung nur mehr eines einzigen Gottes) zur Durchsetzung bringen. Echnaton sah sich als Prophet und Verkünder des neuen Gottes- und Reichssymbols, der Sonnenscheibe Aton. Der Sonnenkult war den Ägyptern nicht neu. Ein Novum allerdings war im Land des traditionellen Polytheismus, dass nun die bisherige Vielzahl der Götter geleugnet werden musste. In seinem rauschhaften Bestreben, eine neue Religion zu erfinden und in die Köpfe der Mitmenschen zu hämmern, erinnert Echnaton an den zwei Jahrtausende später den *einen* Gott bewerbenden Mohammed. Die Beute, die Mohammed seinen Glaubensstreitern versprach, half vorzüglich, die alten arabischen Götter zum Teufel zu jagen. Der »basisfremde« Pharao war bei seinem Monotheismus-Experiment deutlich weniger erfolgreich, und sofort nach seinem Ableben fanden die Ägypter geschlossen und reumütig wieder zu den alten Göttern zurück. Die Idee mit dem einen und einzigen Gott, der alles sah, hörte und streng kontrollierte, blieb dem Volk äußerst suspekt. Das besondere Charisma, als »Gottkönig« von Amun-Re, dem König der Götter gezeugt worden zu sein, fehlte den Herrschern Ägyptens seit dem Tod des »Ketzerpharaos« Echnaton. Um der Restauration der früheren religiösen Geisteshaltung in Ägypten zum abschließenden und »endgültigen« Erfolg zu verhelfen, verehrte Ramses II. demonstrativ seinen Vater und ebenso seinen Großvater als Götter, um seinen Untertanen eindrucksvoll vor Augen zu führen, »dass er wieder ein echter Pharao, ein Sohn des Gottes Amun-Re war und in direkter Linie von zwei Gottkönigen abstammte.«[2]

Auch die Inkas kannten die *Geschwisterehe*. Ihre Herrscher waren der Tradition ihrer göttlichen Ahnen verpflichtet, da das in Geschwisterehe lebende Paar des Sonnengottes und der Mondgöttin den ersten Inka Manco Capac und dessen Schwester und Hauptfrau Mama Oello zeugten. Es bestand die eiserne Regel, dass der jeweils regierende Inka seine älteste Schwester von der gleichen Mutter als Hauptgattin heiraten musste. Sobald diese ihm einen Sohn und eine Tochter gebar, wurden diese Geschwister später in gleicher Weise verheiratet. Blieb die Ehe mit der ältesten Schwester kinderlos, musste oder durfte die nächste Schwester das Ehebett mit ihrem hochrangigen Bruder teilen.[3]

Was zählt heute zum Status- und Machtsymbol eines Politikers (oder einer Politikerin)? Bei so manchem schwarzafrikanischen Führer ist es die Menge der weggesperrten oder »ruhiggestellten« politischen Gegner. Westliche Staatenlenker messen ihre Bedeutung freundlicherweise eher an der Zahl der um sie herumschwänzelnden Wichtigtuer und Berater, am wohlwollenden Interesse der Medien an ihrer Person und vor allem auch, ob sie vom regierenden amerikanischen Präsidenten doch einmal in dessen privates Refugium zum Grillen eingeladen werden. Große Persönlichkeiten des öffentlichen Lebens wollen ihren besonderen Status bestätigt wissen, auf die eine oder andere (oft skurile) Art. Die Choreographie der Glanz- und Gloriademonstration widerspiegelt natürlich die Erwartungen der jeweiligen Zeit. Die Andenherrscher ähnelten hier ihren früheren Berufskollegen in Ägypten. Neben ihren Schwestern »begatteten« sie noch weitere Ehefrauen und bis zu 300 offizielle Konkubinen. Das einfache Volk sah mit Staunen und Ehrfurcht (wahrscheinlich auch mit einer gehörigen Portion Sozialneid) auf diese Vorführung politischer und männlicher Herrlichkeit.[4]

Auch die persische Dynastie der Achämeniden, die den Zoroastrismus mit seinem Feuerkult (mit Mazda als obersten Gott) förderten und seit Kyros II. zur Staatsreligion erklärten, praktizierte zur »Reinerhaltung« des Blutes und des Glaubens die Ehe mit den eigenen Schwestern und Töchtern. Seinen Vorfahren in diesem Brauch würdig nacheifernd, nahm Artaxerxes II. (404–359 v. Ch.) seine beiden Töchter Amestris und Atossa zu Ehefrauen. Der baktrische Dynast Sisimithres heiratete zur Zeit Alexanders des Großen sogar seine eigene Mutter. Und von Ardaviraf, dem späteren Wiederhersteller der Mazda-Religion, weiß die Geschichtsschreibung, dass er mit seinen sieben Schwestern die Ehe würdig vollzog.

Die Anhänger des Zarathustra, der im Trancezustand Visionen gehabt und das Wort Ahura Mazdas vernommen haben soll, waren und sind einem strengen »Reinheitsgebot« verpflichtet. Aus ihren heiligen Schriften (Avesta) ist das rigide Glaubensgelübde abgeleitet: »Ich schwöre mich ein auf die mazdayasnische Religion [...] durch [die] die Sippenehe geboten ist; die ashaheilige Religion, die unter allen, die es gibt und geben wird, die größte und beste und schönste ist: sie, die ahurische zarathustrische.«[5]

Der Samen der reinen Mazda-Gläubigen darf nie mit unreinen Ungläubigen in Verbindung kommen, deshalb ist die religiöse Mischehe verboten. Empfohlen ist deshalb die Verwandtenheirat, das heißt die Eheschließung zwischen Sippenangehörigen gleichen Glaubens.

Unter dem religiösen und wirtschaftlichen Druck des Islams wanderten erhebliche Teile des iranischen Volkes in zwei Wellen (10. und 19. Jahrhundert) nach Indien aus und blieben dort ihrem alten Glauben an Ahura Mazda treu. Die Nachkommen dieser Religions- und Wirtschaftsflüchtlinge bilden heute die »kleinste und gebildetste« indische Minderheit. Das Zentrum der in Indien als *Parsen* (abgeleitet von »Persern«) bekannten Mazda-Verehrer findet sich in der Küstenmetropole Bombay (Mumbai). Den Parsen, deren strenges Reinheitsideal legendär ist, eilt im korruptionsgeplagten Indien auch der Ruf als überaus fleißige, ehrliche und zuverlässige Zeitgenossen und Geschäftspartner voraus. So besitzt etwa ein parsischer Gebrauchtwagenverkäufer schon von vornherein einen allgemeinen Vertrauensvorschuss. Zur Gemeinschaft der Parsen gehört auch die indische Vorzeigefamilie Tata, deren Industriekonzern sich zunehmend erfolgreicher mit der Produktion von Autos für den globalen Markt beschäftigt.

Mit ihrem Glauben an Mazda – *dem guten und höchsten Gott, dem Schöpfer und Weltenrichter* – und an die Lehren von seinem Propheten

Zarathustra praktizieren die Parsen eine der ältesten Hochreligionen der Welt. Ahura Mazda (dem *weißen Herrn*) steht der finstere Ahriman als Verkörperung alles Bösen und oberster Teufel gegenüber. Die »Geschichtensammler« der drei anderen »Buchreligionen« (der Juden, der Christen und zuletzt Mohammed) borgten sich viele Elemente aus dieser persischen Religion, so in unterschiedlicher Ausformung auch die Vorstellung von Himmel und Hölle.

Jede Glaubensidee verliert früher oder später das Fundament ihrer Begründung, stirbt ab und wird zur Fußnote der Geschichte. Bei den Parsen, deren Zahl weltweit nur mehr an die 130 000 beträgt, ist die Glaubensbereitschaft zwar noch weitgehend intakt, aber dennoch wird diese exklusive Religionsgemeinschaft das 21. Jahrhundert kaum überdauern. Trotz des eindrucksvollen sozialen Engagements der Parsen, sind sie doch von einem ausgrenzenden elitären Dünkel beseelt. Hier ortet der Asienkenner Olaf Ihlau den Anfang vom Ende: »Nie hat diese Religionsgemeinschaft sich um den Übertritt Andersgläubiger bemüht. Als *Arier Gottes* pflegen die Parsen einen elitären Rassenkult. Mischehen werden als Frevel empfunden. Als Folgen jahrtausendelanger Inzucht haben Zeugungsunfähigkeit und ein schwach entwickeltes Sexualleben die Gemeinschaft überaltern lassen [...] Gleichwohl sind Konvertiten nicht willkommen. Lieber sterben wir aus, als uns mit schlechtem Blut zu vermischen, lautet das Reinheitsgebot der parsischen Priester.«[6]

Innerhalb des kinderreichen indischen Vielvölkerstaates fallen die Parsen durch eine der niedrigsten Geburtenraten auf. Im Verbund mit den vorerwähnten Eigenarten der Gefolgsleute Zarathustras und Verehrer Mazdas – die übrigens überzeugte Nichtraucher sind, da das Rauchen als respektloser Gebrauch des verehrten Feuers gilt – trägt der schwache Kindersegen entscheidend zum Aussterben dieser Ahnherrin unserer »Buchreligionen« bei. So wird auch das schauerliche Bestattungsritual der Parsen in wenigen Jahrzehnten nur mehr in den Erzählungen lebendig bleiben. Bisher werden die verstorbenen Angehörigen dieser Religionsgemeinschaft zu den »Türmen des Schweigens« (auf einen Hügel mitten in Bombay) gebracht. Dort, auf einem hochgelegenen Plateau hinterlegt, können sich Geier und andere Vögel an den Leichen kulinarisch bedienen. Diese außergewöhnliche Form der endgültigen Entsorgung empfinden die Parsen als letzte Gabe an die Natur. Denn der »entseelte« Körper gilt als Abfall, er soll und darf die heiligen Elemente Feuer, Erde, Wasser und Luft nicht beschmutzen. Natürlich passiert es immer wieder, dass einer der Geier oder Raben ein schmackhaftes Stück der Leiche bevorratend auf dem Heimflug mitnimmt und deshalb so mancher der Bewohner Bombays eine Hand oder ein sonstiges Stück Menschenfleisch auf seinem Balkon findet.[7]

Im Dschungel der göttlichen Triebe

Der in den alten Kulturen aus religiösen und staatspolitischen Gründen bereitwillig und pragmatisch praktizierte Beischlaf mit Schwestern und Töchtern sowie zwischen Müttern und Söhnen wurde durch die Veränderung der Lebensformen zum uns gewohnten, strengen Tabu. Sein zivilisatorischer Stellenwert innerhalb des zwischenmenschlichen Sozialgefüges könnte übler nicht sein. Doch in seinem unermüdlichen Bestreben, die Grenzen des Denkbaren zu überschreiten, Tabus zu errichten und andere zu schleifen, gelang es dem neugierigen Menschen – unter hilfreicher Assistenz seiner Götter – einen anderen gewagten und anfänglich von der Religion legitimierten Schritt in eine noch dunklere Ecke im Dschungel der Triebe zu machen.

Nach der Erkenntnis jüdischer Rabbiner war Adam, der Stammvater der Juden, Christen und Moslems, geschlechtlich derart »allseitig« veranlagt, dass er mit *jeder* Kreatur sexuell verkehrte, die ihm vor seinen nimmermüden Penis lief. Erst als Gott den Einfall hatte, ihm in Gestalt der Eva ein Weib zu erschaffen, wurde die wahllose Triebabfuhr Adams in geordnete Bahnen gelenkt.[8] Bevor die monotheistischen Abrahamreligionen in die Weltgeschichte eintraten, bevölkerte den Götterhimmel auch eine Unmenge von Tieren. Der Mensch war noch nicht so stolz, sich als »Krone der Schöpfung« zu verstehen, daher besaß auch die Tierwelt (oder zumindest ein Teil davon) einen respektablen Status sowohl im Diesseits als auch im Jenseits. Viele der frühen Götter besaßen Tiergestalten. Innerhalb der antiken und frühzeitlichen, religiösen Ideengebilde konnte sich kein Tabu behaupten, das die Vorstellung des sexuellen Treibens zwischen den Göttern in Tiergestalt und jenen im Menschenkörper verhindert hätte. Das Territorium der Götter war von erotischer Energie durchdrungen. Die Götter (männlich/weiblich/als Zwitter, als Mensch/ als Tier/als Mischung aus beiden) *verkehrten* gerne auch *diesseits* mit Menschen aus Fleisch und Blut und waren in ihren Verführungskünsten sehr einfallsreich. Solch religiös gefärbten Fantasmen begünstigten die reale Umsetzung sakraler »Dienste«, deren Praktiken unser ethisch orientiertes Denken verwirren. Das berühmteste und zugleich berüchtigtste Beispiel in diesem Zusammenhang war die *Ziege von Mäander*, die man für eine Inkarnation der Gottheit der Fruchtbarkeit hielt. Der von Cicero als *Pater historiae* (Vater der Geschichtsschreibung) gewürdigte Herodot aus Halikarnassos (484–425 v. Ch.) berichtete in seinen Werken vom Tempel am Mäander, in dem sich zahllose Frauen eigens dressierten Ziegenböcken geschlechtlich hingaben und sie zugleich inbrünstig als göttlich verehrten. Zweifler an Herodots Darstellung behaupteten allerdings, dass die frommen Frauen nicht von Ziegenböcken sondern von Widdern besprungen wurden.[9]

Zu den Vorzügen des als Halbgott verehrten Hamadryas-Pavians in Ägypten gehörte nicht nur, dass das erstaunlich begabte Tier bei Tisch bedienen konnte und im Garten das Unkraut ausrupfte, er war auch in der Lage, im Tempel die korrekte Haltung eines Beters zu imitieren. Als sei das der guten Werke noch nicht genug, erfreuten sich die Ägypter beider Geschlechter an der »körperlichen Partnerschaft« mit diesem außergewöhnlichen Tier.

Auch so mancher Hindupriester wusste die Gelehrigkeit der Affen für seine sexuellen Bedürfnisse zu nutzen, um der sporadischen »Partnerschaft« mit den geliebten *heiligen* Kühen ein zweckdienliches Äquivalent entgegenzusetzen.

Um die Angst vor der wiederkehrenden Pestgefahr im 16. und 17. Jahrhundert religiös zu kanalisieren, wurden aus zahlreichen mitteleuropäischen Orten inbrünstige Versprechen (Gelübde) in Richtung Himmel gesandt, um den göttlichen Schutz für das eigene Gemeinwesen herbeizuflehen. Als Gegenleistung für die gnädige Verschonung vor dem »Schwarzen Tod« gelobten die gottesfürchtigen Bauern die regelmäßige Erinnerung an die Passion Christi durch ein erbauliches und gemeinschaftlich durchgeführtes Theaterspiel. Im bayerischen Oberammergau sowie in den Tiroler Orten Erl und Thiersee wird das Leiden und Sterben *unseres Herrn* noch immer in bestimmten zeitlichen Abständen bei einem unverändert enormen Publikumsinteresse aufgeführt. Die bis vor wenigen Jahrzehnten noch enthaltenen antisemitischen Tiraden wurden entschärft. Was dramaturgisch blieb, ist nach heutiger medialer Genre-Zuordnung ein achtbares Stück über antike Justiz-Willkür. Ein harmloser Spaß im Angesicht der aktuellen Realität in vielen Teilen der Welt.

Stellt man den Inhalt dieser Aufführungen im süddeutschen Sprachraum den römischen »Passionsspielen« vor 2000 Jahren vergleichend gegenüber, so erinnert das Geschehen in Oberammergau und den anderen Orten im Sinne des Jugendschutzes an die freundlichen Streitereien zwischen Kasper und dem Krokodil vor erwartungsvoll lauschenden kleinen Kindern, während die sakral legitimierten Darstellungen im alten Rom die ungeheure Brutalität der perversesten aller Gewalt- und Pornoproduktionen souverän übertreffen. Vor einer begeisterten, großen Menschenmenge wurde in den Arenen zu Ehren der Götter deren variantenreiches Geschlechtsleben szenisch nachgespielt. Die römischen Götter – so manche in Tiergestalt und von fremden Religionen »tolerant« übernommen – trieben es untereinander wenig zimperlich. Eine besondere Anziehungskraft für das Publikum besaß die Darstellung von Pasiphae mit dem Stier. Pasiphae, die Tochter des Helios, war in unnatürlicher Liebe zu dem von Poseidon gesandten Stier entbrannt. Aus dieser »Liebesverbindung« ging Minotaurus hervor. Als unfreiwillige Akteure für diese Aufführungen aus den Niederungen der Götterwelt wurden Bullen, Hengste, Giraffen und andere große Tiere dressiert und in die Arenen zu ihren ebenso unfreiwilligen menschlichen »Partnern« getrieben. Die Chancen für die Letzteren – meist Jungfrauen und nicht selten auch Kinder – die »großartige« Darbietung ohne gröbste (und oft tödliche) Verletzungen zu überstehen, waren mehr als gering.[10]

Das religiöse Element diverser »Lustbarkeiten«, Rituale und Bräuche wird mit der Zeit verwaschen. Katholische Feste und Prozessionen imponieren immer noch durch ihre emotionsbewegende Inszenierung eines rauschhaften Brimboriums. Um den inneren theologischen Kern des meist farben- und klangfrohen Theaters kümmern sich allerdings die wenigsten. Es war halt immer so, und als braver Katholik macht man eben aus Gewohnheit und Tradition (und vielerorts auch wegen der staunenden Touristen) als Statist der Religion bei diesen kirchlichen Aufmärschen mit. Nicht nur bei den Katholiken, auch in anderen Religionen verflüchtigen sich mit der Zeit die den Ritualen und Feierlichkeiten ursprünglich den theologischen Sinn gebenden Substanzen. Der leer gewordene Überlieferungstorso wird mit billigem Erklärungsschwulst nachgefüllt. Das dumme Gewäsch über das göttliche Interesse an der Beschneidung gehört in diese Kategorie des im Nebel der Geschichte vom ursprünglichen Weg abgekommenen Arguments.

Auch die »Götterspiele« in der Hauptstadt des römischen Imperiums verloren – als der Zenit der Macht und Herrlichkeit dieser alten Weltmacht schon überschritten war – ihre ursprüngliche religiöse Aussage. Jetzt trieb die dekadente Raserei ihrem Höhepunkt zu. Den Göttern gedachte man nur mehr beiläufig mit einem flüchtigen Dank für die erhaltene Gnade des wollüstigen Zusehens bei den von Jahr zu Jahr grausamer werdenden Massenbelustigungen. In seiner wissenschaftlichen Untersuchung perverser, sexueller Praktiken in verschiedenen Kulturen beschrieb der Amerikaner Robert Masters ein hervorragendes Beispiel der »humanistischen Reife« dieser immer noch als Vorbild geltenden Zivilisation: »Ein begeistert aufgenommenes Schauspiel ging dem Vernehmen nach mit hundert besonders kleinen Mädchen über die Bühne – samt und sonders Blondinen, die zu gleicher Zeit von einer Horde Paviane vergewaltigt wurden. Schimpansen und ebenso grausame wie farbenfreudige Mandrills, die man betrunken gemacht und mit dem weiblichen Sexualgeruch der eigenen Gattung in Hitze versetzt hatte, wurden auf Mädchen losgelassen, deren Genitalien mit dem Urin weiblicher Schimpansen und Mandrills besprengt waren. Als besonders erregenden Höhepunkt des Ganzen ließ man es gelegentlich zu, dass die Tiere, nachdem sie ihre menschlichen Opfer vergewaltigt hatten, diese umbrachten und verschlangen, falls ihnen danach der Appetit stand. Solche Schauspiele lösten stets donnernden Beifall aus.«[11]

Es wäre falsch, die Erinnerung an den kultischen Geschlechtsverkehr zwischen religiös verzückten Gläubigen und *heiligen* Tieren als hemmungsloses Produkt schwüler Fantasien in Zweifel zu ziehen. Zu fundiert sind die Aussagen unterschiedlicher antiker Autoren zu dieser später so tabubeladenen Thematik. Erst das junge Christentum hat dieser derben Variante der öffentlichen religiösen Verehrung offiziell den Garaus gemacht. Allerdings unterhalb der moralisch geglätteten Oberfläche köchelt diese aus dem öffentlichen Diskurs verdrängte Spielart der menschlichen Triebabfuhr bis in unsere »hochzivilisierte« Zeit weiter. Nicht umsonst findet sich innerhalb der Reinigungsvorschriften des Islams auch eine Maßregel für den Geschlechtsverkehr des Moslems mit einem Tier. Da der Teufel, wie schon erwähnt, überall und speziell während sexueller Befindlichkeiten auf der Lauer liegt, ist nach jeder geschlechtlichen Aktivität eine rituell motivierte Reinigung vorzunehmen. Die Form und das Ausmaß dieser Reinigung variiert nach dem Grad der »Verunreinigung«, kategorisiert nach der Art der körperlichen Verrichtung, die sich vor dem verschämten und dennoch neugierigen Auge Allahs abgespielt hat. Es gibt die »kleine« und die »große« Unreinheit und damit verbunden die kleine und die große Waschung (arabisch: wudhu und ghusl). Während nach einer Penetration »in eine der beiden

Öffnungen« des Ehepartners – unabhängig davon, ob es zur Ejakulation gekommen ist oder nicht – der *ghusl* für beide Beteiligten notwendig wird, »zieht das Eindringen in das Geschlechtsteil eines Tieres, eines Kadavers oder eines Kindes, die normalerweise durch den Koitus nicht erregbar sind, nicht die Verpflichtung zum *ghusl* nach sich.«[12]

Animalische Provokationen

Mit den obszönsten Schimpfwörtern (Ziegenfi…!) aus den sprachlichen Niederungen der Gosse bewarf der holländische Dokumentarfilmer und Provokateur Theo van Gogh seine Amsterdamer Mitbürger moslemischer Provenienz, wenn er sich wieder einmal – wie so oft – über die zivilisationsfeindlichen Auswüchse der dem Diktat des Islams unterstellten Parallelgesellschaft ärgerte. Mit seinem letzten Film *Submission*, in dem die Misshandlung muslimischer Frauen mittels einer auffälligen Bilddramaturgie thematisiert ist, unterschrieb er sein Todesurteil. Ohne Personenschutz, obwohl auf einer islamistischen Website schon dazu aufgerufen wurde, ihn »wie ein Schwein abzuschlachten«, war van Gogh am trüben Morgen des 2. November 2004 auf der Amsterdamer Linnaeus Straat mit dem Fahrrad unterwegs, als ihn der 26-jährige marokkanischstämmige Mohammed Bouyeri mit 20 Kugeln niederstreckte und dem trotz der vielen Schusswunden noch lebenden Holländer anschließend mit einem Schlachtermesser die Kehle durchtrennte (wir kennen die letztere Methode von den *Schlachtopfern*!). Mit einem zweiten Messer heftete der glaubensnärrische Terrorist, der in den Niederlanden aufwuchs, hier zur Schule und auch zur Arbeit ging und das liberale Gesellschaftssystem trotzdem abgrundtief hasste, einen Brief an den Körper des nunmehr Toten, in dem er der (noch) christlichen Mehrheitsbevölkerung eine Drohbotschaft sandte: »Ich weiß, o Ungläubige, dass euer aller Ende naht.« Dieser blutbefleckte Brief beinhaltete zugleich auch eine Todesdrohung an die aus Somalia stammende ehemalige Abgeordnete des niederländischen Parlaments, Ayaan Hirsi Ali, die das Drehbuch zu *Submission* schrieb. Die streitbare Kritikerin des fundamentalistischen Islam ist seit 2002, als sie sich öffentlich vom Glauben ihrer Herkunft abwandte, massivsten Drohungen ausgesetzt. In einem *Spiegel*-Interview räumte die Ikone (»der weibliche Salman Rushdie«) im Kampf gegen den religiösen Freiheitsfeind ein, dass ihr erst durch das feige Attentat auf Theo van Gogh bewusst wurde, wie konkret, wie tödlich die Bedrohung ist: »Aber ich begriff auch, dass sich dieser Mordaufruf nicht nur gegen mich richtet, sondern gegen Holland, gegen die westliche Welt. Sie meinen uns alle. Jedes Land, in dem offen Kritik an Muslimen geübt werden darf, ist in den Augen radikaler Muslime der Feind des Islam.«[13]

Schon Monate vor dem tödlichen Attentat des islamischen Fanatikers auf Theo van Gogh deponierte dieser bei seinen Freunden den Wunsch, im Falle seines Ablebens in einigen von ihm bestimmten Damen in besonderer Form weiterzuleben, indem jede der Schönen einen Esslöffel seiner Asche zu sich nehmen sollte. Dieser letzte Wille kam nicht zum Vollzug, seine Asche schluckte am Ende das Meer. Näher an das unkonventionelle Denken des Filmemachers gelangte die Abschiedszeremonie seiner Freunde. Deren Gestaltung hätte der Ideenwelt des leidenschaftlichen Provokateurs ganz und gar entsprochen. Sein Sarg aus schlichtem Fichtenholz war auf einem drehbaren Podium in einem stillgelegten Gaswerk in Amsterdam aufgebahrt. Die 500 anwesenden Gäste konnten sich an einer aussagekräftigen Inszenierung erfreuen, denn vor dem Podium der die Abschiedsfeier moderierenden engsten Mitstreiter und Freunde waren zwei ausgestopfte, zottelige Ziegen angebunden, daneben ein Schild: »Für Alle, die Gelüste haben.«[14] Diese eindeutige Bild- und Figurensymbolik zielte natürlich auf jene (v. a. marokkanisch-stämmigen) Bewohner Amsterdams, die den mittelalterlichen Muff ihrer engstirnigen Wüstenreligion und die daraus hervorgehende moralische Zwiespältigkeit verherrlichen und als ideale Zukunftsform für alle propagieren.

Etwas mehr als drei Jahre nach diesen Vorfällen im bisher calvinistisch geprägten Königreich an der Nordsee wurden Vierbeiner als potentielle

Sexualobjekte für triebgesteuerte Moslems im Vorfeld der Grazer Kommunalwahlen thematisiert. Michael Winter, Obmann der steirischen FP-Jugend (Freiheitliche Partei), forderte ungeniert, als vorbeugende Maßnahme gegen »türkisch-moslemische Vergewaltigungen« eine Schafherde im Stadtpark grasen zu lassen, denn »der Geschlechtsverkehr mit Tieren scheint im Islam eine gewisse Tradition zu haben.«[15]

Mit dieser populistisch gesteuerten, rhetorischen Provokation wurde natürlich mit voller Absicht an einem mächtigen Tabu gerüttelt. Die Thematik der sexuellen Aktivität zwischen Mensch und Tier ist von einer dicken Mauer des Schweigens und des Verdrängens aus dem öffentlichen Bewusstsein umgeben. Die historische Erinnerung an den kultisch-religiös legitimierten leiblichen Kontakt zwischen den Arten ist fast gänzlich verblasst. Gleichzeitig glimmt die *Bestialität* (nunmehr) außerhalb des religiös gefärbten Zweckes – von der Gesellschaft verschämt ignoriert – munter weiter.

Sowohl das Judentum als auch der Islam entstanden aus Hirtengesellschaften heraus, und das einsame Hirtenleben oft weit abseits von menschlichen Zentren forderte von so manchem Jüngling einen befremdenden körperlichen Tribut. Doch es ist eben nicht alles Vergangenheit. Aufkeimende jugendliche Sexualbedürfnisse prallen durch den überbordenden »Jungfrauenkult« der Moslems von vornherein an dem aus Ehr-, Moral- und Religionstabus errichteten Sittenwall ab. Das Jungfernhäutchen darf unter keinen Umständen beschädigt werden, da von diesem banalen kleinen Stück Haut das Glück, die Ehre und Reputation des Familienclans, ja zuletzt der ganzen Gesellschaft, abhängt. Die jungen Männer, denen der nichtkäufliche weibliche Schoß bis zur eigenen Hochzeit eisern versperrt bleibt, suchen nach allen möglichen Lösungen, um der Unruhe ihres Körpers entgegen zu steuern. Und, wir ahnen es, im ländlichen Bereich der meisten islamisch geprägten Länder, wo die Schaf- und Ziegenherden zum gewohnten Besitzstand vieler Familien gehören, bleiben zwar die Mädchen zu 95 Prozent »unberührt«, den Preis dafür muss aber so manches Mal ein Vierbeiner bezahlen. Hauptsache, die Jungfrauen des

Dorfes bleiben von den lüsternen Einflüsterungen des Teufels verschont. Da die »Tierliebe« vom Propheten nicht ausdrücklich verboten wurde, galt und gilt sie vor allem bei den Arabern als harmloses »Kavaliersdelikt«. Ganz im Gegensatz zu anderen sexuellen Betätigungen, wie etwa dem freiwilligen Geschlechtsverkehr zwischen zwei unverheirateten Personen, deren »Unzucht« ein Schwerstverbrechen ist, das nach den Forderungen des Korans mit jeweils 100 Peitschenhieben gesühnt werden muss.

Es gibt eine bezeichnende Szene innerhalb der Geschichte eines Romans, in der zur Zeit der Machtübernahme Khomeinis eine Gruppe iranischer Männer »es« absichtlich vor den Augen ihrer Frauen mit den Ziegen »treibt«, nur um das weibliche Geschlecht drastisch an seinen minderwertigen Rang zu erinnern. Dass eine solche Fantasie realen Gegebenheiten entlehnt ist, kann die Kenner des Orients nicht überraschen.

Zur Ehrenrettung der islamischen Welt ist in Zusammenhang mit der Triebabfuhr nach arabischer Hirtenart mit Nachdruck darauf hinzuweisen, dass dieses tabuisierte Phänomen auch außerhalb des Geltungsbereiches der Scharia seine heimlichen Anhänger fand. Nicht umsonst wurde in allen Kulturen – nachdem die »Zoophilie« allmählich ihren »heiligen« kultischen Nimbus verlor – sehr streng gegen dieses Übel vorgegangen. Schon in der Frühzeit Israels wurde der geschlechtliche Verkehr mit den vierbeinigen Freunden auch mit der Todesstrafe geahndet: »Ein Mann, der einem Tier beiwohnt, wird mit dem Tode bestraft, auch das Tier sollt ihr töten. Nähert sich eine Frau einem Tier, um sich mit ihm zu begatten, dann sollst du die Frau und das Tier töten. Sie werden mit dem Tod bestraft; ihr Blut soll auf sie kommen (Lev. 20,15–16).« Diese massiven Strafandrohungen stehen in direktem Zusammenhang mit dem umfangreichen Regelwerk der kultischen »Reinheit« und »Unreinheit«.

Auch das Christentum beschäftigte sich in seinen »Bußbüchern« des Mittelalters und der frühen Neuzeit sehr ausführlich mit dieser Causa. Der Fragenkatalog der Priester an die Sünder war eindeutig: »Hast du in dem Sinne Unzucht getrieben wider die Natur, dass du mit Tieren (cum animalibus) den Geschlechtsverkehr ausgeübt hast (coire), also mit einer Stute (equa), mit einer Kuh (vacca), mit einer Eselin (asina) oder mit irgendeinem anderen Tier?« Der Geschlechtsverkehr mit einer Kuh galt als besonders schwere Schuld vor Gott und der Gemeinde, denn als Wiederkäuer war dieses arme Tier die *Unreinheit* par excellence: »Wenn ein Mann nach 20 Ehejahren in den ekelhaften Fehler verfallen ist, dass er mit einer Kuh Unzucht treibt, tut er [für dieses Übel] zehn Jahre Buße.«[16]

Der Umfang und die Art der Buße lag im Ermessen des Priesters. Die Beichtväter mussten von ihren Vorgesetzten des öfteren auch ermahnt werden, mit den Detailfragen zum Sündenkomplex der »Unzucht« etwas zurückhaltender zu operieren, da so mancher »Pönitent« erst durch das delikate Gesprächsthema auf die sexuelle Bandbreite der Natur aufmerksam wurde.

Im Falle der *Bestialität* wurden die Strafen in der Neuzeit wieder radikaler. Nicht selten wurde das unschuldige Objekt der Begierde mit dem verurteilten Delinquenten mitverbrannt oder gehängt.

Eine kuriose Episode zu dieser ernsten Thematik weis die Chronik unter dem Jahr 1660 aus dem Umland von Genf zu berichten. Dort wurde der sechzehnjährige Pyramus Mermillod wegen Misshandlung einer Kuh verhaftet. Die Dienstmagd seines Herrn hatte gesehen, dass der Kuhhirte sein Glied gegen die Genitalien der Kuh hielt. Der Staatsanwalt aus der Stadt, der den »Tatort« penibel untersuchte und sowohl die Höhe des »Fundaments« der Kuh vermaß als auch die der Genitalien Mermillods, kam zu dem entlastenden Ergebnis, dass »Ersteres einen französischen königlichen Fuß höher lag als Letzteres und die Handlung daher unwahrscheinlich war.« Der junge Kuhhirte, der jegliches sexuelles Verlangen nach der Kuh bestritt, bot dem Gericht bei der Vernehmung eine bauernschlaue Erklärung für sein von der verstörten Magd beschriebenes Verhalten an. Er sagte, »es sei wahr, dass er eine seiner Hände gegen die Kuh gehalten hat und sein männliches Glied in der anderen Hand, aber nur um auf das Fundament der Kuh zu urinieren, um die Flöhe abzutöten, weil er in Jussy gehört hatte, dass dies ein gutes Heilmittel sei.«[17]

Unsicher, ob Pyramus Mermillod nun schuldig ist oder nicht, überließ ihn die Obrigkeit »dem Urteil Gottes« und setzte ihn wieder auf freien Fuß. Besonders außergewöhnlich dürften Verdachtsmomente solcher Art nicht gewesen sein, da man in vielen Dörfern bemüht war, nicht einen Hirten alleine, sondern – zwecks gegenseitiger Kontrolle – zwei oder auch mehrere mit der Herde nach draußen zu schicken.

Nach Untersuchungen von Kinsey im Amerika der fünfziger Jahre gaben ungefähr 8 Prozent Männer und 3 Prozent Frauen zu, Sex mit Tieren gehabt zu haben. Ungefähr 17 Prozent der Buben, die auf Farmen aufwachsen, so schätzte Kinsey, erleben durch den direkten Kontakt mit Tieren einen Orgasmus.[18] Das Spiel der Natur auf den Farmen bewegt auch bei so manchem Mädchen nicht nur die Gedanken. Eine junge Amerikanerin erzählte zu dieser Sache sehr freimütig: »Einmal sah ich, wie ein Bulle in einer Viehherde eine Kuh bestieg. Die Herde trottete langsam voran und der Bulle marschierte in Seelenruhe mit. Während er die Kuh fickte, wanderte er durch die Gegend! Als er fertig war, stieg er auf eine andere Kuh und machte dasselbe. Es war sehr erregend. Der Bulle war riesig, groß und stark. Ich bekam auch seinen Penis zu sehen, ein rotes Riesending! Manchmal masturbiere ich auf diese Phantasie.«[19]

Zu den zahllosen schädlichen Folgen der tollpatschigen Benützung des menschlichen Geistes gehört auch die überhebliche Einordnung unserer Mitgeschöpfe der Evolution in eine Bewertungsskala von Gut bis Böse. Seit jeher wird die arme Schlange in dieser Rangfolge auf eine der denkbar schlechtesten Positionen verwiesen. Schon als listige Verführerin der Urmutter Eva ging sie als Erzübel der Menschheit in die Geschichte ein. Der Mensch, wie Gott dem Sadismus nicht selten zugeneigt, hat die Schlange über Jahrtausende verfolgt und zu Tode gequält. Doch auch in dieser düsteren Beziehung zwischen Mensch und Tier gibt es – wie überall – keine Gewohnheiten ohne Ausnahmen. Außerhalb der engstirnigen und über weite Bereiche eher tierfeindlichen Eingott-Religionen finden sich doch auch eigenwillige Sonderfälle der Annäherung an Schlangen. Wie Masters schreibt, »war es im Altertum allgemein bekannt, dass sich

Frauen im Tempel des Äskulap mit Schlangen geschlechtlich vergnügten, eine Ausschweifung, die ihnen derartige Ekstasen verschaffte, dass sich Römerinnen, nachdem sie das einmal entdeckt hatten, Schlangen im Hause hielten, um sie jederzeit zur Hand zu haben und nicht erst zu diesem Zweck einen Tempel aufsuchen zu müssen.«[20]

Die Römer richteten »Aesculapius«, dem von den Griechen übernommenen Gott der Heilkunst auf der Tiberinsel eine Kultstätte ein. Dieser göttliche Neuzugang in das große religiöse Spektrum der aufstrebenden Mittelmeermacht wurde auf Anraten der Sibyllinischen Bücher anlässlich einer Seuche im Jahr 293 v. Ch. initiiert.

In »God's own country«, dort wo die religiösen Verrücktheiten in voller Blüte stehen, also im Land der schwerreichen Fernsehprediger und des elektrischen Stuhls, gibt es (heute!) eine christliche Kirche, deren überdrehte Mitglieder große Giftschlangen als Werkzeuge in der Richterhand Gottes begreifen. Der englische Journalist und Buchautor Malise Ruthven hat diese bizarre Glaubensgemeinschaft in einer abgelegenen Ecke Virginias am Rande der Appalachen besucht. Er traf dort auf einen im ländlichen Raum Amerikas gar nicht so seltenen Menschenschlag, mit einem intellektuellen Weltbild, das nicht über einen Radius von 30 Meilen um das heimatliche Dorf hinaus reicht und dessen Denken um den eigenen vollen Bauch, die Sündhaftigkeit der anderen und der Furcht vor der Hölle kreist. Von Spöttern wird der männliche Teil dieser Spezies als »Six-Pack-Joe« tituliert, für den sein Leben in Ordnung ist, solange man ihm sein Bier, seinen Glauben und sein Gewehr belässt.

Gegenüber fülligen Frauen mit wadenlangen Kleidern aus Baumwolle oder Polyester auf einer Kirchenbank sitzend, durfte der neugierige Engländer dem »Gottesdienst« der frommen Leute mit den sonnengegerbten Gesichtern mit gespannter Aufmerksamkeit folgen: »Die Männer waren glattrasiert und trugen Holzfällerhemden mit offenem Kragen und einfache Hosen, manche mit Hosenträgern. Einige waren unglaublich fett, mit massigen Bäuchen, die ihnen über die Gürtel quollen. Drei von ihnen kamen mit Sperrholzkisten an, die mit Kreuzen bemalt und mit Gitterfenstern ausgestattet waren, hinter denen winzige Stecknadelaugen hervorlugten. Sie stellten die Kisten neben dem Pult ab und nahmen dann in den Kirchbänken Platz. [...] Während der Predigt des Pastors begann sich unter den Erwachsenen der (heilige) Geist bald zu regen. Einzelne verfielen in ein Heulen, und jeder von ihnen gelangte auf eigenem Weg zu dem hohen monotonen Stimmfall von Pastor Short, wie eine Gruppe von Motorrädern, die vor einem Rennen die Motoren hochjagen. Ihre Anrufungen – ›O-o-o-o-o-o! Jetzt fährt der Herr herab!‹ und ›Halleluja!‹ bildeten eine gewaltige Kakophonie, bei der ich nur Bruchstücke von der Predigt des Pastors hören konnte. Sie bestand ausnahmslos aus düsteren, drohenden Themen.«[21]

Als Höhepunkt dieser naiven Glaubensdemonstration holte der Pastor eine der Schlangen aus der kreuzverzierten Kiste heraus – eine fette Klapperschlange von gut einem Meter Länge, die sich fest um seinen Arm ringelte. Ruthvens journalistische Neugier wurde nun von wachsendem Unmut abgelöst: »Als ich das Reptil, das von der martialischen Musik (mit viel Gebrüll und Stampfen der Füße, als marschierten sie mit bleiernen Stiefeln in den Himmel) völlig verwirrt war, so zischen und züngeln sah, wich meine Angst langsam einer Verärgerung. Es lag etwas Obszönes darin, Tiere als Requisiten für ein religiöses Ritual zu verwenden.«[22]

Im Gottesdienst dieser evangelikalen »Christen« geht es darum, den »Heiligen Geist« für die eigene Sache zu nutzen. Denn während seiner huldvollen Anwesenheit kann dem wahren Gläubigen durch die Giftzähne der »Satansbiester« angeblich nichts geschehen. Nicht nur der Pastor nimmt die Schlangen aus den Kisten heraus, auch die Gemeindemitglieder – egal ob jung oder alt, Frau oder Mann – müssen von Zeit zu Zeit diese »Prüfung« bestehen. Natürlich gab es Unglücksfälle, auch Tote waren durch die religiös inspirierte und durch zwei Verse im letzten Kapitel des Markusevangeliums legitimierte *Schlangenberührung* schon zu beklagen. Doch Mitleid für die Opfer eines Schlangenbisses können die braven Gläubigen nicht empfinden, denn der direkte Kontakt mit der Schlange ist eben als *göttliche Prüfung* zu verstehen. Gott bewahrt die

»Guten« (durch die Anwesenheit des »Heiligen Geistes«) vor der Verletzung – so steht es geschrieben. Der (oder die) Gebissene stand durch irgendein sündhaftes Vergehen oder zu laxer Frömmigkeit augenscheinlich außerhalb dieser Gnade.

Das *Schlangenberühren* als religiöser Ritus, dieser weitere Beweis für die unheilbare menschliche Scheu vor der Vernunft, wurde erstmals öffentlich 1901 in Sale Creek/Tennessee demonstriert. Bald fanden zahlreiche Glaubensverrückte Gefallen an diesem direkten Fingerzeig Gottes, da man durch die Giftschlange als Medium sofort wusste, ob man in der Gunst des *Lord* stand oder auch nicht. Die behördlichen Bemühungen, diesen gefährlichen Unsinn zu verbieten, versandeten bald. Es ist eine Eigenart der amerikanischen Justiz und Exekutive, harmlose Delikte oft mit unverhältnismäßiger Strenge zu verfolgen, während bei religiös motivierten Exzessen und Verrücktheiten meist eine erstaunliche Zurückhaltung und eine gehörige Portion Langmut vorhanden ist. Die polygam lebenden Splittergruppen der Mormonen – deren bigotte Familienpatriarchen fleißig Sozialhilfe für ihre vielen Frauen und Kinder kassieren – sind das bekannteste Beispiel für das beharrliche, staatliche Ignorieren eines seit langem wuchernden Übels.

Die seit dem 12. Jahrhundert vorwiegend in Südfrankreich und Oberitalien auftretende und als Ketzer verfolgte Religionsgemeinschaft der Katharer (»die Reinen«) glaubte, dass die Schlange Eva entjungfert hat, um sie mit der Geschlechtslust vertraut zu machen. Im Besitz dieser neuen aufregenden Erfahrung konnte unsere Urmutter es kaum noch erwarten, den armen arglosen Adam zu verführen. Es ist nicht schwer zu erraten, wer die Schlange zu diesem schlüpfrigen Techtelmechtel angestiftet hat. Nach der bizarren Meinung der Katharer wollte ER (der Teufel), dass Menschen gezeugt werden, damit jene vielen Engel, die »irrtümlich« vom Himmel gefallen sind, in ihren Körpern »zwischengelagert« und manipuliert werden konnten.

Satanische Verwirrungen

Es ist eine rasche und erschütternde Zeitreise in eine gar nicht so ferne Vergangenheit, wenn man im ruhigen Leseraum eines Archivs sitzend, die in derbem Deutsch mit grober schwarzer Tinte geschriebenen originalen Verhörprotokolle aus der Epoche der Hexenverfolgung liest. Aus den meisten Texten wird ein zentrales Element des wahnwitzigen Teufels- und Hexenglaubens des 16. und 17. Jahrhunderts erkennbar: Die Beschreibung des körperlichen Habitus des höllischen Frauenverführers erinnert oft an einen stattlichen Ziegenbock. Nach der Mehrheitsmeinung der verängstigten Zeitgenossen diente dieses eigenwillige aber auch kluge Tier als bevorzugte Tarngestalt des Teufels. Der Ziegenbock wurde allgemein mit üppiger Männlichkeit und den Kräften der Finsternis in Verbindung gebracht. Die von »Augenzeugen« beschriebene Anatomie des Höllenfürsten erinnert auch an die Gestalt des Hirtengottes Pan mit seinem bocksähnlichen Unterkörper, einem Schwanz und gespaltenen Hufen. Vom altägyptischen Kult der Verehrung von Ziegenböcken, die sich mit ihren frommen Verehrerinnen paaren durften, über den alten jüdischen Volksglauben von den Ziegendämonen, denen es nach Menschenfrauen gelüstete,[23] über den Teufels- und Hexenwahn bis weit in das moderne Zeitalter hinein, bricht sich die allgemein tabuisierte geschlechtliche Verirrung in die Welt der »Zoophilie« (auch »Sodomie«) immer wieder fantasiereich den Weg nach draußen. Der in der griechischen Mythologie einen hohen Götterrang einnehmende Zeus, der zum Stier verwandelt Europa entführte oder als Schwan sich Leda, der Tochter des Königs Thestios von Ätolien näherte, um mit der Schönen den Geschlechtsverkehr auszuüben, besitzt im moralischen Wertekanon der historischen Erinnerung einen erheblich besseren Stellenwert als der unschuldig zu Götter- und Teufelsehren beförderte Ziegenbock. Ein der Zauberei angeklagter Delinquent bekannte dem Gericht, »dass wann er zum Hexen-Tantz vertragen würde / so finde er stets eine Unzahl solches Teuffels ergebenes Gesindes / welches, nachdem es einen Bock angebetet / und zu

Ehren an den Hindern geküsset / so thue es einen Tantz / Rücken an Rücken / und darauff pflege es fleischlicher Vermischung mit den Teufeln.«[24]

Es fällt auf, dass zur Zeit der Hexenverfolgungen dem Phallus des Teufels eine enorme, voyeuristische Aufmerksamkeit geschenkt wurde. Die kirchlichen und weltlichen Ankläger wollten in ihren Verhören möglichst detailgetreue Hinweise über die Größe, Beschaffenheit und das Wollustvermögen dieses dämonischen Körperteiles erfahren. Die der Teufelsbuhlschaft beklagten Frauen ließen ihrer von der Hysterie der Zeit beeinflussten Einbildungen freien Lauf, wenn sie den gierig und geil ihren Erzählungen lauschenden Gerichtsherren die geschlechtliche Begegnung mit dem Gehörnten beschrieben. Da ja alles, was mit lustvoller Sexualität zu tun hatte, schon seit Jahrhunderten von der christlichen Kirche »verteufelt«, verdrängt und mit dem Fluch der schrecklichsten Sünden beladen war, drangen innerhalb einer stillen Ideengemeinschaft zwischen Klägern und Beklagten lange verborgene Sexualdefizite in Form von hitzigen Fantasien nach draußen. Als Verführer der in den Augen des Klerus grundsätzlich schwachen Weiblichkeit war es dem Satan durchaus möglich, seine Bocksfüße zu verbergen und seinen üblen Mundgeruch zu unterdrücken, um in Gestalt eines feschen Kavaliers die von ihren meist rüden Ehegatten vernachlässigten Frauenzimmer zur Unkeuschheit anzureizen.

Eine »Hexe« erzählte ihren verdutzten christlichen Folterknechten, dass der sie *fleischlich erkannte* Dämon einen Samenerguss hatte, welcher der Menge des Spermas von 1 000 Männern gleichkäme. Alexeé Drigeé erinnerte sich, dass der Penis des Dämons bereits bei der halben Erektion so lang wie einige Küchengeräte war.[25]

Solche Vorstellungen wucherten zur gleichen Zeit, als sich der überaus fromme und bigotte Deutsche Kaiser Ferdinand II. aus dem Haus Habsburg über die religiöse Widerspenstigkeit seiner Untertanen ärgern musste und sich mit dem ihm bekannten Ausspruch Herzog Albas an Katharina von Medici tröstete: »Viel besser ist es ein Reich in verwüstetem, ja zugrunde gerichtetem Zustand durch einen Krieg für Gott und für den König zu behaupten, als unversehrt ohne Krieg für den Teufel und seine Anhänger, die Ketzer.«[26]

Eine Claudia Fallet war verwundert, dass sich das Glied ihres höllischen Liebhabers wie eine riesige Spindel in ihr drehte. Von außergewöhnlichen Sexualtechniken der Dämonen erzählten die meisten der einer Teufelsbuhlschaft und der Hexerei beschuldigten Frauen. Den größten Eindruck erzeugte die Vorstellung, dass der »Gottseibeiuns« und seine flinken dämonischen Helfer in der Lage sind, ihre mächtigen Phalli in der Vagina rotieren oder pulsieren zu lassen.[27]

Mutige, den abergläubischen Exzessen kritisch gegenüberstehende und die Gedanken der kommenden Aufklärung schon vorwegnehmende Menschen – auch aus den Reihen des Klerus – konnten den Hexenbrand bis zum Ende des 17. Jahrhunderts weitgehend ersticken. Der Teufel wurde aus dem Zentrum der Gedanken weiter nach hinten gedrängt. Ganz ließ er sich aus den Köpfen allerdings nie vertreiben. 1896, während in mehreren deutschen Städten schon elektrische Straßenbahnen rollten, in München die politisch-satirische Wochenschrift »Simplicissimus« gegründet und in Athen die ersten Olympischen Spiele der Neuzeit eröffnet wurden, erreichte der Teufelsspuk bei den Katholiken mit dem »Anti-Freimaurer-Kongress« in Trient einen neuen – doch nicht mehr für Leib und Leben gefährlichen – Höhepunkt. 76 Jahre später, zum Fest der Apostel Petrus und Paul am 29. Juni 1972, einen Tag bevor der Vatikan die Oder-Neiße-Linie anerkannte und Bayern München Deutscher Fußballmeister wurde, erinnerte Papst Paul VI. an die Existenz des höllischen Bösen: »Es ist die Sünde, die dem Dämon Gelegenheit zum Eingriff in uns und unsere Welt bietet. Das Böse ist nicht mehr nur ein Mangel (una deficienca), sondern es ist eine wirkende Macht (un'efficienza), ein lebendiges spirituelles Wesen, verderbt und verderbend (pervertito e pervertitore), eine schreckliche Realität, mysteriös und beängstigend. Dabei handelt es sich nicht nur um einen Teufel, sondern um viele .... aber einer ist der Führer: Satan, was soviel heißt wie Widersacher, Feind. [...] Der Christ muss gleichsam ein Soldat sein, muss wachsam und tapfer sein; er muss bisweilen zu besonderen asketischen Übungen greifen, um bestimmte Angriffe des Teufels abzuwehren.«[28] Wie schon viele Päpste vor ihm, hat auch Paul VI. die Wissenschaftler für die Umtriebe Satans mitverantwortlich gemacht: »Der Zweifel hat in unser Bewusstsein Einzug gehalten, er ist durch Fenster eingedrungen, die nur für das Licht geöffnet sein dürfen! Kritik und Zweifel sind von der Wissenschaft gekommen, die doch dazu da ist, uns Wahrheiten zu schenken, die uns nicht nur nicht von Gott entfernen, sondern uns ihn noch mehr suchen lassen sollte, um ihn lauter zu preisen.«[29]

Das ultrakonservative und fundamentalistische katholische Lager hat sich über den rhetorischen Rückfall des Papstes in die dunkle Zeit des religiösen Aberwitzes und der geistigen Knechtschaft diebisch gefreut. Mit Titeln wie: »Unser größter Feind der Teufel. Erklärungen Papst Pauls VI. über die Existenz des Satans« machten zahlreiche Traktate mit den antimodernen Aussagen des Papstes eilig die Runde durch das ewig gestrige Heerlager der Theologie.

Selbst im Oberkommando des »reinen« katholischen Glaubens sind die Kräfte der Finsternis seit geraumer Zeit listig am Werk. Der Vatikan ist im Innersten vom höllischen Gift durchtränkt. Das glauben zumindest die Wirrköpfe der fundamentalistischen katholischen Sturmscharen, deren eigenartige Schriften aufgeregt vor dieser »schleichenden« Gefahr warnen. Das prominenteste Opfer der »satanischen Einflüsterungen« war in den Augen der Steinzeitchristen der als viel zu liberal geltende Papst Johannes XXIII. (1958–1963), der mit dem II. Vatikanischen Konzil (1962–1965) der Kirche den Weg in die Zukunft weisen wollte. Dieser leutselige Papst, der es liebte, zu Fuß zu gehen, um mit den einfachen Leuten ins Gespräch zu kommen (weshalb er von spaßigen Journalisten den Spitznamen »Johnnie Walker« erhielt), beendete das überaus pompöse vatikanische Hofzeremoniell, das mit seinem Gepränge an den byzantinischen Kaiserhof erinnerte. Sein Engagement für die Armen beunruhigte die Amerikaner, da man dadurch kommunistische Tendenzen bei diesem »Volkspapst« zu erkennen glaubte.[30] – 80 Jahre vor Johannes gelangte mit Leo XIII. auch ein (anfänglich) »menschelnder« Oberhirte auf den päpstlichen Stuhl. Auch hier witterten die erschrockenen Hüter des starren und autoritären Katholizismus den Satan am Werk. In einem 1891 in Frankreich erschienenen Buch wurde der Niedergang der römischen Kirche dramatisch skizziert: »Sehen Sie diesen ängstlichen und skeptischen, flachen und verbogenen Papst (Leo XIII.!), diesen Episkopat von Simonisten und Feiglingen, diesen jovialen und weichlichen Klerus. Sehen Sie doch an, wie sie alle verheert sind durch den Satanismus, und sagen Sie, ob die Kirche noch tiefer hinabsinken kann. Der Vatikan ist von einer Teufelskurie umzingelt.«[31]

Schon »Unsere Liebe Frau von La Salette«, die am 19. September 1846 angeblich zwei französischen Hirtenkindern aus verwahrlosten Verhältnissen erschienene »Gottesmutter«, warnte eindringlich vor den Umtrieben der dunklen Mächte im Vatikan: »Die Obern, die Führer des Volkes Gottes, haben das Gebet und die Buße vernachlässigt, und der Teufel hat ihren Verstand verdunkelt.«[32]

Durch einen bösartigen Fanatismus im Kampf gegen den Teufel ähnelten viele »Streiter des Herrn« sehr bald dem Lieblingsobjekt ihres Hasses. Ein gelungenes Beispiel für eine solche Metamorphose stellt der katholische Priester und Doktor der Theologie Joseph-Antoine Boullan (1824–1893) dar. Als großer Marienverehrer war er begeistert von der »Weinenden Mutter von La Salette«, die vor schlechten Büchern warnte und sich über jene gottlosen Menschen ärgerte, die ständig die Sonntagsmesse schwänzten. Auch warnte »La belle Dame«, wie die beiden elf- und fünfzehnjährigen Hirtenkinder die Ausgeburt ihrer intelligenzfreien Fantasie benannten, vor Luzifer und seinen Dämonen sowie den Seelen Verdammter, die demnächst in Armeestärke auf die Erde kommen und sich hier in menschlicher Scheingestalt (also inkognito) herumtreiben werden. Abbé Boullan wollte sich dieser höllischen Bedrohung entgegen stellen und betätigte sich vorerst als emsiger Exorzist bei Klosterfrauen. Um den Teufel aus den Körpern der *besessenen* Jesus-Bräute mit Verve auszutreiben, spuckte er ihnen in den Mund, ließ die Nonnen ihren Urin trinken und fütterte sie mit der »schmackhaften« Mischung aus Exkrementen, Sperma und geweihten Hostien. Eine junge belgische Nonne Namens Adèle Chevalier, die sich einiger Visionen erfreute und Stimmen hörte, wurde zur Lebensgefährtin des Priesters und assistierte ihm nackt, wenn er die Messe las. Offenbar zog Boullan im »Heiligen Krieg« gegen den Paten der Sünde den Kürzeren, den zunehmend ignorierte er die Grenzen strengster Tabus und die Gottesdienste des fanatischen Marienverehrers wurden immer skurriler. Die anwesenden Gläubigen lauschten ihrem Seelenhirten hüllenlos so wie der Allmächtige sie schuf, und der Höhepunkt der »heiligen« Messe bestand aus dem rituellen Koitus des Abbé mit seiner Geliebten, der Nonne.[33]

Nachdem Adèle Chevalier im Jahr 1860, am Fest Maria Empfängnis, während der heiligen Wandlung auf dem Altar ein Kind gebar und dessen ungeklärter und umstrittener Tod (aber auch dessen Empfängnis) vom Abbé dem Teufel in die Schuhe geschoben wurde, verschwand der selbsternannte Kämpfer gegen das Böse erst einmal für drei Jahre im Gefängnis von Rouen. Nach dieser Zeit der unfreiwilligen Askese wieder auf dem steinigen Pfad der Gerechtigkeit wandelnd, wurde Boullan Redakteur einer katholischen Zeitung für mystische Erneuerung in Paris. Gleichzeitig gründete der rührige Fundamentalkatholik das »Marienwerk«, eine Kampforganisation gegen Atheismus, Antiklerikalismus und Satanismus. Da er allerdings seine obskuren Exorzismen in den Nonnenklöstern wieder aufnahm, kam es (erst jetzt!) zum endgültigen Bruch mit der Amtskirche. Und neuerlich versuchte der rührige Abbé in Umkehrung der Dinge, den Beelzebub mit dem Teufel auszutreiben. Seine »theologische Arbeit« nahm wilde orgiastische Züge an. Josef Dvorak, katholischer Theologe, Psychoanalytiker und Mitbegründer des Wiener Aktionismus hat in seinem Standardwerk *Satanismus* den außergewöhnlichen »Endkampf« des inbrünstigen Marienverehrers und unermüdlichen Teufelbekämpfers Boullan gegen seinen Lieblingsfeind anschaulich beschrieben: »Der Aufhebung des (sexuell verstandenen) Sündenfalls durch religiöse Überhöhung des Sexualverhaltens diente im »Karmel« des Abbé Boullan die geschlechtliche Vereinigung mit allen Arten von Erzengeln und Engeln sowie den Geistern hervorragender historischer Persönlichkeiten wie Kleopatra und Alexander der Große. Der Ritus ging so vor sich, dass der Zelebrant onanierte und dabei den gewünschten Koitus imaginierte oder dass zwei Zelebranten in der Rolle der imaginierten Wesenheiten miteinander verkehrten. Außerdem gab es noch einen sodomitischen Ritus (Geschlechtsverkehr mit Tieren), welcher der Zeugung von »Humanimaux« (d. h. von vermenschlichten Tieren) dienen sollte. Boullan selbst bevorzugte die sexuelle »Heiligung« der Ausscheidungsorgane.«[34] – Der deutsche Reformator Martin Luther, den Psychoanalytiker heute als anal fixiert bezeichnen würden, da er in seinen Briefen gerne auch von seiner Darmtätigkeit und seinen Darmentleerungen berichtete, wählte im krassen Unterschied zu den Methoden des französischen Priesters eine wesentlich volksnähere Art, um gegen den höllischen Verführer zu kämpfen. Der Mönch aus dem thüringischen Wittenberg, der aufsässige Bauern gerne erschlagen sehen wollte, war gegen den Höllenfürsten relativ human. In seiner rauen Rhetorik liebte er es, dem Teufel zuzurufen: »Ich habe in die Hose geschissen, und du kannst sie dir um den Hals legen und dir den Mund damit wischen.« Auch prahlte er damit, den bösen Geist mit einem einzigen Furz vertreiben zu können.[35]

In der heimatlichen Stube war Luther also in der Lage, dem höllischen Störenfried Paroli zu bieten. Draußen, im zänkischen Trubel der Welt, in sicherer Entfernung von Martins Gesäß, waren die Karten für den Feldherrn mit dem Bocksfuß schon besser gemischt. Der Wittenberger Reformator hielt den Teufel für einen genialen Strategen, der durch einen gnadenlosen Zangenangriff auf die Christenheit deren Untergang endlich erzwingen wollte. Satans Alliierte in diesem »Endkampf« zwischen Gut und Böse waren - nach der Überzeugung Luthers – das römische Papsttum als verräterischer innerer Feind der europäischen Völker und der von draußen mit apokalyptischer Gewalt an die Pforten der deutschen Nation drängende, Angst und Schrecken verbreitende Islam.

Es war niemand anderer als der listige Satan, der dem übertölpelten Toren Mohammed das geistige Gift des Koran diktierte, davon war Martin Luther felsenfest überzeugt. Das ins Lateinische übersetzte »Heilige Buch« der Muslime wurde zum Streitobjekt unter gebildeten Christen, als es in Basel erstmals gedruckt werden sollte. Es bildeten sich zwei Lager, die jeweils für oder gegen eine Drucklegung heftig intervenierten. Erst als der studierte Mönch das Gewicht seiner Stimme für eine Veröffentlichung in die Waagschale warf, wurde am 11. Januar 1543 die Druckausgabe freigegeben. Die Motive, mit denen der schlaue Luther in einem Schreiben an den Rat der Stadt Basel seine Entscheidung begründete, wären in ihrer subtilen Pragmatik auch des Florentiners Machiavelli wahrhaft würdig gewesen: »Das man den Mahmet oder Turken nichts verdrieslichers thun, noch mehr schaden zu fugen kann (mehr denn mit allen waffen), denn das man yhren alcoran bey den Christen an den Tag bringe, darinnen sie sehen mugen, wie gar ein verflucht, schendlich, verzweivelt buch es sey, voller lugen, fabeln und aller grewel [Greuel].«[36]

Der Koran [alcoran] mit seinen Suren und Versen ist ein Auswurf des Teufels, das sollte die christliche Leserschaft der in Basel gedruckten Übersetzung durch eigenes Studium erkennen, um gegen alle Anfechtungen der vom »Lügengeist« durchdrungenen Religion »Mahomeths«, die an Mitteleuropas Pforten pochte, gewappnet zu sein. Die Lektüre des Korans war gesellschafts- und religionspolitisch notwendig, damit »doch bei uns Deutschen auch erkannt werde, wie ein schendlicher Glaube des Mahmets Glaube ist, damit wir gesterckt werden in unserm Christlichen [Glauben]«. Noch unbedarft von den heutigen Zwängen der »Political correctness« erkannte Martin Luther im Koran eine Gebrauchsanweisung für Räuber: »... es wird yhm yhrem gesetz gebotten als ein gut Goettlich werck, das sie rauben, morden und ymer weiter umb sich fressen und verderben sollen, wie sie denn auch thun und meinen, sie thun Gott einen dienst dran.«[37]

Mohammed (alias Mahmet oder Mahomet) – vom deutschen Reformator zum »Knecht des Höllenfürsten« degradiert (oder befördert?) – empfahl den Anhängern seiner neuen Lehre, wenn sie aus dem Schlaf erwachen, so sollen sie sich dreimal schnäuzen, »denn der Teufel verbringt die Nacht in den Nasenlöchern der Menschen.«[38]

Mit wenigen Ausnahmen – wie etwa in Polen – hat der Teufel im säkularisierten Europa seine Klienten verloren. Der Arme findet nur mehr im Kasperltheater, als Laufbursche des Nikolaus und im Karneval ein wenig Aufmerksamkeit. Wie gut, dass es noch eine große Religion gibt, in der er weiterhin als anerkannte Respektsperson gilt. Der Teufel firmiert dort zwar als der mächtige Feind, den es von früh bis abends zu bekämpfen gilt, aber ohne ihn würde das Glaubens- und Sittenbild des Islam sein festigendes Element verlieren. Von dieser »stützenden Kraft« ist auch der Islamkritiker Jaya Gopal überzeugt: »Ohne das Dogma [des Satans und] der Hölle würde das ganze islamische Lehr- und Glaubensgebäude zusammenfallen, und ein ganz beträchtlicher Teil der Menschheit wäre für immer von der Furcht, dem Hass und der gedrückten Stimmung erlöst, die der Islam seit seinen Anfängen bei diesem erzeugt und genährt hat.«[39]

Erregte Massen in Mekka

Es ist eine kulturelle Eigenart der morgenländischen Völker, dass sie vorwiegend nur »starke« Männer – und seien sie noch so despotisch – als Führer respektieren und ihnen Gehorsam und Gefolgschaft leisten. Derjenige, der sich bis an die Spitze vorkämpft und dort behauptet – egal mit welchen Mitteln – führt die Gemeinschaft, den Staat »zu Recht«, denn es ist Allahs Wille –*inschallah!* Nicht umsonst blickten die arabischen Völker zu Saddam Hussein ehrfurchtsvoll auf. Auch *Iblis* – so der Name des Teufels im Koran – ist eine Respektsfigur, trotz seiner nimmermüden Verführungsbemühungen der Menschen. Bei allen glaubensstarken Männern beißt er sich natürlich die Zähne aus, während die charakterschwachen Frauen, wie bekannt, leider seinen Einflüsterungen leichter erliegen.

Die Aktualität des Teufels innerhalb des Islams wird durch die Pilgerfahrt (»Hadsch«) – die fünfte Hauptpflicht des Gläubigen – nach Mekka eindrucksvoll unter Beweis gestellt. Es ist nicht nur der schwarze Stein in der Ka'ba, dem Millionen Moslems alljährlich ihre Referenz erweisen (wie auch schon die »heidnischen« Araber in vorislamischer Zeit). Zum umfangreichen, anstrengenden und extrem individualitätsfeindlichen Ritual der Hadsch gehört auch die mehrmalige symbolische Steinigung des Teufels (*Jamarat*) bei den drei Säulen in Mina (nahe Mekka). Aus einem Abstand von etwa fünf Metern wirft der Pilger eine vorgeschriebene Anzahl von Steinen, die in Muzdalifa gesammelt wurden und die Größe einer Saubohne haben sollten, auf den Satan (*Iblis* oder auch *Shaitan*), symbolisiert durch die drei Säulen. Er rezitiert dabei: »Im Namen des Allmächtigen, dies tue ich in Verwerfung des Teufels und seiner Schande.«

Als unser aller »Stammvater« Abraham seinen geliebten Sohn Ismail abschlachten wollte, um Gott seine absolute Unterwerfung unter dessen Wünsche und Befehle (so unergründlich die auch waren) zu beweisen, war Satan bemüht, dem Knaben auf dem Weg zur Opferstätte die Lust auf das Leben einzureden, damit dieser sich doch noch dem gotteshörigen Vater widersetzt. Der brave (oder auch nur grenzenlos dumme) Ismail – bei den Juden und Christen ist es dessen Bruder, der jüngere Isaak – wollte von einer solchen Rebellion zur Rettung des eigenen Lebens nichts wissen und verjagte mit Steinwürfen den drängenden teuflischen Einflüsterer. Es ist dieses willenlose Akzeptieren einer unsinnigen und unmenschlichen Handlung, das mit den symbolischen Steinwürfen der Pilger auf den Satan – der Ismail vergeblich zu eingeständigem Denken ermunterte – gefeiert wird.

Der Andrang zur Steinigung dieser drei Säulen ist auch für den kräftigsten Pilger beängstigend. Allein, als der Schriftsteller Ilija Trojanow vor wenigen Jahren sich inmitten einer kompakten Menschenmasse vor einer der Teufelssäulen befand, wurden in der Nähe zweiundzwanzig Pilger zu Tode getrampelt. Mekkapilger berichten übereinstimmend, dass sowohl die an böse Kinderfantasien erinnernde Prozedur der Steinigung Satans als auch die sonstigen – anstrengenden – Rituale in und um Mekka die Entfaltung einer privaten, religiösen Hinwendung aufs Schwerste behindern. Die bei den »Heiligen Stätten« zu erfüllenden Pflichten sind streng nach Vorschrift nacheinander »abzuarbeiten«, das freie religiöse Element und die brüderliche Solidarität unter den Gläubigen kann in diesem stressigen Umfeld, in dem jeder sich selber der Nächste ist, nicht gedeihen. In Saudi-Arabien, wo die Untertanen von der Religionspolizei zum öffentlichen Beten geprügelt werden, besitzt private Religiosität mit ehrlicher, innerer Sammlung von vornherein wenig Wert. Es herrscht die Religion der Vorschriften und Anordnungen, der Rituale, des gedankenleeren Rezitierens der verlangten Gebete. Als nachdenklicher Pilger fühlte sich der amerikanische Professor mit marokkanischer Herkunft Abdellah Hammoudi im Land der Saudis keinesfalls wohl: »Sie [die wahhabitischen Eiferer] würdigten den Koran und das Beispiel des Propheten zu einem Kochbuch herab, dessen Rezepte der Miliz anvertraut wurden. Bei ihnen war Gott nicht mehr Prinzip und Ruf, sondern ein einsamer unbarmherziger General in weißem Gewand und Keffieh. [...] Diese Art von Religionsstaat und Staatsreligion, die kein Mitgefühl und keine Gnade für Gottes Geschöpfe kannte, bedrängte uns überall. Jedes Mal, wenn ich mir vorstellte, dass sich diese wahhabitische *Umma*, so wie sie sich im saudischen System verkörperte, über den ganzen Planeten ausbreiten könnte, bekam ich panische Angst.«[40] – Bevor der Pilger Trojanow zu der von seiner Religion verlangten Steinigung des Teufels aufbrach, wurde er von einem Pilgerbruder gewarnt: »Du wirst erleben, was für ein leichtes Spiel der Satan hat. Die Leute benehmen sich schlimmer, als es [vorstellbar ist]. Ihr ganzes Verhalten widerspricht dem Geist des Islam.«[41]

Der Festtag von *Id al-Adha* wird in der ganzen islamischen Welt sehr feierlich begangen. Für den Pilger, der eine seiner fünf Glaubenssäulen, die Hadsch, absolviert, ist dieser Festtag einer der wichtigsten Tage in einer Reihe von mehreren wichtigen Tagen während seiner Pilgertour. An diesem Tag muss er den Teufel steinigen und ein Tier opfern. Das Ritual an diesem Festtag förderte bei Ilija Trojanow den Zweifel am theologischen Gemeinschaftsnutzen des Kults: »Die Polizei hatte die Menschenströme zwar kanalisiert, aber die Hadschis begannen wild zu drängeln, sobald sie der Säule ansichtig wurden. Je näher wir ihr kamen, desto mehr schwankte die Menge, wie ein rollendes Schiff. Schreie warfen sich auf Schreie. Die Rücksicht und Geduld, die manche Pilger gerade noch beherzigt haben mochten, wurden erdrückt. Hadschis warfen ihre Steine aus viel zu großer Entfernung, sie trafen nicht das Symbol des Teufels, sie trafen ihre eigenen Brüder und Schwestern. Selbst jene, die warteten, bis sie nahe genug an die Säule herangekommen waren, hatten Schwierigkeiten, das Gleichgewicht zu halten, um gezielt werfen zu können. Ich verschoss, wie die meisten der inzwischen völlig verängstigten Hadschis, meine Munition schnell, ohne an die erforderlichen Gebete zu denken, an die tiefere Bedeutung des Rituals. [...] Ich hatte in meinem Bemühen, niemanden zu treffen, zu zögerlich geworfen und hatte nicht bemerkt, dass ich immer weiter nach vorne gedrängt wurde. Auf einmal stand ich neben der Umfassung der Säule. Steine fielen auf meine Schultern, auf meinen Nacken. Ich hob meine zusammengefaltete Gebetsmatte hoch und verwendete sie als Schild, und mit der anderen Hand versuchte ich mich von der Mauer wegzudrücken, um nicht zerquetscht zu werden. [...] Jeder nährte den Teufel in sich selbst. Vielleicht war es doch kein Fehler, dass die Steine auf die Pilger niedergingen, denn dort trafen sie den Teufel eher als an der Säule.«[42] »Panikforscher« der Technischen Universität Dresden arbeiteten an Computersimulationen, um durch entsprechende Verbesserungsvorschläge die häufigen Massenpaniken am Berg Arafat verhindern zu helfen. Um die Teufelssäulen drängeln sich manchmal bis zu 200 000 Pilger gleichzeitig. – Im Jahr 2005 wurde die Steinigung des Satans um eine die »frommen« Pilger erfreuende Variante bereichert. Die »Teufelskollegen« George W. Bush, Ariel Sharon und Tony Blair wurden imaginär zu den drei Säulen gebracht und an die zwei Millionen Moslems warfen mit inbrünstigen Flüchen ihre Steine gegen die verhassten und zu Teufeln beförderten Staatschefs aus.[43]

Djinn, Dämonen und Hexenjagd heute

Auch westliche Islam-Protegés schwärmen gerne und irrtümlich von der spirituellen Klarheit und strukturellen Ordnung dieser Religion. Mit Häme wird auf den personellen Zirkus der Christen mit all seinen Heiligen und gottes- oder teufelsnahen Haupt- und Nebenfiguren verwiesen. Die Götterwelt der Hindus erinnert in ihrer Dichte, in ihrer undurchschaubaren Verwandtschaft und den sozialen Rangunterschieden frappant an das reale Leben in Kalkutta und entzieht sich jedem kritischen Vergleich, da sie für Christen, Juden und Moslems sowieso unverständlich ist. Das »Vernunftelement« innerhalb jeder Religion ist von vornherein so schwer fassbar wie ein ins tiefe Wasser flüchtender Fisch. In der Glaubenswelt der Muslime wimmelt es von Djinn, Dämonen und zahllosen Schattenwesen. Im 18. Jahrhundert begannen europäische Philosophen den Islam für eine rationale Religion zu halten. Ibn Warraq, der nur unter einem Pseudonym publizieren kann, damit »beleidigte« Moslems ihm nicht nach dem Leben trachten, wundert sich in Anbetracht all des finsteren Aberglaubens, der dem Islam anhaftet, über die naive Einschätzung dieser Philosophen aus der Zeit der Aufklärung. Die honorigen und gutmeinenden Herren kannten offenbar die muslimischen Fantasiegebilde der Djinn, Dämonen und bösen Geister nicht. Vor dem Hintergrund des damals noch äußerst bescheidenen Informationsflusses ist deren Fehleinschätzung der angeblichen Realität allerdings noch verzeihlich. Zu den vom Islam »adoptierten« Geistern schreibt Ibn Warraq: »Die heidnischen Araber hatten bereits vor der Ankunft des Islams eine wirre Vorstellung von einer Gattung von Schattenwesen, die zwar »überall anwesend sind, doch nirgendwo scharf wahrgenommen werden können«, den Djinn. Das Wort *djinn* heißt wahrscheinlich *bedeckt* oder *dunkel*. Die Djinn sind die Personifikation all dessen, was in der Natur unheimlich ist, oder vielleicht die ungezähmten und bedrohlichen Aspekte derselben.«[44]

Als Kind seiner Zeit übernahm Mohammed die *Djinn* als »Realität« in seine neue Religion und dort nisten sie offiziell und wohlbehaglich bis heute. In der Koransure 55 (*Al-Rahman*) bei Vers 16 wird Allah als Schöpfer der Dämonen geoutet: »Und die Djinn (Dschinn) schuf Er aus der Flamme des Feuers.« Mit den Djinn, denen sogar die Scharia einen *rechtlichen Status* zuerkennt, ist der Wust des Aberglaubens innerhalb des Islams noch lange nicht abgetan. Ein fester Bestandteil des irrationalen Denkens der muselmanischen Welt ist der Glaube an die destruktive Kraft des *bösen Blickes*. Passiert ein Unglück, so findet sich dessen Ursache rasch in dieser magischen Waffe, mit deren geistigem Besitz böse Menschen (gerne auch missgünstige Nachbarn!) begnadet sind. Schon der Prophet wusste: »Wenn es etwas auf Erden gibt, was stärker wäre als das Geschick, so wäre es der böse Blick.«[45]

Von Anbeginn war der Islam durch *heidnische* Partikel »infiltriert«. Theologisch schon *verschmutzt* durch die vielen abergläubischen Elemente breitete sich diese arabische Stammes- und Wüstenreligion Jahrhunderte nach ihrer Erfindung auch weit in den asiatischen Osten aus und konnte dort die hinduistischen, buddhistischen, zoroastrischen und animistischen Glaubenstraditionen in den Hintergrund drängen. Parallel dazu bemühte sich auch das missionarische Christentum die Völker Ostasiens unter das Zeichen des Kreuzes zu scheuchen. In Indonesien waren der europäische und der islamische Imperialismus weitgehend im gleichen Zeitraum in das große Land gekommen und hatten die »weit zurückreichende buddhistisch-hinduistische Vergangenheit zwischen sich zermalmt.«[46]

Jeder kennt das erstaunliche Phänomen, dass so manche kümmerliche Wurzel und Pflanze den sie bedeckenden Asphalt eines Tages mit fundamentaler Kraft durchbricht. Die aktuelle Glaubensrealität in Indonesien erinnert an dieses Beispiel der Hartnäckigkeit in der Natur. Obwohl im größten Teil dieses bevölkerungsreichsten islamischen Staates die wahhabitisch orientierten Muslime das Gesellschaftsbild prägen, konnte sich im Schatten der strengen Glaubensregeln, im Keller der Religion, die Erinnerung an die alten Hirngespinste behaupten. Diese drängen immer wieder ungeduldig nach oben, um sich mit den abergläubischen Elementen des Islams zu verbünden. Dann kann es passieren, dass freundliche Indonesier urplötzlich die bestialische Seite des Menschen mit tödlicher Wucht präsentieren. Der ehemalige Asien-Korrespondent der *New York Times* Nicholas D. Kristof sah diese teuflische Metamorphose unter Lebensgefahr mit eigenen Augen. Während einer seiner Reportagereisen befand er sich inmitten einer lieblichen Landschaft mit adretten Dörfern plötzlich einem wütenden Mob gegenüber, der in seiner Freizeit mit fanatischem Eifer auf *Hexenjagd* war. Eben noch hatte sich dem amerikanischen Journalisten das Bild eines friedlichen Alltags geboten, mit geduldig auf Fahrgäste wartenden Einheimischen auf ihren Fahrradrischkas, als eine Rotte jugendlicher Motorradfahrer mit blutverschmierten Macheten in den fuchtelnden Händen die schläfrige Ruhe der bäuerlichen Kleinstadt Turen in Ostjava unterbrach. Unter energischen *Allahu akbar* (Gott ist groß) Rufen und unter zustimmender Anteilnahme der neugierigen Bevölkerung drehten die grinsenden und grölenden Männer mit einer besonderen Trophäe ihre Runden. Das Ende einer langen Stange – diese wurde von einem Beifahrer mit stolzer Siegermiene geschwungen – zierte der abgetrennte Kopf eines als *Hexer* gejagten Mannes. Diese solcherart »verzierte« Stange wurde von der ebenfalls *Allahu akbar* brüllenden Zuschauermenge frenetisch begrüßt. »Mit seinen buschigen Brauen, den großen pechschwarzen Augen, den hohen Wangenknochen und der dicken schwarzen Mähne, die ihm über die Ohren hing, muss er ein ziemlich verführerischer junger Mann gewesen sein. Sein Gesicht war bleich, aber unfassbar friedlich, ohne Spuren der ausgestandenen Qualen, und die schwarzen Augen waren immer noch weit aufgerissen, erstarrt in einem letzten Moment der Überraschung. Er hatte ein energisches, ausgeprägtes Kinn, doch ein paar Zentimeter unterhalb dieses Kinns endete der Hals in einer zerklüfteten Eruption von Blut, Gewebe, Knochen. Sein Kopf war mit einer Machete abgetrennt worden […] und er schien mich anzustarren. Ich starrte zurück. Beim Anblick des abrupten Übergangs von menschlichem Fleisch zu Bambus drehte sich mir der Magen um, und ich stand da wie gelähmt. Ich war zu Tode erschrocken.«[47]

Nur wenige Tage vorher hatte der Pöbel in Turen fünf Männer, die sich nicht ausweisen konnten und deshalb als »Hexer« verdächtigt wurden, bestialisch getötet: Zwei waren lebendig verbrannt und drei enthauptet worden. Die Köpfe der Enthaupteten wurden zum Gaudium der Leute auch in den benachbarten Dörfern aufgespießt auf langen Bambusstangen zur Schau gestellt.

Als urteilssicherer Menschenbeobachter erkannte Friedrich Nietzsche völlig zu Recht: »Der Irrsinn ist bei Einzelnen etwas Seltenes, aber bei Gruppen, Parteien, Völkern, Zeiten die Regel.«

Nicht nur hier in Turen, sondern in mehreren Gegenden Javas wurden 1997, im Jahr des Ausbruches der asiatischen Wirtschaftskrise, Menschen, die sich innerhalb von Minuten von liebenswürdigen Nachbarn zu gnadenlosen Mördern verwandelten, von einem weit außerhalb unseres Verstehens angesiedelten Jagdfieber gepackt. Plötzlich glaubten brave Bürger, die sich bisher an den Botschaften des modernen Konsums erfreuten und in Autos aus Japan und Europa zur Arbeit fuhren, vielleicht auch an der Börse spekulierten, dass sie von Hexen und Hexern umgeben sind, die ihnen – den Moslems – nur Übles wollten. Tatsächlich gab es in Ostjava eine grauenhafte Mordserie mit zweihundert Opfern – vorwiegend Muslimführer – deren wüst malträtierte Körper in einzelnen Stücken in den Bäumen hingen.

Sachlich denkende westliche Beobachter des verrückten Geschehens in Indonesien, wie Nicholas Kristof, vermuteten, dass Angehörige der Armee die tödlichen Attacken gegen die Muslimführer organisierten, um im Schatten der dadurch entstandenen Unruhe ihr eigenes machtpolitisches Süppchen zu kochen. Für das durch Aberglauben, Religion und Tradition verdummte Volk gab es jedoch nicht den geringsten Zweifel, dass die brutalen Übergriffe auf respektable Mitglieder der islamischen Glaubensgemeinde *nur* von Hexen und Hexern begangen werden konnten.

Brav alle Pflichten des Islams erfüllend, ist gleichzeitig der Glaube an Magie und Hexerei für viele Indonesier ein natürlicher Bestandteil ihrer von Geistern und Dämonen durchwehten Alltagskultur. So war es für die geifernden Prediger in den Moscheen Ostjavas nicht schwer, ihre verunsicherte Herde zur tödlichen Hatz auf unschuldige Frauen und Männer zu treiben, die mit abstrusen Begründungen aus dem Riesenfundus des menschlichen Wahns der Hexerei beschuldigt werden konnten. Sogar aus einem Einsatzwagen der Polizei wurden zwei Männer entführt und gelyncht. Die meuchelnde und »Gott ist groß« skandierende Menge – rekrutiert aus »normalen«, schlichten Familienvätern – bezeichnete dem *New York Times*-Journalisten gegenüber die angeblichen Hexen und Hexer auch als *Ninjas*, die Schwarz tragen und denen es auch gelingt, sich in Luft aufzulösen oder in Katzen zu verwandeln. Auf die Frage, wie die Leute wissen können, wer ein Hexer (ein Ninja) ist, wurde dem Amerikaner geduldig wie einem besonders begriffsstutzigen Schüler gegenüber erklärt: »Es fängt damit an, dass die Leute einen Verdächtigen sehen und ihn zu jagen versuchen. Manchmal verwandelt sich der Ninja in eine Katze, und manchmal bleibt er ein Mensch. Wenn er ein Mensch bleibt, köpfen sie ihn. [...] Es werden noch mehr Köpfe abgeschnitten. Denn in jedem kleinen Viertel gibt es sieben oder acht Ninjas, die jede Nacht unterwegs sind, und wir müssen ihnen das Handwerk legen.«[48]

Die hexenmordenden Europäer des 16. und 17. Jahrhunderts erklärten den Widerspruch zwischen dem angeblich mächtigen Zauberpotential der eingekerkerten und gefolterten Frauen (auch Männer) und ihrer ohnmächtigen Hilflosigkeit vor den Richtern und Schergen mit der zauberneutralisierenden Kraft der kirchlichen Hilfsmittel wie Weihwasser, Kruzifix, Heiligenbilder, inbrünstiges Beten u. a. Damit das juristische Personal während der Verhöre keinen Schaden durch die angeklagte Person erleiden konnte, wurde geraten, ständig geweihte Kräuter bei sich zu tragen. Auch geweihtes Wachs um den Hals oder am Palmsonntag beschworenes Salz half gegen die Gefahr der »Behexung«. Wichtig in diesem Zusammenhang war auch, dass das vermaledeite Hexenübel rücklings in die Verhörstube geführt wurde, damit es den Richter und seine Gehilfen nicht eher ansehen konnte als diese die angeklagte Person.[49]

Im Indonesien des beginnenden 21. Jahrhunderts, inmitten einer mit Knüppeln und Messer bewaffneten, erregten Menge, versuchte Nicholas Kristof der jämmerlich versagenden Zauberkraft auf den Grund zu gehen. Die »Tatsache«, dass sich ein gefangener »Hexer« nicht einfach in Luft auflöst oder in eine fliehende Katze verwandelt, was ihm *normalerweise* leicht gelingt, wurde von Mohammed Soleh, einem respektsgebietenden Mann, der den westlichen *Ungläubigen* mit unverhohlener Skepsis beobachtete, mit aller gebotenen »Logik« erklärt: »Wenn ein Muslimführer in der Nähe ist, wirkt der Ninjazauber nicht. [...] Es bedeutet also überhaupt nichts, wenn sie nicht verschwinden. Im Gegenteil, wenn einer nicht verschwinden kann, weil ein Muslimführer in der Nähe ist, dann *beweist* das gerade, *dass* er ein Hexer ist.«[50]

Sehr bald wird Rotchina die Patenschaft über den größten Teil Afrikas übernehmen. Wie Wanderameisen fallen die Chinesen schon jetzt auf diesen ressourcenreichen und doch bitterarmen Kontinent ein, wo schöpferischer Fleiß und demokratisches Ideengut kaum zum Wertekanon der Mehrheitsgesellschaft gehören. Es ist die ideale Ausgangsposition für die macht- und wirtschaftspolitisch an die Weltspitze drängenden asiatischen Imperatoren, denen das Fehlen von Menschenrechten oder sonstigem westlichen Ideenkram bei den neuen afrikanischen Freunden keine Sekunde des nachdenklichen Grübelns kostet. Entscheidend ist nur, sich das größte Stück des Rohstoffkuchens auf dem riesigen Territorium zwischen dem indischen und atlantischen Ozean zu sichern.

Von wem sie durchgefüttert werden – wie bisher von den Europäern oder von der werdenden globalen Großmacht China – ist der Masse der Afrikaner völlig egal. Die Afrikaner wollen gefüttert werden, das liegt in der Mentalität, die aus uralten verhängnisvollen Traditionen und Gewohnheiten gespeist ist. Der Ethnologe David Signer hat in einem beachtenswerten Essay für die Schweizer *Weltwoche* und für das deutsche Wissensmagazin *P.M.* die These bestätigt, dass nicht die Weißen und der Kolonialismus für die Hauptübel in Afrika verantwortlich sind. Die Probleme sind »hausgemacht« und wurzeln vor allem in den *Traditionen,* die den Fortschritt behindern. Neben dem *Ahnenkult* und einem archaischen Zeitverständnis ist es hauptsächlich der *Glaube an die Hexerei,* welcher die Afrikaner in erfolgs- und zukunftsfeindlichen Denkkonstruktionen gefangen hält. David Signer zitierte in seinem Essay auch die Publizistin Axelle Kabou aus Kamerun, die über die afrikanische Unterentwicklung wütend schrieb, dass Afrika als Ganzes gegenüber dem Westen gewissermaßen die passive, bettelnde Haltung eines infantilen Klienten einnehme: »Die Afrikaner sind die einzigen Menschen auf der Welt, die noch meinen, dass sich andere als sie selbst um ihre Entwicklung kümmern müssen.«[51]

In dieser Mentalität der Masse fehlt jegliche gedankliche Nähe zur Eigenverantwortlichkeit. Es sind der besser situierte Bruder oder Onkel in der Stadt oder im Ausland, der Clanchef, der Missionar oder die ehemaligen Kolonialherren allgemein, die ganz selbstverständlich für den Einzelnen, für die große Familie und die unüberschaubare Verwandtschaft und Sippe zu sorgen haben. Wer sich durch die vielen Parasiten aus dem eigenen Clan nicht freiwillig aussaugen lässt, gerät rasch in Gefahr *verhext* zu werden. Es findet sich unproblematisch und überall eine bezahlte Profihexe oder auch ein billiger Freizeithexer, die denjenigen, der strebsam und erfolgreich ist, aber sich dem erpresserischen, afrikanischen System des Teilens mit den vielen Faulenzern und Tagedieben nicht beugen will, mit einem bösen Fluch und einer zerstörerischen *Verhexung* das weitere Leben vergällen soll. Diese fortschrittslähmende Kultur des destruktiven Neides und der schmarotzerhaften Abhängigkeit von anderen zählt zu den größten Übeln Schwarzafrikas. Keith B. Richburg, der ehemalige afroamerikanische Bürochef der *Washington Post* in Nairobi, zog in seinem 1997 erschienenen Buch *Out of America. A Black Man Confronts Afrika* eine sehr düstere Bilanz über die afrikanische Realität. Auch für die weitere Zukunft erwartet er nichts Gutes und ist heilfroh, dass seine Vorfahren vor 300 Jahren nach Amerika verschleppt wurden. »In Afrika gewinnen die Guten nicht. [...] Sie werden so lange niedergemacht, bis sie aufgeben«, schreibt enttäuscht der afrikaerfahrene Journalist und Autor. Er verweist auf asiatische Länder, die ebenfalls eine koloniale Vergangenheit haben und sich trotzdem (oder auch deswegen!) wirtschaftlich nach oben strampelten. Der kritische Schwarze aus Washington hält Afrika Singapur als Vorzeigebeispiel vor die Nase, da sich dieser Stadtstaat so atemberaubend entwickelte, obwohl es hier keinerlei Naturschätze gibt. Als Quintessenz seiner Erfahrungen von beiden Seiten des Äquators blieb Keith B. Richburg die resignative Frage: »Gibt es vielleicht einen Makel in der afrikanischen Kultur?«[52]

Der *Glaube* an dunkle, zerstörerische Mächte, an *Hexen* und *Hexer* hat Teile Europas vor einem halben Jahrtausend, als mutige Kaufleute und Seefahrer zur Entdeckung der Welt aufbrachen und die epochemachende Erfindung des Buchdruckes ihren Siegeszug antrat, an den Rand eines selbstzerstörerischen Wahns getrieben. Nur der Hartnäckigkeit von anfänglich nur wenigen vernunftorientierten und geistig emanzipierten Menschen ist es zu verdanken, dass der forschrittslähmende Aberglaube die Dominanz über das Denken verlor. Dieser üble Geist aus der Flasche scheint nun in weiten Teilen des Schwarzen Kontinents heimisch zu sein. Während moderne Passagierflugzeuge am afrikanischen Himmel ihre Bahnen ziehen und Hochtechnologie in Form von Waffen und Telekommunikation diesen Erdteil überschwemmt, breitet sich das Phantasiegebilde der *Hexerei* wie ein Bakterium der menschlichen Dummheit aus. Die Erfolgreichen sollen durch eine zielgerichtete *Verhexung* wieder »zurechtgestutzt« und an ihre Verpflichtung als nie versiegendes Füllhorn für die Mehrheit der mit unproduktiver Lethargie in den Tag hineinlebenden Clanmitglieder erinnert werden. Nicht selten wird jemandem sein Erfolg und Besitz bis zum Letzten geneidet, und durch die *Behexung* soll er alles wieder verlieren. Hier tritt jene produktivitätshemmende Geisteshaltung nach draußen, die Leistung nicht als positives Kriterium anerkennt, sondern dafür sorgt, dass keiner den Kopf nach oben erhebt. Wenn schon arm, dann aber ausnahmslos! Die Farmen und Plantagen der Weißen in Zimbabwe (Rhodesien) brannte man auch lieber ab, als damit Lebensmittel und Exportgüter zum Wohl der Allgemeinheit zu erzeugen.

Nicht nur der Wohlstand und der Erfolg anderer nährt die Bösartigkeit und den zerstörerischen Neid, auch innerfamiliäre Alltagsprobleme (wie Kinderlosigkeit) oder Streitereien innerhalb der Dorfgemeinschaft, schlechte Ernten, Wetterkapriolen und anderes drängen dazu, Schuldige zu suchen. Oft wird unter »sachkundiger Beratung« eines *Medizinmannes* auch die eigene Mutter, Schwiegermutter oder Gemahlin als *Hexe* identifiziert und für den ausbleibenden Kindersegen, die kranke Kuh oder die Lustlosigkeit des Mannes verantwortlich gemacht. Wenn die *Hexe* Glück hat, wird sie »nur« mit Schimpf und Schande aus dem Dorf und in ein ungewisses Schicksal gejagt. Vielen bleibt dieses »Glück« versagt und sie werden noch zu Hause mit der Machete erschlagen oder bei lebendigem Leib verbrannt. Sollten die nächsten Verwandten diese Schmutzarbeit scheuen, so finden sich für wenig Geld – wie etwa in Tansania schon für umgerechnet sechs Euro – willige Helfer, die den Hexen ohne Skrupel das Leben rauben. Fast nirgendwo ist der Hexenglaube so lebendig wie in Westafrika und hier vor allem in Ghana. Es ist eine Welt der Voodoo-Priester, der Zauberamulette, der Naturgeister und Dämonen. Es sind vor allem alte, nicht selten demenzkranke Frauen, deren Selbstgespräche als Dialog mit dem Teufel gedeutet werden. Wenn der kranke, kleine Enkel stirbt, ist natürlich die *Hexe*, die oft unverständliches Zeug murmelt, schuld daran. Manchmal genügt es schon, wenn das Transistorradio seine Arbeit einstellt, um gelyncht, erdrosselt, ersäuft oder verbrannt zu werden.[53]

In einigen Territorien Afrikas (wie in Südafrika, Tansania, Mali und Ghana) haben Hilfsorganisationen in Zusammenarbeit mit den mehr oder weniger in dieser Frage engagierten Regierungen »Hexendörfer« errichtet, in denen halb totgepeitschte und grausamen Teufelsaustreibungen ausgesetzte Frauen Zuflucht und Schutz finden.

Erst wenn die Afrikaner dieses tollwütige Verhalten abschütteln und sich vom rückwärtsorientierten, vom dunkelsten Aberglauben durchtränkten, traditionellen Denken emanzipieren, wird die Frage *Quo vadis, Africa?* einen weniger düsteren Beiklang erhalten.

Tödlicher Schmutz

»Ja, es ist eine schwere Sünde«, antwortete ein indischer Muslim mit tugendhaftem Ernst in der Stimme auf die Frage des Forschers, ob die Vergewaltigung einer Hindufrau sündhaft sei. So weit, so gut. Als zivilisierte Menschen stimmen wir der lauteren Meinung des braven Inders selbstredend zu. Doch Vorsicht! Alle Wohlmeinenden sind hier schon in die Falle der religiösen Tücke getappt. Denn die abscheuliche »Sünde« entsteht keineswegs durch den Akt der Vergewaltigung der Hindufrau an sich, sondern dadurch, dass die eigene muslimische »Heiligkeit« durch das Eindringen in die inneren Regionen des Körpers einer »Ungläubigen« einen enormen spirituellen Schaden erleidet. Die Hindufrau ist für den guten Moslem *haram – unrein*. Nicht die Verletzung eines zivilen Moralkodex durch die Vergewaltigung wird als zu vermeidende Tat erkannt, die *Sünde* entsteht dadurch, sich durch den »Kontakt« mit einem Hindukörper »religiös schmutzig« zu machen. Nach dieser Logik und der darauf gründenden Meinung der befragten muslimischen Inder, ist dagegen die Vergewaltigung einer Glaubensschwester (einer Muslimfrau) *keine Sünde*, da deren Körper ja *halal* – also *rein* sei.[54]

Kann man sich etwas Abscheulicheres vorstellen als den Geschlechtsverkehr zwischen zwei Personen unterschiedlicher Religionszugehörigkeit – auch wenn es Liebende sind? All jene Mitmenschen, die durch eine fundamentalistische Glaubensorientierung noch nicht verblödet sind, werden sich zu Recht über die Unverschämtheit dieser Frage empören. Vergessen wir jedoch nicht die *Nürnberger Gesetze* vom 15. September 1935. Das *Gesetz zum Schutz des deutschen Blutes und der deutschen Ehre*, kurz meist *Blutschutzgesetz* genannt, verbot sowohl die Eheschließung als auch den außerehelichen Geschlechtsverkehr zwischen Juden und Staatsangehörigen *deutschen oder artverwandten Blutes* (ab 1938 galten die *Nürnberger Gesetze* auch auf dem Territorium des angeschlossenen Österreich). Nun ließe sich einwenden, dass dies eine *rassische* und keine religiöse Angelegenheit war. Diese Einwendung kann wiederum relativiert werden durch einen aufmerksamen Blick zurück in die Geschichte. Der rassische und politische Antisemitismus in der Epoche der radikalen Ideologien ist das folgsame Kind des über Jahrhunderte religiös genährten Antijudaismus. Schon Martin Luther warf die harsche Frage in das Volk: »Was wollen wir Christen tun mit diesem verdammten, verworfenen Volk der Juden?« Die Radikalität der eigenen Antwort des Reformators war auch für die späteren Generationen noch richtungsweisend: »Darum immer weg mit ihnen. [...] Wisse, lieber Christ, und zweifle nicht daran, dass du nächst dem Teufel keinen bittereren, giftigeren, heftigeren Feind haben wirst als einen rechten Juden, der mit Ernst Jude sein will.«[55]

Wenige Jahre vor Luthers antijüdischer Suada seufzte der (den Wittenberger an humanistischem Intellekt turmhoch überragende) Erasmus von Rotterdam: »Wenn Judenhass der Ausweis echter Christen ist, dann sind wir alle vorzügliche Christen.«[56]

Die höchsten kirchlichen Autoritäten haben ihrer christlichen Herde schon im Jahr 1267 verboten, bei Juden Lebensmittel zu kaufen, aus Furcht, dass jene, »die die Christen für ihre Feinde halten, sie auch hinterlistig vergiften möchten.«[57] Auch die Wortführer der noch jungen Kirche geiferten gegen die Juden, die *Christusmörder*. Die Synode von Elvira verbot im Jahr 306 die Ehe und den Verkehr zwischen Christen und Juden sowie die gemeinsame Einnahme von Speisen. Einer der mächtigsten Päpste der Geschichte, Innozenz III., liebte die Praxis einer variantenreichen und perfide inszenierten Folter an Andersdenkenden, die unermüdlich und weitflächig verfolgt und aufgespürt wurden. Unter seiner Ägide wurde die als *Chambre chauffé* bekannte Foltermethode vorrangig praktiziert, in der *ketzerische* Katharer gezwungen wurden, »Analverkehr zu gestehen, indem man sie nackt auf einen rotglühenden Dorn absenkte.«[58] Dieser noble »Stellvertreter Gottes auf Erden« ärgerte sich über den Grafen von Toulouse: »Der Christenheit zur Schmach verleihst du öffentliche Ämter an Juden ... Der Herr wird dich zermalmen!« Dem Bischof von Paris schrieb der Papst im Jahr 1205 – ein Jahr, nachdem mit seiner Zustimmung durch *glaubensreine* Kreuzfahrer die christliche Stadt Konstantinopel überfallen, gebrandschatzt und geplündert wurde – einen warnenden Brief: »Der Jude ist wie ein Feuer im Busen, wie eine Maus im Sack, wie eine Schlange am Hals.«[59]

Der Schriftsteller und Arzt Guarinonius (1571–1654) berichtete von einem Prager Juden, der barbarisch bestraft wurde, da man ihn verdächtigte, verbotenerweise mit einer Christin sexuell verkehrt zu haben. Das Glied des bejammernswerten Juden wurde in den Spund eines Fasses voller Pech gesteckt und dieses angezündet. Halb wahnsinnig vor Schmerz schnitt sich der so gnadenlos Gequälte mit einer bereitgelegten Säge selbst das Glied ab. Nach diesem fürchterlichen Befreiungsversuch wurde er allerdings zuletzt noch von Bluthunden zerrissen.[60]

Der intime Kontakt zwischen Juden und Christen war über lange Zeiträume der gemeinsamen Geschichte mit enormer Gefahr für Leib und Leben verbunden. Vergleichsweise human erscheint da die Anordnung des Bischofs Ulrich von Brixen aus dem Jahr 1403: »Falls ein Jud bei einer Christenfrau läg und mit ihr begriffen wurde, so soll der Jud uns verfallen sein [mit] 10 Gulden, [so] oft er begriffen wird.« Dieser schlaue Bischof dachte eben gewinnorientiert menschlich.

Vor allem in ländlichen Gegenden war bis vor wenigen Jahrzehnten auch die Ehe zwischen Protestanten und Katholiken meist streng verpönt. Der *Helbraer Anzeiger* berichtete von einem Mönch, der eine katholische Witwe, die mit einem evangelischen Mann in gemischter Ehe gelebt hatte und deren Kinder evangelisch erzogen waren, zu Ostern mit folgenden Worten vom Beichtstuhl verwies: »Machen Sie, dass Sie aus unserer Kirche hinaus kommen und betreten Sie dieselbe nicht wieder. Sie sind nicht würdig, weiter Mitglied unserer katholischen Kirche zu sein. Sie sind eine Rabenmutter, denn Sie haben damit Ihre Kinder in die Hölle hinabgestossen.«[61]

Wie der Teufel das Weihwasser fürchten nicht nur kleine Religionsgemeinschaften auch heute noch die Verbindung von konfessionell unterschiedlichen Geschlechtspartnern. Eine Studie über die festverwurzelten

Animositäten zwischen Hindus und Moslems auf dem indischen Subkontinent ergab ein frustrierendes Bild. Der Psychoanalytiker und Schriftsteller Sudhir Kakar beobachtete während einer Forschungsarbeit über die religiösen Unstimmigkeiten und Tabus seiner Landsleute eine beispielhafte Interaktion: »Zu ›normalen‹ Zeiten löst die Vorstellung, dass ein Muslimmädchen mit einem Hindujungen ins Kino geht, die stärksten Reaktionen aus. Dies ist nicht nur eine gravierende Verletzung des Moralkodex, sondern eindeutig eine Sünde. ›Neulich haben wir so ein Paar verprügelt‹, sagt ein neunzehnjähriger junger Mann. ›Wir haben sie drei Tage lang beobachtet und sind ihnen dann zum Kino nachgegangen. Ich schlug das Mädchen und informierte ihren Bruder. Er war nahe davor, sich zu vergiften und zu sterben, da er die Schande nicht ertragen konnte, dass seine Schwester mit einem Jungen von denen (den Hindus) erwischt wurde.‹ Fast ein Drittel der Befragten sähen das Mädchen am liebsten mit dem Tod bestraft und erwarten von den Eltern, dass sie es stillschweigend vergiften, es lebendig begraben oder sich selbst umbringen. [...] Wenn ein muslimisches Mädchen ins Kino geht, so ist das nicht Angelegenheit einer Einzelperson, sondern damit geht das Mädchen eine ganz bestimmte Art von Beziehung mit dem anderen *qaum* (der anderen Gemeinschaft) ein, die eine tödliche Beleidigung für die Muslimgemeinschaft darstellt.«[62]

In der Qualität der Verachtung anderer Religionsgruppen sind die Hindus den Moslems ebenbürtig. Auf einer benachbarten Ebene übertreffen sie diese noch an Niedertracht, denn innerhalb ihrer eigenen Glaubensgemeinschaft betreiben sie seit Jahrhunderten eine »Apartheid« der schlimmsten Art. Gemeint ist hier das angeblich »göttlich verordnete« Kastensystem. Es ist das uralte zynische Spiel der wertorientierten Gliederung und strengsten Abgrenzung zwischen jenen »edlen« (durch die Geburt Privilegierten), die den Göttern nahe stehen, denen in der Mitte und jenen ganz tief unten (den *Unberührbaren),* die sich innerhalb des indischen Sozialgefüges im Rang noch weit unter den Ratten befinden, die ja immerhin als *heilige* Tiere im hinduistischen Rattentempel von

Deshnok (im indischen Bundesstaat Rajasthan) reichlich mit Milch gefüttert werden.[63]

Jenes moderne und prosperierende Indien, das die Europäer aus den Medien kennen, repräsentiert nur die glänzende Seite der Medaille. Die mattstumpfe Rückseite, das ist das ländliche Indien mit seinen Tausenden Dörfern, in denen ein vorindustrieller Lebensrhythmus und eine archaische Geisteshaltung gepflegt werden, die das üble Erbe des Kastendenkens hartnäckig am Leben erhalten. Den indischen Boulevardblättern, die mit lustvollem Schaudern über die brutalsten Exzesse der traditionellen Kastenordnung auf dem Land berichten, gehen die Horrorgeschichten nie aus. Drei solcher Tragödien, die es durch ihren Brutalitätsgehalt in die Zeitungsspalten schafften, hat Olaf Ihlau in seinem Buch *Weltmacht Indien* wiedergegeben: »Da wird eine kastenlose Frau nackt durch ein Dorf getrieben, weil ihr Sohn einen Kasten-Hindu der Thakur bestohlen hat. Unter dem Gejohle der Thakurs wird sie zum Geschlechtsverkehr mit ihrem Sohn gezwungen. Oder: Ein Mädchen aus der Jat-Bauernkaste und ein Brahmanen-Junge werden beim Liebesspiel auf den Feldern ertappt. Die Ältesten im Dorf verhängen die Todesstrafe, das Pärchen wird vor Hunderten von Zuschauern aufgehängt. ›Wir mussten das für die Ehre unseres Dorfes tun‹, erklären ungerührt die Eltern in Untersuchungshaft. Schließlich dieser grauenhafte Fall aus dem Dorf Mehrana unweit von Delhi: Ein sechzehnjähriges Jat-Mädchen verliebt sich in einen jungen Paria. Die beiden wollen weglaufen. Sie werden aber gefasst, geschlagen, vor das dörfliche Femegericht der Jats gestellt und nach brutaler Folter gehängt. Danach werden ihre Körper verbrannt. Das Mädchen lebt noch, als der Scheiterhaufen angezündet wird. Verzweifelt versucht es, vom Holzstoß herunterzukriechen, wird aber zurück in die Flammen geworfen.«[64]

Das sind keine Dramen aus früheren Jahrhunderten. Solche Orgien der Grausamkeit, angestachelt durch Religion und Tradition, finden noch heute statt, während Indien technologisch schon nach dem Weltraum greift.

Die *unreinen Unberührbaren* (Dalit) stellen derzeit knapp 18 Prozent der indischen Bevölkerung. Diese von den Göttern vergessenen Menschen sind nur gut genug für die Erledigung der übelsten und schmutzigsten Arbeiten, die in der weltgrößten Demokratie tagtäglich anfallen. Als *Unberührbare* gehören sie zur niedrigsten Gruppe der Gesellschaft (zum »fünften« Stand) und stehen außerhalb des als »göttlich akzeptierten« Systems der vier Hauptkasten, zu denen mehr als 3000 Unter- und Nebenkasten gehören. Die *Unberührbaren* wurden bisher als spirituell so unrein angesehen, dass selbst ihr Schatten nicht auf einen Hochkastigen fallen durfte.

Der von westlichen Träumern idealisierte, fernöstliche Gemischtwarenladen der vielen Götter und religiösen Spezereien bietet seit unzähligen Generationen auch die bittere Ingredienz zum Erhalt eines menschenverachtenden Ausbeutersystems. »Eine übergreifende Solidarität oder Mitgefühl für Notleidende zählen nicht gerade zu den Tugenden der machiavellistisch denkenden Hindus«, stellt der Indienkenner Olaf Ihlau resigniert fest.[65]

Festgenagelt durch Geburt auf einer ehernen Skala des menschlichen Wertes kann sich der Großteil der Inder auch heute nicht dieses religiös-rassistischen Irrwitzes erwehren. Das unselige Kastensystem, die Unterscheidung zwischen *Reinen, Reineren* und *Unreinen* ist eben nicht nur ein dunkler Fleck auf der alten indischen Geschichte. Dieses Beispiel für die andauernde Knebelung des menschlichen Geistes durch epochenübergreifende, schädliche Fantastereien ist auch im Indien der Atombombe und der globalen Computerdienstleistung noch mächtig präsent. Der Großteil der Heiratsanzeigen, sogar in großstädtischen Zeitungen, ist unverändert gegliedert nach Kasten und Subkasten. In nicht wenigen Dörfern wird den *Unberührbaren* immer noch die Benützung der Brunnen verboten, die den höheren Kasten vorbehalten sind, um deren Trinkwasser nicht zu *verderben*, und in so manchen Schulen müssen die Kinder der *Delits* vor (!) dem Klassenzimmer dem Unterricht folgen. – Die traditionelle Hindu-Gesellschaft sieht auch in der gemeinsamen Einnahme von Speisen durch Personen unterschiedlicher Kasten ein streng zu vermeidendes Sakrileg. Die Gefahr, durch den Kontakt mit *unreinen* Ess-Utensilien selbst verunreinigt zu werden ist einfach zu groß. Vor allem die Brahmanen, die den »Kopf« der hinduistischen Gesellschaft bilden, sind besonders beim Essen und bei den Nahrungsmitteln einer Masse von *verunreinigenden* Gefahrenquellen ausgesetzt. Um solche rituellen Gefährdungen von vornherein durch professionelle Kontrolle zu vermeiden, war und ist der Berufsstand des Kochs bei den Brahmanen beliebt. Manu, durch dessen *Gesetzbuch* das Kastensystem kodifiziert wurde, hat es den mustergültigen Gläubigen mit seinem *spirituellen Reinheitsfimmel* auch nicht gerade leicht gemacht: »Ein Brahmane darf niemals essen ... Nahrung, an der eine Kuh gerochen hat, ... auch nicht Nahrung, die von einem Dieb gegeben wurde, von einem Musiker, einem Zimmermann, einem Zinswucherer, einem Geizhals, von jemandem, der einer Todsünde bezichtigt wird, von einem Hermaphroditen, einer unkeuschen Frau, ... genau so wenig das Essen, überreicht von einem Arzt, einem Jäger, ... von einem Schauspieler, einem Schneider, oder einem undankbaren Mann, ... von einer Frau, die keine männlichen Anverwandten hat, ... von Leuten, die Jagdhunde ausbilden, von Gastwirten, von einem Wäscher, einem Färber, einem gnadenlosen Mann, einem Mann, in dessen Haus der Geliebte seiner Frau lebt, auch nicht von Männern, deren Frauen ohne ihr Mitwissen Geliebte halten, und auch nicht von solchen Männern, die in allen Dingen von Frauen beherrscht werden.«[66]

Der aus einer Aristokratenfamilie stammende Siddharta Gautama, der als *Buddha* zum Religionsstifter und Welterleuchter wurde, sah im Kasten(Un)wesen keine göttlich vorgegebene, sondern eine menschliche Institution.[67]

Der gottgefällige Untertan

Sich in das *Karma* zu fügen, nicht aufzumucken gegen das ungerechte Sozialgefüge, innerhalb dessen man von Gott oder den Göttern seinen Platz zugewiesen bekam. Auf diese Ein- und Unterordnung möchten die meisten Religionen und deren Apologeten nur ungern verzichten. Der schicksalsergebene und veränderungsunwillige Fatalismus vieler Muslime gehört in diesen Zusammenhang. Auch der Christengott zeigte sich in den vergangenen Jahrhunderten eher als *Amigo* der klerikalen, politischen und wirtschaftlichen Nomenklatura, denn als für soziale Gerechtigkeit kämpfender Sozialdemokrat. Fast zwei Jahrtausende lang hätschelte er lieber die Mächtigen und Reichen. Die verstandesarme Mehrheit seiner Erdenkinder glaubte brav an das *ewig gültige* Prinzip, nach dem Gott *jeden* an den für ihn vorgesehenen Platz hinstellt. Jene aufmuckenden Unruhestifter, die diese *gottgegebene* Rangordnung in Frage stellten, wurden mit dem Knüppel rasch eines Besseren belehrt. Im Mittelalter gab es die weitverbreitete »Glaubenswahrheit«, dass sich die Standesunterschiede auf Erden auch im Himmel und möglicherweise in der Hölle fortsetzen würden. Später wurde die Kirche hier etwas »vernünftiger«, und die Seelsorger predigten bis weit ins 19. Jahrhundert hinein nur mehr von der Gottgefälligkeit einer zeitlich auf das irdische begrenzten, ständischen Klassifikation. Der auf dem Hof seines brav katholischen (oder auch protestantischen) Bauern zeitlebens geschundene Knecht wurde durch die priesterliche Autorität ermahnt, sein kümmerliches Schicksal ohne Murren zu akzeptieren, da Gott ihn eben nur in dieser und keiner anderen Position sehen will. Das stille Dulden wird ihm, dem unverdrossen arbeitenden Knecht (auch der Magd), im Jenseits hundert-, nein tausendfach mit himmlischen Freuden vergolten.

Dass eine ehrliche Arbeit den Menschen, besonders freilich »denen Weibs-Bildern höchst wohl anstehe«, konnten alle »Lieb-eyfferige Seelen / welche nach ihrem Ewigen Heyl einen Geistlichen Hunger haben« in der vom fürstbischöflichen Hof-Buchdrucker zu Brixen im Jahr 1707 hergestellten Fibel *Geistliches Seelen-Manuet* bestätigt finden: »Meine christliche Seele! Niemand glaubet es / wie gut und nutzlich denen Menschen es seye / sich ernstlich um eine gute Arbeit anzunehmen / besonders aber denen Weibs-Bildern / nicht allein darumben / dass der verwerffliche Müßiggang hierdurch unterwegs bleibet, sondern auch darumben / damit hierdurch vil böser Anschläg und Gedancken verhinderet werden / denn die Unschuld kan keinen besseren Wächter finden / als eine embsige Beschäfftigung«.[68]

Durch die Kumpanei mit den politisch und militärisch Mächtigen der diesseitigen Welt (das Spanien Francos kann hier als ideales Beispiel der neueren Zeit dienen) formte der Gedanke an irgendwelche soziale und ständische Veränderungen vor allem für den hohen Klerus eine Schreckensvision, deren reale Grundlage schon im Keim unterdrückt und erstickt werden musste.

1841, als in Deutschland auf 600 Kilometer Schienenstrang schon 245 Lokomotiven fuhren und die industrielle Revolution auch zwischen den Alpen und der Nordsee ankündigten, konnte dem Plebs die kirchliche Ermahnung an die soziale Zufriedenheit nicht mehr mit physischer Gewalt eingebleut werden. Das gedruckte Wort – *schwarz auf weiß* – war nun eher dienlich, um den nötigen Respekt gegenüber der alten Ordnung einzufordern. In diesem Jahr erschien in der Kösel'schen Buchhandlung in Kempten das *Lehrbuch der christlichen Wohlgezogenheit*, geschrieben von Bernhard Galura, dem Fürstbischof von Brixen. Die hohe *Exzellenz* erinnerte in dieser Schrift an die Unveränderlichkeit des von Gott vorgegebenen gesellschaftlichen Systems: »Wen muss man in höheren Personen ehren? *Gott, von dem die Verschiedenheit der Ämter und Stände kommt.* Wer wird entehret, wenn man den hohen Personen die schuldige Ehre nicht erweiset? *Gott selbst, weil man seiner Anordnung widerstrebt.* Wie muss man von hohen Personen reden? *Mit jener Ehrfurcht, die ihrem Stande und Amte gebühren; selbst dann, wenn die hohen Personen Fehler haben; denn Pflichten, Amt, Stand und Gottes Einrichtung sind allzeit ehrwürdig; und wenn uns die Fehler der Menschen berechtigen, ihnen die schuldige Ehre zu entziehen, wer in der Welt würde noch Ehre haben, da kein Mensch ohne Fehler ist?«*

Immerhin ist die »Christlichkeit« der katholischen Kirche bis zur Mitte des 19. Jahrhunderts schon soweit gediehen, dass auch »Dienstboten« als Mitmenschen anerkannt wurden. Die Meinung des Brixner Fürstbischofs war hier human orientiert: »Hat man auch gegen Dienstboten Pflichten der Höflichkeit zu beobachten? *Ja; denn auch Dienstboten sind Menschen wie wir, unsere Mitchristen, als solche unsere Brüder und Schwestern im Herrn, unsere Miterben des ewigen Lebens; sie sind zu unserer Unterstützung; sie stehen nicht sowohl in unserm Dienste, als vielmehr im Dienste des Herrn, dem ein jeder nach seinem Stande dienet. [...]* Welche Pflichten hat man gegen Dienstboten, weil sie Christen sind, Gott dienen, und in den Himmel kommen sollen? *Man muss für die Sittlichkeit der Dienstboten sorgen, ihnen mit dem guten Beispiele vorgehen, sie zur Frömmigkeit, zum Kirchgang, zum Gebete erziehen.*«[69]

»Mistapostel« – mit diesem wohlmeinenden Ehrentitel wurde der katholische Priester und Wanderlehrer Adolf Trientl (1817–1897) vom Landvolk bedacht. Der umtriebige Kurat war eifrig bemüht, die sture Bauernschaft mit modernen und ertragreicheren Produktionsmethoden vertraut zu machen. Er kannte zur Genüge die *Grillenhäuser* der kleinen Grundbesitzer in jenen Gegenden, in denen die traditionelle »Erbteilung« an der augenfälligen Verarmung mitschuldig war. 1867 lernte Trientl den Kitzbühler Landstrich kennen und freute sich über die beachtliche Größe und den erkennbaren Wohlstand der dortigen Bauerngüter (hier war nur das Erstgeburtsrecht üblich). Eine Sache fand indes seine Missbilligung – den Knechten und Mägden ging es hier ersichtlich zu gut. In diesem Punkt offenbarte sich Adolf Trientl noch als Geisteskind der ganz alten Zeit: »Die Forderungen der Dienstboten im deutschen Antheile Tirols sind, namentlich was die Kost anbelangt, etwas hoch, ja man dürfte sie geradezu luxuriös nennen, wenn Dienstboten 5mal am Tage warme Speisen und 3x Gebackenes beanspruchen, wenn die Nudeln im Schmalze schwimmen müssen, so dass man von 20–30 Kühen kaum einige Pfund

Schmalz verkaufen kann, und wenn sie Speisen von Türkenmehl als eine Schweinekost von sich weisen. Solche Dienstboten haben wirklich keine Ursache, sich über das gute Leben der Herrenleute zu beklagen; denn nicht der zehnte Frack und nicht die zehnte Krinoline haben eine solche Kost. Oder ist es nicht luxuriös, wenn wie in Südtirol mitunter ein Dienstbote 3 bis 4 mal im Tage seine nicht zu kleine Weinportion beansprucht.«[70] Der Wanderlehrer im Priesterrock befürchtete üble Folgen für die Zukunft, sobald das notwendigste tägliche Qualitäts- und Mengenmaß der Verpflegung überschritten wird, denn ein übersättigter Dienstbote neigt zur Faulheit und zum Müßiggang, und von hier ist es zum Laster auch nicht mehr weit.

Für Friedrich Engels, dem zweiten Säulenheiligen des Marxismus, war die frömmlerische Disziplinierungspflicht zur Zeit des anwachsenden Proletariats ein weiterer Beleg für die üble Verbrüderung zwischen Besitz und Religion. Seine Heimatregion Wuppertal mit den Städten Barmen und Elberfeld bildete in der zweiten Hälfte des 19. Jahrhunderts den Schwerpunkt der deutschen Textilindustrie. Gleichzeitig formte sich hier im Bergischen Land eine *Erweckungsbewegung* mit pietistischer Tradition. Vor diesem Hintergrund wurde die enge Verbindung von Religion und Kapital für Wuppertal charakteristisch. Hier konnte Engels, der Fabrikantensohn und geduldige Förderer von Karl Marx, die Diskrepanz zwischen tugendhafter Rede und faktischer Tat aus nächster Nähe bei den *Pietisten* beobachten. In seinen *Briefen aus Wuppertal,* die im *Telegraph für Deutschland* unter dem Pseudonym *Friedrich Oswald* veröffentlicht wurden, ließ er seinem Ärger über die bigotten Bibellechzer freien Lauf: »In Elberfeld allein werden von 2 500 schulpflichtigen Kindern 1 200 dem Unterricht entzogen und wachsen in den Fabriken auf, bloß damit der Fabrikherr nicht einem Erwachsenen, dessen Stelle sie vertreten, das Doppelte des Lohnes zu geben nötig hat, das er einem Kinde gibt. Die reichen Fabrikanten aber haben ein weites Gewissen, und ein Kind mehr oder weniger verkommen zu lassen, bringt keine Pietistenseele in die Hölle, besonders wenn sie alle Sonntage zweimal in die Kirche geht. Denn das ist ausgemacht, dass unter den Fabrikanten die Pietisten am schlechtesten mit ihren Arbeitern umgehen, ihnen den Lohn auf alle mögliche Weise verringern, unter dem Vorwande, ihnen Gelegenheit zum Trinken zu nehmen. [...] In den niedern Ständen herrscht der Mystizismus am meisten unter den Handwerkern. [...] Wer dies Geschlecht wahrhaft kennen will, der muss in eine pietistische Schmiede- oder Schusterwerkstatt eintreten. Da sitzt der Meister, rechts neben ihm die Bibel, links, wenigstens sehr häufig – der Branntwein. Von Arbeiten ist da nicht viel zu sehen; der Meister liest fast immer in der Bibel, trinkt mitunter eins und stimmt zuweilen mit dem Chore der Gesellen ein geistlich Lied an; aber die Hauptsache ist immer das Verdammen des lieben Nächsten.«[71]

Im gleichen Jahr, als Bernhard Galura, der Brixner Fürstbischof, mit dem *Lehrbuch der christlichen Wohlgezogenheit* einen »Beitrag zur allgemeinen Volksbildung« leistete, eröffnete Ludwig Feuerbach mit seiner Arbeit über *Das Wesen des Christentums* die bisher schärfste Auseinandersetzung der kritischen Philosophie mit der Religion. Feuerbach (1804–1872), ein Schüler Hegels, erkannte in der Religion nur die Projektion menschlicher Wünsche, und er forderte, dass an die Stelle der Theologie die Beschäftigung mit der Anthropologie, der Lehre von den Eigenschaften und dem Verhalten des Menschen treten sollte. Ein lebensbejahender Atheismus, der die menschliche Selbstverwirklichung fördert, das war das Ideal des in Landshut geborenen Philosophen.[72]

Sechs Jahre nach dem Sieg über Napoleon, dem Erneuerer und Vergewaltiger Europas, als die »Heilige Allianz«, bestehend aus dem katholischen Österreich, dem protestantischen Preußen und dem orthodoxen Russland, unter Berufung auf das *Gottesgnadentum* und mit Jesus Christus als obersten Souverän, ihre Völker vor dem Übel der eigenen Emanzipation »beschützte«, erschien im Verlag der Wagner'schen Buchhandlung zu Innsbruck das *Lesebuch für Schüler der deutschen Schulen in den Städten und größeren Märkten der kaiserl. königl. Staaten.* In der darin enthaltenen *Anleitung zur Rechtschaffenheit* wurden die jungen Leser an die jahrhundertealte geistige Vorgabe erinnert, sich mit der von Gott zugewiesenen Lebensrolle zu bescheiden: »Wen Gott in einen Stand setzet, der muss auch die Beschwerden eines solchen Standes übernehmen und geduldig ertragen. Niemals müssen wir dasjenige wünschen, was für unsern Stand nicht gehöret, weil wir es nicht erlangen würden; die vergebliche Begierde würde nur das Herz quälen. Wir können ja nach unserer Art glückselig seyn, wenn uns auch manches fehlet, was andere in höhern Ständen haben.« Fand sich der junge Untertan innerhalb eines wenig beneideten Standes wieder, der ihm für die Zukunft nur harte Arbeit und keine Aussicht auf ein Körnchen Wohlstand versprach, so stärkte ihn das *Lesebuch* mit einer moraltriefenden Botschaft: »Die Arbeit ist unsere Pflicht und die sicherste Brustwehr gegen das Laster. Ein müßiger Mensch ist eine unnütze Last der Erde und ein faules Glied des Staates.«

In der Schule der beginnenden »Biedermeierzeit« wurden die Heranwachsenden auf ihre »Karriere« als gehorsame und gottesfürchtige Befehlsempfänger ohne egalitären Sozialschmus vorbereitet: »Unterthanen und Dienstboten sind schuldig, Herrschaften und Hauswirthe zu lieben und ehren, ihnen in billigen Sachen zu gehorchen. Dies zwar nicht etwa nur äußerlich auf den Schein, sondern aufrichtig von Herzen. [...] Sie sind dies sogar den schlimmen Herrschaften schuldig.« Zur theologischen Untermauerung dieses »gerechten« Ansinnens wurde aus der Bibel zitiert: »Ihr Knechte, gehorchet euren leiblichen Herren mit Furcht und Zittern, in Einfalt euers Herzens, wie Christo.« (Ephes. VI. 5.)[73]

Traditions-Diktaturen

Die Interessen des alten Zwillingspaares Kirche und weltliche Obrigkeit waren mit Blick auf die Untertanen identisch. Man wollte nicht nur die »Einfalt der Herzen«, sondern vor allem der Gedanken bewahren. Dieses Konservieren der »Einfalt« ist in Tirol prächtig gelungen, denn als erstmals der Frühlingswind des beginnenden Parlamentarismus durch die

Lande wehte, freuten sich die verbohrten Älplerseelen keineswegs über diese Chance zur gesellschaftlichen Emanzipation. Ab 1868 lenkten im nunmehr parlamentarischen Reichsrat in Wien die Deutschliberalen für einige Jahre das staatspolitische Ruder. Diesen kommt das unbestreitbare Verdienst zu, Österreich in der zweiten Hälfte des 19. Jahrhunderts zu einem mustergültigen Rechtsstaat aufgebaut zu haben. Der übermächtige Einfluss der Kirche auf die Gesellschaft und das politische Tagesgeschäft wurde zumindest in Teilbereichen abgeschwächt. Das tendenzielle Ziel der Liberalen ging dahin, die Religion aus dem öffentlichen Leben in die Sphäre des Privaten zu verdrängen.[74] Als erstes wurde der klerikale Würgegriff auf die Schule gelockert und die Schulpflicht von sechs auf acht Jahre erhöht. Diese Entscheidung zugunsten der Bildung brachte die fromme Tiroler Bauernriege und ihre priesterlichen Führer gemeinsam in Rage. Die Bauern bangten um den künftigen Vorrat an ungebildeten, billigen und gehorsamen Mägden und Knechten. Die Kirchenvertreter fürchteten, durch bessere Bildung für jedermann ihr Herrschaftsdiktat über das Denken der Herde zu verlieren. Schon 1809 kämpfte das wackere Tiroler Landvolk unter Andreas Hofer *gegen* den Fortschritt und *für* die religiös dominierte »Traditions-Diktatur«. Zu Lasten der Kinder, der Lehrer und einer zukunftsorientierten Bildung, focht die bigotte »christliche« Heerschar ab 1866 wieder für den Rückschritt – diesmal allerdings ohne Waffen. Der erbitterte Kampf (durch Verweigerung und Obstruktion) ging gegen die von der liberalen, *jüdisch-freimaurerischen Teufelsregierung* in Wien durchgesetzte Verlängerung der Schulpflicht. Wer sonst, als der »höllische Gegenspieler«, sollte an mehr Bildung und geistiger Mündigkeit ein solch energisches Interesse finden.

Das Wortungetüm »vakuumverpackt« war noch nicht geläufig, dennoch beschreibt es die Situation bestmöglich: Die eigene Ideenwelt muss »luftdicht«, also hermetisch und veränderungsresistent eingesperrt, versiegelt und geschützt werden. Mit ihrem diesbezüglichen Eifer machten sich die Tiroler in den Jahrzehnten vor dem Ersten Weltkrieg bei den aufgeklärten Europäern ohne die geringste Scheu lächerlich. Dieses »vakuumverpacken« des eigenen beschränkten Glaubens- und Werteuniversums wurde im kleinen Himalayastaat Bhutan mit rigorosen Abschottungsmechanismen sogar bis in unsere Tage geübt. Auch Tibet war vor dem Überfall durch das räuberische China in den fünfziger Jahren alles andere als ein Hort der Gedanken- und Geistesfreiheit. Während der gleichen zeitlichen Ebene, als sich der Islam zur ernst zu nehmenden Religion formte (7. und 8. Jahrhundert n. Ch.) wurde in Tibet die nichtbuddhistische Bön-Religion gewaltsam durch den Buddhismus beseitigt. Für den Ethnologen Bruno Baumann, der als einer der besten Kenner Tibets im deutschen Sprachraum gilt, besteht mit dem Blick auf die frühmittelalterlichen Religionskriege in diesem fernöstlichen Hochgebirgsland kein Zweifel, »dass auch der Buddhismus mit dem Schwert nach Tibet kam und die autochthone Kultur ähnlich ausradierte, wie es später die Kommunisten mit den Buddhisten taten.«[75] Auf dem *Dach der Welt* etablierte sich in den folgenden Jahrhunderten eine theokratisch gelenkte, brutale Ausbeutergesellschaft, in der Gleichberechtigung unbekannt war und Gedanken an Demokratie oder an die Beachtung von Menschenrechten immer ketzerisch blieben. Fern der Realität bildeten sich idealisierte Mythen, welche die esoterisch verwirbelten Sehnsüchte der westlichen Asien- und Tibet-Schwärmer immer noch nähren. Jamyang Norbu, ein hochrangiger Exil-Tibeter, warf Teutzin Gyatsu, wie der Dalai Lama mit seinem Mönchsnamen heißt, schon vor Jahren vor, dass die Exilregierung aus den westlichen Klischees Kapital schlägt und dadurch eine Entmythologisierung und eine kritische Beschäftigung mit der eigenen Geschichte verhindert. Der selbstkritische Tibeter erinnerte daran, dass seine Landsleute weder ökologisch bewusster und ebenso nicht weniger materialistisch als andere Völker waren und sind. Auch den Pazifismus haben die Tibeter nie an ihre Fahnen geheftet. Die vielen grausamst ausgetragenen Konflikte zwischen den einzelnen Klöstern widersprechen der Mär vom alles durchdringenden Friedens- und Harmoniedrang dieses an die Religion so eisern geschmiedeten Volkes.[76] Die Chinesen sehen sich in einer moralisch einwandfreien Position, da sie immer noch überzeugt sind, die Tibeter aus der Leibeigenschaft befreit zu haben. »Tatsächlich«, so dozierte Klaus Lutterbeck im *Stern*, »war Tibet ein rückständiger, von rechtlosen Bauern bewohnter Klosterstaat, in dem es Zehntausende Mönche, aber keinen Installateur gab. Bewegliche Lettern waren bis zur Mitte des 20. Jahrhunderts verboten. Ebenso das Rad – was beim Zustand der Straßen freilich nicht verwundert. Alles Wissen war religiös und wurde in Klöstern gelehrt, die oberste Kaste der Mönche war korrupt und wirtschaftete in die eigene Tasche.«[77]

In den okkulten Szenarien des Kalachakra-Tantra ist die kriegerische Seite des Buddhismus kodifiziert. Hier wird von einem apokalyptischen Weltkrieg geträumt, an dessen Ende die Moslems (*mlecchas,* Barbaren) durch die Buddhisten vernichtet werden und ein autoritäres Buddha-Reich die »Befreiung der Menschheit« einleitet. Das »triumphale Auftreten eines messianischen Feldherrn«, der Grausamkeiten nicht scheut, und der folgende grandiose *Endsieg* regte bei zahlreichen Nazi-Funktionären das Interesse für das Gedankengebäude dieser fernen Religion an.

Die tibetische Geschichte ist prall gefüllt mit Grausamkeiten, die aus Mentalitäten hervorgingen, deren blutige Spuren auch in den *heiligen Texten* ihren Widerhall finden und die aggressive Seite des Lamaismus dokumentieren. Dieser dunkle Teil des heute so inbrünstig als Friedensreligion (oder Humanitätsphilosophie) gefeierten, spirituellen Gemenges wird in der Ikonographie seiner »Schutzgötter« sichtbar, wo es von Dämonen, Monstern, Vampiren, Rachegeistern und furchtbaren Kriegern – ausgestattet mit dem schaurigsten Arsenal an Waffen – nur so wimmelt. Zu welcher Moral-Kategorie die »persönliche Schutzgöttin« des Dalai Lama gehört, haben die Religionsforscher Victor und Victoria Trimondi für ihr Buch *Hitler-Buddha-Krishna. Eine unheilige Allianz vom Dritten Reich bis heute* recherchiert: »Geradezu eine Ausgeburt von Intoleranz ist die persönliche Schutzgöttin des Dalai Lama, des ganzen Landes und seiner Hauptstadt Lhasa. Sie trägt den Namen *Palden Lhamo.* Entsprechend der Vielseitigkeit ihrer Aufgaben wird ihr ein außerordentlich hoher Platz im Pantheon des tibetischen Buddhismus zuteil. Mit fletschenden Zähnen, herausquellenden Augen und einem schmutzig blauen Körper reitet sie auf einem wilden Maultier dahin. Unter dessen Hufen erstreckt sich ein Blutmeer, das aus den Adern erschlagener Feinde geflossen ist. Abgehackte Arme, Köpfe, Beine, Augen und Gedärme schwimmen darin herum. Der Sattel des Maultiers besteht aus einer abgezogenen Menschenhaut. Das wäre schon abstoßend genug, aber das Grauen überkommt einen, wenn man erfährt, dass es sich dabei um die Haut ihres eigenen Sohnes handelt, der von der Göttin getötet wurde, als er sich widersetzte, ihrem Beispiel zu folgen und die buddhistische Lehre anzunehmen«.[78]

Durch die Autorität der Religion waren die Tibeter bis weit ins 20. Jahrhundert hinein in einer verhängnisvollen Zeitschleife gefangen, durch die moderne Errungenschaften in dieser dünn besiedelten und zugleich spirituell so dicht besetzten Region ausgesperrt wurden. Nach der dritten britischen Himalaya-Expedition im Jahr 1924 ließ der damalige Dalai Lama aus Respekt vor den Göttern, die auf den Gipfeln thronen, die Grenzen – die ohnehin kaum überschritten wurden – schließen.[79]

Im benachbarten Bhutan, dessen Bevölkerung heute zu etwa drei Viertel zum tibetischen Völkerkreis gehört, wurde der Buddhismus in Gestalt des tibetischen Lamaismus im 12. Jahrhundert zur Staatsreligion erklärt. Die Religion, die ähnlich dem verwandten Tibet viel zu lange wie Mehltau über dem Land lag und jeden Fortschrittsgedanken erstickte, bot keinen Schutz vor den üblen machtpolitischen Streitereien zwischen den Klöstern und den priesterlichen Autoritäten, die das Land seit dem 17. Jahrhundert im Würgegriff hielten. Bis in unsere Tage konnte sich Bhutan mit der düsteren Leistung brüsten, zu einem der strengst abgeschotteten Länder der Welt zu zählen.

Erst als 1907 mit britischer Unterstützung die zivile Dynastie der *Wangchuk* durch die neue Königswürde an Einfluss gewann, wurde die theokratisch-faschistoide Tyrannis der Mönche und Feudalherren häppchenweise geschwächt. Der folgende »Genesungsprozess« entfaltete sich mühsam und zäh. Unter König Jigme Dorje Wangchuk, der von 1952–1972 regierte, wurden die Privilegien der Lamas eingeschränkt und die Leibeigenschaft (!) abgeschafft. Seit 1999 darf das scheuklappengewohnte Volk von Bhutan endlich auch fernsehen. Bis dahin war der Blick in die moderne Welt untersagt, um die »Verwässerung der eigenen Kultur« zu verhindern. Politische Parteien blieben im »Land der Klosterburgen« bis 2007 verboten. Um so bemerkenswerter ist, dass der *Kostbare Regent der Drachenmenschen*, in der restlichen Welt als Bhutans junger König Jigme Khesar Namgyal Wangchuk bekannt, aus eigener Überzeugung und gegen den Willen zahlreicher »Traditionalisten« eine radikale und zeitgemäße Umwandlung der Staatsform betrieb. Und so fanden sich die bisher in einer absoluten Monarchie lebenden 680 000 Bürger des kleinen Staates im Himalaya am 24. März 2008 in einem politisch umgewandelten Land wieder, das seit diesem besonderen Datum eine demokratisch legitimierte, konstitutionelle Monarchie besitzt.

Saubere, heilige Erde

Die Bevölkerungszahl Bhutans gleicht der von Tirol. Beide Länder waren durch ihren modernitätsfeindlichen und religiös gebundenen Traditionalismus einmal sehr wesensverwandt. In Tirol wurde der Kampf gegen den Fortschritt aber schon hundert Jahre früher verloren. Anders als im abgelegenen »Land des Donnerdrachens« ließ sich der Geist der Moderne mitten in Europa nicht zu lange aussperren. Die »Rückzugsgefechte« des konservativen Bevölkerungsteiles und seines klerikalen Führungsstabes wurden jedoch mit verbissener Vehemenz geführt. Dennoch wurde die Schutzplane der Religion immer poröser und die *Unreinheit der Welt* konnte das Land durchdringen. So drohte etwa während des Ersten Weltkrieges der »kultischen Reinheit« der Friedhöfe höchste Gefahr. Denn an der Dolomitenfront starben ja nicht nur gut katholische Bauernsöhne und Familienväter, auch evangelisch-protestantische Soldaten aus anderen Teilen Österreich-Ungarns und aus dem verbündeten deutschen Kaiserreich wurden von den Kugeln des *welschen* Feindes niedergestreckt. Es kam nun in mehreren Fällen zum scharfen Eklat, als die Gefallenen mit lutherischer Konfession auf katholischen Friedhöfen im Südtiroler Hinterland beerdigt werden sollten. Das Militär musste alle Autorität aufbieten, um die Beisetzung der andersgläubigen Kameraden gegen den hartnäckigen Widerstand verbohrter Katholiken in der *heiligen und reinen* Tiroler Erde durchzusetzen.

Die übliche Zeitrechnung wurde innerhalb des katholischen Glaubensspektrums meist ignoriert und so konnten nicht wenige Gedankengespenster des Mittelalters in vielen »frommen« Köpfen noch lange (und teilweise bis heute) unbeschadet überleben. Daher war es auch möglich, dass noch der »Codex Juris Canonici«, das von 1917 bis 1983 gültige Recht der katholischen Kirche, davon ausging, »dass ein Friedhof durch die Beisetzung eines Ungläubigen oder eines Exkommunizierten verunreinigt werde. Zur Entsühnung (reconciliato) sollte der Leichnam des zu Meidenden, der entgegen dem Kirchenrecht an heiliger Stätte sein Grab gefunden hatte, exhumiert werden. [...]«[80]

Auch Ungetauften war der christliche Friedhof verwehrt. Zu Zeiten, als der »Aderlass« hoch populär war und die Herren Ärzte noch mit breitem Unwissen glänzten, schlich auch Gevatter Tod sehr neugierig um das Wochenbett herum. Viele Neugeborene starben ungetauft und durften daher keinesfalls in der geweihten Erde des Dorffriedhofes beerdigt werden. Solche Kinder wurden deshalb (bis weit in die Neuzeit) auf dem »Gottesacker der Unschuldigen« – sehr oft unter der Dachtraufe der Kirche – begraben. Gott durfte auch nicht durch die Beisetzung einer verstorbenen »Wöchnerin« zwischen den *korrekt* Verschiedenen verärgert werden, da ja die Frau durch den Geburtsvorgang (siehe Erbsünde!) noch im Zustand der *Unreinheit* war. Die ungetauften Kinder und die *unreinen* Frauen wurden also unter dem Druck der kollektiven, spirituellen Angst meist an der Kirchhofsmauer oder eben unter der Dachtraufe des Gotteshauses verscharrt. Letzterer Platz war um einiges brauchbarer, da das vom Kirchendach herabfließende Wasser die einen gleichsam taufte und die anderen reinigte.[81] Am Abend des 10. Juni 1584 wurde im Südtiroler Kastelruth der betrunkene Schneider Iheronimus Heufler vom Schlossermeister Simon Plaggenayer im Streit erstochen. Als der Getötete wenig später auf dem Pfarrfriedhof beerdigt werden sollte, weigerte sich Hochwürden Augustin Müllner, der Pfarrer von Kastelruth, den Erstochenen auf dem Pfarrfriedhof zu beerdigen, da dieser wegen der versäumten Osterbeichte nicht würdig war in geweihter Erde zu ruhen. Ein Toter mit unsolider religiöser Vergangenheit durfte die *Reinheit* des Gottesackers keinesfalls in Gefahr bringen. Dem Gericht teilte der saubere Pfarrherr mit, dass der Schneider Heufler »dies Jahrs mit Peichten und Comunicieren den schuldigen Gehorsam nit geleistet habe und darum dürfe er nit ins geweichte Erdreich gelegt werden.«[82] Der beichtfaule Schneider fand schließlich unter dem Protest seiner Hinterbliebenen »oben auf Razell auf einem Stücklein Gemain« seine wenig ehrenhafte letzte Ruhe. Auf diesem abseits gelegenen »Stücklein Gemain« wurden all jene religiös Dubiosen verscharrt, denen die kirchliche Obrigkeit eine ordentliche Bestattung auf dem »richtigen« Friedhof versagte – Andersgläubige und Selbstmörder gehörten vorrangig in diese Kategorie.[83]

Auch das Volk verlangte diese räumliche Trennung nach dem Tod kategorisch. Als ruchbar wurde, dass der Pfarrer des schweizerischen Schänis, der 1417 mit dem üblichen Bestattungsritual auf dem Friedhof des Großmünsters begraben wurde, sich möglicherweise selber umgebracht hatte, missgönnte ihm die erregte Bevölkerung sein ehrbares Grab. Schon glaubten die empörten Leute, dass die letzten verheerenden Unwetter durch das Sakrileg der Beerdigung eines Selbstmörders am verbotenen Ort entfesselt wurden. Sünder, die sich selbst *entleibten*, wurden aus spiritueller Vorsicht oft verbrannt oder in ein Fass »geschlagen« und in den nächsten Fluss geworfen.[84]

Mit welch energischer Widerborstigkeit das in der Mehrheit geistig träge Volk viele von der Zeit schon längst überholte Denkformen verteidigt (siehe auch Tirol im 19. Jahrhundert und vor allem die islamische Welt heute!), wurde den Behörden im Kanton Zürich vor etwas mehr als zweihundert Jahren auf primitivste Art vorgeführt. Aus gesundheitspolizeilichen Erwägungen setzte die weltliche Obrigkeit die Bestattung von Selbstmördern auf den Dorffriedhöfen durch. Doch die erste von den Behörden ermöglichte Beisetzung einer Selbstmörderin in »geweihter« Erde geriet zum Eklat. Die Stimmung der frommen Landbewohner war auf dem Siedepunkt. Bisher war es eben gesellschaftlicher Konsens, durch die Verweigerung der Bestattung innerhalb der Friedhofsmauern allen zu zeigen, dass jemand, der freiwillig aus dem Leben schied, keinesfalls der engen Gemeinschaft mit den »ordentlich« verstorbenen Dorfbewohnern würdig war. Der Arzt Johann Jakob Graf war Zeuge dieses schweizerischen Begräbnisrummels: »Erst 1783 gestattete die Regierung die Beerdigung der in diesem Jahre sich erhängten Weibsperson auf dem Kirchhof, jedoch hatte dies in einer Abendstunde, ohne Leichenbegleit, ohne Glockenklang, Gesang und Abdankung zu geschehen, und die Leiche durfte nicht in die angefangene Reihe begraben werden. Das war allem Volk, wenige ausgenommen, dieses Minimum eines menschlichen Begräbnisses viel zuviel Ehre für die Leiche. Keiner wollte sich dazu verstehen, sie zu Grabe tragen zu helfen; ihre zwei nachgelassenen Brüder, wie ihre unglückliche Schwester grundbrave Leute, mussten es selber tun. Das Haus der Entseelten lag in ziemlich starker Entfernung vom Friedhof am anderen Ende des Ortes, hart am Dorfbach. Als die Brüder mit der Leiche auf die Gasse traten, nahm ihr Elend seinen Anfang. Man ließ sie, alles, jung und alt, mit Stangen, Mistgabeln, Kärsten und Sensen bewaffnet, nicht auf dem Weg gehen, trieb sie in den Bach und nötigte sie, ihre traurige Last auf diesem nassen Wege, damals eine lange Strecke noch 2 bis 3 Fuß tiefer Morast, bis wenige Schritte an den Friedhof fortzuschleppen, ihr auch das Grab zu geben, sie einzusenken und zuzudecken.«[85]

Bei »lasterhaften« Männern drückt Gott ja manchmal ein Auge zu, wenn Frauen das fest geschnürte Korsett der Moral versuchsweise lockern – »liederlich« sind – versteht der HERR deutlich weniger Spaß. Für so manches *böse* Mädchen war deshalb selbst die ungeweihte Erde noch viel zu wertvoll, als dass so ein *vermaledeites Höllen-Aas* darin ungestört seine letzte Ruhe verbringen durfte. In einem christlichen Erbauungsbuch aus dem Jahr 1642 wurden die wissensdurstigen Leser in drastischer Bildsprache darüber informiert, welch furchtbare Spätfolgen ein ehrvergessenes Frauenzimmer durch ein »buntes« Leben mit – oh Schreck! – selbstbestimmter Sexualität zu erwarten hatte:

Am Ende des 16. Jahrhunderts ist im kalabrischen Crotona eine bildhübsche Dame aus höchstem Adel, aber »abscheulicher Leichtfertigkeit«, ohne Buße eines »erschröcklichen Tods« verblichen. In Ansehung ihres ranghohen Adelsstandes wurde ihr sündengepflasterter Körper – »für den doch der Pferd und Esel Freythof wäre zu gut gewesen« – nicht nur in geweihter Erde, sondern innerhalb einer »GOTT-geheiligten« Kirche bestattet. Der an Adelige und Mächtige ansonsten freigiebig kostenlose VIP-Eintrittskarten für das paradiesische Jenseits verteilende Himmelsvater musste in diesem Fall zwecks eigener Reputation und notwendiger »Weiberdisziplinierung« wohl doch wieder einmal ein handfestes Exempel statuieren. Und so schmiss »der für die Ehr seines Hauses eyfernde Gott«, der das »unbußfertige Luder« innerhalb seiner Mauern keinesfalls dulden wollte, den Leichnam »mit unsichtbarer Gewalt« aus der Kirche hinaus. Der darob entsetzte Vater der schönen Toten beauftragte nun seine Dienerschaft, den Leichnam auf offenem Feld mit einem großen Haufen Steinen zu bedecken. Doch auch auf diesem wertlosen und ungeweihten Platz wollte Gott das »Lasterweib« keinesfalls dulden. Schon am nächsten Tag wurde der unbedeckte Leichnam außerhalb des Steinhaufens gefunden. Auch der nächste Versuch, eine dauerhafte Bleibe für den verfluchten Leichnam zu finden, erwies sich recht bald als vergebliche Müh. Das ehemals so verführerische Weib wurde nunmehr an einem fernen Meeres-Strand unter Sand und Kies verscharrt. Natürlich war auch dieser Versuch vergebens: »noch das geweihte / noch ungeweihte Erdreich / noch Stein / noch Grieß wollte den unflätigen Cörper bedecken.«

Als der schwer geprüfte Vater des ganzen Entsorgungstheaters allmählich überdrüssig wurde, da er sich endlich auch die »Unbußfertigkeit«

und Sittenschwäche seiner Tochter eingestand, kam ihm durch freundliche Vermittlung Gottes der Teufel (der die Seele des Mädchens ja schon besaß) mit seiner von höchster Stelle konzessionierten, unterirdischen Müllabfuhr eilfertig zu Hilfe: »Gleich erschiene auf diese Einberuffung ein gantzes Geschwader der höllischen Larven / und nahm das stinckende Aas mit sich / dass weder Haar / noch Staub mehr von dem lasterhaften Schleppsack zu sehen war.«

Der Dreißigjährige Krieg – den der Papst keinesfalls beenden wollte – war noch sechs Jahre im Gange, als der Autor des Anno 1642 »zu Ynnsprug bey Michael Wagner« gedruckten Büchleins mit dieser *wahren* Geschichte auf die Unmöglichkeit der gottgefälligen Bestattung eines mit Sünden beladenen Körpers hinwies: »In welcher entsetzlicher Begebenheit der gerechte GOTT gezeiget: wie sich ein lasterhaffter Cörper so gar nicht in ein geweihtes Erdreich / viel weniger in ein Gotteshaus schicke.«[86]

Das Übel des weiblichen Blutes

Sei es das biedere Hobby des Modelleisenbahnbaues, der tägliche Adrenalinschub durch riskante Börsenspekulation oder der beharrliche Ehrgeiz nach körperlichen und geistigen Grenzüberschreitungen. Viele (satte) Erdenbürger sind einer herausragenden Leidenschaft mit besonderem Eifer zugetan. Auch Gott ist in dieser Beziehung um keinen Deut besser. Seine »Schrulle« besteht in einem manischen, eigentlich schon sehr irren »Reinheitsfimmel«. Den alten Herrn und seine braven Gefolgsleute ekelt ja vieles: das Blut, die Erde, große Teile der Nahrung, die Ungläubigen, der Sex, freie Gedanken. Nur das weltweit auf dem Markt der Dummheiten frei erhältliche Reinigungsmittel mit dem Traditionsnamen *Tabu* ist annähernd in der Lage, die Dinge so zu säubern, dass sich Gott nicht immer und überall grausen muss. Jeder hat schon von jemandem gehört, der von einem inneren Reinheitsdämon getrieben wird, sich hundertfünfzigmal am Tag die Hände zu waschen. Der HERR treibt es viel schlimmer. *Unreinheit* ist ihm ein Gräuel, das alle rationalen Dimensionen sprengt, und wehe, diese Laune wird nicht ernst genommen.

Das Menstruationsblut gehört zu den absolut schmutzigen Dingen. Der Geschlechtsverkehr mit einer menstruierenden Frau galt und gilt in allen großen Religionen als eine strengst zu vermeidende Sünde. Bei den Mazda-Gläubigen wurde die Menstruierende an einen von den anderen (reinen) Menschen deutlich abgesonderten Platz gebracht, von dem aus die »Unpässliche« das »heilige Feuer« durch ihren kontaminierten Blick nicht verunreinigen konnte. Das Essen wurde ihr mit einem gehörigen Sicherheitsabstand in metallenen Gefäßen gereicht, da diese noch am ehesten resistent gegen eine *Verunreinigung* sind. Als der Zoroastrismus die alles beherrschende Religion in Persien war, konnte sich ein Mann ohne viel Aufhebens von seinem Eheweib scheiden lassen, wenn er nichtsahnend durch den Beischlaf mit ihr verunreinigt wurde, da die Böse – aus niederen Beweggründen – ihre »Blutung« verheimlichte.

Das wirklich Schlimme an der ganzen Sache ist, dass der Mann seinen kostbaren Samen vergeudet, ja ihn tötet, da die Frau in diesen Tagen unfruchtbar ist. Unser Gott, den wir schon unter verschiedenen Namen kennen und der bei der Glaubensschar des Zarathustra als Ahura Mazda auftritt, misst dem männlichen Samen einen immensen Wert zu: »Wer in eine Frau, [die] die Regel hat, menstruiert, ihre Blutung hat, Samen ergießt, [der] begeht keine bessere Tat, als ob er seines Sohnes Leichnam zu Brei verkocht [und] das Fett dem Feuer darbrächte.«

Wenn durch die »nachdrückliche« Initiative des Mannes dessen Glied der Verunreinigung in einer menstruierenden Frau ausgesetzt wurde, so verlangte der angeekelte Gott, vor noch nicht allzu langer Zeit, dass dieser disziplinlose Schmutzfink 30 Hiebe mit der Pferdepeitsche und 30 Hiebe mit dem Zuchtriemen bekommt. Kann ein Delinquent schon bei 60 Hieben mit Peitsche und Riemen eine schrille Schmerzensarie singen, so ist dieses Strafmaß noch direkt human im Vergleich zu der von Ahura Mazda an den folgsamen Zarathustra diktierten Sühne, zu der jener menschliche Abschaum zu verurteilen ist, der das Beischlafverbot zur Zeit der Menstruation wohlüberlegt im »beiderseitigen« Einverständnis übertreten hat: »Wenn einer, [der es] wahrnimmt, weiß [und] überlegt, in eine die Regel habende, menstruierende, ihre Blutung habende Frau [die es ebenfalls] wahrnimmt, weiß [und] überlegt, [seinen] Samen ergießt, so soll er tausend Schafe schlachten und darbringen, tausend auf dem Bauch kriechende Schlangen soll er niederschlagen, [...] tausend Hiebe bestimme man mit der Pferdepeitsche, zweitausend mit dem Zuchtriemen.«[88]

Die Huren waren für den Herrn Mazda todeswürdigere Wesen als Schlangen, Wölfe und Froschweibchen, weil sie durch ihren Geschlechtsverkehr mit wechselnden Freiern den Samen durcheinandermengen und durch dieses »vermengende Handeln« die Schöpfung mindern.[89]

Kurz gefackelt wurde bei den alten Juden. Deren Gott Jahwe verlangte knapp und kategorisch von Moses: »Und wenn ein Mann bei einer kranken (= menstruierenden) Frau liegt und ihre Blöße aufdeckt, so hat er ihre Quelle enthüllt, und sie hat die Quelle ihres Blutes aufgedeckt. Sie sollen beide ausgerottet werden aus der Mitte ihres Volkes.«

Nicht selten lehnen orthodoxe Juden es ab, sich von einer Ärztin behandeln zu lassen, denn es ist nie auszuschließen, dass die »gute Frau Doktor« gerade ihre Periode hat und die beschnittenen Herren der Schöpfung dadurch noch mehr verunreinigt würden, als durch die Krankheit an der sie gerade laborieren.[90] Ansonsten ein kluger, scharfsinniger Analyst und Beobachter seiner Umwelt, lag der römische Schriftsteller Plinius hier doch etwas daneben, als er im ersten Jahrhundert n. Ch. der menstruierenden Frau Hexenkraft attestierte: »Mit ihr zu schlafen bedeute für einen Mann Krankheit und Gefahr. Allein durch die Kraft ihrer Augen säuere sie den Wein, lasse Eisen rosten und Früchte verdorren.«[91] Die *Spiegel*-Autorin Rafaela von Bredow weiß von Tanten und Großmüttern, die heute noch den Mädchen erzählen, »dass Mayonnaise während der Periode nicht gelinge und eingekochte Marmelade schimmlig werde.«[92] Durch die Ausdünstungen der regelblutenden Frauen wird auch das Bier sauer, Milch gerinnt und Essig wird schlecht. In der Bibel steht geschrieben, dass eine menstruierende Frau nach Gottes Bestimmung sieben Tage *unrein* ist, »und alles, was sie berührt, wird unrein (Leviticus 15, 19ff.)[93] Berthold von Regensburg, der gefeiertste Prediger des 13. Jahrhunderts, ermahnte seine durch »Fleischeslust« gefährdeten Zuhörer auf jeden Fall und unter allen Umständen gegenüber einem »Weib mit Blutfluss« enthaltsam zu sein: »Und wäre es halt, dass ihr vier Wochen wäret ausgewesen, ja mehr, wäret ihr sogar zwei Jahre weggewesen, ihr sollt euch wohl hüten, sie zu begehren [...] Ihr seid doch ehrbare Leute und seht wohl, dass ein stinkender Jude dieselbe Zeit gar wohl schont mit großem Fleiß«.[94] Die weltweit erste Frau mit einer Habilitation in katholischer Theologie, Uta Ranke-Heinemann, erklärt den Hinweis des redegewaltigen Franziskaners auf den »stinkenden Jud« mit dem Phänomen, dass nur wenige Juden im Mittelalter leprakrank wurden, während besonders unter den Bauern der Aussatz und anderes Siechtum weit verbreitet war. Aus dieser Beobachtung zog der ehrenwerte Berthold von Regensburg die »logische« Schlussfolgerung, dass die Juden das Verbot des »Verkehrs« mit einer menstruierenden Frau eben sorgsam und gottgefällig befolgten, während das undisziplinierte Bauernpack in diesen tabuisierten Tagen ihre Frauen »gebrauchten« und damit die Zeugung von buckligen, schielenden, einäugigen, epileptischen, hinkenden und vom Teufel besessenen Kindern riskierten.[95]

Fürst Otto von Bismarck regierte als Reichskanzler die neu vereinten Deutschen schon mit eiserner Hand, als viele immer noch glaubten, die Menstruation diene zur Reinigung des Körpers von verdorbenen Substanzen. Es war ja auch der gern geglaubte Beweis für die Minderwertigkeit der Frau, die sie an diesen »Tagen« unzurechnungsfähig machte – bis hin zur Brandstiftung und selbst zum Kindsmord.[96] »Hochwissenschaftlich« wurden noch 1920 irreale Erkenntnisse gesponnen. In einer »medizinischen Studie« wurde behauptet, »dass während der Periode ein giftiges Substrat im weiblichen Körper gebildet werde, das beispielsweise Rosen in der Vase umgehend welken ließe«.[97] Im Blut und Schweiß der Frauen

»entdeckte« der Wiener Professor Bela Schick angeblich die von ihm so benannte Substanz »Menotoxin« und referierte darüber mit akademischem Ernst: »Soweit meine bisherigen Versuche gediehen sind, ergeben sie eindeutig das Resultat, dass zur Zeit der Menstruation ein Gift im Organismus gebildet wird, das Blumen und Pflanzenteile anderer Art vernichtend schädigt.«[98]

»Gott der Erhabene sagte: Und sie fragen dich nach der Menstruation. Sag: Sie ist eine Plage. Darum haltet euch während der Menstruation von den Frauen fern, und kommt ihnen nicht nahe, bis sie [wieder] rein sind! Wenn sie sich dann gereinigt haben, dann geht zu ihnen, so wie Gott es euch befohlen hat! Gott liebt die Bußfertigen. Und er liebt die, die sich reinigen.«[99] Die Vorschriften, mit denen Allah und sein Prophet nach Lust und Laune die Gläubigen umzäunten, widmen sich mit der arteigenen Kompetenz des Mannes auch der Monatsblutung der Frau. Vers 224 der Koransure 2 erinnert alle Herren präventiv an die Gebrauchsbestimmung des schwachen Geschlechts: »Eure Frauen sind euch ein Acker; so naht eurem Acker, wann und wie ihr wollt [...] und fürchtet Allah und wisset, dass ihr ihm begegnen werdet.« Der Phallus als *Pflug*. Die aufmerksame Würdigung des männlichen »Werkzeuges« durch Allah und seinen Propheten blieb auch den Christen nicht verborgen, und deren Volksmund spottete böse: »Allah ist groß, Allah ist mächtig, sein Schwanz hat die Länge von zwei Meter sechzig.«[100]

Damit der *Pflug* kultisch sauber bleibt und die *Früchte des Ackers* nach den Geboten des Islams zur Reife gelangen, erinnert das Regelwerk zur »Menstruation« der Frau – die in »diesen Tagen« von allen religiösen Handlungen ausgeschlossen ist – an die umfangreiche Checkliste zum Start eines Großflugzeuges. Selbst die korrekten Farben einer Monatsblutung bleiben nicht unerwähnt, damit die Frau im religiösen Sinne als Menstruierende gilt: schwarz, rot, gelb, zitronengelb, grün oder grüngrau. Als kompetente Autoren zum Thema Islam haben sich Erdmute Heller und Hassouna Mosbahi auch mit der »blutenden« Muslima eingehend beschäftigt: »Während der Menstruation – die auch als Periode der

»legalen Unreinheit« (*haidh*) bezeichnet wird – darf die Frau weder beten noch fasten oder eine Moschee betreten, es sei denn, sie müsse sich vor einem Banditen oder einem Unwetter dahin flüchten. Auch der Umlauf um die Kaaba – *tawaf* –, die Lektüre oder Rezitation des Korans und aller heiligen Schriften sind ihr während der Periode verboten.«[101] Der Mann, als der »Klügere«, hat die verantwortungsvolle Aufgabe, die Frau vor der Hölle zu bewahren (Sure 66, Vers 7). Deshalb gehört es nach Al-Gahzali auch zu seiner Pflicht, »seine Frau zu unterweisen und sie darüber zu belehren, was sie vom Gebet nachzuholen hat und was nicht.«[102]

Die regelmäßige *Unreinheit* des weiblichen Geschlechts stand der theologischen Kumpanei dieser unvollkommenen Gattung Mensch natürlich entgegen. Dem monotheistischen Gott, unter dessen himmlischer Türklingel sich auch die Namen Ahura Mazda, Jahwe und Allah finden, waren und sind die *reinen* Männer allemal lieber. Auch schon bei den persischen Zoroastrern blieben die Frauen infolge der Regelblutung vom Priesteramt ausgeschlossen, da dieses ja andauernde Reinheit verlangte. Die »Verschmutzung« der Frau lockt auch die Dämonen an. Nicht umsonst weiß ein altes russisches Sprichwort: »Als Gott das Weib formte, rührte der Teufel den Lehm an.«[103]

Der Verbots- und Gebotsfetischist Jahwe untersagte seinen biblischen Juden strikt, die »Blöße« der Mädchen und Frauen während der Zeit ihrer *Unreinheit* aufzudecken. Umgekehrt durfte auch kein weibliches Wesen während der Zeit ihrer »kultischen Befleckung« in die Nähe der ehrwürdigen männlichen Körperpartien geraten. So etwas konnte den Herrn Jahwe in Rage bringen, selbst wenn ein spontaner Kontakt ohne erotischen Hintergedanken geschah: »Wenn Männer miteinander raufen, ein Mann und sein Bruder, und die Frau des einen eilt herbei, um ihren Mann aus der Hand dessen, der ihn schlägt, zu retten, und sie streckt ihre Hand aus und greift an seine Geschlechtsteile: dann sollst du ihr die Hand abhauen; du sollst [sie] nicht schonen.«[104]

Als *Dreckbeutel* im kultischen Sinn liefen auch die »Wöchnerinnen« herum. Eine spirituelle »Weißwaschung« erfolgte bis in die jüngste Zeit im katholischen Bereich mit der *Aussegnung* durch den Pfarrer nach der Geburt. Erst dann durfte die Frau das Haus Gottes wieder betreten. Einer »reinigenden«, doch eigenartigen Diät mussten sich die Wöchnerinnen im alten Persien unterziehen: ihre Nahrung durfte für einige Zeit nur aus dem Harn von Ochsen bestehen.

Die Angst vor dem *Unreinen* spukt in fast allen Religionen herum. Bei den Griechen der hellenistischen Zeit war das ganze Haus, in dem ein Kind geboren wurde, verunreinigt. Für die Priester war das Betreten dieses Hauses absolut tabu.[105]

III. GROSSE WÜRDE UND KLEINER GEIST

DIE »TEUFELSSEKTE« DER FREIMAURER

Feierlich und mit byzantinischem Pomp, so wie man es von den geistlichen Regisseuren der »allein seligmachenden« katholischen Kirche erwartet, zog am 27. September 1896 eine Prozession durch die festlich geschmückten Straßen der damals noch zu Österreich gehörenden norditalienischen Stadt Trient (Trento). Zwölf Erzbischöfe, Bischöfe und Äbte gingen dem Zug voran, gefolgt von hunderten Klerikern und tausenden Gläubigen, die alle ein großes Ziel einte: der Kampf gegen die Verbündeten des Satans – die Freimaurer. Dieser beeindruckende Marsch durch die alte Bischofs- und Konzilsstadt Trient war der Auftakt zum ersten »Internationalen Antifreimaurer-Kongress«. Wenige Tage nach dem ersten »Internationalen Frauen-Kongress« in Berlin mit 17 000 Delegierten aus 14 Ländern, bei dem die bessere Zukunft ein Thema war, bemühte sich die katholische Kirche in Trient redlich, sich vor der modernen Welt mit lautem Donnerschlag fulminant zu blamieren. Unter größtem Mediengetöse wurde noch einmal – zu einem Zeitpunkt, als die Leute schon mit dem Auto fuhren und von Land zu Land telefonierten – der Teufel in die Pflicht genommen. Da dieser nicht direkt greifbar war, mussten seine angeblichen Jünger, die »Ketzersekte« der Freimaurer, als Projektionsfläche für den letzten erbitterten Kampf der Kirche gegen das wie ein Flächenbrand um sich greifende »Laster des freien Denkens« dienen. Der »Antifreimaurer-Kongress« sollte aller Welt eindringlich vor Augen führen, mit welch satanischer Tücke die *Loge* darauf hinarbeitet, den christlichen Staat zu manipulieren und die Völker *gottlos* zu machen. Schon im Vorfeld des Kongresses waren die Erwartungen hoch: »Es war ein wirklich herrlicher Gedanke, die Stadt Trient als den ersten Ort des Congresses zu wählen. In Trient wurde vor drei Jahrhunderten die protestantische Ketzerei von der Kirche verworfen; in Trient wird in dem vom 26. bis 30. September stattfindenden Congresse ein Kreuzzug gegen die freimaurerischen Secten zur Vertheidigung der christlichen Religion und der civilisirten Gesellschaft eröffnet werden. Kein Wunder daher, dass um so ein großes Werk zu befördern, sämtliche christlichen Nationen ihre Vertreter nach Trient senden.«[1] Dem Präsidenten dieser fortschrittsfeindlichen Versammlung, Commodore Alliata von der *Unione antimassoniana*, übermittelte Papst Leo XIII. seine Anerkennung für dieses heroische Vorhaben: »Jetzt, geliebter Sohn, hast Du Uns verständigt, dass Euer Verein beabsichtige, einen Congress von Deligirten aus allen Nationen in Trient zu veranstalten, um gegen die täglich frecher auftretende Freimaurersekte gemeinsame Beratungen zu pflegen und sich selbst wie auch andere zum kräftigen Widerstande und Kampfe wider dieselbe zu ermuntern. Abgesehen von anderen billigen Wir insbesondere aus einem Grunde vollkommen diese Absicht. Es geht nämlich daraus hervor, dass sich unter den Völkern immer mehr die Ueberzeugung Bahn bricht, dass der Kirche und dem Staate von den geheimen Gesellschaften die größten Schäden zugefügt werden. [...] Sicherlich aber werden, wie Wir schon früher gesagt haben, die Lehren verwegenster Gottlosigkeit und die Ränke des Bundes weniger Unheil anrichten und allmählig in sich selbst zusammenfallen, wenn die Katholiken eifriger darauf bedacht sind, die Freimaurer in ihrer wahren Gestalt zu zeigen, denn diese vertrauen auf Lüge und Geheimhaltung; wird ihnen aber die Maske herabgerissen, so werden alle christlich Denkenden ihre Ruchlosigkeit zurückweisen und verabscheuen. [...] Gegeben zu Rom bei St. Peter, am 2. September 1896. Papst Leo XIII.«[2]

Welche Kapitalverbrechen hatten die bei geistig emanzipierten Menschen sehr populären Freimaurer auf dem Kerbholz, dass sie von der katholischen Kirche als »wüthender Feind des Papstthumes, der Religion, aber auch der Throne« beschimpft und bekämpft wurden? Die Bruderschaft wollte die Trennung von Kirche und Staat, und sie war »unverschämt« genug, zu fordern, dass »alle Macht vom Volke« ausgehen solle.

Die »Brüder« glaubten auch, dass alle Menschen die gleichen Rechte hätten und dass nur der »Volkswille« befugt war, die Herrscher in ihre Machtposition einzusetzen oder auch von dort abzuberufen. Solche frevelhaften Forderungen überführten die »Maurer« zweifellos als »Soldaten Satans«.[3] Dazu kam noch, dass sie für die Ehescheidung und andere solche Gräuel eintraten. Verbrecherische, »teuflische« Forderungen also! Monsignore Smoczynski aus Galizien, einer von mehr als 700 in Trient teilnehmenden »Berufskapazitäten«, wetterte über solche unverschämten Anmaßungen: »Menschen, welche die göttliche Autorität nicht anerkennen, wollen auch von keiner menschlichen etwas wissen. Wer gegen den Altar kämpft, kämpft auch gegen den Thron.«[4]

Die unbeugsamen Hüter der antimodernen, demokratie- und wissenschaftsfeindlichen, katholischen Doktrin hatten eine »Wunderwaffe« *in petto*, mit deren »durchschlagender« Kraft die »teuflischen Umtriebe« der Freimaurer – die manchen auch als *künstliche Juden* galten – künftig unmöglich gemacht werden sollten. Dazu galt es, der unwissenden Welt die Augen zu öffnen. Wem sollte dies besser gelingen, als dem fantasiebegabten Leo Taxil – dem furchtlosen Einzelkämpfer wider die »Maurer«. Als dieser im April 1907, elf Jahre nach seinem Auftritt in Trient, wo er als geachtete Berühmtheit alle Augen auf sich zog, in Paris starb, erinnerte sich auch die deutschsprachige Presse an diesen französischen Münchhausen, der seine schriftstellerische Karriere als Autor pornografischer Schriften begann und am Höhepunkt seines rastlosen Wirkens die Katholische Kirche der weltweiten Lächerlichkeit preisgab: »Sein Leben ist ein Roman; er hat stets seine Umgebung gefoppt, die personifizierte Unberechenbarkeit, ein genialer Lügner. Leo Taxil gründete nach seiner Studienvollendung eine *antiklerikale* Buchhandlung, für die er selbst die Bücher schrieb. Ihre Tendenz war gegen die katholische Kirche gerichtet; so wie viele andere Autoren, erhoffte anscheinend Taxil daraus Popularität, aber kein anderer Autor schrieb so zynisch wie er und bald hatte er alle anderen in den Schatten gestellt. [...] Schon wenige Monate nach seinem Abfall von der Freimaurerei erschienen nicht weniger als drei Bände *Ent-*

hüllungen über die Freimaurerei. Die große Leichtgläubigkeit, die man im katholischen Lager dem frisch Bekehrten entgegenbrachte, reizte diesen, sein loses Spiel weiter zu treiben. Ein paar Lügen wurden ohne weiteres geglaubt und nun war der Schwindler Taxil seiner Sache sicher, er log und betrog bis zu den Grenzen der Möglichkeit; man erinnert sich wohl noch der von ihm [betreuten] Satanspriesterin Diana Vaughan, wie er davon erzählte, wie der Teufel Bitru in Freimaurerversammlungen *Klavier spiele* u.s.w., bis er nach 12 Jahren plötzlich in einer Versammlung mitteilte, dass er nun wieder Freimaurer werde.«[5]

Der in Marseille im Jahr 1854 geborene Leo Taxil, mit bürgerlichem Namen Gabriel Jogand-Pages, verfasste im Paris der 1880er Jahre eine wahre Flut an kirchenkritischen Texten und ein Buch mit dem Titel *Les Amours secrètes de Pie IX.* (»Die geheimen Liebschaften von Pius IX.«). Der Zorn des Vatikans war ihm gewiss und förderte so nebenbei den Auflagenerfolg. Taxils Mitgliedschaft bei den Freimaurern war nur von kurzer Dauer, da deren Ehrenkodex mit den windigen Aktivitäten des umtriebigen Schreiberlings nicht in Übereinstimmung zu bringen war. Nun hatte Taxil zwei Kontrahenten, an denen er sein betrügerisches Talent ohne die geringste Zurückhaltung austoben konnte. Seine größte Schmierenkomödie eröffnete der nun zum Fachmann für »Freimaurerumtriebe« gereifte Taxil mit der öffentlich zelebrierten reumütigen Rückkehr in den sicheren Schoß der »Mutter Kirche«. Der *verlorene Sohn* wurde mit Freude wieder in der katholischen Gemeinschaft aufgenommen, insbesondere weil dieser versprach, als »Insider« dem Vatikan im Kampf gegen die gottlosen Freimaurer beizustehen und deren furchtbaren Geheimnisse zur Warnung der bedrohten Welt aus dem verborgenen Dunkel in das helle Licht der Wahrheit zu reißen. Mit Feuereifer fabrizierte Taxil nun »Enthüllungsbücher« am laufenden Band und erlangte damit nicht nur den Respekt des Papstes und eines Großteiles der Geistlichkeit, auch der kommerzielle Erfolg stellte sich überraschend schnell ein. Von einem Buch, in dem er die Freimaurer beschuldigte, geistige Mörder zu sein, wurden innerhalb weniger Monate 200 000 Exemplare verkauft.[6]

Papst Leo XIII. empfing den Ex-»Katholikenfresser« und Ex-Freimaurer in Privataudienz, und mit dieser Ehre brüstete sich Taxil in einem offenen Brief an den Stellvertreter Gottes in Rom: »Allerheiligster Vater, als Sie am 24. Juni 1887 dem bekehrten Freidenker die unsägliche Ehre erwiesen, ihm eine Sonderaudienz zu gewähren, die dank Ihrer Güte beinahe eine Dreiviertelstunde dauerte, sagten Sie ihm neben anderen Worten der Ermutigung, dass seine Bekehrung ›eine der größten Freuden Ihres Pontifikates‹ gewesen sei. Diese tröstlichen Worte bewahrt Ihr demütiger Sohn in seinem Herzen.«[7]

Der fantasiegeschwängerte Franzose *erfand* zunehmend schauderhaftere Geschichten über seine Ex-Freunde, die Freimaurer. Plötzlich wusste er von einem »durchorganisierten, fiktiven supergeheimen Orden mit dem Namen *Palladium*, der angeblich Frauen aufnahm, ausschweifende Orgien feierte, Ritualmorde beging und, was am allerschlimmsten war, einen Dämon mit Namen *Baphomet* anbetete.«[8] Es dauerte nicht lange und Taxil erfuhr von einem nur weiblich besetzten Filialorden der freimaurerischen Palladisten, in dem die vom christlichen Gott nun weit entfernten Frauen Dinge in die Tat umsetzten, die selbst in schwülsten Fantasien nicht denkbar waren. Solcher Unsinn konnte an der Wende zum 20. Jahrhundert Eingang in nicht wenige von der Religion aufgeweichte Gehirne finden, weil die höchsten Autoritäten der Kirche in ihrem verzweifelten Abwehrkampf gegen die ihr so bedrohlich erscheinenden Einflüsse der Moderne eine »teuflische« Rhetorik nicht scheuten. Auch Papst Pius IX., der sich später für *unfehlbar* erklärte, verdammte schon in seinem ersten Amtsjahr 1846, in einer Enzyklika, die Freimaurerei und ließ noch weitere sieben Verdammungen folgen. In der Loge erkannte dieser Papst die »Synagoge Satans« und er denunzierte sie als »eine abscheuliche Sekte der Verderbten«.[9] Sein Nachfolger Leo XIII. veröffentlichte 1884 eine Schmäh- und Hetzschrift gegen die »maurerischen Brüder«, die zu seinem Entsetzen von einer zurückgestutzten Kirchenmacht und der Gleichberechtigung der Menschen träumten. Der Text des Papstes wurde auf seinen ausdrücklichen Befehl vor allen Kirchenportalen verlesen. Die bange gemachten Gläubigen wurden eindringlich gewarnt vor jenen (den Freimaurern!), die dem Bösen folgen und sich miteinander verschwören und verbünden. Das Kirchenoberhaupt erinnerte an die Unterteilung des Menschengeschlechts in zwei grundverschiedene und unvereinbare Parteien: »Die eine ist das Königreich Gottes auf Erden – also die Kirche Jesu Christi; die andere das Reich Satans.«[10] Jeder Papsthörige wusste, welche Personengruppe zur letzteren Partei tendiert.

Im Verlag der eucharistischen (der Anbetung der geweihten Hostie gewidmeten) Zeitschrift *Pelikan* in Feldkirch erschien eine von Dr. Michael Germanus herausgegebene Schrift mit dem zeitgeistigen Titel *Die Geheimnisse der Hölle oder Miß Vaughan.* Aus dieser noblen »Enthüllungsschrift« erfuhr der erstaunte Leser, »dass die Freimaurer ein Bündnis mit dem Teufel geschlossen haben und ihm einen Cultus widmen, bei dem gestohlene Hostien eine Hauptrolle spielen.«[11] (Das »Stehlen« von Hostien wurde schon seit Jahrhunderten den Juden angedichtet.) Außerdem, und das war der »Knüller« in diesem Pamphlet, »enthüllte« der *bekehrte* Freimaurer Margiotta, dass der Teufel Bitru am 18. Oktober 1883 in einer römischen Freimaurerloge erschienen sei und »unter Beglaubigung hervorragender Ordensmitglieder« bezeugt habe, dass die anwesende Sophie Walder am 29. September 1896 (also zum Zeitpunkt des Trienter »Antifreimaurer-Kongresses«) der Großmutter des Antichrist in Jerusalem das Leben schenken werde. Alle »Apokalyptiker« wissen vom *Antichrist.* Dieser erscheint am »Ende der Tage«, wenn die letzte *apokalyptische* Schlacht vor dem Beginn des »Tausendjährigen Reichs Gottes« mit bisher nie gekannter Brutalität ausgefochten wird. Der Glaube an dieses Ereignis, an dem Jesus als grausamer Feldherr mit blutbesudeltem Schwert teilnehmen wird, nimmt im heutigen Amerika rapide zu – nicht zuletzt auch in Kreisen des Militärs. Für den »Insider« vor etwas mehr als hundert Jahren, verstand es sich von selbst, dass die Entbindung der künftigen »Großmutter des Antichrist« in jenem Jerusalemer Hotel stattfinden sollte, dessen Eigentümer ein Freimaurer war.[12] Diese schreckliche »Enthüllung« beschäftigte die katholische Welt und natürlich auch die Delegierten auf dem pompösen Trienter »Antifreimaurer-Kongress«. Ein Jahr vor dieser mittelalterlich anmutenden Posse entdeckte Wilhelm Röntgen die X-Strahlen und ein Jahr nachher war schon die drahtlose Telegraphie möglich.

Die im Buchtitel des »klugen« Dr. Germanus erwähnte Miß Vaughan war das Ass im Ärmel des Leo Taxil, der als geschulte Persönlichkeit in Fragen der »maurerischen Teufelssecte« der anklagenden Veranstaltung in Trient die Kompetenz des »Wissens« verlieh. Taxil erstaunte die Kirchenwelt und die Öffentlichkeit durch seinen größten »Coup«, der die unheimliche Macht der Freimaurer brechen und deren zerstörerische »Wühlarbeit« gegen Thron und Altar beenden sollte. Der »selbstlose« Warner vor den Ränken der *Brüder* konnte Diana Vaughan aus den Fängen der *Palladisten*, der »Satanischen Hochmaurerei« befreien. Dort betete sie mit den anderen »maurerischen Teufelsbündlern« den Fürst der Finsternis an und nahm – wen wunderts – an bizarren Sexorgien teil. Damit nicht genug, diese »Miß« war – und hier stockte der Atem der gläubigen Welt – tatsächlich eine *Halbteufelin*. Denn Diana Vaughan erblickte 1874 als Tochter des Teufels *Bitru* das Licht der Welt, und schon im zarten Alter von zehn Jahren wurde sie dem Teufel *Asmodeus* angetraut. Nur dem gewieften Leo Taxil konnte das Kunststück gelingen, eine *Halbteufelin* für die gute Sache der katholischen Kirche zu gewinnen. Solche Geschichten hörte das Publikum gern. »Miß Vaughan« war nun die *Kronzeugin* des Kronzeugen. Kein Mensch bekam diese Frau, die mit ihrem teuflisch-erotisch gefärbten Buch *Mémoires d'une Expalladiste* auch unter die freimaurerkritischen Autoren ging, jemals zu Gesicht. Es war viel zu gefährlich ihre Identität preiszugeben. Jenen kritischen Geistern, denen die ganze Sache um die »Aussteigerin« sehr suspekt erschien, wurde von katholischer Seite empört erwidert: »Man hat versucht, ihre Existenz und ihre Akten in Zweifel zu ziehen, aber es ist das nur eine List der Freimauerei, die immer lügt. Diana Vaughan muß sich verborgen halten, um dem Dolche zu entgehen.« Der »Publizistikprofi« Taxil half der *bekehrten* Dame natürlich uneigennützig, ihre schlimmen Erfahrungen

»zur Warnung aller« in die Öffentlichkeit zu tragen. Über den »Fang« einer solch wertvollen Kronzeugin gegen die Freimaurer war auch der Papst hocherfreut. Er ließ der »erretteten« Dame, die der römischen Kurie auch ein hübsches Sümmchen aus ihren Tantiemen spendete, durch den Kardinal Parochi ein eigenes Schreiben zukommen. Darin hieß es u. a.: »Seit langer Zeit besitzen Sie meine Sympathien. Ihre Bekehrung ist einer der großartigsten Triumphe der Gnade, die ich kenne. Ich las soeben ihre Memoiren, die von einem erregenden Interesse sind.«[13] Der Heilige Vater versprach der angeblichen Tochter eines Teufels noch, ihrer in seinen Gebeten, namentlich beim hl. Messopfer zu gedenken, und forderte sie auf, »unserem Herrn Jesus zu danken«, für die große Barmherzigkeit, die er ihr erwiesen, und für die außerordentlichen Beweise der Liebe, die er ihr gegeben.

Zahlreiche deutschsprachige Kleriker beäugten – ganz im Gegensatz zu ihren Kollegen aus den romanischen Ländern – den ganzen Taxil- und »Miß Vaughan«-Rummel eher mit Skepsis. Der als Vertreter des Erzbischofs von Köln in Trient anwesende Msgr. Dr. Peter Glatzfeld warnte eindringlich davor, »in antifreimaurerischen Flugschriften irgendwelche Behauptungen aufzustellen, die sich nicht durch Beweise erhärten lassen, wie das zum Beispiel bei einer Broschüre der Fall sei, welche die angeblichen Enthüllungen der Miß Vaughan behandle.«[14] Die Mahnung des skeptischen Monsignore aus Köln wurde von der freiheitlich-liberalen Presse mit Genuss kolportiert: »Er, der Redner, könne mit aller Bestimmtheit versichern, dass es sich bei den ganzen Enthüllungen um einen großartigen Betrug handle. Eine Miß Vaughan existiere überhaupt nicht. Wer die sogenannten Enthüllungen unter ihrem Namen geschrieben hat, sei ein Mann, der sich seine genauen Kenntnisse des Freimaurerthums zunutze mache, um den Schein der Glaubwürdigkeit zu erwecken; sein Zweck sei aber der, erst die Katholiken auf den Leim gehen zu lassen und dann nach einiger Zeit ein zweites Buch zu veröffentlichen, worin der Nachweis für die Unechtheit der Enthüllungen erbracht wird, so dass die ganze Geschichte mit einer großartigen Blamage der Katholiken und

Antifreimaurer enden würde. Die in fließendem Italienisch gesprochene Rede des Monsignore Gratzfeld war wiederholt von Rufen der Entrüstung und des Unwillens unterbrochen worden. Als er geendet, traten ihm ein älterer italienischer Geistlicher und ein Pariser Geistlicher in großer Entrüstung mit der Behauptung entgegen, dass sie in persönlicher enger Beziehung zu Miß Vaughan ständen – ob brieflich oder mündlich, wurde nicht gesagt – und dass sie nicht einen, sondern hundert Beweise für die Existenz der Miß Vaughan hätten, die nebenbei bemerkt, eine Heilige sei.«[15]

Der erste »Internationale Antifreimaurer-Kongress« zum Herbstbeginn des Jahres 1896 in Trient endete zur Zufriedenheit jener Mehrheit, die an eine große »maurerische Weltverschwörung« glaubte. Leo Taxil »fütterte« die Versammlung mit einer Menge interessanter neuer *Enthüllungen*. Zur Wurzel des Übels drang Domprediger Steigenberger aus Augsburg in der Sitzung vom 30. September vor. Dieser verglich die Freimaurerei mit einer Epidemie und fand die Ursache der Verbreitung dieses »gefährlichen Bazillus« in der zu großen Toleranz bei religiösen Fragen. Der Redner betonte gegenüber der akklamierenden Zuhörerschaft, dass der Boden, worauf dieser Bazillus gedeiht, die »freie Forschung« sei, die »nothwendig zur Zertrümmerung des Autoritäts-Principes führt.«[16]

Der Kongress, der in der Presse eine enorme Resonanz fand, endete mit dem Beschluss, die *Antifreimaurer-Bewegung* unter den Schutz des »allerheiligsten Herzens Jesu« zu stellen. Vorher wurde noch ein Zustimmungstelegramm von Dr. Lueger – des antisemitischen und beim Volk äußerst populären, späteren Bürgermeisters von Wien – unter donnerndem Applaus verlesen.[17]

Monsignore Dr. Gratzfeld, der Vertreter des Kölner Erzbischofs, behielt Recht. Etwas mehr als ein halbes Jahr nach dem »antifreimaurerischen« Redemarathon in Trient ließ Leo Taxil am 19. April 1897 im Auditorium der Geographischen Gesellschaft in Paris vor einem neugierig gespannten Publikum die »Bombe« platzen. Er bekannte, dass alles was er zur *Freimaurerei* erzählt oder geschrieben habe, ein sorgfältig inszenierter

Schwindel war, mit der Absicht, »die katholische Kirche in ihrer sträflichen Manipulierbarkeit bloßzustellen«.[18] Halb Europa lachte, und die andere Hälfte war zutiefst empört. Den »demütigen Sohn« des Papstes, den weltmeisterlichen »Bauernfänger« Leo Taxil fochten die Reaktionen nicht an, durch den florierenden Verkauf seiner Bücher war er finanziell längst ausgesorgt. Die geheimnisumwitterte Diana Vaughan gab es tatsächlich. Allerdings hatte die Dame nie mit den Freimaurern und dem Teufel zu tun. Sie war nur das im Hintergrund brav arbeitende Faktotum, das Taxils Manuskripte sauber ins Reine schrieb.

Paranoider Verschwörungsglaube

Das geistige Klima, gebraut aus Sensationsgier, Dummheit, Aberglauben und Kirchenhörigkeit, das eine Freimaurer-Hysterie und den »blickvernebelnden Verfolgungswahn« in dieser Größenordnung erlaubte, gibt eine fiktive Episode (mit einem wahren historischen Kern) in der 1914 erschienenen Erzählung *Die Verliese des Vatikans* eindrucksvoll wieder: »Gegen Ende des 19. Jahrhunderts, während des Pontifikates von Leo XIII., bereisen zwei begnadete Trickbetrüger die südlichen Provinzen Frankreichs. Sie haben klerikale Gewänder angelegt und führen eine detaillierte, sorgfältig recherchierte Liste von wohlhabenden Katholiken mit sich, die in den Gegenden leben, durch die sie kommen. Sie klopfen an die Türen dieser Opfer, werden eingelassen und erzählen eine furchtbare Geschichte, die sie als hochgeheim und hochbrisant ausgeben.

Die Gestalt, die von Zeit zu Zeit auf dem Balkon am Petersplatz erscheine, sei, so vertrauen sie ihren Gastgebern an, nicht der Papst, sondern ein Double, ein Doppelgänger, ein Hochstapler, der durch eine hinterhältige Konspiration der Freimaurer in den Vatikan eingeschmuggelt worden ist. Der wahre Heilige Vater sei von den Freimaurern entführt worden. Er werde an einem bislang unbekannten Ort unter strenger Bewachung gefangengehalten. Wenn man nicht bis zu einem bestimmten Stichtag die geforderte Lösegeldsumme zusammenbekomme, werde der Papst hingerichtet, und das ganze Papsttum falle an die Freimaurerei. Daher trete man nun diskret an besonders loyale und fromme Katholiken heran und bitte sie um einen Beitrag zur Rettung des Papstes.«[19] Eine reiche Ernte war den beiden Trickbetrügern mit dieser Masche gewiss. – Jede Zeit besitzt eine Literaturgattung, die einen Trend bestimmt. So wie in jüngster Zeit durch Hape Kerkeling alle Bücher mit den Themen »Pilgern, Wallfahrten und Sinn- bzw. Gottsuche« einen regelrechten »Boom« erlebten, so war es am Ende des 19. und am Beginn des 20. Jahrhunderts die »Antifreimaurer-Literatur«, die den Autoren und Verlagen volle Kassen versprach. Schon bald konkurrierten sehr viele schreibende »Glücksritter« um die in die Buchhandlungen eilenden Leser. Wie Andreas Gößling in *Die Freimaurer. Weltverschwörer oder Menschenfreunde?* feststellt, »kann man ruhigen Gewissens von 60 000 Enthüllungsschriften [bis heute] sprechen, von denen 99 % antifreimaurerische Werke sind.«[20]

Der Klerus lernte nichts aus dem Taxil-Skandal, denn »Selbsterkenntnis« und »Selbstkritik« gehörten nie zu den Stärken der katholischen Kirche. Die Freimaurer wurden weiter als *Zerstörer der Ordnung* madig gemacht. Verstärkt bemühte man sich nun auch, Juden und Sozialisten mit den »Teufelsbrüdern« in Verbindung zu bringen. Noch als der Kongress in Trient tagte, ließ die *Augsburger Postzeitung* ihre Leser wissen, dass die Spitze der Logen »Juda« bildet. Die christlichen Logen »sind blinde Puppen, welche von Juda in Bewegung gesetzt werden. […] Möchten die Großen doch begreifen, dass die Logen nur arbeiten, die Völker zu revolutionieren im Interesse des Judenthumes!«[21]

Mehr als zwanzig Jahre später wusste der *Allgemeine Tiroler Anzeiger*, »dass unter hundert Wiener Freimaurern hundertzwei Juden seien.« In der gleichen Spalte warnte die christlichsoziale Zeitung ihre kreuzbraven Leser: »Die Logen vermitteln eben überall das unheimlich genaue Zusammenspiel zwischen der goldenen und der roten Internationale, jener beiden Mächte die das Christenvolk dem jüdischen Willen hörig machen sollen. Es ist höchste Zeit, dass die Christen erwachen, wenn sie nicht wollen, dass die Juden ihre Messiashoffnungen an ihnen erfüllen.«[22] – Das aufregend-gruselige Interesse an Verschwörungstheorien ist ein zeitloses Phänomen. Nach der zerstörerischen Attacke auf die Zwillingstürme des World-Trade-Center, die eine Zeitenwende im amerikanischen Sicherheitsdenken einläutete, wucherten die Spekulationen über die Hintergründe des Geschehens. Auch hier wurde die »freimaurerisch-zionistische Weltverschwörung« aus dem Hut gezaubert, um nur ja nicht der Realität ins Auge zu sehen. Auch den Tod der Prinzessin Diana sollen die »Logenbrüder« aus nebulosen Gründen verschuldet haben, und dreimal darf man raten, von wem die Europäische Union heimlich gelenkt wird. Der unkritische Glaube an Verschwörungsideen ist vorwiegend in der Gedankenwelt von Menschen mit niedrigeren Bildungs- und Intelligenzstandards zu Hause. Die giftigsten Blüten treibt der paranoide Verschwörungsglaube vor allem im fundamentalreligiösen, nationalistischen, antidemokratischen, antiaufklärerischen und antiliberalen Biotop.[23] Schwer zu ergründen ist jenes eigenartige Phänomen, dass dort, wo am seltensten eine direkte Erfahrung mit dem Objekt der Abneigung besteht, die Ressentiments oft am ausgeprägtesten sind. Als idealtypisches Beispiel kann das kleine Tirol hier zur Betrachtung dienen. Eine Umfrage der Wiener Sozialwissenschaftlichen Studiengesellschaft ergab, dass die Zahl der Freimaurerfeinde und der Antisemiten zwischen Kufstein im Osten und dem Arlberg im Westen weit über dem österreichischen Durchschnitt liegt, ausgerechnet in einem Land, in dem besonders wenige Freimaurer und Juden leben und lebten.[24] Schon in der *Reichskristallnacht* am 9. November 1938 zeichnete sich Tirol im Konkurrenzvergleich innerhalb des gesamten »Großdeutschen Reiches« – im Verhältnis zur Bevölkerungszahl – durch die quantitativ markantesten Übergriffe auf die Juden aus, obwohl die wenigsten Tiroler jemals mit einem leibhaftigen Juden in Berührung kamen.

Mit kräftigem Engagement werden aktuell die Vorurteile gegen die Freimaurer bei den Arabern und insgesamt im islamischen Raum gepflegt. Das Gedankenkonstrukt ähnelt dem der Katholischen Kirche vor einhundert Jahren, ebenso dem der Nationalsozialisten und anderer freiheits- und individualfeindlicher Gruppierungen und Personen: Die Loge dient nur zur Tarnung für die destruktive »Wühlarbeit« der Juden! Gerne orientiert man sich an einem dreißig Jahre alten Papier, das die Fakultät für Islamisches Recht an der Al-Azhar-Universität in Kairo über die »Organisation der Freimaurer« herausgab. Die ehrwürdigen Professoren verbreiteten in dieser Schrift, dass die geheime internationale Führungsriege der Freimaurer aus Juden besteht, die zionistische (pro-israelische) Aktivitäten unterstützen. Die primären Ziele dieser *Dunkelmänner* richten sich auf die »Zerstreuung aller Religionen. Muslime werden dem Islam entfremdet.« Um ihre weltumspannenden Ziele zu verschleiern, verstecken sich die Freimaurer hinter Tarnorganisationen, wie dem Lions-, dem Rotary- und anderen Klubs. Alle, die zu Allah beten, werden eindringlichst gewarnt: »Jeder Muslim, der sich mit dieser Organisation in Kenntnis ihrer wahren Ziele einlässt, verrät den Islam.«[25] Als der persische Schah »zum Teufel« gejagt wurde und die islamische Revolution ein altes Kulturvolk in die geistige Sklaverei zwang, zerrte man 200 Freimaurer vor das Exekutionskommando, und viele andere mussten in das schützende Ausland fliehen.[26] Auch zahlreiche christliche Fundamentalisten, vor allem die bibelstrengen Evangelikalen in Amerika, würden den Freimaurern lieber heute als morgen den Garaus machen.

Strenggläubige Katholiken, denen die Kirche seit dem letzten Konzil viel zu menschennahe und zu liberal geworden ist, sind überzeugt, dass die höchsten Positionen im Vatikan heute von Mitgliedern oder zumindest von Sympathisanten der Freimaurer besetzt sind. Sie glauben, dass Papst Paul VI. die Allgegenwart der Freimaurerei im Vatikan erkannte und in seiner Rede am 29. Juni 1972, als er vom »Rauch des Satans« sprach, auch meinte, dass durch den Spalt der Freimaurerei Rauch eingedrungen war und »den Tempel des Herrn umnebelte.« Die katholischen Eiferer wollen auch wissen, dass der Auftrag zur Zerstörung der alten liturgischen Traditionen (lateinische Messe, u. a.) von der Loge kam. Unter dem Pseudonym »I Millenari« schrieben zwanzig römische Prälaten in dem

Buch *Wir klagen an* (Berlin 1999) ihren Frust über »die dunklen Seiten des Vatikans« nieder. Auch diese Prälaten, die den alten erzkonservativen Zeiten nachtrauern, sehen überall die schmutzigen Hände der Freimaurer im Spiel: »Die unsichtbare Hand der Freimaurerei im Vatikan, im Mittelpunkt verborgener Mächte zwischen Hochfinanz und hohen Ämtern, ist überall spürbar: in den Aufnahmeverfahren, in den Beförderungen, in Zusammenhang mit Verleumdungen oder Lobreden für diesen oder jenen Monsignore. So trägt dieses Zentrum, das nach göttlichem Willen ein Leuchtturm sein soll, in seinem Leib seit langer Zeit Geschwüre, die es zersetzen.«

Es waren bisher nicht die Schlechtesten, die sich als Logenbrüder zu den der Aufklärung und dem Humanismus verpflichteten Idealen der Freimaurer bekannten: Friedrich II. der Große, George Washington, Simon Bolivar, Giuseppe Garibaldi, Kaiser Wilhelm I., Kurt Tucholsky, Walt Disney, Karlheinz Böhm und sehr viele mehr.[27]

Päpstliche Selbstherrlichkeit

Sie mordeten, raubten, vergewaltigten, liebten Buben und Mädchen, Männer und Frauen. Sie jagten nach Reichtum und griffen nach Macht. Der Krieg war willkommen und die Intrige nie fern. Freunde und Feinde fanden in ihren dunklen Verliesen jederzeit Platz. Das gegenseitige Vergiften war Teil der Tradition. Mit einem herausragenden Exemplar der päpstlichen Spitzbuben machte Otto von Corvin im 19. Jahrhundert die Leser seines *Pfaffenspiegel* bekannt: »Urban VI. (1378–1389) war mehr Tiger als Affe. Seine Grausamkeit war empörend. Fünf Kardinäle, die nicht für ihn gestimmt hatten, und mehrere Prälaten, ließ er fürchterlich foltern und dann theils in Säcke stecken und ins Meer werfen, theils lebendig verbrennen, erdrosseln oder enthaupten. Einen sechsten Kardinal, dem von der Tortur so elend war, dass er nicht fort konnte, ließ er unterwegs erwürgen. Als die Kardinäle zur Tortur abgeführt wurden, sagte der Staathalter Gottes zum Henker: ›Martere so, dass ich Geschrei höre.‹ Dabei ging er im Garten spazieren und las in seinem Brevier. Die Leichen von zwei Kardinälen ließ dieser Henkerpapst in Öfen austrocknen und dann zu Staub zerstoßen. Dieser Staub wurde auf seinen Befehl in Säcke gethan und nebst den rothen Hüten der Kardinäle auf seinen Reisen auf Mauleseln vor ihm hergeführt, Andern als schreckliches Exempel!«[28]

Nicht wenige *Heilige Väter* übten sich als »Raubritter der Liebe«. Deren moralisches Leitbild ist in einem Ausspruch von Papst Bonifatius VIII. (1294–1303) knapp und prägnant artikuliert. Bonifatius behauptete, »mit einer Frau oder einem Knaben zusammen zu sein, sei genauso wenig eine Sünde wie die Hände aneinander zu reiben.«[29] Bonifazius war als »mutiger Sünder«, *magnanimus peccator*, bekannt.[30]

Die Päpste in früheren Jahrhunderten waren eben auch nur Kinder der jeweiligen Zeit. Sie wussten es kaum besser. Begriffe wie Humanität, Nächstenliebe und Geistesbildung fanden im alltäglichen Denken und Handeln noch wenig Beachtung. Es wäre zu vermessen, das historische Geschehen den heutigen Wertvorstellungen gegenüberzustellen und auf dieser Ebene moralisch zu richten. Die tölpelhaften Aktivitäten einiger Päpste in jüngerer Zeit bleiben hier allerdings nicht sakrosankt. Diese Nachfolger Petri, wie Gregor XVI., Pius IX. und Leo XIII. standen den Liebes- und Gewaltexzessen ihrer Vorvorgänger schon sehr fern, ihnen ist allerdings zum Vorwurf zu machen, dass sie sich gegen die Errungenschaften des Fortschritts, zum Schaden der Menschen, mit aller Kraft stemmten. »Gewissensfreiheit galt nach einer Formulierung Gregors XVI. aus dem Jahr 1831 sogar als *pestilentissimus error*, als pesthafter Irrtum – also Gedanken, die Pius IX. in seinem berühmt-berüchtigten ›Syllabus Errorum‹ von 1864, einer Liste aller modernen Zeitirrtümer, noch einmal bekräftigen und damit katholische Kirche und Moderne für grundsätzlich unvereinbar erklären sollte.«[31] Zaghafte Versuche liberaler Katholiken eine »freie Kirche in einem freien Staat« zu fordern, schmetterte Gregor (1831–1846) selbstherrlich ab. Im damals noch territorial intakten Kirchenstaat, mit Rom als Hauptstadt, wurde jede leiseste Regung nach Freiheit und Selbstbestimmung mit militärischer Gewalt der päpstlichen Truppen rigoros unterdrückt. Für die kleinsten Vergehen wurden harte Gefängnisstrafen verhängt und die Juden mussten erneut die Verbannung hinter die Mauern des Ghettos ertragen. Eine mögliche Freiheit der Presse hielt Gregor für schändlich und verabscheuungswürdig. Den technischen Fortschritt lehnte er als Teufelswerk ab. Deshalb wurde die Anwendung der damals aktuellen, großen Erfindungen, wie Eisenbahnen, Kettenbrücken oder die Gasbeleuchtung im Kirchenstaat verboten.[32] Das Pontifikat dieses Papstes wurde sehr bald zum Synonym für Volksverdummung und blanker Tyrannei.[33]

Alle Juden im römischen Ghetto litten unter den üblen baulichen und hygienischen Bedingungen. Die Christen behaupteten, Juden hätten einen widerlichen Geruch, der erst bei der Taufe endgültig verschwindet. Jede Woche wurden mehrere jüdische Kinder gegen den Widerstand ihrer Eltern zur Taufe geholt und zu Christen gemacht.[34] Gregors Nachfolger, Pius IX., verfluchte die Juden als »Hunde«, von denen »viel zu viele in unseren Straßen herumheulen«.[35]

Im römischen »Bullarium«, einer aus 30 Folianten und mehr als 9 000 päpstlichen Bullen bestehenden Sammlung, finden sich auch die folgenden Beispiele der vatikanischen Selbstherrlichkeit: »Der päpstliche Stuhl kann von niemandem, er sei, wer er wolle, gerichtet werden. [...] Der Papst kann gegen das Evangelium, die Apostel und gegen das Naturrecht dispensieren. Was der Papst tut, soll niemand sich erfrechen, zu fragen, was die Ursache des Handelns sei, da er über alles Recht erhaben ist und die Ungerechtigkeit selbst gerecht machen, ja alle Rechtsverfügungen nach Belieben ändern und umstoßen kann. [...] Jeder ist als Ketzer zu betrachten, der zu behaupten wagt, dass der Papst nicht alles verordnen könne. [...] Die päpstliche Würde ist 47 mal größer als die kaiserliche, usw.«[36]

Der im Jahr 2000 durch Johannes Paul II. seliggesprochene Pius IX., ursprünglich ein eher zugänglicher Mann, entwickelte sich – auch unter dem Einfluss der einschneidenden politischen Umwälzungen in Italien – zum »versteinerten Symbol der schlimmsten Reaktion«.[37] Dieser letzte *Papstkönig* hat zwei der umstrittensten kirchlichen Dogmen – die *Unbefleckte* Empfängnis Mariens und die *Unfehlbarkeit* des Papstes – in die Welt gesetzt, und seiner Verachtung gegen die moderne Zeit konnte er mit dem »Syllabus errorum« ein fragwürdiges Denkmal setzen. Mit dieser Schrift verdammte er vehement die modernen Sünden der Zeit, wie etwa Demokratie, Sozialismus, Liberalismus, Meinungs- und Gewissensfreiheit.[38] Das Dogma der »Unfehlbarkeit« entfachte eine Welle von Antiklerikalismus und den Unwillen vieler Katholiken, die ihren Verstand nicht restlos einem von der Zeit schon längst überholten Religionsideal unterwerfen wollten. Jene Gläubigen, die nicht beabsichtigten, sich mit dieser »Eingebung« aus der vatikanischen Alchemistenstube abzufinden, trennten sich von Rom und sammelten sich in der »Altkatholischen Kirche« (Utrechter Union).

Zum Katholizismus Roms gehört nach den Ausführungen der im »Bullarium« enthaltenen päpstlichen Bullen, »dass der Papst kein gewöhnlicher Mensch mehr ist, sondern der König des Himmels und der Erde und der Unterwelt; auch könnte er, wenn es möglich wäre, dass die Engel im Glauben irrten oder gegen den Glauben sich äußerten, sie verurteilen und exkommunizieren«.[39] Die Einberufung des »Ersten Vatikanischen Konzils« durch Pius IX., um sich selbst und seine Nachfolger in Glaubens- und Sittenfragen für *unfehlbar* erklären zu lassen, ließ nicht wenige Gläubige an der Geisteskraft des Papstes zweifeln. »Viele glauben im Ernst, dass der Papst verrückt sei. Er hat mit Fanatismus bei diesen Dingen Partei genommen und Stimmen für seine Vergötterung selbst geworben.«[40] Diese harsche Analyse des lange in Rom lebenden Zeitzeugen, Historikers und Journalisten Ferdinand Gregorovius spiegelt die damalige Volksstimmung im Kirchenstaat wieder.

Als in Österreich am 21. Dezember 1867 mit dem »Staatsgrundgesetz über die allgemeinen Rechte der Staatsbürger für die im Reichsrate vertretenen Königreiche und Länder« das erste ernstzunehmende und an den Interessen der Bürger orientierte Verfassungswerk verabschiedet wurde, war man über dieses »freimaurerische Machwerk« im Umfeld des Papstes erbost. Der Vatikan ließ dringend verlauten: »Wir erklären, dass diese Gesetze und ihre Konsequenzen null und nichtig waren und in Zukunft sein werden. Wir ermahnen und beschwören ihre Urheber, besonders die, die sich Katholiken nennen, und alle, die es gewagt haben, sie vorzuschlagen, anzunehmen, zu billigen und auszuführen, die Verweise und Kirchenstrafen zu bedenken, die sich alle, welche die Rechte der Kirche verletzen, ipso facto nach den apostolischen Konstitutionen und den Dekreten der ökumenischen Konzilien zuziehen.«[41] Peter de Rosa glaubt, dass Pius IX. diese Verfassung auch deshalb verdammte, weil damit den Protestanten und Juden erlaubt wurde, ihre eigenen Schulen und Hochschulen zu haben.

Viele europäische Länder ordneten sich im Inneren neu und rüsteten sich für die Zukunft. Es war die Epoche der Verfassungsgebung. Nur die Päpste wüteten als Spielverderber. Diese attackierten von 1813 an jede neue Verfassung und erklärten sie als »gottlos«. Warum? Peter de Rosa, Absolvent der Gregoriana in Rom, der wichtigsten päpstlichen Universität, gibt die Antwort: »Weil sie [die Verfassungen] es wie Atheisten wagten, Gewissensfreiheit, Pressefreiheit, freie parlamentarische Institutionen, für die alle unangesehen ihrer Religion oder Religionslosigkeit wählen durften, und völlige Gleichheit aller Bürger vor dem Gesetz zu garantieren.«[42]

Höher als Gott

Auch bei den unteren Rängen der »Klerisei« bemühte man sich standhaft, die Veränderungen der Zeit auf allen Ebenen zu ignorieren. Die Macht und Herrlichkeit der Kirche wurde hinausposaunt, als wäre die Welt spätestens im 18. Jahrhundert stehen geblieben. Natürlich zählte auch die evangelische Seite nicht zu den aktiven Kräften des Fortschritts, doch das antimodernistische Getöse war auf der katholischen Seite wesentlich schriller. Mit einem Trotz, der jenem kleiner Kinder ähnelte, weigerte sich die klerikale Parallelwelt, die geistige, private und ideologische Emanzipation des Volkes an der Schwelle zum 20. Jahrhundert anzuerkennen. Die »Vorwärtsstrategie« des kirchlichen »Rückzugskampfes« artete immer wieder in Lächerlichkeiten aus, deren Peinlichkeit von den klerikalen Strategen nicht erkannt oder einfach nur ignoriert wurde. Eine »Perle« in dieser Ansammlung tragikomischer Weisheiten stellt der »Hirtenbrief« des Salzburger Fürstbischofs (»Primus Germaniae«) und Kardinals Johannes dar, der am 5. März 1905 von allen Kanzeln seiner Diözese verlesen wurde. Die bischöflichen Worte gipfelten in der unverschämten Erkenntnis, dass das klerikale Personal im Rang eigentlich höher steht als Gott, weil dieser in bestimmten Zusammenhängen den Priestern seinen Gehorsam leistet. Der gute Kardinal und Fürstbischof argumentierte nicht ganz unbescheiden:

»Geliebteste! Wäre irgendwo etwas, das höher und erhabener ist, als die Gewalt des Priesters zu konsekrieren? Wo auf der ganzen Erde außer im rechtmäßig geweihten Priester findest du diese Gewalt? Von Johannes dem Täufer sprach Christus: Unter den Menschenkindern sei keiner größer als er, Johannes nämlich. Und sehet, wenn ich auf die Gewalt, zu konsekrieren, blicke, so ist der Geringste unter den katholischen Priestern mehr als Johannes, hat den Vorrang vor ihm. Wo im Himmel ist eine solche Gewalt wie die des katholischen Priesters? Bei der Mutter Gottes? Einmal hat Maria das göttliche Kind zur Welt gebracht. Und sehet, der Priester tut dies nicht einmal, sondern hundert- und tausendmal, jedesmal, so oft er zelebriert.

Geliebteste! Habt Ihr jemals bedacht, welche Gewalt hiemit den Priestern, und wieder nur den katholischen Priestern, gegeben wird? Ihnen hat Jesus Christus das Recht über Seine heilige Menschheit übertragen, ihnen gleichsam Gewalt über seinen Leib gegeben. Der katholische Priester kann Ihn nicht bloß auf dem Altare gegenwärtig machen, Ihn im Tabernakel verschließen, Ihn wieder nehmen und Gläubigen zum Genusse reichen, er kann sogar Ihn, den Mensch gewordenen Gottessohn, für Lebendige und Tote als unblutiges Opfer darbringen. Christus, der eingeborene Sohn Gottes des Vaters, durch den Himmel und Erde geschaffen sind, der das ganze Weltall trägt, ist dem katholischen Priester hierin zu Willen. Geliebteste, wie Ihr gerade vernommen, hat Christus dem katholischen Priester über Sich, über Seinen Leib, Sein Fleisch und Blut, Seine Gottheit und Menschheit Gewalt gegeben und leistet dem Priester Gehorsam.

O, Geliebteste! Ob man denjenigen noch einen Menschen nennen soll, den Gott aus den Menschen ausgewählt, über die Schar der übrigen so hoch emporgehoben, den Gott mit Sich so innig verbunden, ihm sogar über Sich Gewalt gegeben hat? – Salzburg am Feste Mariä-Lichtmeß, den 2. Februar 1905. Johannes, Kardinal, Fürstbischof.«[43]

Verfehlungen des einzelnen Priesters beschädigen also nicht seinen »gottähnlichen« Glanz – er steht »über den Dingen«. Um die Achtung der Glaubensherde nicht zu gefährden, warnte die Fachzeitung *Der katholische Seelsorger* seine klerikale Leserschaft eindringlich davor, »sich in Gegenwart von Laien ihrer Standeskleidung zu entledigen, ansonsten sei zu fürchten, dass dadurch die Ehrfurcht vor dem Priester eine Schmälerung erleide«.[44] Auch von einem zu privaten Umgang mit den Gemeindeangehörigen wurde gewarnt, damit der Nimbus, den »Beruf und Kleid« umgeben, nicht geschwächt oder zerstört wird. Das Volk durfte keinesfalls auf die verwegene Idee kommen, dass der Mann im Priesterrock – der Mittler zu Gott – auch nur ein gewöhnlicher Mensch ist, wie alle anderen auch.[45]

Es galt immer noch, was mehr als ein halbes Jahrhundert vor dem anmaßenden »Hirtenbrief« im *Lehrbuch der christlichen Wohlgezogenheit* als Verhaltensregel gegenüber Priestern vorgegeben wurde:

»Welche Ehre ist der Christ dem Stande der Geistlichen schuldig? *Der Christ ist schuldig, in den Vorstehern der Kirche seinen Erlöser zu ehren, sie zu hören, sich an sie wie Schafe an die Hirten zu halten, ihnen in Dingen des Heiles Gehorsam zu leisten.* […] Woher kommt die Sucht, über den Stand der Geistlichen, den Papst, die Bischöfe, Seelsorger zu schimpfen? *Meistens aus Unglauben und Hass der Religion; denn wer den Herrn nicht liebt, wird seine Diener hassen; auch daher, dass nicht alle Geistlichen ihrem Stande gemäß leben; allein der Stand bleibt heilig, wie überall, wenn schon oft die Menschen von den Pflichten ihres Standes abweichen. Solches Unglück muss man beklagen, nicht aber über Stand und Anstand lästern, die Gott zum Urheber haben, und denen die Christen ihre Bildung und Erziehung zum Himmel zu verdanken haben. In welchem Stande gibt es nicht Menschen, die nicht sind, was sie sein sollen?* Was ist von jenen Menschen zu halten, denen nicht daran liegt, die Zufriedenheit ihrer geistlichen und weltlichen Vorsteher zu haben? *Solche Menschen sind nicht vom guten Geiste beseelt; denn wer Obrigkeiten verachtet, der achtet auch Gott nicht; und dem an der Zufriedenheit der ihm von Gott gegebenen Vorsteher nicht gelegen ist, dem liegt auch nicht am Wohlgefallen Gottes.*«[46]

Sündige Neugier

Die unsägliche Abgehobenheit des Klerus reizte die in den Jahren vor dem Ersten Weltkrieg schon überall präsente liberale, deutschnationale und »rote« Presse zur polemischen Reaktion. Wenige Monate nach dem berüchtigten Salzburger Hirtenbrief nahm das nationalliberale Satireblatt *Der Scherer* die Doppelmoral der Priesterröcke mit einem Auszug aus dem fiktiven Tagebuch eines Pfarrers aufs Korn:

»25. Juli. Heute früh erfuhr ich, dass im Walde am Mühlbach junge Mädchen öfters baden gingen. Ich hielt es für meine Seelsorgerpflicht, einmal nachzuschauen, damit nicht die christliche Zucht und Ehrbarkeit verletzt werde. Zwei Stunden wartete ich im Gebüsch an der bezeichneten Stelle; gegen Abend kamen sie endlich. Fünf waren es, und alle erst vor ein oder zwei Jahren von mir aus der Schule entlassen. Wie schnell hatten sie doch meine Lehren vergessen! – Verderbte Jugend! Aber das

kommt nur von den Liberalen, den Ketzern! – Sie zogen sich aus. Vollständig. Und keinen Badeanzug trugen sie.

Da konnte ich das Unsittliche, das Gemeine des nackten Körpers, die Sündhaftigkeit des Fleisches so recht studieren, was ich auch zur höheren Ehre Gottes fleißig tat.

Sie spielten und schäkerten im Wasser, warfen sich unsittliche Blicke zu – wie wäre das anders möglich, da sie doch nackt waren!!! – sie zogen sich an den Beinen, und einmal legte sich sogar eine auf die andere und tauchte sie unter. O heilige Katharina, dass solche Perversitäten in unserem frommen Orte schon Einzug gehalten haben!

Ich wartete natürlich und beobachtete alles, um meine Kenntnis von der sündhaften Natur der Menschen zu bereichern, bis ich sah, dass sie sich anschickten, aus dem Wasser zu steigen. Da trat ich unversehens aus dem Gebüsch und stellte mich zwischen sie und ihre Kleider, damit sie nicht entrinnen könnten und meine Strafpredigt anhören mussten. Natürlich versuchten sie, sich zu verbergen und zu entfliehen, aber ich beschwor sie im Namen des Allmächtigen zu bleiben und hielt ihnen dann, nachdem sie auf mein Drängen ans Ufer gekommen waren, das Verwerfliche ihres Tuns vor. Sie schienen das auch einzusehen und baten mich, nichts davon weiter zu sagen, was ich ihnen selbstverständlich versprach, und dann hieß ich sie, in meiner Gegenwart sich anzuziehen, und in dem Bewusstsein, dass ich wieder einige junge Seelen den Klauen des Teufels entrissen hatte, konnte ich mich entfernen.

Meine Köchin wird mir doch etwas zu alt; ich werde eine Stütze zu ihrer Hilfe annehmen. Die A. M. … Hm! Sie ist kräftig, das habe ich heute gesehen, als sie mit den andern zusammen badete. – Wie Gott doch alles in seiner großen Güte fügt!«[47]

Annähernd zeitgleich gab Pepi Matthes, Redakteur der *Aschaffenburger Zeitung*, eine Schrift mit dem Titel *Wenn Kinder beichten. Eine Anklage* heraus. Der empörte Redakteur veröffentlichte hier die gesammelten Erfahrungen über das Unheil im Beichtstuhl. Erst die schlüpfrigen, neugierig-suggestiven Fragen der Beichtväter machten die Kinder und

Jugendlichen mit bis dahin unbekannten Merkwürdigkeiten ihrer Körper und ihrer Gefühle bekannt – so das Resümee von Pepi Mathes. Die *Beichtgespräche* verliefen mitunter in einer »Tonart«, wie bei diesem vierzehnjährigen Schüler während der Osterbeiche:

»Hast du Unzüchtiges getan? *Nein.* Hast du dich niemals angerührt? *Nein, nur wenn ich's musste.* Hast du niemals mit der Hand dich an schamhafter Stelle angefasst, jenen Teil in die Hand genommen und hast so gesündigt? *Aber nein.* Hast du nie etwas Besonderes aus deinem schamhaftesten Teil kommen sehen oder das gefühlt, wenn du im Bett lagst? *Nein, Hochwürden.* – Schon oft hatte ich so etwas von Kameraden gehört, die der Beichtvater auch so ausgefragt hatte. Aber ich verstand all das nicht. Am Abend nach jener Beichte lag ich unruhig im Bett. Es war mir so heiß, so schwül. Meine Beichte fiel mir ein. Ich warf Bett und Decke zurück, damit ich nicht so heiß bliebe. Am nächsten Morgen konnte ich nicht kommunizieren. Ich habe aus Versehen nach 12 Uhr noch ein bisschen Brot gegessen, belog ich meinen Religionslehrer. Bei der nächsten Beichte aber musste ich antworten: *Ich habe es getan.*«[48]

Ein anderer Schüler wurde vom gestrengen Beichtvater gefragt: »Hast du niemals ein Mädchen geküsst? *Ja.* Hast du dabei sinnliche Gefühle erweckt, indem du vielleicht deine Knie oder deinen Körper an sie gepresst hast, oder deine Brust? Oder hast du mit deiner Zunge zwischen ihren Lippen geleckt? *Aber nein.* Hast du auf einem Schoße einer weiblichen Person gesessen und dabei Böses gedacht? *Nein.* Auch bei deiner Mutter nicht?«

Natürlich wurden auch die Mädchen von insistierenden Intimfragen nicht verschont. Der Aschaffenburger Redakteur wusste von der zehnjährigen Bertha, die von einem Pater mit dem »sechsten« Gebot traktiert wurde: »Hast du niemals mit Buben gespielt? *Ja, oft.* Hast du sie auch berührt? *Ja.* Sie dich auch? *Ja.* Natürlich, um Schlechtes zu tun! *Aber nein, nein, so nicht! Gespielt, so gespielt halt, Nachlaufen, Verstecken, Fangen und so, und so anderes.* Lüge nicht! Ich habe es gesehen, wie dich Buben angegriffen haben. *Aber nein, nein!* Hast du dich selbst angegriffen? *Ja; nein, so nicht, wie sie denken.* Gewiß, du hast es getan! Ich weiß es. Du hast dich angerührt. *Aber nein doch, nein!* Sagst du gleich ja? Willst du gleich ja sagen? Nun, wird es bald, willst du ja sagen? Dabei polterte der Beichtvater wider das Gitter, das ihn von seinem Beichtkind trennte. Und bebend kam es da von den Lippen: *Ja.* Nun, mit der Hand oder mit einem Stöckchen. Keine Antwort. Mit der Hand oder mit einem Stöckchen? Wieder schwieg die Kleine. Da polterte Hochwürden wieder und leise sagte das Kind: *Mit der Hand.* Nur, damit Hochwürden zufrieden war. Sag, hast du auch mit einem Hund dich abgegeben?«[49]

Nicht in der erotischen Neugier der Priester erkannte die Justiz ein Problem, im Gegenteil, der Staatsanwalt war sofort wegen »Blasphemie und schwerster Beleidigung der Religion und der Kirche« hinter Pepi Matthes her. Doch letztlich funktionierte in diesem Fall der Rechtsstaat, und das Verfahren gegen den Herausgeber der kritischen Schrift musste – da er den Wahrheitsbeweis erbrachte – eingestellt werden. Ein Münchner Gymnasialdirektor drohte sämtlichen Buchhandlungen der Stadt, allen Schülern das Betreten deren Geschäftsräume bei schwerster Strafe zu verbieten, solange die Händler die »verleumderische und schmutzige Schundschrift« von Matthes auf Lager hielten.

Wegen dieser selten unverhohlen ausgesprochenen Sünde, zu der man die Hände ..., ist die Hölle am meisten bevölkert, so lautete die gern gebrauchte Drohung der Beichtväter. Jugendliche erhängten sich aus Furcht vor den Folgen des Lasters, das oft erst durch die detailgenauen Beichtverhöre in ihr Bewusstsein rückte.

Das sechste Gebot

Zwei Jahre bevor das für den Klerus nur »lässlich« sündige Morden des Zweiten Weltkrieges begann, erschien das Buch *Mutter, versteh und belehre deine Kinder.* Dieses Druckwerk sollte den katholischen Müttern die moralisch einwandfreie »Aufklärung« ihres Nachwuchses erleichtern.

Hier wurde erklärt, wie sie die Kinder in »heiliger Weise« auf die Schamteile aufmerksam machen und ermahnen können, »mit diesen Teilen nicht zu spielen und sie nicht leichtfertig zu berühren oder berühren zu lassen«.[50] In die Aufklärung der Mädchen wurden nur wenige Worte investiert. Die großen sittlichen Gefahren lauerten nach der kompetenten Meinung des frommen Autors vorrangig bei den heranwachsenden Knaben: »Denn für sie ist jetzt eine große Gefahr, dass sie in Sünde kommen. Mutter, gib daher sorgfältig acht, wenn etwa die Reife bei deinen Knaben eintritt. Komm ja nicht zu spät mit deinen Mutterworten; besser zu früh als zu spät. Beachte die ersten Zeichen (Tropfen im Bett) der nun beginnenden nächtlichen Samenausscheidungen. Die Weisheit Gottes hat es bei beiden Geschlechtern so eingerichtet, dass die überflüssigen Lebenskeime von selbst abfließen: Denn der Mensch soll auch in der geschlechtlichen Betätigung nicht unter dem Zwang des Triebes stehen wie das Tier, sondern frei sein. Beim Knaben erfolgt diese Ausscheidung im Schlaf oder Halbschlaf unter Lustgefühl. Wenn nun der junge Mann dabei erwacht und das Lustgefühl inne wird, so ist Gefahr, dass er den Samenabfluss selbst etwa durch Berührungen hervorruft. Das wäre aber schwer sündhaft. Darum rede mit deinem Kind: Hüte dich sorgfältig, an dir etwas zu tun oder von andern geschehen zu lassen, um den Samen zum Abfluss zu bringen. Das ist die schwere Sünde der Selbstschwächung oder Selbstbefleckung. Durch diese Sünde wird das Nervensystem krankhaft erschüttert: die Folge davon ist dann Müdigkeit, Niedergeschlagenheit, Unlust zur Arbeit usw. – Das Unheimliche bei dieser Sünde ist aber, dass die meisten, die sie einmal angefangen haben, fast nicht mehr von ihr lassen können. Jeder, der diese Sünde begeht und noch guten Willen hat, wünscht nur, von ihr loszukommen. Was gäbe nicht mancher, wenn er das erste Mal nicht nachgegeben hätte! Das Furchtbarste ist aber, dass durch diese Sünde das eigentlich einzig wertvolle Leben, das Gnadenleben, zugrunde gerichtet wird, dass ein solcher junger Mann oft jahrelang in der Todsünde lebt und daher das Beste, was wir auf der Welt haben, das heiligste Sakrament, nicht oder nur selten empfangen kann.«[51]

Jungen Männern, die schon über die Vorgänge der nächtlichen Pollution aufgeklärt waren und die diese Laune des Körpers möglichst sündenfrei überstehen wollten, wurde noch 1960 in einem in Donauwörth erschienenen katholischen »Aufklärungsbuch« über *Das sechste Gebot* die Anwendung eines Tugendgebetes des Papstes Clement XI. empfohlen: »Ich will, was du willst – (dass jetzt der Körper nach seiner Natur den überflüssigen Samen vergieße) – ich will, weil du willst – (weil du, o Gott, es so eingerichtet hast) – ich will, wie du willst – (auf die Art und Weise, die du bestimmt hast) – ich will, so lange du willst – (so lange du in mir die Kräfte des Geschlechtes wirksam sein lässt).«[52]

Die durch das beharrliche und drängende Frage- und Antwortspiel zum »sechsten« Gebot aufgebaute, lüsterne Atmosphäre förderte in der weiteren Folge nicht selten den sexuellen Missbrauch zwischen dem »heiligen« Mann und dem »sündigen« Kind. Im katholisch-bigotten Irland und im nicht weniger gottversessenen Amerika wurde die Vielzahl solcher Fälle erst in den letzten Jahren zum öffentlichen Thema. Die Satire legt mit einem bösen Witz den Finger in diese immer noch offene Wunde:

»Ein Priester muss auf die Toilette gehen, während er die Beichte hört. Der Priester, Vater George, bittet den Küster Joe, so lange seinen Platz einzunehmen. Er gibt Joe eine Liste der Sünden und der angemessenen Bußen und weist Joe an, den Leuten einfach die Bußen anzugeben, die auf der Liste stehen. Als erstes hört Joe im dunklen Beichtstuhl die Stimme eines Mannes. ›Vergib mir Vater, denn ich habe gesündigt‹, sagt der Mann. ›Ich hatte Geschlechtsverkehr mit einem zwölfjährigen Jungen.‹

Joe blickt auf die Liste, kann aber diese Sünde nicht finden. Voller Panik lehnt er sich aus dem Beichtstuhl und schaut sich um, ob ihm jemand helfen kann. Da sieht er Mikey, den Ministranten. ›Mikey‹, flüstert er. ›Was gibt Vater George für Geschlechtsverkehr mit einem zwölfjährigen Jungen?‹. ›Gewöhnlich‹, erwidert Mikey, ›kriege ich einen Dollar und einen Schokoriegel.‹«[53]

Kein Priester, egal was er trieb, konnte (und kann) die religiöse Kraft, in deren Besitz er ist, beschädigen. Papst Nikolaus I. (858–867) gab hier schon sehr früh die Linie vor: »Es kann niemand, so sehr er auch verunreinigt sein mag, die heiligen Sakramente verunreinigen, welche Reinigungsmittel aller Befleckungen sind. Der Sonnenstrahl, welcher durch Kloaken und Abtritte geht, kann doch dieserhalb keine Befleckung an sich ziehen. Daher mag der Priester beschaffen sein, wie er will, er kann das Heilige nicht beflecken.«[54]

Der Beichtstuhl diente seit Jahrhunderten als ideales Instrument zur Einflussnahme und Machtausübung. Kritiker dieser »Nacktbadeanstalt der Seele« hatten hier vor allem den Zusammenprall argloser weiblicher Vertraulichkeit und berechnender priesterlicher Neugier im Visier. Die Gottesdiener wurden schon im 18. Jahrhundert von Mirabeau und anderen Opponenten des Klerus als die eigentlichen »Agenten aller schlummernden Leidenschaften« identifiziert, denn »wo der Priester die Beichte hört, ist er gleichzeitig Verführer und Verführter, ruft er doch die Geister hervor, die er schließlich – selbst wenn er es möchte – nicht mehr los zu werden vermag.«.[55]

Otto von Corvin, der als rebellischer Freigeist und deutscher Patriot während der Revolution 1848/49 von der Reaktion zum Tod verurteilt wurde und doch noch kurz vor der Vollstreckung zu sechs Jahren Einzelhaft begnadigt wurde, besaß auch gegenüber den Mönchen als Beichtväter kein sonderliches Vertrauen: »Wo die Mönche zu Hause sind, da gibt es fast kein Bürger- oder Bauernhaus, wo nicht ein Pater der Hausfreund ist. Kommt der heilige Mann, dann lecken ihm die Alten die schmutzigen Hände und die Kinder liegen auf den Knien, bis er seinen Segen ertheilt hat. […] Was die Töchter der Lust den Wüstlingen der Welt, das sind die Mönche den Betschwestern und den Stillen im Lande, denn diese Herren haben Tugenden, welche Frauen zu schätzen wissen und sind – verschwiegen. Vor einem solchen heiligen Manne brauchen sie sich ihrer Sündhaftigkeit nicht zu schämen, denn die Beichte zwingt sie ja, die geheimsten Sünden zu sagen.«[56] Das vollkommene Bekenntnis der Sünde, das *Öffnen* der Frau gegenüber dem Beichtvater als »spirituellen Freund«, ließ eine Nähe entstehen, in der manche schon eine »Degradierung« des Ehegatten erkannten: »Der Ehemann darf das Äußere des Palastes betrachten, er darf sein Haupt auf dem kalten Marmor der äußeren Thürstufen ruhen lassen; aber der Beichtvater schreitet triumphierend in die geheimen, sternbesäten Räume und prüft nach Belieben ihre unzähligen und unaussprechlichen Wunder, und ihm allein ist es gestattet, sein Haupt auf die weichen Kissen des unbegrenzten Vertrauens, der unbeschränkten Achtung und Liebe der Frau zu legen.«[57] Die kirchliche Obrigkeit formulierte jedenfalls Empfehlungen und Regeln, wie Priester mit ihren Erektionen während der Beichtgespräche umgehen sollten. Die Sünden der *unkeuschen Gedanken* bei Gottes liebsten Junggesellen und deren *Selbstbefleckung* erforderten natürlich auch einen passenden »Bußkatalog«, dessen Sanktionen für die klerikalen Sünder erträglich waren.

Die meisten Beichtstühle stehen heute als kaum mehr gebrauchte und unnütze Möbelstücke herum. Noch in den fünfziger Jahren des vorigen Jahrhunderts mussten die vielen Gewohnheitsgläubigen vor dieser »Sündenwaschanlage« nicht selten in der Warteschlange stehen. Aus dieser Zeit (kurz bevor die »Pille« das Sexualleben revolutionierte) gibt es einen doppelseitigen Einblattdruck *Fragestellung de Sexto Praecepto in Confessionali* (Fragestellung über das sechste Gebot im Beichtstuhl). Neben den vorgegebenen Fragen an Jünglinge und Jungfrauen, Kinder und große Kinder umfasste bei Eheleuten die *materia necessaria* in der Beichte (und damit auch die Fragepflicht) in der Regel nur folgende drei Fälle: »1. Hat ein Gatte die Leistung der Ehepflicht verweigert, obschon der andere Teil in ernster und vernünftiger Weise darauf bestand? 2. Ist außerhalb des ehelichen Verkehrs vom Einzelnen mit sich allein oder gegenseitig freiwillig etwas geschehen oder zugelassen mit der Absicht der nächsten Gefahr zur Pollution (per oscula, per tactus)? Wie oft? 3. Ist im ehelichen Zusammenkommen etwas freiwillig und absichtlich geschehen gegen den Zweck der Ehe (Kindersegen)? Wie oft? Dazu gehört auch die schwierige Anklage bei einer verheirateten Frau: ›Ich habe allein Unkeusches getan‹, wenn sie die volle Befriedigung nach dem ehelichen Verkehr herbeigeführt hat.«[58] Seit fast zweitausend Jahren wurde der Glaubensherde die sexuelle Lust als verderbliches Gräuel beschrieben. Abermillionen Menschen fürchteten sich deshalb vor den Vorgängen des Körpers, da schon durch den geringsten erotischen Hauch die ewige Folter in der Hölle drohte. Die Kirche ist des monströsen Verbrechens schuldig, unzähligen Generationen schwerste Schuldgefühle eingetrichtert und dadurch traumatisiert zu haben. Damit wurde jahrhundertelang dem Großteil des christlichen Volkes die Freude und der Spaß an der Sexualität geraubt. Mit etwas weniger Respekt vor dem ganzen Religionstrara wäre der Menschheit geholfen gewesen. Die Kritik des Erasmus von Rotterdam an den »Pfaffen« erreichte das einfache Volk nicht: »Nun zu den Theologen! Gescheiter freilich wäre es wohl, in dieses Wespennest nicht zu stechen und um diese stinkende Hoffart einen Bogen zu machen, denn die Leute sind hochnäsig und empfindlich. [...] Denn beglückt von ihrer Einbildung tun sie, als wohnten sie im dritten Himmel, und sehen auf die übrige Menschheit wie auf Vieh, das auf dem Boden kriecht, von hoch oben herab, mitleidig schier. [...] Die heiligen Geheimnisse erklären sie frei aus dem Kopfe: sie wissen genau, wie die Welt erschaffen und eingerichtet, durch welche Kanäle das Gift der Erbsünde in die Kinder Adams geflossen, wie, in welcher Größe und wie schnell Christus im Leibe der Jungfrau gereift ist, und wie in der Hostie die Gestalten von Brot und Wein auch ohne Substanz bestehen.«[59]

»Rotes« Verderben und jüdisches Gift

Im Angesicht dessen, dass der katholische Priester sogar Gott nach seiner Pfeife tanzen lassen kann, wie der »Salzburger Hirtenbrief« so schön suggeriert, wird doch niemand so kleinlich sein, die reale Kirchengeschichte an so bizarren Begriffen wie Ethik, Menschlichkeit und *Vernunft* zu messen. Doch es kann der Frömmste nicht in Frieden leben, wenn sich der Geist der anderen aus den Fesseln befreit. Die zur Zeit des »Hirtenbriefes« noch relativ junge sozialistische Bewegung ließ gegenüber der Kirche den nötigen Respekt vermissen. Diese »sittenlosen Roten« forderten frech »das Glück schon auf Erden«, und die Religion stellten sie – unverschämt wie Sozialisten eben sind – sogar als »Privatsache« hin. Neben den Liberalen, den Juden, den Freimaurern wuchs hier ein neuer Gegner der gottgegebenen »altbewährten« Ordnung heran. Für den Jesuitenpater Pachtler, der 1871 in Essen den Warnruf *Die internationale Arbeiterverbindung* veröffentlichte, war der »Sozialistenbund« die »furchtbarste politische und religiöse Verschwörung in der ganzen Weltgeschichte«. Der streitbare Jesuit war überzeugt, dass nur die katholische Kirche willens und in der Lage sei, die »geängstigte Menschheit vor der unheilvollen sozialistischen Überflutung zu bewahren«.[60] Auf der Generalversammlung der katholischen Vereine im gleichen Jahr denunzierte der Bischof v. Ketteler den Sozialismus als »eine der verderblichsten Verirrungen des menschlichen Geistes«.[61] Katholische Glaubensbrüder des analysesicheren Bischofs hielten den Sozialismus für einen »ebenso verderblichen Irrtum, wie den Protestantismus, dessen letzter Ausläufer und consequenteste Folge er ist«.[62]

Die katholische Presse war alarmiert und schoss mit schwerem publizistischen Kaliber auf diesen neuen gottlosen Feind. Im Fachblatt für Lehrer und Katecheten *Die Katholische Volksschule* wurde das Lehrpersonal eindringlich dazu aufgerufen, den sozialdemokratischen Ideen entgegen zu wirken. Vor der Lektüre der »roten Lügenpresse« wurde vehement gewarnt: »Alle Bücher und Zeitungen der Sozialdemokraten ohne Ausnahme kochen Gift und Galle und speien Lüge und Schande über den christlichen Glauben, über die heiligen Sakramente, über die Bischöfe und Geistlichkeit.«[63]

Die »Roten Sektierer« trieben die Blasphemie auf die Spitze, indem sie von einer Vertröstung der geschundenen Arbeiter auf die spätere Belohnung im Himmel nichts wissen wollten: »Denn einen Himmel, eine ewige Seeligkeit kennt der Sozialdemokrat nicht und wenn es einen Himmel gäbe, so sagen die Sozialdemokraten nach den Worten des frivolen Dichters Heine, den sie besonders ehren – den Himmel überlassen wir den Spatzen und den Engeln.« Wer Gottes Ordnung so herausfordernd in Frage stellt, wie eben der »rote Sozialismus, der von Juden ins Leben gerufen wurde, von Juden geleitet und auf jede Weise gefördert wird«[65], gibt dem Streben der Menschen eine verderbliche Richtung:

»Wir sind gewiss alle der gleichen Ansicht, dass etwa nicht derjenige ein treuer und warmer Volksfreund ist, der, seinen niedrigsten Leidenschaften schmeichelnd, alles Hohe und Große, alles Heilige und Ehrwürdige, jedes bestehende Recht und alle geordneten Gewalten pöbelhaft in den Koth zieht, allgemeine Freiheit und Gleichheit in der unbestimmtesten Form verkündet, den Armen Reichthum, den Genusssüchtigen ungestörtes Wohlleben und allen das größte Glück hier in Aussicht stellt. Wir sind ausnahmslos der Anschauung, dass die durch Gottesordnung beschränkte Freiheit des Menschen für diesen ein wesentliches Gut, die unbeschränkte Freiheit dagegen der verführerische und verhängnisvollste Traum ist, der die Menschheit beständigen Umwälzungen entgegentreibt, die gewöhnliche Art, mit welcher Gott die Sünden der Menschheit zu strafen pflegt. Das Verhängnisvolle bei diesem Zauberworte (Freiheit) liegt darin, dass die überaus große Mehrzahl sich darunter den Sturz der berechtigten Schranken, die Willkür frevler Gelüste, Selbstherrschaft und Zügellosigkeit denkt, was zum größten Unglück und Verderben der Menschheit führen muss. Jeder dürfte nun die Überzeugung in sich tragen, dass eine solche gesellschaftliche Form, wie sie die Sozialdemokraten anstreben, die Menschheit nie und nimmer glücklich machen kann und wird, und deshalb fordert es unsere Pflicht, gegen solche Lehren zu arbeiten.«[66]

Als die katholischen Lehrer, Erzieher und Katecheten diese Suada gegen die »Roten« zu lesen bekamen, freute sich in Braunau ein sechsjähriger Bengel namens Adolf Hitler auf die baldige Einschulung. Drei Jahrzehnte später wird der Braunauer seine »Geistesverwandtschaft« mit der christlichen Kirche entdecken. Schon in der Abneigung gegen die »Roten«, Juden, Liberalen, Freimaurer und Freigeister waren die Positionen fast deckungsgleich. Im Herbst 1919, als der spätere »Führer« in München erstmals seine Zukunft als Politiker übte, traf sich die katholische Elite auf dem oberbadischen Katholikentag in Konstanz. Sigismund Waitz, der damalige Weihbischof von Brixen (und spätere Erzbischof von Salzburg) lästerte dort am 14. September über das Unheil der jüdischen Presse, die nur »die Sprache des Hasses und der Zwietracht« spricht. Für den hohen Kirchenmann waren die Juden an allem schuld, am Krieg, an der wirtschaftlichen Not, am moralischen Niedergang:

»Sie war es [die jüdische Presse], welche in den Krieg hetzte und den Frieden verzögerte, welche Untreue und Verrat anzettelte und Staaten zur Perfidie verleitete. [...] Die jüdische Presse hat edle Frauen vertrieben und sie ihrer Arbeit beraubt. Das heißt, diese dritte Zunge, die jüdische Presse, verleitet seit langem zu Ehebruch und stachelt zu Zügellosigkeit auf, sie erregt jene Leidenschaften, welche den Frieden des Herzens rauben und das Glück der Familien untergraben. [...] Viele sind gefallen im Kriege vor dem Feinde, im ehrlichen Kampfe und mit heldenmütiger Opferwilligkeit für das Vaterland. Aber während sie an der Front kämpften, wütete eine unheilvolle Pest im Innern des Vaterlandes, die Pest der Völkerverhetzung, das Verderben des Verrates, das furchtbare Verhängnis der Revolution, hervorgerufen durch die ›dritte Zunge‹, die jüdische Presse. [...] So höre denn christliches Volk nicht auf die Stimme der jüdischen Presse, diese gottlose Zunge und lass sie nicht deine Zunge, deine Stimme sein, sonst wärest du dem Untergang geweiht und dein Fall wäre unheilbar bis in den Tod. Armes Volk, das sich dem Verderben der jüdischen Presse überantwortet; glückseliges Volk, das dieses Joch abschüttelt und mit seiner eigenen Stimme, der Stimme seiner Blätter Gottes Lob verkündet.«[67]

Auch der junge Hitler spricht in diesen Tagen schon von den Juden als Hauptschuldigen des Weltkrieges und der Nachkriegsnot. Den öffentlich vorgetragenen Wunsch des Bischofs, »das jüdische Joch abzuschütteln«, werden die Nationalsozialisten später gerne erfüllen.

Bischof Waitz schüttete noch öfter sprachliches Schmutzwasser auf die Juden. Auch 1925 warnte er vor der »Weltgefahr des habgierigen, wucherischen, ungläubigen Judentums, dessen Macht unheimlich gestiegen ist.«[68] Die antijüdischen Tiraden des besorgten Bischofs besaßen keinen Seltenheitswert, denn viele Persönlichkeiten und der Großteil der Presse des christlich-klerikalen Lagers überbot(en) sich schon lange in der verbalen Judenhatz. Für das hörende und lesende Volk war es also nichts Neues und nichts Besonderes, wenn Adolf Hitler in »Geistesverwandtschaft« mit dem edlen Dr. Sigismund Waitz in seinem Bestseller *Mein Kampf* (erstmals erschienen 1925) auf die Juden und die jüdische Presse eindrosch: »Diese Presse ist es vor allem, die in einem geradezu fanatischen Verleumdungskampf alles herunterreißt, was als Stütze der nationalen Unabhängigkeit, kulturellen Höhe und wirtschaftlichen Selbständigkeit der Nation angesehen werden kann.

Sie trommelt vor allem auf alle Charaktere los, die sich der jüdischen Herrschaftsanmaßung nicht beugen wollen, oder deren geniale Fähigkeit dem Juden an sich schon als Gefahr erscheint. Denn um vom Juden gehasst zu werden, ist es nicht nötig, dass man ihn bekämpft, sondern es genügt schon der Verdacht, dass der andere entweder einmal auf den Gedanken der Bekämpfung kommen könnte, oder auf Grund seiner überlegenen Genialität ein Mehrer der Kraft und Größe eines dem Juden feindlichen Volkstums ist. […] Das Mittel aber, mit dem er so vermessene, aber aufrechte Seelen zu brechen versucht, heißt nicht ehrlicher Kampf, sondern Lüge und Verleumdung. Hier schreckt er vor gar nichts zurück und wird in seiner Gemeinheit so riesengroß, dass sich niemand zu wundern braucht, wenn in unserem Volke die Personifikation des Teufels als Sinnbild alles Bösen die leibhaftige Gestalt des Juden annimmt.«[69]

Trotz aller herzhaft betriebenen Gemeinheiten der christlichen Kirchen gegen die Juden, ersparte Hitler seinen Freunden von der klerikalen Fraktion den Vorwurf der Laschheit nicht:

»Man halte sich die Verwüstungen vor Augen, welche die jüdische Bastardierung jeden Tag an unserem Volke anrichtet, und man bedenke, dass diese Blutvergiftung nur nach Jahrhunderten oder überhaupt nicht mehr aus unserem Volkskörper entfernt werden kann; man bedenke weiter, wie die rassische Zersetzung die letzten arischen Werte unseres deutschen Volkes herunterzieht, ja oft vernichtet, so dass unsere Kraft als kulturtragende Nation ersichtlich mehr und mehr im Rückzug begriffen ist und wir der Gefahr anheimfallen, wenigstens in unseren Großstädten dorthin zu kommen, wo Süditalien heute bereits ist. Diese Verpestung unseres Blutes, an der Hunderttausende unseres Volkes wie blind vorübergehen, wird aber vom Juden heute planmäßig betrieben. Planmäßig schänden diese schwarzen Völkerparasiten unsere unerfahrenen, jungen, blonden Mädchen und zerstören dadurch etwas, was auf dieser Welt nicht mehr ersetzt werden kann. Beide, jawohl, beide christlichen Konfessionen sehen dieser Entweihung und Zerstörung eines durch Gottes Gnade der Erde gegebenen edlen und einzigartigen Lebewesens gleichgültig zu. Für die Zukunft der Erde liegt aber die Bedeutung nicht darin, ob die Protestanten die Katholiken oder die Katholiken die Protestanten besiegen, sondern darin, ob der arische Mensch ihr erhalten bleibt oder ausstirbt. Dennoch kämpfen die beiden Konfessionen heute nicht etwa gegen den Vernichter dieses Menschen, sondern suchen sich selbst gegenseitig zu vernichten. Gerade der völkisch Eingestellte hätte die heiligste Verpflichtung, jeder in seiner eigenen Konfession dafür zu sorgen, dass man nicht nur immer äußerlich von Gottes Willen rede, sondern auch tatsächlich Gottes Willen erfülle und Gottes Werk nicht schänden lasse. Denn Gottes Wille gab den Menschen einst ihre Gestalt, ihr Wesen und ihre Fähigkeiten. Wer sein Werk zerstört, sagt damit der Schöpfung des Herrn, dem göttlichen Wollen, den Kampf an.«[70]

Nach 1945 wollte niemand mehr etwas davon wissen, dass Adolf Hitler der Kirche als zweitausend Jahre alter »Bewegung« gehörigen Respekt entgegenbrachte. Deren eisernes Festhalten an einmal beschlossenen Dogmen fand seine Bewunderung, und der NSDAP empfahl er die Nachahmung eines solch konsequenten Verhaltens: »Das Wesentliche darf nie in der äußeren Fassung, sondern stets nur im inneren Sinn gesucht werden. Und dieser ist unveränderlich. [...] Auch hier hat man an der katholischen Kirche zu lernen. Obwohl ihr Lehrgebäude in manchen Punkten, und zum Teil ganz überflüssigerweise, mit der exakten Wissenschaft und der Forschung in Kollision gerät, ist sie dennoch nicht bereit, auch nur eine kleine Silbe von ihren Lehrsätzen zu opfern. Sie hat sehr richtig erkannt, dass ihre Widerstandskraft nicht in einer mehr oder minder großen Anpassung an die jeweiligen wissenschaftlichen Ergebnisse liegt, die in Wirklichkeit doch ewig schwanken, sondern vielmehr im starken Festhalten an einmal niedergelegten Dogmen, die dem Ganzen erst den Glaubenscharakter verleihen. [...] Wer also den Sieg einer völkischen Weltanschauung wirklich und ernstlich wünscht, der muss nicht nur erkennen, dass zur Errichtung eines solchen Erfolges erstens nur eine kampffähige Bewegung geeignet ist, sondern dass zweitens eine solche Bewegung selbst nur standhalten wird unter Zugrundelegung einer unerschütterlichen Sicherheit und Festigkeit ihres Programms. Sie darf sich nicht unterstehen, in der Formulierung desselben dem jeweiligen Zeitgeist Konzessionen zu machen, sondern muss eine einmal als günstig befundene Form für immer beibehalten.«[71]

Teilweise erinnern Hitlers Einsichten und Mahnungen in *Mein Kampf* an die für eine willensstarke Machtpolitik zurechtgehobelten Empfehlungen in Machiavellis *Il Principe*: »Dem politischen Führer haben religiöse Lehren und Einrichtungen seines Volkes immer unantastbar zu sein, sonst darf er nicht Politiker sein, sondern soll Reformator werden, wenn er das Zeug hierzu besitzt! [...] Politische Parteien haben mit religiösen Problemen, solange sie nicht als volksfremd die Sitte und Moral der eigenen Rasse untergraben, nichts zu schaffen; genau so wie Religion nicht mit politischem Parteiunfug zu verquicken ist.«[72]

Die geforderte Trennung von Politik und Religion geriet allerdings durch Adolf Hitler selbst etwas unscharf, als er in einer Rede im Jahr 1926 sich dazu verstieg, Christus als den ersten Nationalsozialisten zu porträtieren: »Christus war der größte Pionier im Kampf gegen den jüdischen Weltfeind. Christus war die größte Kämpfernatur, die je auf Erden gelebt hat. [...] Der Kampf gegen die Macht des Kapitals war sein Lebenswerk und seine Lehre, für die er von seinem Erzfeind, dem Juden, ans Kreuz genagelt wurde. Die Aufgabe, mit der Christus begann, die er aber nicht zu Ende führte, werde ich vollenden.«[73] Es ist schon phänomenal, dass die Christen (wie eben auch Hitler) während ihrer zweitausendjährigen Kirchengeschichte völlig die Tatsache verdrängten und ignorierten, dass Jesus Christus ein reinrassiger Jude war, während sie gleichzeitig meist mit großer Hingabe bemüht waren, den Juden das Leben zur Hölle zu machen.

Hitler gefiel die auf einen »Führer« im fernen Vatikan zentrierte, demokratiefreie Autorität der katholischen Kirche. Das Prinzip des Befehlens und des unbedingten Gehorchens, das Bild des voranmarschierenden Hirten und der brav folgenden Herde, der umfassende Verzicht auf kritisches Hinterfragen, kurzum, das totalitäre Element der römischen Kirche ließ den Hoffnungsträger der Deutschen mit lernwilligem Interesse auf diesen christlichen Machtapparat schauen. Mit fortschreitendem Erfolg der NS-Bewegung flossen immer mehr kirchliche Regie- und »Show«-Elemente in ihre – die Psyche der Massen bewegenden – Zeremonien ein. Der Führer wurde bald als »Messias« gefeiert. Es gab »Märtyrer« der Bewegung und deren Reliquien. Die Aufmärsche, die Fackeln, die Weihefeiern – erstaunlich vieles erinnert an kirchliche Riten. Nicht wenige webten das religiöse Garn weiter und sahen in diesem Gefreiten aus dem Ersten Weltkrieg schon einen Heiligen. Der katholische Pfarrer Dr. Josef Klein von Rottenbauer (seit 1974 ein Stadtteil von Würzburg) hielt in einer Parteiversammlung eine Rede, in der er sagte: »Hitlers göttliche Sendung ist mir seit langem klar geworden. Unser Kanzler ist dabei nur zu vergleichen mit der Jungfrau von Orleans, die vor mehr als 500 Jahren von den Bischöfen verdammt worden war, später aber doch eine Heilige wurde.«[74] Ein halbes Jahr nach der Ernennung Hitlers zum Reichskanzler veröffentlichten die *Basler Nachrichten* den Brief einer Deutschen, in dem diese – für die Schweizer etwas irritierend – überschwänglich für Adolf schwärmte: »Wir erleben heute so viele Wunder durch unsern Wundertäter, unsern Führer, unsern vergötterten Liebling, unsern angebeteten Kanzler, dass wir aus dem Staunen, aus einer fast zu heftigen Ekstase gar nicht mehr herauskommen! Wer hätte vor einigen Monaten an das Unmögliche geglaubt, das dieser überlebensgroße Heros täglich neu schafft? Welch ein Mann, welch ein Christ, welcher Gottgesegnete ist er!! Wir können nur immer beten: Herr, schütze und erhalte ihn unserem Volke, das du wieder in Gnaden angenommen hast, als alles zu Ende und zerbrochen schien! Lass deinen Segen weiter über dem Einzigen walten, den du uns zur zwölften Stunde zur Rettung geschickt hast, den wir gar nicht verdienen in seiner Reinheit, Großmut und Güte, in seinem unaussprechlichen, herrlichen Führertum! Wir sind ja so glücklich unter diesem gottgesegneten Mann – wir, die wir zertreten, verachtet, verhöhnt, verloren waren, sind wieder zu ›Menschen‹ gemacht, die Gott wohlgefällig zu leben imstande sind, nachdem wir in Verbitterung alles über Bord geworfen hatten, was uns ehedem hoch und heilig war. Welch ein Liebling Gottes ist er! Und welch ein Liebling des Volkes! Und dieser Größte aller Vergangenheit, Gegenwart und Zukunft gehört – uns!! Uns!! Ist es nicht zuviel des Glückes? Haben wir es verdient? Ist es nicht lauter Gnade?«[75] Eine Menge Deutscher (inklusive der »Ostmärker« natürlich) betete nicht mehr zu Gott, sondern zu dem durch einen politsakralen Nimbus nahezu »vergöttlichten« Führer. Mehr Leute bewegten sich allerdings in »normaleren« Bahnen und beteten *zu* Gott, *für* das Wohlergehen Adolf Hitlers. Die Einbindung des Reichskanzlers und Führers in die eigene private Glaubenswelt geschah bei Katholiken und Protestanten in ähnlichem Umfang. Der Religionskitsch trieb auch im NS-Staat die schönsten Blüten, und im abendlichen Gute-Nacht-Gebet der Kleinsten wurde neben dem Jesuskind auch »Onkel Adi« mit warmen Worten bedacht. Freundliche Anerkennung fand das folgende Abendgebet, das die Kinder der »Steinschule« in Breslau, einer katholischen Mädchenvolksschule, lernten:

»Lieber Gott im Himmel droben,
Alle Engel, die dich loben,
Laß rings um mein Bettchen stehn,
Wenn ich muß zur Ruhe geh'n.
Doch das schönste Engelein
Mit dem lichten Gottesschein
Und dem silbernen Gefieder
Sende unser'm Hitler nieder.
Es behüte seinen Schlummer
Und verscheuch' ihm allen Kummer,
Dass er morgens froh erwache
Und sein Deutschland glücklich mache.«[76]

Gebetet wurde in Großdeutschland bis zuletzt. Als »unser über alles geliebter Führer, bis zum letzten Atemzuge gegen den bolschewistischen Aggressor kämpfend, in der Reichshauptstadt den Heldentod fand« (das Ableben Hitlers in der Propaganda), ordnete der Breslauer Kardinal Adolf Bertram ein Requiem für den dahingeschiedenen Führer an.

Bolschewistische Dämonen

Entgegen den sauber gebastelten Nachkriegsgeschichten erging es den beiden christlichen Kirchen während der Herrschaft des Nationalsozialismus gar nicht so übel. Es waren nur einzelne Dissidenten aus der großen Schar der Priester, welche die Harmonie zwischen dem Klerus und dem Regime störten. Die anderen wussten die militärischen Anstrengungen des Führers gegen den größten gemeinsamen Feind, den »verjudeten, sowjetischen Bolschewismus« zu schätzen. Es kann den Kadern der christlichen Kirchen nicht verübelt werden, dass sie die »gottlosen« Bolschewiken fürchteten wie den Tod. Sie kannten die Berichte von den bestialischen Priesterverfolgungen in Russland.

140 000 Mitglieder der russisch-orthodoxen Geistlichkeit wurden allein im Jahr 1937 von den Schergen des sowjetischen Terrorregimes verhaftet und 85 300 davon wurden vor die Gewehrläufe der Erschießungskommandos gestellt.[77] Schon Wladimir Iljitsch Uljanow, besser bekannt unter seinem Kampfnamen »Lenin«, der gegenüber »Stalin« (Iosseb Dschughaschwili) durch eine wohlwollende Geschichtsschreibung als der Zivilisiertere galt, war gegenüber dem Personal Gottes nicht zimperlich: »Je mehr Vertreter der reaktionären Geistlichkeit wir erschießen können, desto besser.«[78]

In einem wahren »teuflischen« Ausmaß richtete sich der Blutrausch der entmenschten Jünger von Karl Marx (nach der Machtübernahme 1918) gegen die Popen. Der 1943 der Kommunistischen Partei beigetretene und unter Gorbatschow 1987 ins Politbüro berufene Alexander Jakowlew machte Beispiele der bolschewistischen Gewaltexzesse an Priestern, Mönchen und Nonnen erst vor wenigen Jahren einer breiteren Öffentlichkeit bekannt: »Sie wurden an der Mitteltür von Ikonostasen gekreuzigt, in Kessel mit kochendem Teer geworfen, skalpiert, mit Priesterstolen erwürgt, erhielten das Abendmahl mit geschmolzenem Blei verabreicht und wurden in Eislöchern ertränkt. [...] Der Metropolit Wladimir von Kiew wurde verstümmelt, kastriert und erschossen, woraufhin man seine Leiche nackt zur Schändung durch den Pöbel zurückließ. Metropolit Wenjamin von St. Petersburg, der als Nachfolger des Patriarchen vorgesehen war, wurde in der bitteren Kälte mit Wasser übergossen und in eine Eissäule verwandelt. Bischof Germogen von Tobolsk, der den Zaren freiwillig in die Verbannung begleitet hatte, wurde lebendig an das Schaufelrad eines Dampfers gebunden und von den rotierenden Blättern zermalmt. Erzbischof Andronnik von Perm, der sich einen Namen als Missionar gemacht und als solcher in Japan gewirkt hatte, begrub man bei lebendigem Leibe. Erzbischof Wassili wurde gekreuzigt und verbrannt.«[79]

Erst die deutschen Panzer vor Moskau im Dezember 1941 bewirkten, dass die bolschewistischen Peiniger ihren Terrordruck auf die russisch-orthodoxe Kirche etwas lockerten.

Josef Stalin, Menschenschlächter und Hohepriester der streng fundamentalistisch orientierten kommunistischen Idiotie, brach in eigener Person ein absolutes Tabu seiner von ihm brutalst zelebrierten politischen »Religion«, als er sich in der Stunde der höchsten Not um Hilfe an einen noch Mächtigeren wand. Der ehemalige Priesterzögling, dessen krawallig atheistisch sich gebärdende Proletarierpartei schon zwei Jahrzehnte lang die orthodoxe Kirche und deren Gefolgschaft gröbst drangsalierte, ließ angesichts der deutschen Truppen eine geheiligte Ikone aus einem bei den Russen hoch verehrten Marien-Wallfahrtsort nach Moskau schaffen. Angeblich wurde das wertvolle Stück mit der göttlichen Aura an Bord eines Flugzeuges gebracht, das mit dieser besonderen Last an zwei Tagen über Moskau kreiste, um damit die himmlische Unterstützung gegen die andrängende Wehrmacht zu erbitten. Fakt ist jedenfalls, dass sich Stalin in dieser bedrohlichen Situation, als Mütterchen Russland knapp vor dem Kollaps stand, mit den obersten orthodoxen Kirchenführern »arrangierte« – er versprach ihnen diverse Erleichterungen und neue Kirchenbauten. Im Gegenzug erhielt der Diktator die klerikale Unterstützung und wurde von der Geistlichkeit jetzt als »der von Gott gesandte Führer und Retter« gefeiert.[80] Der eigentliche Sinn dieses »Zweckbündnisses« war, das russische Volk nun auch auf der spirituellen Ebene für den »Großen Vaterländischen Krieg« zu motivieren.

IV. ALPENTALIBAN

Das »Erbe« der Väter

Empört und mit aller gebotenen Schärfe wird jeder patriotisch gesinnte Tiroler den Verdacht, dass zwischen diesem kleinen Bergvolk und den verrückten Taliban in Afghanistan eine Geistesverwandtschaft besteht, zurückweisen. Zu Recht! Denn heute bietet die angestammte Religion keine Gefahr mehr für das Land zwischen Inn, Etsch und Eisack. Zwar wird in der Landesverfassung immer noch die *Treue zu Gott* beschworen und zweimal im Jahr beten die Politiker vor der Landtagssitzung gemeinsam für das Wohlergehen des Landes. Auch wird das *Herz-Jesu-Gelöbnis* jährlich feierlich erneuert und bei offiziellen Anlässen und Eröffnungen wird nach wie vor die *Hohe Geistlichkeit* vor den anderen ranghohen Gästen als erste begrüßt, dennoch ist Tirol heute weitgehend vom Religionsalp befreit und kein wunderlicher Fremdkörper mehr im säkularen Europa. Das war bis vor wenigen Jahrzehnten um einiges anders. Noch zu Beginn der sechziger Jahre gab es in kleinen Fremdenverkehrsdörfern strenge Pfarrer, welche die Schulkinder aufforderten, den zimmervermietenden Eltern nahezulegen, keine protestantischen Urlaubsgäste im Haus zu dulden, damit das Gift der lutherischen Irrlehre die heile Tiroler Glaubenswelt nicht beschädige. Und bis zum Ende des 19. Jahrhunderts unterschied sich Tirol von Afghanistan nicht in der Glaubensstrenge, wohl aber im Gebrauch der Gewalt. Während am Hindukusch allfällige Religionsfragen gerne mit Waffengewalt beantwortet und geregelt wurden und werden, verlor man durch die *Alpentaliban* – zumindest seit dem 18. Jahrhundert – wenigstens nicht das Leben, sondern »nur« die Heimat, so wie jene Zillertaler, die 1837 aus der Heimat in das preußische Exil gejagt wurden, weil sie ihre Glaubensvorstellungen näher an der Bibel orientierten, als dies im weihrauchgeschwängerten katholischen Religionszirkus von den bischöflichen Programmgestaltern vorgesehen war.

Mehr als anderswo wird bei jenem Teil der Bajuwaren, der im heutigen Westösterreich lebt – seit einigen Jahrhunderten auch als Tiroler bekannt – die Tradition und das *Erbe der Väter* bei offiziellen oder touristischen Anlässen beschworen. Besonders die stolzen Trachtenträger – und hier vor allem die Schützen – verweisen mit Eifer auf dieses *Erbe* als Fundament ihres Wirkens. Bei hartnäckiger Nachfrage, was dieses *Erbe* in seiner Gesamtheit beinhaltet, stößt man sehr rasch an die Grenzen der Informationsmöglichkeit. Es sind Allgemeinplätze, wie Vaterlandstreue, Schutz der Heimat und das Festhalten an der überlieferten Religion, welche die waffentragenden Tiroler als die zu pflegende Hinterlassenschaft ihrer Ahnen identifizieren. Doch wenn es tagesaktuell etwas zu beschützen gilt, stehen leider die »Vorschriften« dagegen. Unvergessen bleibt hier jener Vorfall, als vor einigen Jahren durch eine Bürgerprotestaktion auf der Brenner-Autobahn international auf den auswuchernden und gesundheitsgefährdenden LKW-Transit aufmerksam gemacht werden sollte. Eine Teilnahme der Tiroler Schützen an der Aktion – in ihrer selbstgewählten Funktion als *Heimatschützer* – wurde von vielen erwartet, doch die *Helden* glänzten durch Abwesenheit, da in den Vereinsstatuten- und Paragraphen eine solche Flagge zeigende Handlung nicht vorgesehen war. Die wenigen Schützen, die sich aus der Deckung wagten und auf eigene Verantwortung an dieser Demonstration für den Schutz des Lebensraumes teilnahmen, wurden prompt von der »tapferen« Trachten-Generalität gerüffelt. Zum *Erbe der Väter* würde selbstverständlich auch der beharrliche Einsatz für die »Wiedervereinigung« der seit 1918/19 getrennten Tiroler Landesteile gehören. Als die Südtiroler vor nicht allzu langer Zeit eine patriotische Veranstaltung an der Brennergrenze organisierten, fielen die Nordtiroler Schützen auch wieder durch ihr Wegbleiben auf. Es gibt freilich andere Orientierungen, dort ist die Traditionspflege noch weitgehend intakt. Als Beispiel können hier die gemeinschaftlichen Trinkübungen gelten. In dem 1610 erschienenen

Buch mit dem sperrigen Titel *Grewel (Greuel) der Verwüstung des Menschlichen Geschlechts* wetterte der Tiroler Autor (ein Mediziner) über den Alkoholkonsum der Deutschen und innerhalb dieser Nation der Tiroler speziell (»Fraß- und Schoppland«).

Im bösen Widerspruch zwischen der bäuerlichen Kirchenrennerei, der Gottesinbrunst und der lockeren Bereitschaft sich um Haus, Hof und den Verstand zu »saufen«, ortete der Haller »Stadtphysikus« einen der markantesten Sündenfälle seiner Zeit: »Nun ist es leider dahin kommen, dass es [das Vollsaufen] fast bei allen Ständen Deutschlands, Hohen und Niedern, Jungen und Alten, Weib und Männer dermaßen bekennt und gemein [worden] ist, dass unzeitig Todt und Verderben Teutschland leyder [zugrunde richtet].«[1] Der in übermäßigen Mengen genossene Alkohol galt für den kritischen Beobachter Guarinonius als ein wesentlicher Faktor der groben Mentalität des Volkes.

In den Jahren, als die bayerischen Brüder dank Napoleon Tirol annektierten, war die gute, alte Tradition der Alkoholexzesse immer noch aktuell. Der ansonsten sehr geduldige bayerische König konnte schließlich nicht umhin, ein Machtwort zu sprechen, damit wenigstens die Würde der weihnachtlichen Christmette gewahrt blieb. In diesem Zusammenhang verkündete das *Königl.-Baierische Regierungsblatt* vom 28. November 1807 unter dem Titel *Die Christnachtsfeier in Tirol betreffend:*

»Im Namen Seiner Majestät des Königs. Seine königliche Majestät haben sich bereits unterm 23. November 1801 allergnädigst bewogen gefunden, zur Verhütung der mannigfaltigen, den guten Sitten und der öffentlichen Ruhe und Sicherheit zuwiderlaufenden Missbräuche, welche das Herumschwärmen in der heiligen Christnacht, unter dem Vorwande, den Gottesdienst zu besuchen, nach sich zieht, in allerhöchstdero sämtlichen Staaten zu verordnen: dass der Gottesdienst der heiligen Christnacht auf die fünfte Morgenstunde verlegt, und vor dieser Stunde kein Gotteshaus geöffnet, noch weniger aber in einer durch eine so hohe Feier geheiligten Zeit das Besuchen der Wirthshäuser oder anderer öffentlichen Orte gestattet werden solle.«[2]

Auch die Würde der »Kopulation«, also der »Heirat«, wurde durch die Massendroge Alkohol demoliert. Die Obrigkeit musste wiederum eingreifen: »Es ist bei unterzeichneter königl. Stelle angezeigt worden, dass an vielen Orten auf dem Lande bei den Hochzeiten die priesterliche Einsegnung mit dem dabei gewöhnlichen Gottesdienste oft erst nach 11 Uhr, und sogar um 12 Uhr vor sich gehe, und dies nicht aus Verschulden der Seelsorger, sondern der Hochzeitsgäste, die den Vormittag meistens mit unmäßigem Essen und Trinken so lange hinbringen, bis es ihnen endlich gefällig ist, den Zug zur Einsegnung und zum Gottesdienste in der Kirche zu eröffnen, bei welcher Gelegenheit sie, vom Trunke erhitzt, nicht selten auf dem Wege sowohl, als selbst im Tempel Gottes Aergerniße grober Art den Zusehern darbieten; statt, dass sie sich allen Ernstes befleißen sollten, so einer religiösen feierlichen Handlung, als die Kopulation ist, mit allem Anstande, und mit möglichster Auferbauung beizuwohnen.

Um diesem Unfuge zu steuern, wird daher verordnet, dass künftig auf dem Lande überall ohne Ausnahme, die Kopulationen vor 10 Uhr, oder längstens um 10 Uhr, bei 12 Reichsthaler Strafe, die von den Brautleuten zu erholen, und für den Lokal-Armenfond zu verrechnen sind, geschehen müssen; wie nicht minder, dass sich die Hochzeitsgäste beim Zuge sowohl in die Kirche, als in der Kirche selbst aller Ungebührlichkeiten um so mehr zu enthalten haben, als man sie außerdem nach Strenge bestrafen würde. München den 10. November 1807. Königliche Landes-Direktion in Baiern. Freiherr von Weichs«[3]

Der mit den Tiroler Geschichtshöhepunkten nicht vertraute, arglose Leser wird diese königlichen Verordnungen wenig aufregend finden. Jedem »aufrechten« Tiroler wurde allerdings das historische Grundwissen in die Wiege gelegt, dass die bösen Bayern mit solchen Sachen den Tirolern ihre »Religionsfreiheit« raubten. Hauptsächlich war es die Sorge um den Verlust der alten, religiösen und sozialen Gewohnheiten, welche die Tiroler zum Waffengang gegen die Bayern und Franzosen im »Heldenjahr« 1809 drängte. Der Zorn über die Verlegung der »Christnachtsfeier« in die Morgenstunden war es wert, deshalb sein Leben auf dem

Schlachtfeld zu opfern. – Über die *Denkart der Tiroler*, die solche dummen Sinnlosigkeiten erlaubt, schrieb der in Wien und Lemberg tätige Polizeikommissär, Professor und Freizeitvolkskundler Joseph Rohrer in einem 1796 erschienenen Büchlein sehr treffsicher: »Zwar scheint eine gewisse Eingeschränktheit in den Begriffen, ein gewisser mit vieler Behaglichkeit verbundener Ideenstillstand, welcher nicht unrichtig mit der Unbeweglichkeit der jeder Gewalt trotzenden Felsenmassen verglichen werden kann, das gewöhnliche Los der Gebirgsbewohner zu seyn; allein in Rücksicht der Tiroler ist dieß der entschiedene Fall. Unmöglich kann es für die Einsichten derselben eine günstige Meinung erregen, wenn man erwägt, dass oft in großen Dörfern kaum einer, und dieser Einzige nur sehr mittelmäßig lesen oder schreiben kann. [...] Wenn der Gedanke an die Ewigkeit näher an sein Herz gerückt wird, dann schlottern die Knie des baumstarken Alpenmannes; er wagt es kaum umher zu blicken, und nur einen Schritt von der Stelle sich zu bewegen. Dieses lebhafte Religions-Gefühl der deutschen Tiroler, ihre im Angesichte der ganzen Welt ungeheuchelte Frömmigkeit, ihre ausharrende Geduld in Unglücksfällen um Christi willen, der gute Wille, der bey jeder auch noch so abergläubigen Handlung herfür blickt, dringen dem empfänglichen Herzen Achtung für ihre Person ab, zur Zeit, wo sich der Kopf zur Persiflage über ihre groben Verstandes-Irrthümer gestimmt fühlt.«[4]

Die Tiroler glaubten (und glauben es immer noch), dass die disziplinierenden, bayerischen Maßnahmen speziell gegen sie verordnet wurden, um ihre althergebrachten Religions- und Gesellschaftsstrukturen mutwillig zu zerstören. Dabei wurde nur die in Bayern schon zum Zeitpunkt der Annexion im Jahr 1805 bestehende Rechts- und Gesetzeslage allmählich auf Tirol übertragen. So galt das Verbot der Christmette wegen der entwürdigen Alkoholexzesse schon in Bayern, als die Tiroler noch jahrelang mit einer Schnapsfahne zur mitternächtlichen Messe stolperten. Die Pflege der Tradition, auf die so gerne verwiesen wird, nehmen viele junge Tiroler besonders in der Hinwendung zum Alkohol immer noch sehr ernst. Bei fortgeschrittener Stunde während diverser Lustbarkeiten wird der letzte Rest zivilisatorischen Verhaltens unter rauschgeschwängerten Pöbeleien zu Grabe getragen. Natürlich findet der »Schnapsteufel« immer und überall seine Opfer. In Tirol ist jedoch diese unselige Vermengung einer blinden Traditionsverehrung, eines Trachten- und Uniformfetischismus, eines mechanischen Religionsverständnisses und fast schon kultischen Besäufnisses zum weitergetragenen »Erbe« der Generationen geworden. Der Bürgermeister einer Gemeinde im Raum Kufstein hat dies während einer Pfarrfeier mit ehrlichen Worten knapp, doch treffsicher formuliert: »Bier, Gasthaus, Kirche, Pfarrer, das gehört bei uns zusammen, wie die Butter aufs Brot.«

Auf die Frage des Kolumnisten Branimir Soucek nach dem größten Misserfolg seines mehr als 40 Jahre währenden Amtes erwiderte der frühere Innsbrucker Bischof Paulus Rusch: »Es ist mir nicht gelungen, anstelle des Traditionsglaubens den Tirolern den Überzeugungsglauben beizubringen.«

Soweit wie jene 46 Abgeordneten der polnischen Rechtsparteien, deren Gesetzesantrag vorsah, das Parlament in Warschau möge »Jesus zum König von Polen« ausrufen, gingen die Tiroler Politiker »gottlob« nie. Dennoch, Gott besitzt in diesem Land so eine Art Gesetzescharakter. Anfang Juli 1980 meldete die Wiener *Arbeiter-Zeitung* erstaunt, dass nun auch das *Bekenntnis zu Gott* Teil der Tiroler Landesverfassung wird. Am 3. Juli wurde im Landtag zu Innsbruck *einstimmig* beschlossen, das in einer Präambel schon vorhandene »Bekenntnis« zu einem fiktiven Irgendwas in den »Verfassungsrang« zu erheben. Seit 1. Oktober 1980 ist die »Treue zu Gott« nun in der Verfassung verankert.

Eine Leserin der *Arbeiter-Zeitung* ärgerte sich über ihre Tiroler Parteigenossen: »Es hat in letzter Zeit für Sozialdemokraten schon viele Überraschungen gegeben, aber die Zustimmung der Tiroler Sozialisten zur Verankerung eines Gottesbekenntnisses in der Landesverfassung ist dazu angetan, sich zu fragen, ob man noch derselben Partei angehört. Wie konnte es dazu kommen, dass sich die sozialistische Fraktion dieser provokatorischen Dokumentation klerikalen Geistes nicht nur nicht schärfstens widersetzt, sondern sich ihr sang- und klanglos angeschlossen hat?«[5]

Selbst im Jahr 2003 fiel dem damaligen Präsident des österreichischen Parlaments, dem Tiroler Andreas Khol aus dem »schwarzen« Lager, noch die Besonderheit ein, GOTT in die Republiksverfassung »einzubauen«. Dieses mehr als vorgestrige Ansinnen wurde von der vernünftigen Mehrheit der Parlamentarier jedoch ignoriert. Zur gleichen Zeit bemühten sich rückwärtsgewandte politische Kräfte auch auf europäischer Ebene »dem da oben« wieder zu mehr Anerkennung zu verhelfen. Man wollte einen Gottesbezug in der EU-Verfassung. Diesen Plänen erteilten die Franzosen deutlich und rasch eine unmissverständliche Absage. Als Präsident eines laizistischen Staates trete er nicht für einen religiösen Bezug in der (kommenden) EU-Verfassung ein, erklärte Frankreichs damaliger Staatspräsident Chirac gegenüber der Tageszeitung *Le Figaro*. Valery Giscard d'Estaing, zum Zeitpunkt der überflüssigen Debatte Präsident des Europäischen Konvents, äußerte in einem *Le Monde*-Interview, dass er es als keinesfalls notwendig betrachte, den Religionen in der Verfassung »auch nur eine einzige Zeile zu widmen«.[6] Die gläubige, vernunftresistente Welt, die sich an den Fabeln der Bibel, des Korans und der Thora orientiert, konnte sich hingegen an einer Aussage des früheren Chefs der Freiheitlichen Partei Österreichs, Jörg Haider, erfreuen: »Gottlose Politiker werden keinen inneren Kompass haben, nach dem sie urteilen können.«[7]

Über so ein Gezerre wegen übersinnlicher Fantasien in der Verfassung können sich die Iraner nur wundern, denn in deren Staatsgrundgesetz ist die Messiasgestalt des irgendwann aus dem Nichts wieder auftauchenden *Mahdi* als eigentliches Staatsoberhaupt ganz selbstverständlich berücksichtigt und festgeschrieben.[8]

Und die Abgeordneten der polnischen Partei »Recht und Gerechtigkeit« beteten im Parlament, während der Hitzewelle im Juli 2006, gemeinsam für Regen. Die Heiterkeit der weniger religiösen Politiker ob dieser »modernen« Initiative zum Klimawandel, wurde vom Parlamentspräsidenten »wegen Verspottung religiöser Gefühle« strengstens gerügt.[9]

Nicht nur die »Treue zu Gott«, sondern auch zum »Geschichtlichen Erbe« der Väter wird in der Tiroler Landesverfassung beschworen. Würde das Volk sich dieses »Erbes« tatsächlich erinnern, es ernst nehmen und in die Tat umsetzen, würde es wieder düster werden im »Heiligen Land«. Vergessen ist nämlich die kollektive Unterdrückung aller, die kontroverses Denken, eine individuelle Lebensform und den Ausbruch aus den Religionszwängen wagten. Die Bauern rannten brav in die Kirche und riskierten lieber einen Ernteausfall, als am Sonntag das Heu in die Scheune zu fahren, um nur ja wegen der verbotenen Sonntagsarbeit keine Sünde zu begehen.

Viele Tiroler Soldaten zeichneten sich während des Ersten Weltkrieges immer wieder durch eine besondere Renitenz gegenüber ihren landesfremden Offizieren aus, sobald diese kriegswichtige Arbeiten am Sonntag befahlen. Der ausbeuterische, unsoziale und noch weniger christliche Umgang mit dem Gesinde (wehe, wenn dieses alt und krank wurde!) plagte vor Gott nicht das Gewissen und gehört zum Besitzstand des so gelobten »Erbes«. All die unglücklichen und schwer drangsalierten Mütter mit »ledigen« Kindern, die Alten, Behinderten, Fremden, Freigeister könnten ein garstiges Lied singen über das »Erbgut« aus der »guten alten Zeit«. Es war der bayerische König, der den »ledigen« Tiroler Kindern zu mehr Rechten verhalf.

Tirol war ein ausnehmend armes und rückständiges Land. Die bayerische Herrschaft zu Beginn des 19. Jahrhunderts war zu kurz, um das Land entscheidend nach vorne zu bringen. Es fällt auf, dass besonders die streng religiös geprägten Länder wie etwa Tirol oder Irland am Bettelstab humpelten (oder immer noch humpeln, wie etwa der Fundamentalistenstaat Sudan). Der geistige Stillstand, die geistige »Versteppung« durch die Religion wirkt sich natürlich auch auf die ökonomische Tatkraft aus. Innerhalb Tirols gab es ein Ost-West-»Wohlstandsgefälle« – je weiter nach Westen, desto mehr gläubige Sturheit und markantere Armut. Erst als in den Köpfen dieses Alpenvolkes neben Gott, Himmel, Hölle, Sünde, Kirche, Pfarrer, apostolischer Majestät und Papst endlich etwas Raum frei wurde für vernünftige, zukunftsweisende Gedanken, gelang die allmähliche Besserung der Lebenssituation.

In der in Innsbruck und später in Wien und Leipzig erschienenen sehr frechen Zeitschrift *Der Scherer* machte man sich vor hundert Jahren Gedanken über den materiellen Vorsprung der Protestanten gegenüber den Katholiken: »Woher kommt es, dass in Ländern mit fast ausschließlich katholischer Bevölkerung trotz ihres natürlichen Reichtums die Armut größer und der Bettel ärger ist, als in Gegenden mit protestantischen Kirchen? Weil in protestantischen Ländern keine Bettelmönche die Länder durchziehen und sich dort nicht Scharen von arbeitsfähigen Männern und Frauen in zahllosen Klöstern verbergen, um über der Sorge für den römischen Himmel der Arbeit zu vergessen, die auf Erden ihrer wartet. Auch gibt es daselbst nicht so viele Festtage, an denen aus religiösen Gründen nicht gearbeitet werden darf und sind die Leute geistig frischer und denkfähiger, da sie nicht, wie dieses in streng römischen Gegenden vorkommt, an allen Sonntagen in den Gasthäusern – nach der Heiligung des Tages durch Gottesdienst – kneipen, rauchen und spielen was indes [ergibt], dass sie über ihr Los, ihre Beschränktheit und Dürftigkeit nicht nachdenken. – Sie bleiben eben hiebei, indem sie weder über Religion noch Politik und Zeitfragen sich unterhalten, sondern dem Alkohol dienen, ruhige Schafe für Kirche und Gemeinde und das hat auch einen Wert.«[10]

Zu sündhaften Anreizungen Anlass geben

Die Erinnerung an das »Tiroler Heldenjahr 1809« enthält seit jeher historische Lücken. Die wenigsten haben je davon gehört oder gelesen, dass sich viele Innsbrucker Bürger vor den zur »Befreiung« der Tiroler Landeshauptstadt von der bayerischen Herrschaft »wie Bären mit dem fürchterlichsten Gebrülle«[11] heranstürmenden Bauern fürchteten. Die etwas aufgeschlosseneren Stadtleute hatten sich mit der seit 1805 regierenden neuen (blutsverwandten) Obrigkeit ganz passabel arrangiert. »Die Häuser der Stadt zitterten, durch den ununterbrochenen Donner der Kanonen erschüttert. Noch mehr aber zitterten die Herzen der Herren Beamten und Bürger, durch das wilde Raub- und Mordgeschrei der schon bereits siegenden Bauern beängstigt«[12], so die aufgeregte Schilderung des Augenzeugen Daney. Als das bayerische Militär geschlagen und gefangen war, »hielten sich«, wie der Beobachter entrüstet bemerkte, »die [bäuerlichen] Insurgenten zu den schändlichsten Räubereien berechtigt. Wie losgebundene, wütende Kettenhunde liefen sie schauerlich jauchzend durch Straßen und Gassen und schossen bald da, bald dort auf ein Fenster hinauf. [...] In der ersten Wut dachten die siegenden Horden nur ans Plündern und Beutemachen. Die Juden und Uhrmacher der Stadt wurden rein ausgeplündert.«[13]

Nach dem Sieg gegen das feindliche Militär richtete sich das Jagdfieber der Bauern sofort gegen die Juden. Nichtjüdische Innsbrucker mussten »beweisen«, dass sie Katholiken waren. Ein erschrockener Bürger schrieb über diese chaotischen Stunden: »Ein Kerl constituierte mich im Gehen, ob ich ein Hebräer sey, und forderte, ich sollte ihm das katholische Glaubens-Bekenntnis hersagen und ich sagte ihm unwillig den ersten Artikel her.«[14] Als »Christusmörder« und »Wucherer« galten die Juden den (kurzfristig) siegreichen Tiroler Bauern von vornherein als die übelste Rasse. Nun warf man den wenigen in Innsbruck ansässigen Juden auch noch die Kollaboration mit den verhassten Bayern und Franzosen vor.

Doch nicht nur gegen die »Hebräer«, auch gegen die »Herren«, die »Besseren« richtete sich die anarchische Streitlust: »Vor's d' Herrn nicht alle aschlagt, werd d' Prophezeiung nit erfüllt. Mögt's tien (tun), was ös wollt, kemmen döcht kuane bessere Zeiten. Z'erst mießt's d' Herrn erschlag'n, nacher seid's ös Herrn.«[15] Zuerst alle Herren erschlagen, damit bessere Zeiten kommen, das war die Aufforderung des Gesindels auch an jene waffentragenden Bauern, die hauptsächlich nur das durch unverstandene bayerische Verordnungen »geschundene« Land vom bösen Feind »befreien« wollten. Die erhitzte Menge (nicht wenige »alte Weiber«) sah feurige Ruten und funkelnde Schwerter am Himmel und forderte jene Kämpfer, die allmählich ruhiger wurden, neuerlich zu Mord und Räubereien auf.[16]

Die Exzesse des Pöbels konnten jedoch die herausragenden Fundamente des für das Tiroler Geschichtsbewusstsein so bedeutsamen Jahres 1809 nicht verschütten. Daran erinnerte 87 Jahre später das unter dem Motto »Für Gott, Kaiser und Vaterland« stehende *Tiroler Volksblatt* in seiner Samstagsausgabe vom 5. September 1896: »Der Tiroler Freiheitskampf von 1809 war in erster Linie ein Kampf für die Freiheit jener Heilsanstalt, welche Gott für das ewige und für das zeitliche Wohl der Menschen gegründet, er war ein Kampf für die Freiheit der katholischen Kirche in den Felsenbergen Tirols und nur von diesem Standpunkte aus kann er gehörig und richtig verstanden und beurtheilt werden. Der Tiroler Freiheitskampf war vorerst ein Kampf um das höchste Gut der Bergbewohner, um ihre wahre, religiöse Ueberzeugung und in sofern war er ein Kampf für Gott.«[17]

Der biedere Volksheld Andreas Hofer ahnte, dass Gott »den so mächtig als grausamen Feind« den Tirolern »zur Plage« ins Land sandte, als Bestrafung für einen Lebenswandel, in dem das Laster schon frech sein Haupt gegen die Frömmigkeit erhob. Deshalb bestand eine seiner ersten Amtshandlungen, nachdem er mit seinen Männern siegreich in Innsbruck einzog, in der Herausgabe eines strengen Aufrufes zur Wahrung der Sitten: »Viele meiner guten Waffenbrüder und Landesvertheidiger haben sich geärgert, dass die Frauenzimmer von allerhand Gattungen ihre Brust und Armfleisch zu wenig oder mit durchsichtigen Hudern bedecken und also zu sündhaften Reizungen Anlass geben, welches Gott und jedem christlich Denkenden höchst missfallen muss. Man hoffet, dass sie sich zur Hintanhaltung der Strafe Gottes bessern, widrigenfalls aber sich selbst zuschreiben werden, wenn sie auf eine unbeliebige Art [...] bedecket werden.«[18] Durch dieses »Sittenmandat« ermutigt, machten junge Burschen Jagd auf die »halbnackten«, städtischen Bürgersfrauen und schnitten mit dem Messer so manchem »Frauenzimmer« auch vorwitzige, »sündige« Haarlocken weg.[19] Dreihundert Jahre früher waren die vom geifernden Prediger Savonarola fanatisierten Jugendbanden (*piagnoni*) als »Sittenpolizei« im »sündigen« Florenz unterwegs, um der weiblichen Eitelkeit mit brachialen Methoden Einhalt zu gebieten. Schmuck, Perücken, Spiegel, Schminktöpfe, Parfümflaschen, elegante Kleider und vieles andere wurde von den jugendlichen Tugendwächtern aus den Häusern der besser Situierten und von den Körpern der Damen geholt und auf riesigen Scheiterhaufen verbrannt. Heute dürfen aufgehetzte Jugendliche im Iran (*Pasdaran* und *Basiji*) über die Einhaltung der Moral- und Bekleidungsvorschriften wachen. Frauen, die sich »unislamisch« kleiden (hier genügen schon zu große Knöpfe an den Manteaus) oder sich »aufreizend« in der Öffentlichkeit zeigen (wenn etwa eine winzige Haarsträhne vorwitzig aus dem Kopftuch hervorlugt), müssen jederzeit damit rechnen, von den dummen, jungen Sittenrichtern »gezüchtigt« zu werden.

Die Impfschikanen der grausamen Bayern

Den unter dem heidnischen Einfluss des französischen Satans stehenden Bayern fielen ja die gottlosesten Dinge ein. So führte dieser süddeutsche katholische Staat als erstes Land der Welt am 26. August 1807 die allgemeine und gesetzlich verbindliche Pockenschutzimpfung ein, »um die Kindsblattern-Seuche für die Zukunft gänzlich aus unseren Staaten zu verbannen«. In Tirol, das zu diesem Zeitpunkt zu Bayern gehörte, war wegen dieser Verordnung wieder einmal Feuer am Dach. Es gab sogar Gerüchte, dass mit diesem ungeheuerlichen Vorgang den gequälten Tirolern der »Protestantismus« eingeimpft werden sollte. Geglaubt wurde ja noch der haarsträubendste Unsinn. Zum Schaden ihrer Kinder weigerten sich viele Eltern, dieser neuen bayerischen Teufelei Folge zu leisten. Mit einem eindringlichen Aufruf in der *Innsbrucker Zeitung* am 7. September

1807 versuchte der Mediziner Peter v. Scala die Sturschädel seiner Landsleute zu erweichen. Er wusste, dass eine Veränderung des Denkens nur über den religiösen Appell zu ermöglich ist. Deshalb musste er möglichst viele Pfarrer auf die Seite des medizinischen Fortschritts ziehen:

»Seine Majestät unser allergnädigster König Wollen, dass in ihren Staaten die afrikanische Rinderpest (nämlich die bekannten verheerenden Menschen-Blattern, welche im 12ten Jahrhundert durch Handelsleute aus Afrika nach Europa gebracht worden) durch die Schutzblatternimpfung ausgerottet werden solle. Diesen Zweck zu erreichen, wurden auf allerhöchsten Befehl von dem königl. baierischen Gubernium für das Land Tyrol eigne Impfärzte angestellt, welchen nebst den zugemittelten Instruktionen auch ihre Bezirke, wo sie impfen müssen, angewiesen wurden. Für die Stadt Hall und benachbarte Ortschaften wurde ich dekretiert.

Im Jahr 1802 habe ich im Pusterthal die Schutzblatternimpfung eingeführt. 1200 Kinder selbst eingeimpft, und mich überzeugt, dass die Menschheit nur durch dieses einzige Mittel von der obererwähnten Kinderpest in der Folge befreyet werden könne.

In meinem gegenwärtigen Standort habe ich mich leider fruchtloß verwendet; denn im gegenwärtigen Jahr starben dahier an der letzten Blatter-Epidemie bey 100 Kinder: wie viele durch diese abscheuliche Krankheit verstümmelt wurden, und ihre schöne von Gott erhaltene Bildung (Aussehen) verloren haben, davon mag ich gar keine Erwähnung machen.

O Eltern, Eltern! Die ihr so viele Kinder eurem sträflichen Eigensinn zu Liebe einem frühzeitigen Tod, oder Verunstaltung geopfert habt, fürchtet ihr nicht, dass die selben, wenn sie schon im Himmel sind, euch vor dem Thron des Allerhöchsten als ihre Mörder anklagen werden? – fürchtet ihr nicht, dass euch der gerechteste Richter einst hierüber zur strengsten Verantwortung rufen werde? Hat Gott eure Ehen etwa nur darum mit schönen Kindern gesegnet, um selbe wiederum durch die böse Mohren-Krankheit tödten zu lassen? Ihr wähnet, dass diese Pest von der Erbsünde abstamme, dass man also durch die Schutzblatternimpfung der Macht Gottes nicht vorgreifen müsse. – Richtig, nicht nur diese, sondern alle Krankheiten sind eine Folge der Erbsünde: ihr dürft also, wenn ihr von einem Fieber befallen werdet, von keinem Leibarzt, wenn euch ein Bein gebrochen, von keinem Wundarzt eine Hilfe verlangen, um ja nicht der Macht Gottes vorzugreifen! Und doch thut ihr das Gegentheil. Aber warum hat dann der weise, gütige Gott so viele Mittel erschaffen? Warum gab er uns Menschen Verstand, und Kräfte, dieselben aufzusuchen, zu prüfen, und in Krankheiten anzuwenden? Hat euch nicht Christus, unser Heiland schon lange bewiesen, wie sehr die Heilkunst zu schätzen seye, indem er ja selbst so viele Kranke, aber freylich weit geschwinder, als wir Ärzte, geheilet hat; es waren Blinde, Gichtbrüchige, Aussätzige ec. und warum wollet denn ihr den afrikanischen Blattern-Aussatz durch die Schutzblatterimpfung von euern Kindern nicht verbannen lassen? Liebe Landsleute! Die ihr noch Kinder besitzet, welche zu impfen sind, folget ja nicht dem Beyspiel dieser gefühllosen grausamen Eltern, die bisher ihr eigenes Blut, ihre engelschönen Kinder, der oft erwähnten fürchterlichen Krankheit so gleichgültig preis gegeben haben. Lasset euch durch die Schwätzereyen, und Lügen, Tollhaus würdiger Plauderer, und scheinheiliger Weiber nicht mehr irre führen. […] Nun wende ich mich zu Ihnen, Hochwürdige Gesalbte des Herrn! Denn von Ihnen hängt zur Beförderung der guten Sache vieles, gar vieles ab. Ich fordere Sie daher hiemit öffentlich auf, ja ich beschwöre Sie, zur Verbreitung dieser wohlthätigen Impfung alle Ihre Kräfte zu vereinigen, und zur Erfüllung der Wünsche Sr. Majestät unsers allergnädigsten Königs das möglichste beyzutragen. Suchen Sie bei Ihren Schäflein die Vorurtheile wider die Vaccination zu bekämpfen, und auszurotten; die starrsinnigen Hohlköpfe zu recht zu weisen, und jene sträfliche Lästerungen, welche willige Eltern von der Impfung abhalten wollen, unthätig zu machen. […] Peter v. Scala, Medizin Dr. und Impfarzt.«[20] – Papst Leo XII. (1823–1829) verbot die »Kuhpockenimpfung« als »gottlos«, weil der Eiter eines Tieres mit dem Blut eines Menschen vermischt werde.

In ihrem weltweiten Kampf gegen die Geißel der Kinderlähmung bemühte sich die UNICEF vor wenigen Jahren auch in Nigeria um eine flächendeckende Polio-Impfung. Dieses wichtige Vorhaben wurde im islamisch beherrschten Norden des Landes durch den religiösen Irrwitz verhindert. Eine Gruppe islamischer Geistlicher veröffentlichte eine »Fatwa« (ein schariakonformes Rechtsgutachten), das den Leuten verbot, an der Polio-Impfung teilzunehmen, da es sich hier um eine Verschwörung der Amerikaner, des ungläubigen Westens und der Vereinten Nationen gegen den muslimischen Glauben handle. Durch das impotentmachende Impfserum sollten die »wahren Gläubigen« dezimiert und schlussendlich ausgerottet werden. Diese haarsträubende Botschaft der »Religionskapazitäten«, verbunden mit der blinden, unterwürfigen Glaubensbereitschaft der Menschen, kostete wieder vielen Kindern die Gesundheit oder das Leben (Hitchens, S. 61).

Ein Volk, ein Glaube

Als der napoleonisch-bayerische Spuk ab dem Sommer 1814 endlich vorbei und die »Alpenfestung des Glaubens« wieder nur Gott und dem fernen Kaiser in Wien untertan war, brauten sich neue unheildrohende Gewitterwolken über dem so braven Land zusammen. Die giftigen Ideen des schon seit 300 Jahren in der Hölle polternden Erzketzers Luther sickerten wie Schwefeldampf in die Bergtäler herein. Besonders im hinteren Zillertal fanden nicht wenige »Sektierer« an der lutherischen Lehre gefallen. Die Glut der religiösen Opposition gegenüber dem katholischen Diktat glimmte hier immer wieder auf. Die Leute waren versucht, in der »verbotenen« Bibel zu lesen und nach deren Grundsätzen zu handeln. Hätten sie das ihnen nicht bekannte Kamasutra von den Kanzeln verlesen, für die katholische Kirchenführung wäre dies um keinen Deut schlimmer gewesen. Es stand den Laien keinesfalls zu, sich mit dem »Heiligen Buch« zu beschäftigen. Dessen Interpretation war nur den ausgebildeten »Fachkräften«, also den Priestern erlaubt. Das einfache Volk konnte ja auf alle möglichen Gedanken kommen, sobald es die Kluft zwischen Anspruch und Wirklichkeit erst bemerkte.

Die katholische »Glaubensreinheit« wurde nun im Biedermeier nicht zum ersten Mal durch den protestantischen Virus bedroht. Als in der Mitte des 18. Jahrhunderts 15 000 Salzburger wegen ihrer Sympathie für das »reine Evangelium« mit Schimpf und Schande aus ihrer Heimat vertrieben wurden, war man auch in Tirol (das kirchenrechtlich teilweise zu Salzburg gehörte und noch gehört) aufs höchste alarmiert. Ähnlich der Staatssicherheit in besten DDR-Zeiten bespitzelte und kontrollierte die Obrigkeit (in ihrer kirchlichen und weltlichen Zwillingsfunktion) – wie heute etwa in Saudi-Arabien – die Glaubensorientierung und das alltägliche Religionsverhalten ihrer Untertanen. Auch die höchstgelegenen Sennhütten wurden durch beauftragte Soldaten gestürmt und nach verbotenen Büchern (Bibel und lutherische Schriften) durchsucht. Selbst »bedenkliche« Orte (das Plumpsklo) wurden akribisch durchstöbert. Auf die Denunziation des Seelsorgers von St. Jakob im Ahrntal überfiel im September 1758 eine Abteilung von dreißig Soldaten mehrere Häuser und nahmen acht Männer und ein »verheirathetes Weib« gefangen, weil sie im Verdacht standen, »dass sie die Bibel und andere verbotene Bücher lasen, von Religionssachen disputierten und überhaupt nicht gern in die Kirche gingen«. Vergebens bemühten sich die strengen Hüter des Glaubens, diesen Leuten eine »Schuld« nachzuweisen, dennoch durften die der »Lutherei« Beschuldigten fünf Monate im feuchten Kerker sitzen.[21]

Nicht nur die Obrigkeit, auch die Mehrheit der blindgläubigen katholischen Herde fand die nachdenklichen, lesebereiten »Glaubensdissidenten« äußerst suspekt. Solch charakterlosen und unmoralischen Zweiflern war ja jede Gemeinheit zuzutrauen. Ein Schelm, wer hier an das kritiklose und opportunistische Mitläufertum im »Ersten sozialistischen Arbeiter- und Bauernstaat auf deutschem Boden« oder gar an Hitlers Führerstaat denkt. Als die Salzburger Glaubensflüchtlinge auf der Suche nach einer neuen Heimat durch Deutschland irrten (der Großteil konnte später in

Ostpreußen neue Wurzeln schlagen), wurden sie in den katholischen Orten mit dem größten Misstrauen beäugt: »Man hat sie [die Salzburger Exilanten] indessen in dem der Stadt Kauffbeuern gehörigen Dorff Ober-Beuern in dem sogenannten Schlössel und Wirthshaus einquartieren wollen; weil aber die Einwohner dieses Dorffs der Röm. Catholischen Religion zugethan, haben sie sich unter Anführung ihres Pfarrers zusammen rottiret, und sich mit einem grossen Geschrey und Tumult auf eine rebellische Weise vernehmen lassen: Die Herren zu Kauffbeuren hätten ihnen nichts zu befehlen, sie würden und könnten diese Leute nicht ins Dorf ziehen lassen.« Die Salzburger mussten aus diesem feindlich gesinnten, schwäbischen Ort rasch den Rückzug antreten, denn Besänftigungsversuche einiger verständiger Personen waren vergebens: »… allein der Pfarrer und seine Bauern hatten dabey taube Ohren, und an statt sich zu beruhigen, liessen sie solche bedrohliche Worte schiessen: dass, wenn man mit denen Emigranten nicht den Ruck=Marsch beschleuniget hätte, sie und ihre Begleiter des Lebens nicht sicher gewesen wären, indem sich zu diesen rebellischen Bauern noch viele andere würden geschlagen haben.«[22]

Achtzig Jahre später, als sich Europa vorbereitete, in das Industriezeitalter einzutreten, war die Glaubenseinheit in Tirol (»Ein Volk, ein Glaube«) wieder durch einige Häretiker bedroht. Nicht wenige Zillertaler waren als Wanderhändler und Sänger auf dem ganzen Kontinent unterwegs und kamen mit dem lutherischen »Irrglauben« in Berührung. So manche Angehörige und Nachbarn wurden nach ihrer Heimkehr mit dieser »Geisteskrankheit« kontaminiert. Es war schade um diesen ursprünglich so gesunden Menschenschlag. 1837, im Jahr der Vertreibung der »sektiererischen Partei«, charakterisierte der Berliner Friedrich August Herbig die Zillertaler mit freundlichstem Wohlwollen: »Von der vielgerühmten und beliebten Tyrolerart finden sich hier und in den Nachbarschluchten noch manche Spuren, viel häufiger als im Süden, wo ein widriges Mischvolk halb italienischen, halb deutschen Wesens wohnt. Jene gutmütige naive Offenheit und Freundlichkeit, jenes ehrliche treuherzige Wesen, es wohnt wirklich noch in jenen Thälern, es drückt sich in jedem Gruße der Begegnenden aus und wird auch bei längerem Umgang je mehr und mehr in seiner Wahrheit und Lauterkeit erkannt. Freilich ist mit dieser Jovialität nicht selten eine gewisse Rohheit und Extravaganz gepaart. [...] Es muss als ein besonderes Glück für diese Gegenden angesehen werden, dass sie bis jetzt ziemlich frei geblieben sind von den caravansirenden Fremden und von den Niederlassungen englischer Continentalmüßiggänger, obwohl nach Vorgängen in Südbaiern, Salzburg ec. zu befürchten steht, dass auch sie diesem vergiftenden Einfluss nicht ganz werden entgehen können.«[23]

Der vom Berliner Herbig als Menetekel angedeutete Fremdenverkehr zerstörte das Tal erst viel später. Jetzt, 1837, war das Zillertal – wie die *Katholischen Blätter* 1849 schrieben – »seit nahezu acht Jahren gleichsam in zwei Heerlager getheilt, so dass der katholisch gesinnte Theil kaum mehr seines Weges ruhig gehen konnte«.[24] Den »evangelischen Sektierern« (Inklinanten) wurde die »fürchterlichste Hetze« und das »wildeste Treiben« zum Vorwurf gemacht. Die Gerüchteküche brodelte, und so wusste man, dass die »Apostaten« auch perfideste Sabotage gegen die katholische Bevölkerungsmehrheit betrieben, indem sie Weihwassergefäße mit Urin auffüllten. Die Kinder dieser vom Teufel Verführten wurden nicht selten aus den Schulen verbannt, »weil sie naseweis und sittenlos seien, den Eltern nachschlagen und gescheiter sein wollen als diePfarrer«.[25] Dort, wo die »Ketzerkinder« vorerst noch bleiben durften, erfand man subtile Methoden, um das »Pack« mürbe zu machen. Eine betroffene Mutter erzählte einem *Preußen* voll »edlem Zorn«: »Vor einem Monat kam der Jörgel nach Hause und sagte: Jetzt hat der Schulmeister zwei Tafeln gemacht. An der einen sind die Christenkinder, an der andern die Teufelskinder. An der sitzen wir, ich und's Miedl (Maria) und's Hanser's seine Drei.«[26]

Der Klerus war entsetzt, dass biedere Bauern plötzlich über die Religion debattieren wollten und sich eigenständige Gedanken über den Glauben machten. Eine Herde, die plötzlich an der geistigen Befehlsgewalt und Deutungshoheit ihrer Hirten rüttelte, das war eine bittere Erfahrung, denn bisher war man (fast immer) Windstille gewohnt. Dem Berliner Herbig war die traditionelle Trägheit nicht entgangen: »Eine große Anzahl der Zillerthaler zeigt Ergebenheit an die Kirche und deren Diener. Die Gewohnheit hat ihre Macht über sie bewahrt. Man ist katholisch, weil Vater, Mutter, Großvater es waren, weil der Nachbar und alle Leute, die etwas gelten, und der Kaiser selbst es ist.«[27] Und nun wollten sich einige »verirrte« und »wahnsinnige« Seelen mit den Inhalten der Bibel auseinandersetzen. Das konnte, das durfte nicht sein. Der Landrichter von Zell am Ziller schrieb deshalb im Jahr 1832 an das k. k. Kreisamt: »Dem sinnlichen verderbten Menschen kann die seiner willkührlichen Auslegung preisgegebene Bibel [...] nichts anderes sein, als eine verworrene Sammlung todter Orakel, Sentenzen und Anekdoten, ein Tummelplatz der Wahrsagerei, worin jede Lust ihre Befriedigung, jedes Gewissen seine Beschwichtigung, jeder seinen Götzen, kurz das finden wird, was seine Gelüste nur hinein- oder herauslesen mögen.« Die Quintessenz dieser amtlichen Analyse ging dahin, dass nur die Priester befähigt sein konnten, aus der »verworrenen Sammlung todter Orakel« eine den Laien »heilige Botschaft« zu formen. Jene, die sich selbst und unbefugt an der Bibelauslegung versuchen, »kränkeln am Uebel des Religions-Indifferentismus, einer Frucht des Schlammes, worin die Seelen nicht weniger als die Körper dieser Thalbewohner stecken, und worin die wirklich entsittete Jugend ohne Scham sich wälzt.«.[28]

Wenigstens einige Kinder sollten vor der ewigen Pein in der Hölle gerettet werden. Zwei Mädchen aus Stumm, bei deren Eltern man während einer Hausdurchsuchung als willkommene Beute das Neue Testament fand, wurden auf dem Schulweg abgefangen und ins Pfarrhaus geschleppt. Als der bestürzte Vater dort vorsprach, bekam er die jammernden Kinder nicht zu sehen, denn der Vikar wies ihn mit dem Bescheid zurück, »er habe den Auftrag, die Kinder zu schützen, und der Erzbischof von Salzburg, Fürst Schwarzenberg, werde für sie sorgen«.[29] Der entsetzte Vater, der natürlich auch bei der Regierung intervenierte, erhielt nur zur Antwort: »Das Seelenheil der Kinder erscheine gefährdet, und deshalb müssten sie bis zum 18. Jahre unter geistlicher Obhut bleiben.«[30] Erst acht Jahre später durften die inzwischen erwachsen gewordenen Kinder wieder nach Hause.

Ein Pater Philibert Seeböck, Religionslehrer am k. k. Obergymnasium im Tiroler Hall, geiferte noch vierzig Jahre nach diesen Ereignissen gegen die Zillertaler Protestanten: »Die Gemeinden Ramsberg, Ramsau, Bichl, Hippach, Mayrhofen und Zell wurden der Schauplatz des wildesten Treibens von Seiten der sektirerischen Partei. [...] Zu alledem kam dann noch die Heuchelei und Scheinheiligkeit! Sie wollten als die Beleidigten, Verfolgten, als die stillen Dulder gelten, obwohl sie keinen Anstand nahmen, die heiligsten Orte zu schänden, in den ärgsten Wuthausbrüchen gegen die Geistlichen zu schmähen, und die größte Unordnung in der Gemeinde hervorzurufen. [...] Sie empfiengen zu Ostern nicht mehr die hl. Sakramente und läugneten die Hölle.«[31]

Diese »verwirrten Sturköpfe« ignorierten die Mahnungen eines weitgereisten Landsmannes, der unter »Protestanten aller Schattierungen« gelebt hatte und »klug genug war, zu beobachten, dass die protestantischen Pastoren dem Volke anstatt Brod nur Steine geben können, welche das Menschenherz nicht sättigen, sondern nur beschweren. Lehre und Gnadenmittel, christliches Leben und Autorität außerhalb der katholischen Kirche ist eben schaal geworden, wie jenes Salz, von dem der Herr sagte, dass es hinausgeworfen und von den Menschen zertreten werde«.[32]

Im schönen Zillertal musste nun endlich »zur Bewahrung der gesunden Theile und zur Rettung des Ganzen vor dem Strome des Verderbens« der *Krebsschaden* herausgeschnitten werden. Ohne Wenn und Aber wurde den evangelisch Gesinnten durch eine kaiserliche Entschließung vom 12. Januar 1837 die baldige Auswanderung befohlen. Als die »finsteren Gestalten« mit »frechen Blicken und trotzigen Mienen« durch das heimatliche Tal in die Fremde hinauszogen, da schlossen (nach der Polemik des Religionslehrers Seeböck) »die Bewohner die Thüren vor grausamen

Schrecken über ein solches Beginnen und dankten Gott laut und offen, dass keines von den Ihrigen einem solchen Untergang entgegengeführt werde«.[33]

Der König von Preußen bot den Tiroler Glaubensexilanten eine neue Heimstatt an. Am 3. Juni 1837 befahl er dem Oberpräsidenten (Statthalter) von Schlesien, »die Kolonisten thunlichst im gebirgigen Theil von Schlesien, der nicht in zu grellem Kontraste mit deren Heimat stünde, anzusiedeln«.[34] In der vom »Reichsausschuss für Fremdenverkehr« in Berlin herausgegebenen Monatsschrift *Deutschland*, 1937, Folge 9 wurde an die Ankunft der protestantischen Tiroler in Schlesien vor hundert Jahren erinnert: »Ein begeisterter, liebevoller Empfang ward den Emigranten in Schmiedeberg bereitet. Der Fürsorge Friedrich Wilhelms III. und der Gräfin Reden von Schloss Buchwald, wo Königin Luise öfter zu Gast weilte, war es zu danken, dass alles so gut vorbereitet war und auch alle gleich nach der Bewirtung ihr einstweiliges Obdach fanden. Man rückte so eng zusammen, wie es nur ging, und die Einwanderer begannen gleich, sich ihre Holzhäuser nach dem gewohnten Tiroler Stil zu bauen. [...] Der König hielt aber sehr darauf, dass die Zillertaler ihren Sitten treu und auch in Schlesien echte Tiroler blieben. Er ließ sogar die Häuser besichtigen, ob sie auch tirolische seien.«[35]

Elf Jahre nach der Vertreibung der »Irrgläubigen«, im Revolutionsjahr 1848, als ein Hauch bürgerlicher Freiheit durch die deutschen Lande wehte, wagten zwei der Glaubensflüchtlinge einen Besuch in der alten Tiroler Heimat. Ein Sturm der Entrüstung schlug den Männern entgegen. Diese »Ausländer« sollten nur schleunigst wieder verschwinden. Der Bischof von Brixen schlug Alarm: »Der Giftstoff dringe wieder ins Tal«. Bösartigste Hetzartikel gegen die protestantischen »Eindringlinge« füllten die Seiten der katholisch-konservativen und klerikalen Presse. Aus allen Teilen Tirols wurde den Zillertalern zu ihrer energischen Abwehr der »Religionsstörer« gratuliert. Fünf Gemeinden des Gerichtes Enneberg in Südtirol übersandten ein gemeinsames Dankesschreiben: »Liebe Landsleute an der Ziller! Ihr habt Euch der Niederlassung einiger Eurer ausgewanderten Landsleute aus Preußen, die in Euer friedliches Thal zurückkehrten, mit Kraft und Ernst widersetzt, und habt sie zurückgewiesen, weil Ihr wusstet, dass sie die Gesinnung, welche vorhin ihre Ausweisung nothwendig gemacht hatten, nicht im mindesten geändert hätten, und dass ihnen, wenn ihr Versuch gelungen wäre, bald noch mehrere ihrer Schicksals- und Gesinnungs-Genossen würden gefolgt sein, um neuerdings den Frieden und die Eintracht Eures schönen Thales zu stören. Mit Vergnügen habe wir diese Eure hochherzige That vernommen. Liebe Landsleute! Ihr habt Euch damit um das ganze Vaterland verdient gemacht; Ihr habt Euch den Dank des ganzen Landes erworben. […] Mögen vielleicht gewisse Leute darin nicht übereinstimmen oder gar Euer Benehmen tadeln wollen; das kümmert Euch wenig, denn des Volkes Stimme und Euer Gewissen rechtfertigen Eure That vor Gott und der Welt; und je lauter das Zettergeschrei der Spötter sein mag, desto mehr beweist es, dass ihr die Hölle beleidiget habt. […] In ähnlichen Umständen, wenn sie sich ergeben sollten, wollen wir das edle Zillerthal als ermunterndes Beispiel vor unseren Augen behalten.«[36]

Der schon in Schlesien aufgewachsene männliche Nachwuchs der Zillertaler machte seinem preußischen Vaterland im »Franzosenkrieg« 1870/71 alle Ehre. Von den zwanzig an diesem Feldzug teilnehmenden Männern aus dem schlesischen »Zillerthal« (nahe der Stadt Hirschberg im Riesengebirge), wurde die Hälfte derselben mit dem »Eisernen Kreuz« ausgezeichnet.[37]

Die Zillertaler in Tirol und jene im schlesischen »Zillerthal-Erdmannsdorf« (seit 1945: Myslakowice) sind seit langem wieder versöhnt. An der 170-Jahr-Feier im September 2007 zur Erinnerung an die Auswanderung nahm eine große Delegation aus Tirol mit zwei Zillertaler Musikkapellen und einer Schützenkompanie teil. In die Festveranstaltung eingebunden war auch der Ort Schmiedeberg (Kowary), in dem die Glaubensflüchtlinge ihren ersten Winter verbrachten, bis die eigenen Häuser nahe dem königlichen Schloss Erdmannsdorf fertiggestellt waren. In der Stadt Hirschberg (Jelenia Gora) fanden die Feierlichkeiten, die an ein dunkles

Kapitel in der Tiroler Geschichte erinnerten, ein farbenprächtiges und musikalisch umrahmtes Ende.

Das 1848er Gesindel

Die Freiheits- und Konstitutionsideale des »Revolutionsjahres 1848« erschienen den meisten Tirolern mehr als dubios. »Neumodische« Ideen, die an den althergebrachten Überlieferungen schabten, sollten jedenfalls außerhalb des Landes bleiben. Der Kaiser, der in seinem Wien in diesen Umbruchstagen nicht mehr sicher war, flüchtete zu seinen braven Tirolern, die ihn mit überschwänglichem Jubel begrüßten und ihm mit Inbrunst wiederholt die Treue schworen. Hier war er vor den »boshaften« Abgeordneten in Wien und jenen in der Frankfurter Paulskirche sicher. Auch das »teuflische« Treiben der politisierenden »Studentenbuben« konnte Ferdinand I. unter dem Schutz des Tiroler Adlers souverän ignorieren. Die Ziele dieser »Revolution« und zugleich jene der »Deutschen Nationalversammlung« in Frankfurt blieben der rückwärtsgewandten Mehrheit der Alpenbevölkerung fremd. In einem am 28. Dezember 1848 als Zeitungsbeilage veröffentlichten »Hülfruf an unsere Landleute in Tirol« ging Joseph Ladurner mit all jenen, die mit den Forderungen der »März-Revolution« sympathisierten, hart ins Gericht: »Die radicale (schlechte) Partei hat in den Märztagen zu Wien unserm gütigen Kaiser Religionsfreiheit, Constitution und Pressfreiheit abgezwungen, und jetzt will sie dieselben auch uns Tirolern aufzwingen. In Frankfurt suchten zwar die meisten Abgeordneten von Tirol zu bewirken, dass von unserer Heimat Andersgläubige ferne gehalten werden; aber sie wurden nicht gehört. Doch dies darf uns nicht wundern; denn die Stadt sowohl als der Reichsrath ist größtentheils protestantisch. […] Und was das Empörendste ist, in Tirol selbst arbeiten einige Dutzend radicale Herren (Freimaurer) unter der Leitung eines erzradicalen Medicindoctors, Ennemoser, unterstützt von dem erzradicalen Wienerclub (Freigeisterverein), ohne Unterlass durch eine Zeitung, »Innsbrucker Zeitung« betitelt, die hl. Religion dem Volke gleichgültig und verächtlich zu machen. [...] Man muss sich wundern, wie in Innsbruck, einer katholischen Stadt, eine solche Schandschrift geduldet wird.«

Ladurner, der Streiter mit dem tiefschwarzen Federkiel, stellte im Namen aller, denen das »Erbe der Väter« und die Religion am Herzen lag, von der Zeit schon längst überholte, doch im »heiligen« Tirol immer noch populäre Forderungen auf. »Pressgesetze« sollten die »Frechheit der Presse« verhindern. Der politische Abstand zu Wien musste wieder größer werden, denn: »Im Jahre 1848 endlich wurde die Freiheit der Völker wieder errungen und überall besungen, und folglich wollte auch Tirol wieder frei werden, einen eigenen Landeshauptmann sich aufstellen und dem Landtage die vorige Kraft, das alte Ansehen verschaffen. Aber sehet: die Studentenbuben und alle radicalen Herren zu Wien wollten die Freiheit nur für sich und ihr teuflisches Treiben und nicht für die katholische Religion und uns katholischen Tiroler.« Eine weltliche Aufsicht über die Schule könnte die geistige Zukunft des Landes gefährden: »Unsere Schulen stehen unter unmittelbarer innigster Aufsicht der Priester. Die Priester, und nicht die weltlichen Herren, haben von Gott die Gewalt und den Auftrag, die Seelen zu leiten und folglich vorzugsweise die Jugend heranzubilden in Bezug des Herzens sowohl als des Verstandes. Wir stellen deshalb unsere Kinder ganz den Seelsorgern als ihren geistlichen Vätern vor und folgen unseren Vorfahren nach, die auch den Klerus als Erzieher ihrer Kinder geehrt und anerkannt haben.«

Ladurners »Hülfruf« gegen die teuflischen Auswirkungen der 1848er Revolution gipfelte in der strikten Ablehnung der Religionsfreiheit: »Wir brauchen in Tirol keine Religionsfreiheit, sondern Einheit. Wir leiden keine andere Religion, als die katholische, und verdammen und verwerfen feierlich die Furcht und Nachgiebigkeit der Abgeordneten bei dem heurigen Landtage zu Innsbruck. [...] Wenn wir keine Andersgläubigen als Bürger annehmen, thun wir niemanden Unrecht, weil keiner noch ansässig ist. Wir bleiben beim alten Gesetze und wollen von der Errungenschaft der Märztage, »Religionsfreiheit«, keinen Gebrauch machen.«[38]

Die »rothe Republik«, von der man mit ängstlichem Schaudern hörte, war nur als Machtmittel des Satans vorstellbar. Die Umwälzungen der März-Revolution zeigten ja zur Genüge dessen verderbliche Handschrift: »Ein wilder Kampf der entfesselten Leidenschaften hat begonnen. Der längst prophezeite und von manchem gefürchtete Krieg Aller wider Alle ist da. Nur eine Wunderwirkung der alles lenkenden göttlichen Vorsicht und Allmacht kann in diese gräuelvolle und allgemein verderbliche Wirrniss wieder Ordnung, und dadurch Fortbestand und Heil bringen.«[39] Die Farbe der »rothen Republik« war identisch mit der Hausfarbe der Hölle. Dem ängstlich am Rockzipfel des Klerus hängenden katholischen Volk wurde von seinen konservativen Einflüsterern erklärt, dass eine wie immer geartete Republik (ohne den von Gott eingesetzten Herrschern) keine »Menschenrechte« und keine Nächsten- oder Bruderliebe kennt. Diese These wurde von der klerikalen Presse mit dramatischen Horrorszenarien eindrucksvoll bekräftigt: »Ja, die rothe Republik, die überall ihre Farben aushängt, verbreitet mittelst fluchwürdiger Plakate, Broschüren, Schand- und Mordblätter, Aufreizungen zum Guillotiniren und Hängen, Beraubung derer, die noch etwas haben; mittelst bestialischer Katzenmusiken Vertreibung missliebiger Personen u. dgl. herrliche Dinge; eine bewundernswerthe Kultur. Moral? O wie glänzend diese Moral! Der Proletarier, die liebe Jugend, unzählige andere Individuen aus allen Ständen werden mit Geld erkauft zu den scheußlichsten Zwecken, dazu in Unzucht und Wein, Branntwein und Bier ersäuft, zu den furchtbarsten Ausbrüchen der heillosesten Leidenschaften aufgestachelt, selbst der elterlichen Gewalt durch Ausübung unsichtbarer höherer Gewalten entrissen, und in den Abgrund des Verderbens unter Raub, Plünderung und Mord hingeschleudert. Denken wir hier an die Vorfälle in Baden, Frankfurt, Wien, Pesth, Berlin und anderwärts, so haben wir schaudererregende Beispiele. Wenn ihrer nur nicht noch zahlreichere werden!«[40]

Ein liberales Schmutzblatt

Mit der liberalen und somit in den Augen ihrer vielen Gegner aufmüpfigen und kirchenkritischen *Innsbrucker Zeitung* besaßen der Klerus und seine lieben Tiroler Bauern einen Reibebaum. Der hasserfüllte Rummel um die dänischen Mohammed-Karikaturen und die »Satanischen Verse« von Salman Rushdie erinnert durch das freigesetzte Potential an bösartiger Dummheit an die Wut der damaligen »Glaubensbeschützer« gegen das in die Zukunft blickende, freigeistige Innsbrucker Blatt. Aus allen Teilen Tirols wurde immer wieder gegen die sich nicht dem klerikalen Diktat beugenden Zeitung gehetzt. Als die *Innsbrucker Nachrichten* im Frühjahr 1849 eine sachliche Kritik an Papst Gregor VII. wagten, tat sich wieder einmal der Höllenschlund auf. Die Vorstände und Ausschüsse von sechs Gemeinden im Umfeld von Innsbruck drückten ihren Ekel gegenüber dem Blatt gemeinschaftlich aus: »Schon lange tief gekränkt durch die kirchenfeindlichen Bestrebungen der Innsbrucker Zeitung, und endlich bis zum höchsten Unwillen gesteigert durch jenen Aufsatz, in welchem sie einen Heiligen Gottes (Gregor VII.) sogar unter die Verbrecher einzureihen sucht, indem sie ihn ›berüchtigt‹ nennt, drücken wir Unterfertigte hiemit im Angesichte des ganzen Landes unsern gerechten Abscheu vor dieser Zeitung feierlichst aus.« Die Bauernführer erklärten mit Nachdruck, dass dieses liberale »Schmutzblatt« in ihren Dörfern »weder gehalten noch gelesen« wird, und dennoch, als die Schriftleitung keine Besserung gelobte, reiste eine Delegation der Dörfer »mit echtem Tiroler Muthe« in die Stadt, um dem »Herrn Redakteur« die Volksgesinnung verbal ins Angesicht zu schleudern und ihm »sein Thun recht ernstlich zu verweisen«. Sie machten ihn für die schlimmen Folgen seiner »irreligiösen Schriftstellerei« verantwortlich und riefen ihm aus der Tiefe ihrer empörten Seele ein »Weh' Ihnen« zu. Die »armselige Verblendung« der *Innsbrucker Zeitung* motivierte die wackeren Kämpfer für die gute Sache, »Gott in Demuth des Herzens zu bitten, dass er uns die Rechte Ansicht nie entziehe, und auch Kraft und Muth gebe, für die Wahrheit derselben stets einzustehen, und den Wühlern und Umsturz-Männern gegenüber, selbst bis auf den Tod zu kämpfen. Wir sind ja Söhne jener Väter, die im Jahre 1809 ihre Treue gegen Gott, Kaiser und Vaterland mit Heldenmuth bewiesen haben. Die gleiche Gesinnung soll daher im Falle der Noth auch uns bewähren.«[41]

Journalisten, Redakteure und Schriftsteller in Ländern, in denen der Islam als »Erbe der Väter« auch im 21. Jahrhundert ein freies und kritisches Denken unmöglich macht, sind den wütenden Attacken der »gekränkten« Gläubigen wegen geringster abweichender Meinungen sehr oft und mit meist bösen Folgen ausgesetzt. Im Herzen unseres Kontinents konnte das üble »Erbe der Väter« endlich überwunden werden. Als beispielgebendes Fundament für die Zukunft sollte es ausgedient haben. Der Blick auf die geist- und vernunfthemmenden Elemente dieses »Erbes« sollte allerdings dazu dienen, wachsamer gegenüber den herandrängenden aktuellen Gefahren für die persönliche und gesellschaftliche Freiheit zu werden. Denn durch die Hintertür der Immigration kommen immer mehr Gespenster der alten Gedankenpolizei im islamischen Gewand nach Europa zurück.

Mina Ahadi, die sich in Deutschland die »Freiheit« nahm, ihre bisherige islamische Religionszugehörigkeit aufzugeben, fand in islamischen Diskussionsforen sehr rasch ihren Namen mit begleitenden Mordaufrufen: »Mina Ahadi wird für die erste Steinigung in Deutschland sorgen, denn sie wird selbst die Gesteinigte sein!« »Wer diese Frau vergiftet, ist nur die ausführende Hand Allahs!« (Ahadi, S. 22) Viele andere Glaubensdissidenten können ähnliche garstige Lieder singen. Die Erinnerung an das Geistesdunkel und die Glaubensfesseln bei den »Alpentaliban« im alten Tirol kann heute helfen, neuen religiösen Ansprüchen mit mehr kritischer Aufmerksamkeit gegenüber zu treten.

In Treue fest

Eine »intime oder gar exklusive Nähe zu Gott«[42] zeichnete das Selbstverständnis der Tiroler aus. So wie die alten Israeliten ihren das Rassenbewusstsein prägenden Bund mit Jahwe schlossen, scheuten sich auch die frommen Alpenbewohner nicht, einen Bund mit dem »göttlichen Herzen Jesu« zu geloben. Als dem Papst durch die italienische Einigung der Kirchenstaat abhanden kam und Pius IX. sich gegenüber der Welt schmollend und beleidigt als »Gefangener im Vatikan« präsentierte, wurde ihm von Tirol aus das Exil in diesem »Garten Gottes« angeboten. Der Papst ging auf dieses freundliche Ansinnen nicht näher ein, denn so schlimm war es in seinem verkleinerten Herrschaftsbereich nun auch wieder nicht. So blieb den Tirolern nur, wenigstens das 25jährige Dienstjubiläum des »Heiligen Vaters« gebührend zu feiern. Die *Neuen Tiroler Stimmen* erinnerten in diesem Zusammenhang am 17. Juni 1871 an den Wert der ewigen Treue im »Felsenland«:

»Nicht mit Unrecht wird dem Deutschen nachgesagt: Treue sei seine Haupttugend. Ganz besonders aber gilt das Felsenland Tirol als das Land der Treue, und wenn man von einem Tiroler im echten Sinne des Wortes spricht, so weiß man auch, dass man es mit einem Manne zu thun hat, dem der Wahlspruch ›Für Gott, Kaiser und Vaterland‹ nicht als leeres Wortgeklingel erscheint, dem es als Lebensaufgabe gilt, überall wo es schön ist und wo es noththut, die Treue seinem Gott, seinem Kaiser und seinem Vaterlande zu wahren und öffentlich kund zu thun. Ein solcher Anlass ist nun, Tiroler! morgen herausgerückt. Es feiert morgen das Land Tirol das göttliche Herz-Jesu-Fest, jenes Nationalfest, welches am meisten Gelegenheit bietet, diese dreifache Treue auf freudige Weise kundzugeben. Und welch ein günstiges Geschick ist es, dass in Verbindung mit diesem Feste auch das große Papst-Jubiläum gefeiert wird!

Ein Viertel Jahrhundert voll der wichtigsten Ereignisse ist über das greise Haupt Pius IX. dahingegangen. Stürme aller Art sind über unsern geliebten Statthalter Gottes auf Erden dahingebraust, aber unsere Tiroler

Treue zu ihm ist in Nichts erschüttert, ja im Gegentheil, je mehr die Wogen der antichristlichen Bewegung den Felsen Petri umdrängen, um so mehr bestürmten dieselben Wogen das Land felsenfester Treue, das Felsenland Tirol. Und diese gemeinsame Gefahr, wahrhaftig, sie hat nicht wenig dazu beigetragen, den Kitt zu befestigen, der die gemeinsame Treue fester band. Diese gemeinsame Treue ist aber auch das sicherste Unterpfand des gemeinsamen einstigen Sieges. Wir wissen es, dass die Pforten der Hölle Petri Stuhl nicht überwältigen werden, darum wissen wir, dass auch Pius IX. über seine Feinde triumphieren wird und mit ihm das treue Land Tirol.«[43]

Ein Gulden für den Papst

Über die Vorgänge in der Welt wurde die Landbevölkerung hauptsächlich durch die klerikal orientierten Blätter informiert. Deshalb wusste man, dass der Papst, der (selbsternannte) »Gefangene im Vatikan« arm war und vermutlich schon am Hungertuch nagen musste. Als die Kinder in Obsteig im Oberinntal von dieser Misere erfuhren, organisierten sie eine monetäre Rettungsaktion. Anerkennend berichtete die Presse über diese Initiative: »Am 4. Jänner war auf dem Tische einer Schulstube ein verdecktes Gefäß zu sehen. Als der Priester und der Lehrer hereintraten, erhoben die Kinder ihre Köpfe und schauten ganz vergnügt darein. Auf die Frage, was es denn da auf dem Tische gebe, erfolgte die Antwort: die Kinder haben ein Opferkastl für den heiligen Vater aufgestellt – zum Neujahr für ihn, und sind da zum Opfer gegangen. Der Opferkasten war ein neues kleines *Hafele*, wie es Kinder von St. Nikolaus zu bekommen pflegen; dasselbe war mit Papier umwunden, und da legten die Kinder ihre Kreuzer und Zehnerlen hinein. Der Inhalt dieser Kassa betrug 1 Gulden und 40 Kreuzer. Da die Kinder selbst diesen Einfall hatten, waren Priester und Lehrer freudigst überrascht, lobten diese Liebe zum heiligen Vater und sagten: derselbe werde die braven Kinder gewiß segnen. Sichtliche Freude strahlte auf den Gesichtern der Kleinen.«[44] Etwas später wurde in den »liberalen« Zeitungen gemeldet, dass der Papst einem seiner Neffen, einem Bankrotteur, 85 000 Lire (damals besaß diese Währung noch einen respektablen Wert) schenkte, damit dieser seine Gläubiger befriedigen konnte. Während seiner »Jubelfeier« erhielt Pius IX., der »arme Gefangene«, Geldgeschenke in der Höhe von annähernd 14 Millionen Francs.[45] Auch ein neuer Thron aus Gold wurde angefertigt. Schon zu dieser Zeit spekulierte der Vatikan fleißig an der Wallstreet in New York, da seine Anlageberater wenig Vertrauen in die italienische Wirtschaft hatten. Vor allem die Spenden aus Nord-, Mittel- und Südamerika legte die Kurie besonders gern am New Yorker Geldmarkt an. Die amerikanisch-europäische »Bankenkrise« des Jahres 1873, das vorläufige Ende des Gründerbooms und die dramatischen Kursstürze an allen wichtigen Börsenplätzen brachten auch die Finanzverwaltung des Heiligen Stuhls in größte Bedrängnis. Die *Allgemeine Zeitung* informierte ihre Leser über dieses Debakel: »Der Vatikan soll in großer Bestürzung und Aufregung sein. Bedeutende Summen des Peterspfennig scheinen unwiederbringlich verloren zu sein.«[46] Die enormen Kapitalmittel des Vatikans wurden aber weiter in alle möglichen Geschäfte investiert. Hundert Jahre nach dem großen Börsenkrach von 1873 war die katholische Kirche an der Pharmafirma Sereno beteiligt, »dem weltgrößten Hersteller der von Paul VI. in der Enzyklika ›Humanae vitae‹ verbotenen Anti-Baby-Pillen«.[47]

Pfarrhof-Marionetten mit Bildungsängsten

Westlich von Innsbruck rücken die Berge näher zusammen, und früher wurde in dieser (damals) ärmlichen Gegend auch das Weltbild schmäler. Dort, im »Oberland«, war noch in der zweiten Hälfte des 19. Jahrhunderts der Kampf für den Glauben und für die Ideale von gestern die vorrangigste Pflicht. Das bürgerliche *Innsbrucker Tagblatt* gab sich in seiner

Ausgabe vom 9. Juli 1878 der visionären Hoffnung hin, dass es einigen engagierten liberalen Männern vielleicht doch noch gelingen könnte, »mehr Licht, mehr Intelligenz in das stark von klerikalen Motten angefressene Oberinnthal zu bringen und dasselbe vor weiteren Rückschritt zu bewahren«.[48] Liberales Gedankengut im Tiroler »Oberland« auszusäen war damals allerdings ähnlich vergebens, wie auf eine Ananas-Ernte in Grönland zu warten. Peter Paul Richle, Gemeindeoberhaupt von Prutz am oberen Inn, rühmte sich vor dem Landtag, einem Landesteil anzugehören, »in welchem die moderne Intelligenz Gottlob noch keinen Eingang gefunden habe«.[49]

Hier, in den kleinen Bauerndörfern im Westen Tirols, herrschte in den siebziger Jahren eine aufgeregte Kampfesstimmung, denn der Feind, der Teufel in Gestalt des Schulinspektors stand vor der Tür. Die liberale (in den Augen der Bauern freimaurerisch-jüdische) Regierung in Wien war bemüht, die neue staatliche Aufsicht über die Schulen endlich auch bei den renitenten Tirolern durchzusetzen. Die Wucht des Widerstandes gegen dieses gottlose Ansinnen war enorm. Eine zwanzigköpfige Gendarmerieabteilung musste den Schulinspektor, den Repräsentanten des Staates, auf seiner Kontrolltour im »Feindesland« begleiten, um ihn vor Pöbeleien zu schützen und um der staatlichen Autorität Geltung zu verschaffen. Das *Innsbrucker Tagblatt* forderte hier zum harten Durchgreifen auf: »Hat man etwa nicht den Muth, etliche oberinnthalische Dörfer zur Befolgung der Anordnungen der Regierung nöthigenfalls auch zu zwingen? Glaubt man vielleicht durch Nachgiebigkeit und Schmeichelworte die Halsstarrigkeit dieser Pfarrhof-Marionetten brechen zu können? (*Diese Frage lässt sich heute deckungsgleich auf den »Dialog« mit dem Islam übertragen!*) Fast scheint es so. Allein wer das glaubt, der ist in einem bedauerlichen Irrthum befangen. Dorf um Dorf, Schule um Schule muss mit unerbittlicher Strenge dazu verhalten werden, sich der neuen Schulordnung zu fügen. Wo Widerstand sich bemerkbar macht, da muss die Strafe auf dem Fuße erfolgen. Das verschafft der Autorität der Regierung und der Heiligkeit des Gesetzes Respekt. Beispiele, Thatsachen haben dies bewiesen. Das Gegentheil bekundet Schwäche. Ein Staat aber, welcher darauf Anspruch erhebt, eine geachtete Stellung unter den Mächten Europa's inne zu haben, darf sich im Kampfe mit einigen oberinnthalischen Bauerndörflein nicht als zaghaft erweisen. Sonst gebührt ihm der Hohn, welchen die Feinde der Schulverbesserung seiner ›neuärarischen‹ Schulordnung entgegenbringen.«[50]

Die gehässige, klerikale Propaganda, das jahrelange Schüren der Angst vor allen Neuerungen von »draußen« spiegelte sich nun in einer bigotten Widerspenstigkeit gegen die Etablierung eines modernen (klerusferneren) Schulsystems wieder. Die Kinder glaubten tatsächlich, dass der Teufel nun im Anmarsch auf ihr Klassenzimmer sei, und manche liefen beim Anblick des Schulinspektors schreiend davon. Einige Eltern verhinderten in diesen Tagen von vornherein den Schulbesuch ihrer Kinder, damit diese nicht der Gefahr der »Entchristlichung« durch den liberalen Staatseinfluss ausgesetzt werden. Wie es um die Bildung in diesen gegen die Moderne so renitenten Bauerndörfer stand, zeigt ein Korrespondentenbericht im *Boten für Tirol und Vorarlberg* über die Schulinspektion am 10. Dezember 1872 in Roppen, nahe des Einganges zum Ötztal:

»Imst, 11. Dezember. Gestern Vormittags wurde von unserm Herrn Bezirks-Hauptmann und dem Herrn Bezirks-Schulinspektor Durig, wie man erzählt auf höhere Anordnung, die Schulinspektion in Roppen vorgenommen. Die Schule ist dort so schlecht, wie kaum in einem andern Dorfe Oberinnthals, und Klagen darüber dürften die Anordnung der Schulinspektion veranlasst haben. In der Schule sollen nun weder ein Schülerverzeichnis, noch Schreibhefte, noch irgend ein Lehrmittel vorgefunden worden sein; nur die größeren Schüler konnten nothdürftig lesen und es waren die wenigsten im Stande, einen einem Knaben diktirten Satz, den derselbe mühsam voll Fehler schrieb, auf ihren Schreibtäfelchen nachzuschreiben. Von allen Schülern war nur ein größeres Mädchen im Stande, die Mehrzahl des Wortes: ›der Mensch‹ anzugeben; Fragen aus der Sprachlehre überraschten die Schüler so, dass man aus ihrem Staunen ersah, dass es sich hier um nie gehörte Dinge handle.

Nach fast dreiviertel Stunden ging die Thüre auf und ein Weib stürzte herein, um einen hoffnungsvollen Sohn abzuholen; Gleiches that ein anderer halberwachsener Bursche für einen kleineren Bruder. Nun brachen die Kinder in Heulen und Weinen aus und liefen davon. Sie waren durch die neue Ketzerei, von der sie zum ersten Mal etwas hörten, nämlich durch die Sprachlehre, so erschreckt worden, dass sie ihr Seelenheil in der Flucht suchten. [...]

Einsichtige Leute hier sind übrigens der Meinung, dass es nun an der Zeit wäre, in Roppen ein Exempel zu statuieren, denn jetzt ist offenbar, dass die Vereitelung der Schulinspektionen nur den Zweck hat, den schlechten Zustand der Schulen [unter der klerikalen Herrschaft] nicht bekannt werden zu lassen. Es ist schon lange der Fall, dass Stellungspflichtige aus Roppen [und anderswo], mit seltenen Ausnahmen, weder lesen noch schreiben können, und nun, da die Regierung einmal Hand anlegt, diesen jämmerlichen Zuständen abzuhelfen, machen Leute Opposition, welche jeden Augenblick mit ihrer Loyalität prunken und allein die wahren Patrioten sein wollen. Nun, sie erweisen dem Lande, dem Reiche, dem Kaiser einen schönen Dienst, wenn sie das Volk in seiner Unwissenheit erhalten und ihm selbst die Kunst des Lesens und Schreibens vorenthalten wollen, wie das Beispiel in Roppen zeigt.«[51]

Den Pfarrern, die über die Dorfschulen autoritär herrschten – bis zur Einführung der neuen staatlichen Schulaufsicht, die in Tirol noch jahrelang vehement bekämpft wurde – war eben nicht die Allgemeinbildung für die Kinder wichtig, sondern dass diese die biblischen Geschichten und die täglich notwendigen Gebete kannten. Ein ähnlich geistig schädliches Grundprinzip herrscht heute in den islamischen Deobandi-Schulen und Madrassen vor.

Die schlechte Presse

Zur Zeit dieser emotionsgeladenen Schulinspektionen fuhr schon die Eisenbahn durch einen Teil von Tirol. Leider drang dadurch vermehrt und noch rascher der geistige Schmutz in das Land. »Schlechte« Zeitungen drangen in die Täler vor. Es war notwendig, die bisherige Abwehrfront der tiefschwarzen Presse gegen die immer populärer werdenden gedruckten Eindringlinge zu verstärken. Würdige Männer beschlossen deshalb die Gründung eines neuen Wochenblattes (»speziell für unser Tyroler Volk berechnet«), um in »echt christlicher Liebe« einen Beitrag zu leisten, »damit Tyrol auch in der fernen Zukunft nicht bloß das bewundertste, sondern auch das bestgehasste Ländchen in Europa bleibe, bewundert von Allen, die in der Treue gegen Gott die einzige sichere Grundlage für den Thron unseres Fürsten erkennen, gehasst von allen Verschwörern, die da aus Erfahrung wissen, dass an den Tyroler Bergen die Wogen der kirchlichen – demnach auch der politischen Revolution sich brechen«.[52]

Die wackeren Zeitungsgründer holten sich für ihr Unternehmen den Segen von der höchsten Stelle. Nachdem der Plan für ihr publizistisches Vorhaben »Sr. Heiligkeit, dem Papste Leo XIII.« zur Begutachtung vorgelegt wurde, gewährte der »Stellvertreter Jesu Christi« am 1. Juni 1878 die Gunst einer Antwort: »Wir billigen den Plan des Bittstellers. Wir erklären das neue Unternehmen zur Bekämpfung der Irrthümer, welche unter dem Tyrolervolke verbreitet werden, und zur Erhaltung der Reinheit der katholischen Lehre für äußerst passend; Wir segnen den Bittsteller, seine Mitarbeiter und Leser von Herzen. Leo P.P. XIII..«[53] Die Blattmacher verwiesen mit Stolz darauf, dass dieses Schreiben vom Papst eigenhändig unterschrieben war.

Nun galt es neben dem Papst auch potentielle Leser für die Zeitung zu begeistern. Die Werbebotschaft für dieses neue Tiroler Presseprodukt – *Andreas Hofer, Wochenblatt für das Tyroler Volk* ermöglicht einen erhellenden Einblick in die religiös dominierte, konservative Geisteswelt:

»Nicht wahr, verehrte Leser! Das war vor 20 Jahren noch anders mit den Zeitungen! Da wusste man auf dem Lande kaum etwas davon. Höchstens der Pfarrer und der Landrichter hatten eine Zeitung. Ja auch in der Stadt waren die Zeitungen selten. Ich weiß mich noch gut zu erinnern, wie ich als Schulbube Respekt hatte, wenn der Vater am Sonntag Abends erzählte, dass er die Zeitung gelesen habe und was es Neues gebe.

Heutzutage gibt es Zeitungen nach Tausenden. Nun werdet Ihr mich fragen, ob denn das viele Zeitungslesen etwas Gutes sei? Und da kann ich mit gutem Gewissen nicht ja sagen; denn die größte Mehrzahl der Zeitungen ist in den Händen der Schlechten, besonders der Juden. Wisst Ihr doch selbst, wie oft der hochselige Papst Pius IX. vor diesen Zeitungen warnte, wie oft Euer Bischof und Euere Prediger Euch mahnten.

Im Unterinnthale, da kam ich neulich in ein Wirtshaus. Es war eine freundliche Bauernstube; wisst Ihr, so eine getäfelte Stube, wie ich sie gerne habe. An der Wand hing ein altes schönes Christusbild, darunter eine Tafel mit der schmerzhaften Mutter. Zwischen dem rechten Arm des Heilandes und dem Kreuzbalken steckte ein Oelzweig vom letzten Palmsonntag her; davon wird die Bäuerin etwas verbrennen, wenn ein Ungewitter kommt. Vor dem Christus hing eine Lampe, die wird an Samstagen gewiß angezündet, wie's frommer Brauch ist. Muß ein altes, christliches Haus sein, wo noch Tiroler-Brauch gilt, dachte ich mir. Aber siehe, hinter dem Kruzifix steckt ja eine Zeitung, die muß man sich ansehen. Was sah ich nun da hinter dem Kruzifix? Ein kirchenfeindliches Blatt! Da war geschimpft über Papst und Bischöfe, über die heilige Kirche und über die Katholiken. Wenn ich eine solche Zeitung in Innsbruck in einem Kaffeehause gefunden hätte, so würde ich mich gar nicht geärgert haben, aber in dieser gemütlichen, getäfelten Bauernstube hinter dem Bilde des Erlösers ein solches Blatt zu finden, das that mir weh. Ich rief den Wirth und bat ihn, wenn er ein solches Blatt halten und zahlen wollte, so möge er's doch nimmer zum Kruzifix hinaufstecken!

Ihr glaubt nicht, was diese Zeitungen schaden in Bezug auf Glauben und Sittlichkeit.

Meine lieben Leser, viele von Euch erinnern sich wohl noch des Jahres 1848, des allgemeinen Rausches, der die Welt gefangen hatte, der Zeit falsch oder gar nicht verstandener Redensarten, des Unsinnes, der damals von Jung und Alt geredet wurde – sehet einen großen Teil der Schuld an jenen Zuständen trugen die Zeitungen. Oder denkt an den Schwindel der Banken und Börsenspieler, an die Millionen, die verloren gingen, an die Tausende, die sich und ihre Familie ruinierten. Wie war es denn möglich, dass vernünftige Leute ihr Geld solchen Schwindelgeschäften anvertrauten? Weil eine Menge Zeitungen ihnen Tag für Tag ohne Unterlaß diese Aktien und jene Loose als das Mittel reich zu werden anpriesen. Schauet nach Deutschland, wo Religion und Sittlichkeit so geschwunden sind, dass nichts mehr heilig ist, dass der Königsmord gewöhnlich zu werden droht und wenn ihr fragt, wer die Schuld hat, so werde ich nicht anstehen zu sagen: Einen sehr großen Theil der Schuld daran haben die Zeitungen.

Wenn nun dieses Uebel auch bei uns in Tyrol einzureißen droht, sollten wir da ruhig zusehen und die Hände in den Schoß legen? Haben wir nicht die heilige Verpflichtung dem drohenden Uebel entgegenzuarbeiten? Freilich haben wir diese Pflicht. Aber was thun? Sollen wir verhindern, dass die Leute überhaupt etwas lesen? Das sollen wir nicht und wir könnten es auch nicht, denn das Lesen ist schon einmal so in der Zeit. Aber wir sollen gute Zeitungen halten und verbreiten. Deshalb wollen wir eine Zeitung herausgeben, die einmal in der Woche erscheint, weil am Sonntag Jeder Zeit hat zu lesen. […] Und die Gesinnung dieses Blattes: Wie mögt Ihr nur fragen! Das Blatt heißt ja: ›Andreas Hofer‹ und es soll ein Andreas Hofer sein, so katholisch wie er, so recht tirolerisch wie der Mann von Passeyer, so gerade und offen, so einfach und volksthümlich, aber auch so muthig und opferwillig.«[54]

In dieser Werbebotschaft für *Andreas Hofer* wurde auch hoch und heilig und mit aller Entschiedenheit versprochen, dass »Schwindelanzeigen von allerhand Judengeschäften« nie und nimmer in das neue Blatt aufgenommen werden.

Der angekündigte Vorsatz, auf die »Zeitungsstreiterei« zu verzichten, war sehr bald vergessen. Es war eine Obsession der konservativen, der klerikalen, später der christlichsozialen Presse und auch der Bischöfe, auf die anderen Zeitungen – die »schlechten« – mit möglichster Bösartigkeit einzudreschen.

Sechs Jahre nach dem päpstlichen Segen für das konservative Kampfblatt *Andreas Hofer* nützten die Bischöfe von Salzburg, Trient und Brixen diese Wochenschrift als gemeinsame Plattform, um in einem langen »Hirtenschreiben« ihrer Sorge vor der »Entchristlichung« der Gesellschaft (»dem Ernst unserer Zeit«) durch die »kirchenfeindliche Tagespresse« (dieser »geistigen Tuberkulose«) medial Ausdruck zu verleihen. Die Aufzählung aller Feinde des Guten umfasste natürlich die schon bekannten Verdächtigen, wie Liberale, Juden und Sozialisten. Diesen wurde gebetsmühlenhaft vorgeworfen, das Fundament der Sittlichkeit, den Glauben, zu untergraben, und ohne festen Glauben »nehmen Unsittlichkeit, Ungerechtigkeit und Verbrechen jeder Art auf eine entsetzliche Weise überhand«.[55] Alle gut Gesinnten wurden eindringlichst zur Mithilfe aufgefordert, um gemeinsam einen festen Damm gegen die »Flut der schlechten Tagespresse« zu bauen. Sollte dieses Vorhaben nicht gelingen, dann, so die einhellige Meinung der Kirchenfürsten, sieht die Zukunft sehr düster aus: »Wie viele Einzelne gibt es nicht, die an ihren heiligsten Gütern, am Glauben, an der Sittlichkeit, am Patriotismus schwer geschädigt werden, wenn solche Blätter in ihre Hände kommen! Kein Wunder, dass im jugendlichen Alter insbesondere die Ehrfurcht vor jeder Autorität verschwindet, wenn das jugendliche Herz durch das Lesen solcher Blätter vergiftet wird. Und wohin soll es kommen, wenn auch das weibliche Geschlecht von dem nagenden Gifte eines Blattes dieser Geistesrichtung ergriffen wird.«[56]

Der Fremdenverkehr als Waffe

Trotz aller Anstrengungen wurde die Abwehrfront der konservativen Truppen an immer mehr Stellen durchbrochen. Teile des klerikal kommandierten »Volkssturmes« fraternisierten nicht zuletzt aus wirtschaftlichen Überlegungen immer öfter mit dem Glaubens- und Gesinnungsfeind. Schuld daran waren auch die immer zahlreicher ins Land strömenden Fremden – die »Sommerfrische« in den Bergen wurde zunehmend beliebter. Auch vor dieser neuen Gefahr mussten die alarmierten Bischöfe das arglose Alpenvolk wiederholt warnen. Simon, der Fürstbischof von Brixen, ließ seine tiefe Sorge mit dem »Hirtenbrief« vom 30. Jänner 1896 von allen Kanzeln verkünden: »Noch auf eine Gefahr, die erst in letzter Zeit aufgetaucht ist, muss ich aufmerksam machen, trotzdem, dass diese Warnung voraussichtlich bei manchen Missfallen erwecken wird. Es ist dies das Fremdenwesen. Wovor ich als Bischof warnen muss, ist die geistige Schädigung, die an den Fremdenverkehr sich so leicht ansetzen kann. Leider treten Euch auch schlimme Beispiele vor Augen, Beispiele der raffiniertesten Genusssucht, der ungescheuten Uebertretung der Kirchengebote und offen zur Schau getragenen Religionsverachtung. Bewahret sorgfältig Euren Glauben als das kostbarste Kleinod Eures Lebens. Es gibt Fremde, die ungescheut ihren Unglauben oder Irrglauben vor jedermann offenbaren, die, ohne Zartgefühl für die Religion anderer, die Lauge des Spottes über alles, was katholisch ist, ausgießen. Leider ist es auch schon oft vorgekommen, dass von Fremden religionsfeindliche und sittengefährliche Schriften, Tractätlein und Bücher auf Wegen, in Localen oder anderen besuchten Orten mit Absicht ausgestreut oder offen und in aufdringlicher Weise in die Häuser gebracht wurden. Bringt solche Bücher Euren Seelsorgern!

Von anderen sittlichen Gefahren, die das Fremdenwesen mit sich bringt, die jedem Beobachter von selbst in die Augen fallen, will ich schweigen, z. B. von der Entwöhnung von strenger Arbeit, von der gesteigerten Unterhaltungssucht, von der Angewöhnung von Lebensbedürfnissen, die mit den vorhandenen Mitteln in keinem Verhältnisse stehen, von den Missständen, welche mit den Unterkunftshütten verbunden sind. Einen Punkt aber darf ich nicht unerwähnt lassen. Es ist erwiesene Tatsache, dass nicht wenige unter denjenigen, die das Fremdenwesen befördern, es auf nichts Geringeres, als auf das sittliche und religiöse Verderben des Landes abgesehen haben. Gewisse Eigenheiten des Tiroler und Vorarlberger Volkscharakters, insbesondere der religiöse Sinn, die Achtung von Kirche und Priester, die Anhänglichkeit an das althergebrachte Gute usw. sollen durch den Fremdenverkehr abgestreift werden und der modernen Weltanschauung und Weltsitte platzmachen. [...] Liebe Diöcesanen, um schnöden Gewinnes willen dürfen wir die höchsten Güter nicht preisgeben, es wäre ein Verbrechen, dieselben um ein Linsenmus zu verkaufen.«[57]

Solche rückwärtsgewandten bischöflichen Ergüsse ärgerte jene rührige Minderheit der Tiroler, die endlich den wirtschaftlichen sowie geistigen Fortschritt und die Zukunft ins Land bringen wollten. Im Ausbau und in der Förderung des Fremdenverkehrs sah man in diesem Zusammenhang ein wirksames Mittel. Solange der Klerus den Fremdenverkehr jedoch zu verhindern suchte und seine folgsame Glaubensherde vor dessen verderblichen Einflüssen eindringlich warnte, ging der ökonomische Aufschwung nur zäh voran. Die Redaktion der dem Fortschritt verpflichteten Zeitschrift *Der Scherer* machte ihrem Ärger im Sommer 1902 in einem sarkastischen Artikel mit dem Titel *Der Fremdenverkehr als Waffe* Luft, und umgehend beschlagnahmte die k. u. k. Zensur diese Ausgabe. Der Staatsanwalt war sowieso ein Dauergast in der Redaktionsstube des nationalliberalen und kleruskritischen *Scherer*. Ein freundlich gesinnter Parlamentarier verlas den zensierten Text während der 17. Tagung des Abgeordnetenhauses in Wien, und über diesen publikumswirksamen Umweg gelangte der Inhalt der geharnischten Botschaft an die Öffentlichkeit:

»Was aber geschieht, wenn ein ganzes Volk seine Selbständigkeit an den geschilderten Stand [den Klerus!] abgetreten hat? Die Früchte können nicht ausbleiben. Wir brauchen keineswegs den weiten Weg nach Spanien anzutreten; unser eigenes Vaterland bietet Gelegenheit zum Schauen und Denken.

Wir lenken die Aufmerksamkeit nach Tirol, dem unzugänglichen Tempel, der der Aufklärung hohnsprechenden Feste Roms in deutschen Landen. Die Gelehrten und Schriftsteller können über die Art des Denkens und Handelns des Tiroler Volkes schreiben, was sie wollen. Der eine schildert es treu und bieder, der andere hinterhältig und falsch. Es mag jeder recht haben. Eines steht jedoch fest: Tirol, wenigstens das bäuerliche Tirol, steht unter dem vollkommenen Einflusse der Klerisei, oberster Herrscher ist nicht Gott und Kaiser, sondern der alte Mann in Rom, sein Feldherr der Greis in Brixen [der Fürstbischof!] und die Befehlsvollzieher und Hauptleute dieses schwarzen Heeres haben in den kleinsten Orten ihre Zwingburgen errichtet, von welchen aus sie wohlüberlegt und zielbewusst die Seelen ihrer Ernährer in dem Joche der Sklaverei erhalten. Rom kann dem Tiroler Bauern vorschreiben, was es will, er wird es glauben. Üppiger blüht der Aberglaube nirgends, als in den herrlichen Bergen dieses Alpenlandes. Ob er im Volke selbst entstanden ist oder nicht, ist gleichgültig, jedenfalls ist er eine Ausgeburt religiösen Wahnwitzes.

Wie herrlich weit haben aber auch die für das Tiroler Volk denkenden Herren dieses gebracht: Der Bauer wehrt sich gegen neue Straßen oder gar Eisenbahnen, und wenn letztere schon nicht mehr zu verhindern sind, so will er in seinem Dorfe wenigstens keinen Bahnhof haben. Zeitung liest er das ganze Jahr keine, wenn irgend etwas Neues die Welt aufregt, so erfährt er's ja auch, und zwar vom Pfarrer zugleich mit der nötigen Aufklärung, so dass er weiß, ob es gut oder schlecht ist. Maschinenbetrieb ist ihm ein Greuel, überhaupt ist er grundsätzlich gegen jede Neuerung; denn es war früher so, kann es auch jetzt so bleiben. In manchen Gegenden gilt das Schnurbarttragen der jungen Burschen für unverschämt. Glattrasiert soll die Oberlippe sein. Woher das kommt? In einem Schnurrbart steckt eitel Versuchung für die Weiber, deshalb weg damit.

Der mit Vehemenz über das Land hereingebrochene Fremdenverkehr ist der Schrecken der schwarzen Herrscher, und jeder freie Luftzug geht ihnen schneidend durch die Glieder. Der Fremdenverkehr ist in ihren Augen ›Schändung des Tiroler Volkes‹, freiheitliche Bestrebungen sind ›schmutzige Wellen am Felsen Tirol‹, der ihnen blindlings Gehorchende ist ein ›Gutgesinnter‹ oder ein ›Felsenfester‹. Was Wunder dann, wenn endlich das Bild des Schülers seinem Lehrer ähnlich werden sollte?

Himmelanragend sind die Berge, würzig die Luft und klar sind die Bäche und Seen und dennoch liegt ein Pesthauch auf dem Lande, den nur die raue Strömung der Zeit fortreißen kann. Dieses Volk befreit sich nicht selbst aus den Klauen Roms, hier muß befreiend gewirkt werden und es geht leicht – uns ein Vergnügen, ihnen ein Schrecken – durch den Fremdenverkehr. Jeder einzelne, der die schönen Täler Tirols besucht, kann aufklärend wirken. Nicht heftig, fanatisch, sondern allmählich und ruhig. Dann wird auch der Tiroler Bauer zu denken beginnen und dadurch ist schon viel erreicht.«[58]

Schwarz-Rot-Gold und der Sonnwendrummel

Schon 1899, im Gründungsjahr des *Scherer*, prallte Simon, der Fürstbischof von Brixen, mit der respektslosen Redaktion dieser Zeitschrift (die zuerst in Innsbruck und später in Wien und Leipzig erschien) zusammen. Dem Blatt wurde die fragwürdige Ehre zuteil, in einem »Hirtenwort«, das am 2. Juli 1899 in allen Kirchen Innsbrucks und der Umgebung verlesen wurde, mit dem bischöflichen Bannstrahl belegt zu werden: »Unter den Blättern der Landeshauptstadt tritt eines, welches sich *Scherer* nennt, ganz auffallend in den Vordergrund. Es ist zu bedauern, dass dieses Blatt, welches durch Ungezogenheit und rohe Ausbrüche gegen unseren hl. Glauben sich ostentativ hervorthut, Leser und Unterstützung findet. Die antireligiöse Haltung macht dieses Blatt zu einem schon an und für sich verbotenen und ich erkläre, dass jeder, der dieses Blatt liest, bezahlt oder wie immer unterstützt, eine Gewissenspflicht arg verletzt.«[59]

Im gleichen »Hirtenwort« beschäftigte sich der Bischof außerdem mit dem Skandal der Innsbrucker »Sonnwendfeier«. Langsam, doch stetig, wuchs auch in Tirol die Zahl jener Bürger, die sich dem verknöcherten, kirchen- und kaiserhörigen System des Vielvölkerstaates Österreich-Ungarn entfremdeten. Mit dem Blick auf die Geschichte erinnerten sie sich daran, dass sie als Tiroler in erster Linie zur deutschen Kulturfamilie gehören, dass sie Deutsche sind. Die Zentren der deutschnationalen (auch nationalliberalen oder »freiheitlichen«) Gesinnung waren in Innsbruck und im Tiroler Unterland (hier vor allem in und um Kufstein) zu finden. Reibereien zwischen dieser Bevölkerungsgruppe (die sich vor allem aus dem städtischen Bürgertum, Gastronomen und Gewerbetreibenden rekrutierte) und den immer noch an den alten Zöpfen festhaltenden Kirchentreuen blieben nicht aus. Die »Sonnenwende« war in jedem Sommer eine ideale Gelegenheit sich gegenseitig zu piesacken. Die einen feierten mit Feuern auf den Berghöhen das »Herz-Jesu-Fest« und die anderen antworteten auf den anderen Gipfeln mit an alte germanische Kulte erinnernden »Sonnwendfeuern«. Es war jedesmal ein verbissener Wettbewerb zwischen den »nationalen« Burschen und den »Römlingen«, wer in der Lage war, sein Feuer auf einem noch höheren (und meist gefährlicheren) Platz abzubrennen als der Gegner. In der Mehrzahl leuchteten die »germanischen« Feuer *über* jenen der »Pfaffenknechte«.

Am 21. Juni 1899 feierten mehrere tausend Tiroler Nationalliberale in Innsbruck das Sonnwendfest. Das *Tiroler Tagblatt* gab in seinen Spalten dem Enthusiasmus genug Raum: »Es ist ein unbeschreibliches Gefühl der inneren Erhebung, wenn die Menschen, im kleinen Raume zu Vielen vereinigt, einen hohen Gedanken zum Ausdruck bringend sich gegenseitig begeistern von Mund zu Mund, vom Herzen zum Herzen, und die reinste, die uneigennützigste Freude genießen an einem gemeinsamen, unveräußerlichen, idealen Gute. Welcher Besitz aber stünde nebst der Menschenwürde wohl höher als das Bewusstsein, einem großen, einem hehren, einem edlen Volke anzugehören! Das deutsche Herrenvolk, auf das sie jetzt in der Ostmark Gauen so grimmig hauen und stechen, das aber, obzwar aus vielen Wunden blutend, aufrecht dasteht mit blanker Wehr und Waffen, es herrscht seit zwei Jahrtausenden in Tirol, und sind auch viele gleich bei den alten Rhaetern Römer geworden, so jetzt wie einst, ein fester Stamm ist noch da, der deutsch geblieben im Geiste wie mit der Zunge. [...] Immer freudiger, und dies in mächtig wachsender Zahl, kehrt die Menge der Volksgenossen aus dem Bannkreise unwürdiger Geistesknechtschaft in die liebenden Arme der freien Mutter Germania wieder.

Der gestrige Tag hat es bewiesen. Schritthaltend mit der unaufhaltsam um sich greifenden völkischen Bewegung hat auch die Wiedererweckung alter Vätersitte, die Feier der bedeutungsvollen Sommersonnenwende immer größeren Umfang angenommen; der 21. Juni des Jahres 1899 aber hat die größte Sonnwendfeier im Thale gesehen, die Innsbruck je beging. [...] Das war ein Menschengewühl, wie es der Ausstellungsplatz, der nun schon wiederholt zum Sonnwendplatze geworden ist, noch nie gesehen hat.«[60] Der Obmann des »Sonnwendfeier-Ausschusses« und gleichzeitige Obmann des »deutschen Volksvereins« in Tirol, der Innsbrucker Vizebürgermeister Dr. Erler, freute sich über die »unübersehbare Zahl deutscher Frauen und Mädchen, welche der völkischen Veranstaltung erst wahre Weihe und Glanz verliehen«. Aufgewertet wurde die Veranstaltung auch durch die Teilnahme des Bürgermeisters und »seiner Magnificenz«, des Rektors der Universität, der von vielen seiner Professoren begleitet wurde. Innsbruck war zweifellos eine »freiheitliche« Hochburg, von der klerikal-konservativen Seite wurde die Stadt daher gerne als die »Pestbeule Tirols« bezeichnet.

Der Schriftsteller Heinrich Wastian erklärte die alte Bedeutung der Sommersonnenwende im Zusammenhang mit dem alten germanischen Götterglauben und fasste »in dem ihm eigenen hohen Schwunge« zusammen: »Der ewigen Schöpfungskraft lauschend, hatte die Gemüthstiefe der Germanen sich eine Glaubenslehre geschaffen, wie sie von gleicher sittlicher Kraft kein Volksgeist je ersonnen. Dann hielt des Galiläers Heilslehre, in ihren Grundzügen dem germanischen Glauben verwandt, ihren Einzug, und Roms Weltpriestertum hat alle Anklänge an den Mythus der alten Germanen zu verwischen gesucht. Des letzteren Ausklänge aber haben sich in Sagen und Bräuche und Sprüchen tausendfach erhalten und dies müssen wir mit Ehrfurcht und Liebe pflegen.«[61] Am Ende der Feier »erbrauste« mehrtausendstimmig die *Wacht am Rhein*.

Die klerikal-konservative und christlichsoziale Seite, die diesen »Sonnwendrummel« von vornherein mit größtem Misstrauen verfolgte, fand in einer Formulierung Wastians ein dickes »Haar in der Suppe«. Er sprach von »des Galiläers Heilslehre«. Diese Beleidigung brachte das Fass zum Überlaufen. Der Fürstbischof musste reagieren und tat dies mit seinem »Hirtenwort betreffend die Sonnwendfeier«: »Mit tiefem Schmerze erfüllte nicht nur mich, sondern jeden gutdenkenden Katholiken von Tirol der ebenso unkirchliche als unpatriotische Verlauf der in Innsbruck am 21. Juni d. J. abgehaltenen Versammlung. Es wäre ein Verrath an meiner Pflicht, wenn ich dazu schweigen würde. Im Namen der Religion, im Namen des Tiroler Volkes protestiere ich gegen die Unbill, welche unserer Religion zugefügt wurde; denn nicht nur erscholl in dieser nach Tausenden zählenden Versammlung, welcher selbst Männer, die durch ihre Stellung in der Gesellschaft hervorragen, sich angeschlossen haben, als Anreizung zum Abfalle vom katholischen Glauben das ›Los von Rom!‹, sondern selbst die Grundfeste des Christenthums wurde in frechster Weise angegriffen.

In der Festrede wurde unser Heiland, den nicht nur Katholiken, sondern auch gläubige Protestanten als Gott verehren und anbeten, schlechthin »Galiläer« genannt, nach dem Vorgange des Apostaten Kaiser Julian, welcher, nachdem er vom Christenthume zum Heidenthume übergegangen war, unseren Erlöser gewöhnlich mit diesem Schimpfnamen entehrte. Damit aber kein Zweifel übrig bleibe, dass der Name ›Galiläer‹ nicht anders als entehrend verstanden werden könne, wird im Verlaufe der Rede seine »Heilslehre« als Mythe, als bloße Dichtung und Sage erklärt. Und gegen alle diese Thorheiten und Lästerungen wurde nicht nur kein Widerspruch erhoben, nicht einmal Zwischenrufe, die man sonst so freigebig erhebt, ließen sich hören.

Ihr Bewohner der Landeshauptstadt Innsbruck, deren Religiosität ehedem sprichwörtlich war, wie lange werdet Ihr müßig zusehen, wie die Feinde der Religion nicht nur Eure patriotischen Gefühle verletzen, Euren hl. Glauben verschmähen und öffentlich entehren?«[62]

Die Angelegenheit schaukelte sich nun sehr rasch auf, wobei sich die Kräfte des »Lichts« und der »Finsternis« gegenüberstanden. Natürlich wähnte sich jede der beiden Streitparteien auf der Seite des Lichts. Der Vizebürgermeister von Innsbruck, Dr. Eduard Erler, schrieb einen »Offenen« Brief an den »Herrn Fürstbischof von Brixen, Dr. Simon Aichner« und verwahrte sich mit »gerechter Entrüstung« gegen alle Vorwürfe: »In einem Staate, in welchem Glaubens- und Gewissensfreiheit staatsgrundgesetzlich gewährleistet sind, lassen wir uns durch Niemanden, auch durch keinen Kirchenfürsten, das Recht nehmen, unserer Ueberzeugung und die Treue zum angestammten Volke offen und rückhaltlos Ausdruck zu geben; hievon soll uns auch nicht abschrecken, wenn Eure Excellenz einen Ton anzuschlagen belieben, der, von uns gebraucht, als geradezu aufreizend die Verfolgung durch die Staatsbehörde nach sich zöge.

Eines aber sei ein für allemal erklärt: Deutschem Rechte und deutschem Brauch soll durch kirchliche Anmaßung kein Eintrag geschehen!«[63]

Im nächsten Akt dieser von allen Beteiligten so bitter ernst genommenen Realkomödie verbrannte Karl Habermann, der Herausgeber und Redakteur des vom fürstbischöflichen Bannstrahl getroffenen *Scherer*, das »Hirtenwort« vom 30. Juni 1899 während eines Fackelzuges zu Ehren des deutschnationalen Dichters Adolf Pichler auf dem Platz vor dem Innsbrucker Ursulinenkloster. Das katholische Heerlager schäumte, der Staatsanwalt jagte dem Frevler nach, und der »brave« Teil der Innsbrucker beeilte sich, mit einer Unterschriftenliste und einer »Ergebenheitsadresse« an den erzürnten Bischof sich von den gottlosen Umtrieben der »anderen« zu distanzieren: »Hochwürdigster Fürstbischof! Ew. Excellenz! In dem an die Katholiken Innsbrucks gerichteten Hirtenwort erheben Ew. hochfürstlich Gnaden im Namen der Religion, im Namen des Tiroler Volkes Protest gegen die Unbill, welche unserer heiligen Religion zugefügt wurde. Wir treuen Kinder der katholischen Kirche in der Landeshauptstadt von Tirol danken aus ganzem Herzen für die väterlichen Worte der Mahnung, welche Sie als der von Gott gesetzte Oberhirt an uns gerichtet haben; wir haben sie in aller Ehrfurcht und *Unterwürfigkeit* vernommen und versprechen, uns darnach zu richten. Wir schließen uns aus vollem Herzen dem entschiedenen Proteste gegen die ebenso kirchenfeindliche als unpatriotische Bewegung an, welche in der katholischen Landeshauptstadt nun schon zu lange geduldet wird.

Wir verwahren uns vor allem mit Entrüstung gegen die Bezeichnung unseres göttlichen Heilandes als ›Galiläer‹ und seiner ›Heilslehre‹ als ›Mythus‹ und gegen alle anderen Ausfälle auf Glauben und Kirche. [...] Wir wiederholen feierlich das Gelöbniß, ebenso treu zu unserer heiligen Religion und Kirche, zum Heiligen Vater in Rom und zu unserem ehrwürdigen, allverehrten Oberhirten in Brixen zu stehen, wie zu unserem Jubelkaiser und zu unserem Vaterland Oesterreich. Innsbruck bleibt wie ganz Tirol treu seinem Gotte und der von ihm gegründeten heiligen Kirche und treu seinem Kaiser und Herrn, treu seiner ruhmreichen Vergangenheit. Mit dem Ausdrucke dieser Gesinnung verharren wir als Ew. hochfürstlich Gnaden, hochwürdigster Oberhirt, treu gehorsamste Diöcesanen.«[64]

Dieser schriftliche Kniefall genügte noch nicht, um den Himmel wieder mit seinem liebsten Land zu versöhnen, in dessen Hauptstadt – die durch die Judenzeitungen, die Liberalen und die »Preußenseuchler« abgrundtief verdorben war – so gotteslästerliche Reden und Geschehnisse möglich sind. Also entschloss sich der »brave« Bevölkerungsteil aus allen Gegenden Tirols in Innsbruck aufzumarschieren (eine große »Sühnandacht« erfolgte schon Tage vorher), um den deutschnationalen (bzw. »freiheitlichen«) Lästerern ihre Verachtung zu demonstrieren und um gleichzeitig die entschlossene Hingabe zur Allmutter Kirche vor aller Welt zu zeigen. Am Sonntag, den 30. Juli, marschierten 7 000 »Gute« (einige Quellen erwähnen bis zu 12 000) durch Innsbrucks Straßen, teilweise mit Waffen und unter Begleitung von 25 Musikkapellen aus den Dörfern. Die der »schlechten« Partei zugehörigen *Innsbrucker Nachrichten* spotteten schon am nächsten Tag über das »unentwirrbare Chaos von Tönen«. Am Ende des Marsches wurden von den »schwarzen« Honoratioren gehässige Brandreden gegen die kornblumentragenden Gotteslästerer geschleudert. Deren Konter folgte schon wenige Tage später, als sie frotzelten, dass viele der in der Landeshauptstadt aufmarschierenden »Pfaffenknechte« gar nicht wussten, weshalb sie von ihren Pfarrern nach Innsbruck abkommandiert wurden.

Höhnisch lieferte das *Tiroler Tagblatt* dazu einen »Beweis«: »Man schreibt uns aus Brixlegg vom 30. Juli: »Im Alpbachthale, das in den letzten Jahren besonders durch Wasser-Katastrophen und Murbrüche arg heimgesucht wurde und überhaupt ein armes, erwerbsunfähiges Thal ist, hat der Pfarrer 30 Gulden gewidmet als Bezahlung an der Protestversammlung; das war seine Sache. Aber 10 Gulden musste die arme Gemeinde zahlen aus Steuergeldern und noch mehr wurde durch den Herrn Cooperator von Gutthätern (!) aufgebracht. Die Unterinnthaler sind vorwitzige Leute, und als die bezahlten (!) Alpbacher in stattlicher Zahl zum Bahnhofe Brixlegg kamen, konnte so ein Brixlegger seine Neugierde nicht unterdrücken und fragte: ›Warum fahrt ihr nach Innsbruck?‹ ›I woas net, der Pfarrer hat's haben woll'n und der zahlt's a‹, war die Antwort. Unbefriedigt wandte sich unser neugieriger Landsmann an den nächsten. ›Ja abbitten müssen m'r (wir) geh'n [zum] Brixner Bischof.› ›Ja für was denn, habt's eahm was than?‹ ›Na, mia net, aber i glaub' der Bismarck.‹ Nun hatte unser vorwitziger Gewährsmann genug. Die Alpbacher sind fleißig nach Innsbruck gefahren, haben Protest gemacht, nur wussten sie nicht gegen was.«[65]

Ein Ende des Schlagabtausches war in diesem »heißen« Gebirgssommer des Jahres 1899 noch nicht abzusehen. Am 6. August marschierten wieder 5 000 der »Schlechten« in der Landeshauptstadt auf, »damit der greise Ultramontanismus sehen kann, wie sehr der Knabe Nationalismus in wenigen Jahren gewachsen ist«. Der in Kufstein erschienene *Tiroler Grenzbote* stimmte seine Leser unter der Überschrift »*Es regt sich was*«

auf diese Protestversammlung ein: »Es muss sich was Ordentliches regen in Tirol, weil die klerikalen Führer des Landes, verbunden mit den Christlichsozialen, den Schlachtruf in die Thäler hinausstoßen, weil Pfarrer und Cooperatoren, Beichtstuhl und Kanzel, Presse und Frauen, innig zusammenwirkend, das sich Regende mit Wuthgeheul begrüßen.

Es ist der freie deutsche Geist, der sieghaft bald als frischer kecker Jüngling, bald als ernster tiefdenkender Mann und Greis auf den Plan tritt und mit Muth und Kraft dem Volke den Wahn zerbricht, dass Priester und Religion immer eines und dasselbe sei. Die Zeit ist um, in der nur Dreie dachten und Hunderttausende glaubten, der Absolutismus im Parteiwesen ist im Siechthum begriffen und im Volke macht sich stromgewaltig der Gedanke Raum, dass jeder Mensch zu denken und zu glauben selbstberechtigt, selbstfähig sein müsse. – Deshalb der wüthende Sturm gegen die freie nationale Bewegung, gegen Schule und Presse, gegen die muthigen Führer auf unserer Seite, welche die Macher der *Tiroler Stimmen* nach dort einst gewohnter Manier am liebsten foltern würden. Die Zeit zum Fürchten ist um, und wenn statt 7 000 Sklaven des ultramontanen Geistes deren 20 000 am letzten Sonntag in der Landeshauptstadt aufmarschiert wären, es ändert daran nichts, dass diese Armen ein treues Bild des ›letzten Aufgebotes‹ boten.«[66]

Die Kornblume war übrigens das Gesinnungszeichen der liberal und deutsch orientierten »Freiheitlichen«, und es gab Pfarrer, die von der Kanzel verkündeten, »dass der liebe Gott diese Blume nicht mag, er kann sie nicht leiden und sie gehört auf den Misthaufen«.

Nach dem verlorenen Ersten Weltkrieg wurde einem größeren Teil der Tiroler bewusst, dass sie eigentlich nach Deutschland gehörten. Als wenige Monate nach Kriegsende die künftigen Grenzen Österreichs und die Form des politischen Systems noch Unschärfe zeigten, waren sich schon sehr viele darin einig, dass weder eine Rückkehr zu den nationalen Streitereien des alten Vielvölkerstaates, noch zum »Gottesgnadentum« des Habsburgerreiches wünschenswerte Optionen sind. Die »Deutschfreiheitliche Partei für Tirol« stellte im Februar an die Wähler die Frage, wie das künftige gemeinsame Haus aussehen sollte: »Soll es einem Barackenlager gleichen, über dessen einförmigen, unwohnlichen Bretterbuden die rote Fahne der sozialistischen Tyrannei weht, in dem es keine freien Persönlichkeiten, sondern nur Nummern gibt, öde Gleichmacherei herrscht, jedes gemütliche Familienleben fehlt, der Geist einer fremden Rasse waltet und jedes Bekenntnis zu deinem angestammten Volke belächelt, wenn nicht gar verhöhnt wird?

Oder soll es eine dumpfige, klosterähnliche, weiß-gelb und schwarzgelb drapierte Zinskaserne sein, in welcher wir mit dem ewig händelsüchtigen und frechen Pack der Tschechen, Slowenen, Polen und Magyaren zusammengepfercht sind, der Pfarrer Hausherr und der Mesner Hausmeister ist, Kirchgangs- und Beichtzettelzwang besteht, Bücher und Zeitungen nur nach Vorschrift der Hausgewaltigen gelesen werden dürfen und jedes harmlose Tänzchen, jedes freiere Lied ein Verbrechen gegen die geheiligte Hausordnung sind?

Oder soll es ein stattliches Bürger- oder Bauernhaus sein, licht und frei auf eigenem Grund und Boden stehend, eine heitere Heimstätte fröhlicher deutscher Lebenslust und Häuslichkeit, wo der freie deutsche Geist, deutsche Offenheit und Wahrhaftigkeit, deutscher Fleiß und deutsche Gemütlichkeit wohnen und stolz das schwarz-rot-goldene Dreifarb Großdeutschlands von dem Giebel flattert?«[67]

An einer freiwilligen und freien Volksabstimmung am 21. April 1921 (17 Jahre vor dem »Anschluss« durch Hitler!) nahmen 90 Prozent der wahlberechtigten Tiroler teil, und von diesen entschieden sich 98,6 Prozent *für* den Anschluss an Deutschland. Aufgeregt und in Vorfreude titelte der *Tiroler Grenzbote* schon am Vorabend der landesweiten Abstimmung: »Tirol, unser armes, zerrissenes, blutendes Land, ersehnt die Vereinigung mit dem Mutterland und die Heimkehr des deutschen Südens. In froher Erwartung, damit das baldige Fallen der nahen Grenzpfähle zu erwirken, dringt der bergfrische Ruf durchs Inntal: Deutschland wir grüßen dich!« Die Siegermächte des Ersten Weltkrieges verhinderten jedoch die Umsetzung dieses so eindeutig erklärten Willens des Volkes.

V. RELIGION UND GEWALT

MORDTAGE IN KONSTANTINOPEL

Die »abscheulichen« Türken waren für Erasmus von Rotterdam »eine barbarische Rasse unbekannter Herkunft«. Diesen derben Befund verknüpfte der Humanist im Jahr 1530 mit der Frage, »wie viele Massaker haben sie [die Türken] nicht schon unterm Christenvolk angerichtet?«[1] 366 Jahre später (im August 1896) schrieb ein entsetzter Deutscher dem *Berliner Tagblatt* aus Konstantinopel (Istanbul): »Mit eigenen Augen habe ich gestern die wildeste Barbarei gesehen. Das türkische Volk, das ich im Herzen immer für gut gehalten, sah ich wild, barbarisch, fanatisch, blutgierig.«[2] Jene freundlich gesinnten Optimisten unter den Europäern, die das Osmanische Reich schon mit festem Schritt auf dem Weg in eine westlich moderne Zukunft sahen, wurden durch eine dreitägige Mordorgie im Sommer 1896 des Schlechteren belehrt: »All das westeuropäische Wesen, das man in der Türkei trifft, von der Uniform bis zu den Titeln der Hofchargen und dem Staatsrathe, ist nur ein dünner Mantel über den unveränderten Kern des türkischen Wesens.«[3]

Das neuerliche Gemetzel an den christlichen Armeniern, diesmal in der Hauptstadt der nach innen und außen instabilen Türkei, rief Entsetzen in der nichtislamischen Welt hervor.

»Europäisch« zu werden, oder auch nicht, diese Frage spaltete die türkische Gesellschaft schon im 19. Jahrhundert. Als Sultan Selim III. 1807 das Militär nach europäischen Vorbildern neu organisieren und modernisieren wollte, wurde er durch die Elitetruppe der 1337 gegründeten *Janitscharen* gestürzt. Erst 19 Jahre später gelang es Selims Nachfolger Mahmud II. den übermächtigen Einfluss der Janitscharen, die schon einen »Staat im Staate« bildeten, zurück zu stutzen. An der dadurch ermöglichten Reorganisation des Heeres wirkten auch preußische Offiziere wie Helmuth von Moltke mit.[4] Die nun vom Sultan oktroyierte Modernisierung und »Europäisierung« des Staates wurde unter Mahmuds Sohn und Nachfolger Abd Al Maschid I. in noch größerem Stil unter der Bezeichnung »Tanzimat« (Neuordnung) fortgesetzt. Diese Bemühungen sickerten allerdings nur sehr oberflächlich in das Wesen der türkischen Gesellschaft ein. Die Kräfte des Beharrens und der fundamentalen islamischen Orientierung waren zu stark und sabotierten die Bemühungen des Sultans auf breitester Front. Am Ende des 19. Jahrhunderts war das Osmanische Reich hauchdünn mit etwas »westlicher Farbe« übermalt, das geringste Kratzen an der Oberfläche genügte jedoch, um die archaischen, »wilderen« Elemente der türkischen Gesellschaft wieder sichtbar zu machen. Auf dem *Berliner Kongress* 1878 wurden den europäischen Mächten Erleichterungen und Sicherheiten gegenüber den ständig drangsalierten Christen in der Türkei zugesagt, doch diese Versprechen erwiesen sich als Makulatur und blieben wertlos.

Als ökonomisch und intellektuell herausragende Volksgruppe innerhalb des Osmanischen Reiches forderten die christlichen Armenier immer wieder eine Verbesserung ihrer politischen, religiösen und gesellschaftlichen Position. Die durch den Islam fatalistisch und phlegmatisch geprägten und somit deutlich weniger erfolgreichen türkischen und kurdischen Mitbewohner des Osmanischen Hauses neideten jenen den Erfolg, insbesondere da diesen als »Christen« von vornherein keinerlei Vorsprung zustand. Unzufrieden mit ihrem ewigen Status als Bürger zweiter Klasse rebellierten einige armenische Gruppen auch mit Gewaltmitteln gegen den türkischen Machtapparat. Ein bewaffneter Überfall auf die staatliche Ottoman-Bank in Istanbul durch Armenier war für den religiös aufgestachelten und vom wirtschaftlichen Neid getriebenen türkischen und kurdischen Pöbel der willkommene Anlass, um eine mörderische Jagd auf die armenischen »Christenhunde« zu starten. Die Metzelei in Istanbul begann am 26. August 1896 und dauerte drei Tage und Nächte.

Die Depesche eines Augenzeugen aus Konstantinopel an das Berliner *Tageblatt* lässt die todeswütige Grundtendenz dieser Tage erkennen: »Zu

Tausenden sah ich türkische Hamais durch die Gassen rennen, um zu morden. Je dreißig und vierzig sah ich mit Knütteln bewaffnet an den Straßenecken lauern, um einen einzigen Armenier abzufangen und grausam niederzumachen, wie man einen tollen Hund nicht erschlagen dürfte. Vor meinen Augen wurde ein armenischer Priester von einer Rotte dieser Wilden mit Holzstücken zu einem formlosen Klumpen zerhackt. Ich sah die Polizisten lächelnd daneben stehen. Ich sah eine Kavalleriepatrouille nebenan Wache halten, damit ja Niemand den Unglücklichen Hilfe brächte. Ich habe dann solche Szenen mehr als zwanzig Mal gesehen, ich habe aber nicht ein einziges Mal beobachtet, dass die Polizisten oder Soldaten einen mordenden Türken in seinem Werk störten. In Galata habe ich in den Straßen Dutzende Todte liegen sehen. In der Straße, wo ich wohne, in der Hendekstraße, wurden innerhalb einer halben Stunde drei armenische Passanten von türkischen Knüttelträgern niedergeschlagen. Bei einer Straßenwanderung am späten Nachmittage traf ich einen Zug von 6 Mistkarren angefüllt mit Leichen. Man behauptet, dass am Tage allein mindestens zweitausend Personen getödtet wurden, und nach allem, was ich persönlich gesehen, erscheint mir die Ziffer nicht übertrieben.«[5]

Der »Correspondent« der Berliner Zeitung war – wie viele andere auch – über die »Theilnahmslosigkeit« der westlichen Botschafter empört: »Mit Recht wird es ein Hohn auf die Anwesenheit der europäischen Großmachtsvertreter in der türkischen Hauptstadt genannt, wenn unter ihren Augen der Sultan seine Unterthanen wie tolle Hunde todtschlagen lässt.« Die in der Metropole am Bosporus lebenden Europäer hatten sich in ihren Häusern verschanzt und »jede Menge Proviant angehäuft«. Ein österreichischer Handelsangestellter wurde vom wütenden Mob erschlagen. Es ging das Gerücht, der Sultan habe erlaubt, fünfzig Stunden lang »nach Herzenslust« die christlichen Armenier umzubringen.

Der serbische Gesandte Oberst Vladan Georgevics erzählte über die vor seinen Augen sich abspielenden Gräuelszenen: »Vornehme Armenier welche im Wagen Galata passirten, wurden, als sie als Armenier erkannt waren, von der Menge umzingelt, erdrosselt und in schändlicher Weise zerstückelt. Armenische Frauen und Jungfrauen, sowie Knaben sind zu Hunderten am Samstag geschändet und nachher getödtet worden.«[6]

Die vorsichtig und ängstlich aus den Fenstern ihrer Häuser und Wohnungen lugenden Europäer beobachteten, dass Polizisten und Soldaten die Rolle von Jagdhunden spielten, die dem Mob die Beute zutrieben und dann mit wohlwollendem Interesse zusahen, wie die armenischen Männer, Frauen und Kinder nicht selten unter *Allahu akbar*-Rufen erschlagen wurden. Fanatismus und Glaubenshass vereinigten sich hier mit den gemeinsten Leidenschaften, und die beständig auf den Ausbruch lauernde Bestialität der Menschen gab sich ohne Scheu in ihrer grausigsten Form zu erkennen.

Zum Schutz des eigenen Lebens kennzeichneten die meisten Ausländer ihre Wohnungen mit der Flagge ihres Landes. Da zahlreiche Armenier in Todesangst versuchten, in solchen Wohnungen und Häusern Schutz zu finden, verlangte die türkische Obrigkeit die sofortige Entfernung dieser fremden Flaggen, damit der vom Blutrausch besoffene Pöbel sich auch aus diesen Häusern – von keinen diplomatischen Plänkeleien behindert – seine Opfer herausholen kann.

Über die »Mordtage in Konstantinopel« schrieb die *Kölnische Zeitung*: »Seitdem die Ruhe eingetreten ist, sind die Consulate eifrig beschäftigt, den Verlust, den ihre Schutzbefohlenen durch die Plünderung der Magazine erlitten haben, festzustellen. Deutsche Unterthanen sind zufälligerweise in geringerem Maße betroffen worden als andere, so dass ihr Gesamtschaden nicht sehr hoch ist; dagegen sollen verschiedene englische Geschäftsleute mit großen Entschädigungsansprüchen auftreten. Die Ortsbesichtigungen dauern fort, und man kann bei ihnen eine Vorstellung davon gewinnen, wie das Gesindel gehaust hat. Die Hans, wie man hier die Häuser für Geschäftszwecke nennt, sind meistens große steinerne Gebäude, die einer ganzen Reihe von Firmen Unterkunft geben. […] Die Fenster im Erdgeschoß sind mit schwerem Eisengitter geschlossen, eiserne Thüren und Laden finden sich in allen Stockwerken, und doch hat

Alles nichts genützt. Tritt man durch das Thor in den Hausgang, so strömt dicke Luft entgegen, auf den Platten des Bodens und der Treppe klebt die Sohle beinahe fest an dunklen Flecken; es ist geronnenes Blut, und überall, wohin man sieht, sind auch jetzt, nachdem schon die Reinigung begonnen hat, Blutspritzer. Die eisernen Thüren sind mit Aexten und Brechstangen zertrümmert, kein Stück der Möbel unbeschädigt ... und überall Blut und Blut. Dicke Knüppel, zum Theil sorgsam geglättet und zugespitzt, andere, nur rohe schwere Aeste, haben die Mörder zurückgelassen, und noch klebt an ihnen Gehirnmasse. Doch nicht nur die Hilfspolizei kann hier an der Arbeit gewesen sein, auch die Truppen müssen mitgewirkt haben, denn es finden sich in dem Wirrwarr ungebrauchte Henry-Martini-Patronen, die verloren gegangen sind. Die Leichen der Erschlagenen sind schon fortgebracht, manche fand man an ganz verborgenen Orten erst, nachdem der Geruch der verwesenden Körper auf die Spur geleitet hatte, die Mordlust der Knüppelmänner hatte das Versteck nicht täuschen können. Und doch sind einzelne wunderbar gerettet worden; ein Armenier hatte in einem Faß Zuflucht gefunden, vier Tage blieb er darin, bis der Hunger ihn zur Verzweiflung brachte. Er rief aus dem Fenster dem wachehabenden Soldaten zu, er möge ihm etwas zu essen geben, aber nur das zufällige Eintreffen eines Europäers rettete ihn auch jetzt noch, denn der Nachtwächter der Straße stand schon auf dem Sprunge ihn zu erschlagen. [...] Entschlossene Männer könnten diese Hans auch gegen eine größere Uebermacht halten, aber die Armenier haben, so kräftige Leute sie auch sind, fast nirgends Widerstand geleistet, wie sie sich auf den Straßen ohne geringste Gegenwehr erschlagen ließen, so auch in den Häusern, man weiß eigentlich nur von zwei Orten, wo der Pöbel Stunden gebrauchte, um sie niederzumachen und auch Verluste erlitt, das eine Mal waren es Schmiedegesellen, die ihre schweren Hammer als Waffe gebrauchten.«[7]

Mit ihren türkischen Herren und Glaubensbrüdern im Hass gegen die »Christen« vereint, nahmen die Kurden bereitwillig und im größten Umfang an den Vernichtungsaktionen teil.

Den Mordtagen in Konstantinopel gingen schon in den Monaten vorher brutalste Verfolgungswellen gegen die Armenier im ganzen Land voraus. An der Wende vom 19. zum 20. Jahrhundert waren die schon um 300 christianisierten Armenier unter drei aufeinanderfolgenden Regime der Verfolgung ausgesetzt. Wie Jost Dülffei in der *Zeit* bemerkte, wurden allein unter dem als »Blutsauger« übel beleumdeten Sultan Abdul Hamid II. von etwa drei Millionen Armeniern in der kurzen Zeitspanne 1895/96 mehr als 200 000 Menschen gezielt umgebracht. Viele der Überlebenden konvertierten zum Islam, flohen oder emigrierten.[8]

Weitere Pogromwellen folgten in den Jahren 1905, 1909 und der Gipfelpunkt des Terrors war 1915/16 erreicht. Als angebliche Verräter wurden die christlichen Armenier in großen Kolonnen nach Süden in Richtung Mesopotamien vertrieben. Auf diesen »Todesmärschen« kamen schätzungsweise 1,5 Millionen Armenier durch Hunger, Durst, Knüppelhiebe oder Schüsse ums Leben.

Als sich im August 1915 dieser »Vorgang« allmählich abzeichnete, das volle Ausmaß des Genozids aber noch nicht erkennbar war, berichtete der deutsche Konsul in Erzerum: »Die türkische Regierung hofft vielleicht weiter […] die Armenier wirtschaftlich so zu schädigen, dass es ihnen in Zukunft nicht mehr möglich sein wird, ein selbständiges Leben zu führen. Ich will hier davon absehen, dass diese Regierungsmaßnahmen in einer Form durchgeführt werden, die einer absoluten Ausrottung der Armenier gleichkommt. Ich glaube auch nicht, dass es auf andere Weise gelingen könnte, eine Kultur zu vernichten, die älter und viel höher ist, als die der Türken. Auch sonst scheinen mir die Armenier gleich den Juden als Rasse von großer Widerstandskraft. Durch ihre Bildung, ihre kommerziellen Fähigkeiten, ihr Anpassungsvermögen dürfte es ihnen gelingen, auch unter ungünstigen Verhältnissen wirtschaftlich wieder zu erstarken. Nur eine gewaltsame Ausrottungspolitik, ein gewaltsames Vernichten des ganzen Volkes könnte die türkische Regierung auf diesem Wege zum ersehnten Ziel, zur ›Lösung‹ der Armenierfrage führen.«[9]

Die Europäer, mit Ausnahme Frankreichs, sind gegenüber der Türkei immer noch zu feige und zu rücksichtsvoll, um von diesem »EU-Beitrittskandidaten« eine ehrliche und offene »Aufarbeitung« des Genozids an den Armeniern, dieses düsteren Kapitels der jüngeren türkischen Geschichte, einzufordern und zu verlangen. Als es das Bundesland Brandenburg im Jahr 2002 wagte, diesen Völkermord erstmals in einen deutschen Geschichtslehrplan aufzunehmen, gab es nicht nur von türkischer, sondern vor allem auch von deutscher Seite aus die größten Widerstände dagegen.[10] Es könnte ja wer beleidigt werden.

Auf bestialische Weise den Tod zu finden, war kein »Privileg« der Armenier. Als im September 1911 die italienische Regierung vom Osmanischen Reich Handlungsfreiheit in Tripolis verlangte und die Türken sich dem widersetzten, kam es zum Krieg zwischen diesen beiden Mächten. Solche Scharmützel wurden oft sehr rasch zum »Heiligen Krieg« aufgewertet, um die eigene Soldateska auf eine härtere Gangart einzustimmen. Natürlich waren auch die Italiener gegenüber ihren Feinden nicht zimperlich, doch die Gewaltbereitschaft der Türken besaß eine deutlich andere Qualität. Unter dem Titel »Türkische Greueltaten« wusste die *Volks-Zeitung* am 1. Dezember 1911 Ungeheuerliches zu melden: »Der Kriegskorrespondent des Pariser *Journal* in Tripolis berichtet seinem Blatte über furchtbare Grausamkeiten, die sich die Türken an gefangenen Italienern zuschulden kommen lassen. Der Korrespondent schreibt: Ich komme soeben von Henni zurück und fühle mich noch ganz krank von dem Furchtbaren, was ich gesehen habe. Es übertrifft an Grausamkeit alles, was man sich denken kann. In der Moschee sah ich 17 gekreuzigte Italiener, deren Leichen einen so verzerrten Gesichtsausdruck aufwiesen, dass man sich denken kann, welch unaussprechliche Qualen diese Armen zu erdulden hatten. Fleischfetzen hingen ihnen vom Leibe, entsetzliche Amputationen waren an ihnen vorgenommen. Der Hals war ihnen mit langen Palmenzweigen durchbohrt. Auch gefangene ital. Offiziere wurden Opfer der teuflischen Grausamkeit der Türken. Man hatte sie an die Mauern gebunden, ihnen die Augen zugenäht und sie so langsam sterben lassen. Die meisten der verstümmelten Körper waren völlig unbekleidet. Im

Friedhof von Gheni, wo sich die Türken verschanzt hatten, dann aber zurückgeworfen wurden, sah ich fünf ital. Soldaten, welche bis zum Kopf in die Erde eingegraben waren. Den Kopf vornübergeneigt, boten ihre Leichen einen schauerlichen und erschütternden Eindruck. Das Blut, das ihnen aus Mund, Nase und Augen gedrungen, hatte die Erde rot gefärbt. Die Gesichtszüge der lebendig Begrabenen waren völlig verzerrt. Das Schauspiel, das ich gesehen habe, werde ich in meinem ganzen Leben nicht vergessen.«[11]

Die Türken als biblische Plage

»Der Türcke ist Gottes rute und des Teuffels diener, das hat keinen Zweifel«, so behauptete Martin Luther 1529 in seiner Schrift *Vom kriege widder die Türcken.*[12] Im 16. und 17. Jahrhundert drang der »heidnische« Feind aus Südosten ins christliche Mitteleuropa vor. Zur Zeit der Reformation und des Streites zwischen den Christen »nutzte der osmanische Sultan Süleyman I. die Gunst der Stunde, um zu einem Schlag gegen Europa auszuholen.«[13] Zweimal standen die Aggressoren vor den Toren von Wien. 1529 wurden die türkischen Belagerer durch Ruhr und Typhus geschwächt und zogen sich wieder nach Ungarn zurück, nicht ohne vorher jene Gefangenen, die sie nicht mitnehmen wollten, Kinder, Alte und Kranke, zusammen etwa 2 000, zu töten. Das christliche Volk wusste, dass es der Fürsprache der Gottesmutter bei ihrem Sohn zu verdanken war, die den Abzug der Türken erzwang. Während der zweiten Belagerung 1683 unter dem Kommando des Großwesirs Kara Mustafa Pascha wehrten sich die Wiener tapfer und lange gegen die gewaltige Übermacht der Osmanen. In letzter Minute konnte ein polnisch-deutsches Heer Wien befreien und somit das christliche Abendland vor der Unterwerfung unter den Halbmond und dem Islam bewahren.

Zweihundert Jahre lang fürchtete man sich im Deutschen Reich vor den Türken. Es stand außer Zweifel, dass Gott seine ungehorsamen Kinder mit dieser Bedrohung wieder einmal strafen, züchtigen und zur »Umkehr« ermahnen wollte. Helfen konnte hier nur mehr die konsequente sittliche Besserung des Volkes und die inbrünstige und oftmalige Versenkung in das Gebet. Erst dann würde Gott auch den Erfolg der Waffen erlauben. »Wenn es uns gelingen soll, uns aus dem türkischen Würgegriff zu befreien«, belehrte Erasmus, »müssen wir [...] aus unserem Herzen Geiz, Ehrgeiz, Herrschsucht, Sinn für Ausschweifungen, Wollust, Falschheit, Hass und Begierde verbannen.« Der sonst so kluge Niederländer wusste, »dass Gott uns die Türken schickt wie ehemals den Ägyptern die Frösche, Stechmücken und Heuschrecken. [...] Unseren Lastern verdanken sie ihren Sieg.«[14]

Neuerliche militärische Erfolge der Türken veranlasste die Herren von Bern alle Tänze, freche Lieder, schlechtes Betragen, sowie Schreien und Heulen zu verbieten, »da der Herr gefährliche Geschehnisse über uns kommen lässt wegen unserer Sünden«.[15]

Die hoffentlich rasch geläuterten Christen rief der deutsche Reformator Martin Luther zum Kampf wider dem »Tuerck, dem leib hafftigen Teuffel« auf: »Du sollst nicht fürchten, dass du in der Türken Heer unschuldiges Blut vergießt, denn sie sind von Gott als seine Feinde zum Tode und zur Hölle verurteilt. Deine Faust und dein Spieß sind jetzt Gottes Faust und Gottes Spieß und du bist Gottes des allergrößten Herrn Scharfrichter und Henker wider seinen großen verdammten Feind.«[16]

Luther sah das Deutsche Reich von innen durch das Papsttum und von außen durch die Osmanen bedroht: »Denn die zwey Reiche des Bapsts und der Tuercken sind die letzten zwen Grewel [Gräuel] und Gottes zorn [...] und müssen miteinander ergriffen und in den feurigen pful geworfen werden.«[17] Der Kampf wird hier nicht gegen Menschen, sondern gegen Dämonen geführt. Waffen sind gut, doch ohne Gottes Beistand wirkungslos. Überzeugtes Beten ist das beste Schild gegen das orientalische Monster: »Und wenn ir nu wider den Türcken zihet, so seid ja gewis und zweivelt nichts dran, das ir nicht wider fleisch und blut, das ist, wider Menschen streitet. [...] Sondern seid gewis, das ir wider ein gros heer Teuffel streitet [...]. Darumb verlasset euch nicht auf ewr Spies, Schwert, Buchssen, macht oder menge, Denn da fragen die Teuffel nicht nach. [...] Wir müssen gegen die Teuffel Engel bey uns haben, Welchs geschehen wird, so wir uns demütigen, Beten und Gotte vertrawen in seinem Wort.«[18]

Schon achtzig Jahre vor Luthers Identifizierung der Türken als Teufel ordnete Papst Calixtus III. an, »die gesamte Christenheit solle täglich ein Angelus beten«, damit ihr der Himmel gegen die osmanische Gefahr beistehe. Aufgeschreckt wurde Calixtus durch den Untergang Konstantinopels. Der deutsche Kaiser Karl V. ordnete an, jeden Mittag im ganzen Reich die »Türkenglocke« zu läuten, damit sowohl die Katholiken als auch die Protestanten an die ständige Gefahr erinnert werden.[19] Das noch junge Druckgewerbe produzierte für das sensationslüsterne Volk Kupferstichdrucke mit der Darstellung nackter gefangener Christinnen, die auf türkischen Märkten verkauft wurden. Auch Horrorszenen, die aufgespießte und zweigeteilte Kinder zeigen, mit denen die türkischen Soldaten ihren Spaß treiben, garantierten schaurige Neugier.[20] Blätter mit derartigen Abbildungen brachten ihren Herstellern gute Gewinne.

Die armen Juden mussten auch während der Türkengefahr wieder den Sündenbock spielen. Für den deutschen Reformator verstand es sich von selbst, dass diese wiederum frohlocken, »wenn sich ein Krieg in der Christenheit vor allem durch den Türken erhebt«.[21] Mehr als hundert Jahre später, als Kaiser Leopold I. 1664 in den Krieg gegen die Türken zog, wurde von der Geistlichkeit das perfide Gerücht verbreitet, dass die Wiener Juden mit dem türkischen Erzfeind in Verbindung stehen, um durch die heimliche Zusammenarbeit mit diesem den Christen zu schaden. Durch die Verteilung von Flugblättern mit bösartigem Inhalt wurde versucht, eine Pogromstimmung zu entfachen. Studenten und »anderes Gesindel« drangen während des Osterfestes 1668 in die Wiener »Judenstadt« ein, um dort »endlich mit den Juden abzurechnen«.[22] Hier gelang es der Obrigkeit (ausnahmsweise einmal) das Schlimmste zu verhindern.

Auch als die Mongolen im Frühjahr 1241 vom Osten her Deutschland bedrohten, vermischten sich religiöse und militärische Ängste mit dem

Judenhass. Den Frankfurter Juden wurde vorgeworfen, als Waffenlieferanten der Mongolen zu dienen. Gerüchte waren im Umlauf, dass einige der Zehn verlorenen Stämme der Juden gemeinsam mit den Mongolen sengend und mordend gegen Westen ziehen, um bald auch die Ufer des Mains zu erreichen. Fanatische Prediger trugen mit ihren Schauergeschichten Furcht und Panik in die Frankfurter Wohnstuben. Es blieb nur eines – die Juden zu erschlagen. Das Massaker vom 29. Mai 1241 ging als die »erste Judenschlacht« in die Geschichte Frankfurts ein. Die jüdische Gemeinde wehrte sich zwei Tage lang verzweifelt gegen eine erdrückende Übermacht. Doch die christlichen Schlächter kamen »wie Holzfäller mit Äxten in der erhobenen Hand und zerschlugen Türen und Tore«.[23] Fast zweihundert Frankfurter Juden fanden den Tod. Ihre Häuser brannten aus. Nackt blieben die Erschlagenen auf den Straßen liegen, denn Leichenfledderer raubten ihre Kleider.

Die Abwehrfront gegen die Türken war stets irgendwo löchrig. Doch nicht die Juden kollaborierten mit dem muselmanischen Feind. Wenn es den Interessen der eigenen Machtpolitik oder der eigenen Kasse diente, waren die höchsten Repräsentanten der Christenheit immer wieder bereit, mit den »türkischen Teufeln« auf strategischer oder ökonomischer Ebene zusammen zu arbeiten. Ihre Handelsinteressen waren den Venezianern »heilig« und deshalb brachen sie regelmäßig aus der christlichen Phalanx aus. Die Franzosen wollten den Habsburgern und deren deutschen Kaisern schaden und verbündeten sich mit den Türken. Zu einer paradoxen Frontverkehrung kam es, als diese 1683 Wien belagerten. Seite an Seite mit Muslimen kämpften Soldaten des protestantischen ungarischen Adels gegen Wien.[24] Auch einige Päpste hatten keinerlei Berührungsängste gegenüber dem Islam, wenn es um den eigenen Vorteil ging.

Der unfreundliche Sultan

Am 24. April 1877 begann der 8. Russisch-Türkische Krieg. Zwei Monate später überschritt die russische Armee die Donau, und nach der Eroberung der Stadt Plewen war der Waffengang zugunsten der Russen entschieden. Im Vorfrieden von San Stefano (Yesilköy), einem Vorort von Konstantinopel, erkannte die Türkei ihre bisherigen Balkanbesitzungen Montenegro, Serbien, Rumänien und Bulgarien als unabhängig an. Im Verlauf des Krieges kam es zu Massakern an der moslemischen Bevölkerung auf dem Balkan.[25] Die Russen verstanden sich als Schutzmacht aller innerhalb des Osmanischen Reiches lebenden Christen. Offenbar erlaubte sich der Papst im Zusammenhang mit diesem Krieg etwas Verständnis für die Nöte der Türken. Dies ärgerte die Macher des *Tiroler Grenzboten.* Um zu zeigen, wie geschichtsvergessen der Papst gegenüber dem Islam und den Türken ist, wurde am 8. Juli 1877 eine damals 200 Jahre alte, wenig diplomatisch formulierte, türkische Kriegserklärung mit einer erläuternden Einleitung abgedruckt: »Es gab eine Zeit, wo das Wort ›Türke‹ ein Schreckensname für die Völker des Abendlandes war; auch hatten noch nie die Türken sich den Grenzen Deutschlands so sehr genähert, als in dem Kriege gegen den deutschen Kaiser Leopold I., welcher 1660 wegen Siebenbürgen ausgebrochen war. Schon hatten die Türken damals beträchtliche Fortschritte in Ungarn gemacht, als sie am 3. August 1664 von Montecucoli bei St. Gotthard völlig geschlagen wurden. Dessen ungeachtet nahm Leopold zum Erstaunen Aller den von den Türken angebotenen 20jährigen, ihm ganz unvortheilhaften Waffenstillstand zu Temesvar an.

Das sonderbarste Aktenstück aus jener Zeit (also vor circa 200 Jahren) ist die Kriegserklärung, welche damals Mohamed IV. an Kaiser Leopold I. gerichtet hatte, deren Wortlaut wir hier mittheilen wollen, da diese geschichtliche Reminiscenz im Hinblick auf den jetzigen Türkenkrieg von besonderem Interesse ist. Das merkwürdige Schriftstück lautet: *›Von Gnaden des im Himmel waltenden Gottes verpfänden Wir Mola Mohamed,*

Gott auf Erden, glorreicher und allgewaltiger Kaiser von Babylon und Judäa, vom Orient und Occident, König aller irdischen und himmlischen Könige, Großkönig vom Heiligen Arabien und Mauritanien, geborner, ruhmgekrönter König Jerusalems, Gebieter und Herr des Grabes des gekreuzigten Gottes der Ungläubigen, Dir Cäsar Roms [der deutsche Kaiser] und Dir König von Polen Unser heiligstes Wort, ebenso allen Deinen Anhängern sowie dem rothen Hahn von Rom [der Papst], den Kardinälen, Bischöfen und allen ihren vielfärbigen Helfershelfern, dass Wir im Begriffe sind, Dein Ländchen mit Krieg zu überziehen, und führen wir mit Uns 13 Könige mit 1 300 000 Mann Infanterie und Kavallerie und werden Dein Ländchen mit diesem Heere, von dem weder Du noch Deine Anhänger je eine Ahnung hatten, ohne Gnade und Barmherzigkeit mit Hufeisen zertreten und dem Feuer und Schwert überliefern. Vor Allem befehlen Wir Dir, Uns in Deiner Residenzstadt Wien zu erwarten, damit wir Dich köpfen können. Auch Du kleines Königlein von Polen thue dasselbe. Wir werden Dich sowie alle Deine Anhänger durch Mord, Raub, Brand, Schändung und Plünderung vertilgen und das allerletzte Geschöpf Gottes, was nur ein Giaur [Schimpfname für Nichtmuslime] ist, von der Erde verschwinden machen. Wir werden Groß und Klein vorerst den grausamsten Qualen aussetzen und dann dem schändlichsten Tode übergeben. Dein kleines Reich will ich Dir nehmen und jenes des rothen Hahns zertrümmern und die gesamte Bevölkerung von der Erde wegfegen. Dich und den König von Polen werden wir so lange leben lassen, bis ihr Euch überzeugt haben werdet, dass wir alles Obgesagte erfüllt haben. Dies zur Darnachachtung. Gegeben in unserer majestätischen Haupt- und Residenzstadt Stambul [Istanbul/Konstantinopel], die 1 659 Gassen, 90 Spitäler, 1 000 Bäder, 999 Brunnen, 120 Plätze, 115 öffentliche Gebäude, 496 Einkehrhäuser für fremde Gäste, 1 652 kleine und große Schulen, 1 600 Mühlen und 4 122 Moscheen besitzt. Diese große und feste Stadt nimmt einen Flächenraum von vier Meilen ein und ist mit 560 Türmen verziert. Diese Stadt haben meine Ahnen den Ungläubigen mit Gewalt entrissen, nachdem man alle Kinder, Männer und Weiber zuerst geschändet und dann massakriert hatte. Wir werden diese Stadt auch fernerhin Euch Giauren zum Trotz behalten. Gegeben in Unserem 25. Lebensjahre und in dem 7. Jahre Unserer allmächtigen Regierung. Mola Mohamed m. p.‹

Welch' ein himmelhoher Unterschied liegt nun zwischen damals und heute! – Damals wollten die Türken, die grausamsten Feinde der Christen, das weltliche Reich des ›rothen Hahns‹ in Rom zertrümmern; heute dagegen sympathisiert dieser selbige ›rothe Hahn‹ in Rom, der längst kein weltliches Reich mehr besitzt, mit den Türken, die noch immer die nämlichen Feinde der Christen geblieben sind! Muß dieser ›rothe Hahn‹ nicht dunkelroth werden vor Scham, wenn ihm heute der Zufall obiges Aktenstück Mohameds IV. in die Hände spielt und er damit seine bekannten Aussprüche vergleicht, die er unlängst gegen Diejenigen gerichtet hat, die gekommen sind, die gequälten Christen aus den Händen der fanatischen Moslems zu befreien?«[26]

Trau' keinem Christen

Heute leben in der Türkei nur mehr an die 120 000 Christen. Die armenisch-orthodoxen Gläubigen bilden hier die absolute Mehrheit gegenüber den Katholiken und anderen Gruppen.[27] Zahlenmäßig zur Bedeutungslosigkeit geschrumpft ist die ehemals sehr große griechisch-orthodoxe Gemeinde. Seit zwei Jahren häufen sich die Übergriffe gegen Christen. Diese religiöse Minderheit – 99 Prozent der etwas mehr als 70 Millionen Einwohner der Türkei sind Moslems – sieht sich einer wachsenden Feindschaft von Seiten radikaler und islamistischer Fundamentalisten ausgesetzt. Die alltäglichen Nadelstiche schaffen es nicht, als Nachrichten in die westlichen Medien zu gelangen. Nur spektakuläre Mordaktionen, wie der Überfall auf das Büro des christlichen Zirve-Verlags in der zentralanatolischen Stadt Malatya im Frühjahr 2007, erhalten einen weltweiten Aufmerksamkeitswert. Fünf mit Brotmessern bewaffnete türkische Fanatiker stürmten den kleinen, auf christliche Literatur spezialisierten

Verlag, folterten drei der Mitarbeiter und schnitten ihnen schließlich die Kehlen durch. Auf Zetteln, die bei den Attentätern gefunden wurden, fand sich die wortgleiche Parole: »Das soll den Feinden unserer Religion eine Lehre sein.«[28]

Islamische und auch nationalistische Fanatiker schüren in Teilen der Bevölkerung die Angst, dass das Christentum in der Türkei auf dem Vormarsch sei. Christlichen Missionaren wurde schon vorgeworfen, sie würden von der CIA unterstützt. Je verwegener eine Verschwörungstheorie ist, umso mehr Resonanz findet sie bei den radikalen Glaubenshütern. Der Chefredakteur der *Hürriyet* fragte kritisch erstaunt: »Wo ist die muslimische Toleranz für den anderen Glauben? Türken haben in Deutschland mehr als 3 000 Moscheen, und wir halten ein paar Kirchen und ein Dutzend Missionare nicht aus?«[29]

Konvertiten werden wegen »Beleidigung des Türkentums« und »Aufwiegelung zu religiösem Hass« vor das Gericht gezerrt. Ihsan Özbek, ein Protestant mit 5 000 Glaubensbrüdern in der gesamten Türkei und Vorsitzender der Erlöserkirche, sieht die Zukunft sehr dunkel: »Wir erleben eine Hexenjagd wie im Mittelalter, und die Toten von Malatya waren bestimmt nicht die Letzten. [...] Wir werden als potentielle Kriminelle und Verräter präsentiert.«[30]

Eine Umfrage unter Türken ergab, dass 40 Prozent der Befragten keinen christlichen Armenier oder Griechen zum Nachbarn haben wollen.[31] Gleich den Armeniern wurden (und werden) auch die orthodoxen Griechen mit türkischem Pass in ihrer Gesamtheit mit Misstrauen bedacht. Als 1955 jene böswillige Falschmeldung in die Öffentlichkeit gelangte, dass Atatürks Geburtshaus in Thessaloniki zerstört worden sei, stürmte ein wutentbrannter Mob durch Istanbuls Straßen und demolierte alles, was griechisch war. Diese Eruption des Hasses vernichtete unzählige Wohnungen, Läden und Werkstätten. Es wurde geprügelt, geplündert, gebrandschatzt, vergewaltigt und auch gemordet. Der Schock über dieses Pogrom trieb Tausende türkische Griechen zur Flucht. Neun Jahre später wurden 40 000 Griechen über Nacht aus Istanbul deportiert.[32] Religionsdünkel und Nationalismus, diese beiden Übel machen es vielen Türken schwer, »die Anderen« als gleichwertige und gleichberechtigte Mitbürger zu akzeptieren.

Blutrausch der Frommen

»Irgendwo im Grunde seines Herzens schwelt im Menschen immer eine Art ›Bartholomäusnacht‹.«[33] Bezeichnender als mit diesen Worten von Gerald Messadiè kann die destruktive Kraft und Macht der Religion kaum ausgedrückt werden. Es stimmt einfach nicht, dass Glaube und Frömmigkeit erstrangig für das friedliche Zusammenleben auf unserem Planeten verantwortlich sind. Erst wenn der Begriff »Religion« nur mehr zur Erinnerung an ferne geistige Marotten der Menschheit dient, wird die bisher meist missbrauchte Wortschöpfung »Frieden« zum real gelebten Erlebnis werden. Ohne Religion würden die Ströme von Blut in Indien versiegen. Ein Moslem, der in dieser Vision kein Moslem mehr wäre, könnte einer den Weg versperrenden indischen Kuh einen Klaps geben, ohne damit gleich einen Sturm der Gewalt mit vielen Toten und Verletzten zwischen Hindus und Moslems zu entfachen. Denn die Hindus, die ja nun keine Hindus mehr wären, würden in der etwas gröberen Berührung der nicht mehr »heiligen« Kuh nur einen den Verkehrsfluss fördernden Vorgang und keine »Verletzung der religiösen Gefühle« erkennen. Eine der schlimmsten Unruhen in Indien nach der Unabhängigkeit 1947 löste im Jahr 1969 in Ahmedabad ein muslimischer Gemüseverkäufer aus, der mit Schlägen eine Kuh vertrieb, die genüsslich von seiner schmackhaften Ware naschte. Die Kuh wurde bei diesem Vorfall nicht ernstlich verletzt, doch die Handgreiflichkeit des sein Gemüse verteidigenden Moslem galt für die Hindus als tückischer Angriff auf ein Heiligtum ihres religiösen Universums. Der Vorfall ging wie ein Lauffeuer durch die Stadt, er wurde enorm aufgebauscht und zog viele weitere Zwischenfälle nach sich. Zehn Tage lang kam es im gesamten Bundesstaat Gujarat zu schwersten Auseinandersetzungen zwischen Hindus und Moslems mit massiven Verletzungen und großen Zerstörungen.[34]

Die widerliche Vorstellung, dass Muslime Kühe essen, erzeugt bei den Hindus einen gewaltigen Ekel. Die unterschiedlichen Essgewohnheiten der beiden Religionsgruppen sind zugleich eine wirksame Barriere gegen eine wechselseitige Annäherung. Wer will denn schon mit jemandem befreundet sein, mit dem man keine Mahlzeit teilen kann und dessen Speiseplan so abscheulich ist.[35] Hindu-Fundamentalisten würden das Schlachten von Kühen am liebsten unter Todesstrafe stellen. Wer in den ländlichen Regionen des nordindischen »Kuhgürtels« eine Kuh tötet, wenn auch unabsichtlich – etwa durch einen Verkehrsunfall – ist durch dieses Delikt zum Schwerkriminellen geworden, er muss mit gewaltsamen Reaktionen der Anwesenden rechnen. Sollte er diese kritische Situation halbwegs unbeschadet überstehen, so ist – wie meist auch bei den anderen Religionen – eine »befreiende« Sühne durch eine handfeste Gabe möglich. Der »Rindsmörder« muss eine bestimmte Menge Kuhurin trinken und einem Brahmanen-Priester eine Kuh-Statuette aus solidem Gold verehren.[36] In Nepal wird das Töten einer Kuh noch heute mit einer Gefängnisstrafe geahndet. Nichthindus sind viel zu ignorant, um den spirituellen Wert des wiederkäuenden Vierbeiners auch nur zu erahnen. Immerhin gilt jeder Körperteil einer Kuh als der Sitz einer Gottheit, »von den Nasenlöchern, in denen die göttlichen Musikanten, die Ashvins, hausen, bis hin zum Schwanz, in dem sich Yama versteckt hält«.[37]

»Bei einem Bombenanschlag auf eine Moschee in der südindischen Stadt Hyderabad nach dem Freitagsgebet sind offiziellen Angaben zufolge mindestens fünf Menschen getötet und 35 verletzt worden. Sicherheitskräfte verhinderten eine größere Katastrophe, indem sie drei weitere Bomben in dem Gotteshaus rechtzeitig entschärften. Zum Freitagsgebet waren knapp 8 000 Gläubige in die Mekka-Moschee gekommen, die eine der ältesten und größten Indiens ist. [...] Radikale Hindu-Nationalisten und extremistische Muslime verüben in Indien immer wieder Anschläge, um Spannungen zwischen den beiden größten Glaubensgemeinschaften zu schüren. Aufgebrachte Muslime demonstrierten nach der Explosion in Hyderabads Altstadt, wo die Moschee liegt. Die Behörden riefen die Menschen dazu auf, in ihren Häusern zu bleiben.«[38] Zeitungsmeldungen solcher Art spiegeln nur den indischen Alltag wieder. Anschläge in dieser Größenordnung taugen durch ihre Häufigkeit kaum zur Verwendung auf den Titelseiten. Indien darf nicht zur Ruhe kommen, dafür sorgt mit »todsicherer« Zuverlässigkeit die Religion und deren jeweiligen »Verteidiger«. Der Glaube versetzt hier im wahrsten Sinne des Wortes Berge – Berge aus Leichen.

Als Indien im August 1947 von den Briten in die »Freiheit« entlassen und in einen hinduistischen und einen muslimischen Staat (Pakistan) geteilt wurde, geriet ein immenser Bevölkerungsaustausch in Bewegung. Mehr als 4 Millionen indischer Moslems flüchteten nach Pakistan und an die 7 Millionen Hindus und Sikhs versuchten, sich in die Gegenrichtung zu retten. Die gewaltbereiten Glaubensdämonen konnten sich in diesen Sommertagen auf eine blutdurchtränkte Ernte freuen. Für die aus der alten Heimat flüchtenden Moslems oder Hindus war es ein Wettlauf zwischen Leben und Tod. Den mordenden Horden (auf beiden Seiten) ging es nur mehr darum, dass von der anderen Religionsgruppe möglichst viel mehr Menschen zu Tode kommen als von der eigenen. Bei Gewaltakten und durch die Strapazen der Flucht haben an die 750 000 Menschen in wenigen Wochen ihr Leben verloren.

Für seine Forschungen über religiöse und ethnische Konflikte ist Sudhar Kakar vielen Erinnerungen an diese apokalyptische Zeit nachgegangen. Zu welchen Exzessen Menschen fähig sind, die glauben, der einzig »wahren« Religion als treue Mitglieder anzugehören, zeigen Kakars nachstehende Fallbeispiele:

»Am Tage unserer Abreise gingen wir aus dem Haus, um letzte Vereinbarungen mit dem Lastwagenfahrer zu treffen. Während unserer Abwesenheit wurde das Haus angegriffen. Als wir zurückkamen, versteckten wir uns auf dem Dach eines leerstehenden Nachbarhauses, das einem Hindu gehörte. Wir konnten in unserem Hof fünf Muslime von stämmiger

Gestalt ausmachen. Sie hatten lange Fleischermesser in ihren *lungis* stecken und plünderten systematisch das Haus. Die Leiche unseres jüngsten Bruders (wir waren drei) lag auf dem Hof, der Kopf war völlig vom Rumpf abgetrennt. Einer der Muslime saß vor der Leiche auf einem Stuhl und gab den Plünderern Anweisungen. Sie brachten die gepackten Koffer aus dem Haus und warfen sie vor ihm auf den Boden, der übersät war mit Hochzeitssaris und farbigen Seidenblusen. […] Ich war wie gelähmt vom Anblick des behaarten Oberkörpers des Anführers, der über und über von einem dicken schwarzen Pelz überzogen war. Dann gingen zwei der Muslime ins Haus und brachten Sohan Lals Frau heraus, und der Anführer zog sie zu sich. Sie saß auf seinem Schoß, bis zur Taille nackt, ihr Unterrock aufgeschlitzt, und die haarige Hand des Muslims legte sich wie eine riesige schwarze Spinne auf ihren Schenkel. Nachdem man sie neben die Leiche unseres Bruders, wo noch die Blutstropfen aus dem abgetrennten Hals sickerten, auf die Erde gelegt hatte, wurde sie von einem nach dem anderen vergewaltigt. Ich hielt Sohan Lal, meinen Bruder, fest und presste ihm die Hand auf den Mund. Wenn er den leisesten Laut von sich gegeben hätte, wären wir von den Muslimen entdeckt worden. Aber ich glaube gar nicht, dass Sohan Lal irgend etwas unternommen hätte. Seine Beine sackten unter ihm weg, und ich musste ihn stützen. Nachdem sie mit meiner Schwägerin fertig waren, schlitzten sie ihr den Bauch auf.«[39] Sohan Lal brachte sich wenige Tage später auf der Flucht um.

Die Religionsgruppen unterschieden sich in ihrer Wertschätzung der Bestialität nicht im geringsten. In einem Sikh-Dorf wurden die beschnittenen Glieder aller im Ort lebenden muslimischen Männer an ein zwischen zwei hohen Stangen gespanntes Seil gebunden. Diese Konstruktion, an der die Penisse wie »in der Sonne trocknende kleine Aale« hingen, war als ein den Islam verhöhnender »Begrüßungsbogen« gedacht.[40]

Ein Mitglied des militanten Hindu-Verbandes *Rashtriya Swayam Sevak* erzählte, dass es ein gängiges Verhaltensmuster unter den mordgierigen Marodeuren (Hindus, Sikhs und Moslems) war, sich dem in anderen

Stadtteilen oder Dörfern »operierenden« Mob anzuschließen, weil es doch leichter ist Fremde umzubringen, als den freundlichen Nachbarn, den man schon seit der Kindheit kannte. Der Erzähler erinnerte sich an das grässliche Ende einer seit fünfzehn Jahren unauffällig zwischen Hindus lebenden muslimischen Familie:

»Wir blieben in unseren Häusern, als ein Hindumob von Anarkali zu Gul Mohammed in unsere Gasse kam. Wie mir später erzählt wurde, brachen sie die Tür auf und schleiften einen nach dem anderen von Gul Mohammeds Familie hinaus auf die Gasse, wo man sie mit Stricken fesselte und auf der Erde liegen ließ. Aus den offenen Fenstern wurden Bettgestelle, niedrige Holzhocker und Matratzen herausgeworfen und zu einem Haufen aufgestapelt. Türen und Fensterläden wurden zerhackt und auch auf den Stapel geschichtet, der dann angezündet wurde. Der Reihe nach packten sie die Kinder und warfen sie auf den brennenden Scheiterhaufen. Gul Mohammeds Frau war die letzte, die man bei lebendigem Leib verbrannte, nachdem sie vorher zusehen musste, wie Mann und Kinder in den Flammen grausam umkamen.«[41]

Communal Violence nannte man, in eleganter englischer Sprachform, das Chaos, das die Unabhängigkeit Indiens 1947 einleitete. Viele Mitglieder der größeren Religionsgruppen mordeten mit einem Ehrgeiz, als gelte es, olympische Ehren in der Disziplin »Töten« zu erringen. Als aussichtsreiche Anwärter für einen solch fiktiven Preis qualifizierten sich die ihre Haare aus Glaubensgründen nie schneidenden Sikhs, eine indische Religionsgemeinschaft, die erst im 16. Jahrhundert inmitten der Hindus und Muslime entstanden war. Wilfried Westphal zitiert in *Shivas Töchter* beispielgebend einen Augenzeugen: »Die Sikhs schnitten einigen Frauen die Brüste ab. Die andern begannen vor Furcht umherzurennen. Einige in unserem Dorf töteten ihre eigenen Frauen und Töchter, um zu verhindern, dass sie in die Hände der Sikhs fielen. Die Sikhs durchbohrten zwei meiner kleinen Brüder mit Speeren. Mein Vater konnte den Anblick nicht ertragen. Er lief Amok. Er rannte, sein Schwert schwingend, hierhin und dorthin, wie ein Wahnsinniger. Die Sikhs konnten ihn auf den Feldern nicht fangen. Sie hetzten die Hunde des Dorfes auf ihn. Die Hunde bissen ihn in die Beine, und so konnte mein Vater nicht mehr so schnell laufen. Da fingen ihn die Sikhs. Einige hielten ihn fest. Sie zerrten ihn zu Boden, schnitten ihn in Stücke mit ihren Schwertern, meinen Vater. Sein Kopf, Hände und Beine wurden vom Rumpf getrennt. Dann überließen sie den Hunden den Leichnam.«[42]

Mit Entschlossenheit holte die Gegenseite den vermeintlichen Gewaltvorsprung der Sikhs wieder ein: »Die Muslime kamen mit Schwertern, Messern, langen, eisernen Piken, die mit in Kerosin getränkten Tüchern umwickelt waren, um uns zu verbrennen. Wir warfen mit Ziegeln und Steinen nach ihnen, doch es gelang ihnen, unser Haus in Brand zu setzen. Sie bemächtigten sich eines Sikhs und zündeten seinen Bart an. Obwohl sein Bart brannte, so tötete er dennoch einen Moslem, indem er einen großen Ziegel gegen seinen Kopf warf. Dann fiel er tot zu Boden, auf den Lippen den Namen des Sikh-Heiligen Nanak.

Sie zerrten die Männer heraus und töteten sie in den Straßen. Ich rannte zum Dach hinauf. Die Frauen waren dort und beobachteten das Geschehen. Sie wussten, dass man sie gefangen nehmen und vergewaltigen würde. Einige von ihnen hatten Babys in den Armen. Sie zündeten ein großes Feuer auf dem Dach an. Sie gaben ihren Babys die Brust und brachen in Tränen aus, vor Verzweiflung über das Schicksal, das sie ereilte. Dann warfen sie die Babys in das Feuer und stürzten sich selbst hinein.«[43]

Als die von Simon de Montfort angeführten »Kreuzritter« das südfranzösische Bèziers stürmten, um die innerhalb dessen Mauern lebenden Ketzer (Albigenser) vernichten zu können, waren die Kämpfer für Christus unsicher, wer von den vielen Bewohnern nun Katholik war oder zu den Ketzern gehörte. Abt Arnold von Citeaux (später Erzbischof von Narbonne) beendete diese Unsicherheit pragmatisch, indem er empfahl, *alle* Einwohner der Stadt (es befanden sich mehr als hunderttausend Menschen dort) ohne Unterschied zu töten, da »Gott, der Herr, die Seinen schon erkennen werde!« In Indien arbeitet man heute in diesem Zusammenhang etwas präziser. Kakar konnte die bevorzugte Erkennungsmethode des marodierenden Mobs ermitteln: »So wird etwa jemandem zuerst mit einem *lathi* ein Schlag auf den Kopf versetzt. Wenn er im Fallen einen Hindugott oder eine Göttin anruft, so wird er erstochen, wenn die Angreifer Muslime sind; wenn der unfreiwillige Schrei ein ›Ya Allah!‹ ist, wird er verschont.«[44]

Ein Zug mit einer großen Anzahl von Hindu-Aktivisten als Passagieren, welche von einer Veranstaltung zurückkamen, die für den Neubau des umstrittenen Rama-Tempels in Ayodhya Stimmung machen sollte, war am 27. Februar 2002 nach Ahmedabad, der Metropole des 51-Millionen-Einwohner-Bundesstaats Gujarat unterwegs. Der Funke entzündete sich, wie so oft, an einer Kleinigkeit. Am Bahnhof Godhra, kurz vor der Endstation, gerieten einige Hindus aus dem Zug mit einem muslimischen Teeverkäufer aneinander. Für Indien kaum mehr überraschend, folgte dem Streit aus nichtigem Anlass eine Explosion der Gewalt. Aufgebrachte Moslems setzten zwei Waggons des wie immer überfüllten Zuges in Brand, und 86 Hindus, überwiegend Frauen und Kinder, kamen qualvollst ums Leben. Die Reaktion der Hindus erfolgte prompt und eine »Orgie der Gewalt« (*Spiegel*) tobte durch den Bundesstaat Gujarat. Eine Muslimin erzählte stellvertretend für das Schicksal vieler: »Sie schlitzten meiner schwangeren Schwägerin den Bauch auf, rissen den Fötus heraus und warfen ihn ins Feuer. Dann verbrannten sie die Frau.«[45] Im »Angedenken« an die Zugattacke zog der blutrünstige Hindu-Mob, von der Polizei unbehelligt, von einem muslimischen Dorf zum anderen, und der kleinliche Streit mit einem muslimischen Teeverkäufer kostete am Ende mehr als 2 000 Menschen das Leben.[46] 12 000 Moslems wurden aus ihrer Heimat vertrieben.

Im gleichen Jahr spitzte sich auch die Lage in der nordindischen Stadt Ayodhya neuerlich zu. Der fundamentalistische Welt-Hindu-Rat kündigte nämlich an, dass bis zu 200 000 Hindu-Aktivisten in diese »heilige« Stadt kommen werden, um dort mit dem Bau eines Tempels zu beginnen. Ein solches Bauvorhaben wäre grundsätzlich ja noch nichts besonderes, wenn der neue Hindu-Tempel nicht ausgerechnet an jener Stelle errichtet werden sollte, an der bis zum 6. Dezember 1992 die 400 Jahre alte Babri-Moschee stand. An diesem Tag wurde das muslimische Gotteshaus von fanatischen Hindus mit der Spitzhacke dem Erdboden gleichgemacht, um Platz für einen eigenen Tempel zu schaffen. Welch ein Sakrileg! Ein Hindutempel auf den Steinresten einer von Religionsfrevlern geschändeten und zerstörten Moschee. Es kam, was wie eine Naturgewalt kommen musste. Im folgenden Gewaltrausch, der weite Teile Indiens erfasste, kamen (wie auch zehn Jahre später) 2 000 Menschen um. Die meisten Opfer fanden sich auf der Seite der Anbeter Allahs, vorwiegend in der Hafenstadt Bombay.[47]

Die weitere Zukunft dieses besonderen Grundstückes in Ayodhya ist derzeit ungewiss und wird vermutlich irgendwann durch die Kräfteverhältnisse entschieden. Vorerst hält die indische Regierung den Deckel auf diesen göttlichen Topf mit dem brühheißen religiös-nationalistischen Inhalt. Die Hindus glauben, dass der ihnen sehr wichtige Gott Ram (auch als Rama bekannt) dort geboren sein soll.

Weshalb gewaltbereite Hindus ihre muslimischen Glaubensfeinde gerne lebend verbrennen, ist für Gläubige »logisch« erklärbar: »Ein Muslim, der verbrannt wird, und den man nach dem Tod nicht beerdigt, muss zwangsläufig in den Feuern der Hölle schmoren.«[48]

Zur Hölle mit der Toleranz

Die kleine christliche Minderheit in Indien ist auch schon in das Visier der Hindu-Fundamentalisten geraten. Kreuze werden umgeworfen oder mit Hindu-Symbolen beschmiert, und überall dort, wo an der Straße ein Kreuz steht, wird ein Hindu-Tempel daneben gestellt.[49] In Kerala wurden Dutzende von christlichen Kirchen von Hindus »desekriert«, indem in die Kirchen uriniert, die Hostien in den Kot getreten und Statuen zertrümmert wurden.[50] Indische Christen werden per »Fußwaschung« zum Hinduismus zurückgeholt. Der australische Baptisten-Missionar Graham Staines, der zusammen mit seiner Frau Gladys eine Leprastation betreute, wurde am 23. Januar 1999 gemeinsam mit seinen sieben und zehn Jahre alten Söhnen bei lebendigem Leib im Auto der Familie verbrannt. Nur weil sie Christen waren, wollte der Hindu-Mob ihren Tod. Das selbstlose soziale Engagement des Missionars besaß für das grölende und mordende Lumpenpack keinerlei Wert. Zur gleichen Zeit wurden allein im Bundesstaat Gujarat 17 kirchliche Bauten demoliert.[51]

Die Regelmäßigkeit der Übergriffe auf Christen ließ deren Neuigkeitswert inzwischen verblassen. Nur wenn es mehrere Tote gibt, wie am 23. August 2008 in Orissa, wird das öffentliche Interesse für einen kurzen Moment auf dieses Thema gelenkt. *Open Doors* meldete wenige Tage später aus Indien: »Im östlichen Bundesstaat Orissa hat der Mord eines hinduistischen Führers am 23. August eine neue Welle der Gewalt ausgelöst. Seine Anhänger beschuldigen die Christen, die Tötung begangen zu haben. Die Beerdigung wurde zum Aufstand und mindestens 10 Menschen starben dabei, darunter zwei Pastoren. Der hinduistische Mob zündete schreiend ein katholisches Waisenheim an. Eine Schwester starb dabei in den Flammen. Mehrere Kinder und ein Priester erlitten schwere Verbrennungen. Die hinduistischen Nationalisten griffen auch rund zehn Kirchen und Gebetshäuser an und setzten dabei rund 25 Häuser von christlichen Familien in Brand. Ein gelähmter Mann verbrannte bei lebendigem Leib, weil er das Haus nicht verlassen konnte. Der Mob packte einen Gemeindeleiter und überschüttete ihn mit Benzin. Die Polizei kam ihm zu Hilfe, bevor ihn die Hindus anzündeten. Polizisten, die sich dem Mob widersetzten, wurden angegriffen und verletzt. Mindestens eine Vergewaltigung an einer Ordensschwester sowie zahlreiche körperliche Übergriffe auf Christen wurden registriert. Letztere flüchteten in den Dschungel, um der weiterhin andauernden Gewalt zu entkommen. Nach den ersten Elementen der polizeilichen Untersuchung wird eine maoistische Gruppierung des Mordes an diesem hinduistischen Leiter verdächtigt.«

Die im Westen so leichtfertig gerühmte Hindu-»Toleranz« ist »vor Ort« oft schwer erkennbar. Auch untereinander ist sich selbst jeder der Nächste, wenn es um die eigene spirituelle Veredelung geht. Noch im 19. Jahrhundert kam es an bestimmten religiösen Festtagen zu regelrechten Schlachten zwischen den verschiedenen Schulen der *Sadhus*, den »heiligen« Männern, bei denen Tausende dieser Glaubensverrückten ums Leben kamen. Der Grund für diese erbitterten Streitereien innerhalb der Hindufamilie ist für den außenstehenden Beobachter so banal, dass das Prädikat »verrückt« auf jeden Fall seine Berechtigung hat. Es ging um den Vorrang, »an einem ganz genau bestimmten Moment an einer ganz bestimmten Stelle zuerst zum rituellen Bad in den Fluss steigen zu dürfen.«[52] Die nackten oder halbnackten Sadhus (für unreligiöse Menschen eine indische Landplage) scheuen sich auch in der heutigen Zeit nicht, mit ihrem schweren eisernen Dreizack (der sie als Verehrer des Gottes Shiva ausweist) so manchem, der ihnen widerspricht, die rechte Überzeugung beizubringen.[53] »Badeschlachten« – allerdings mit weniger tödlichem Gewaltpotential – liefern sich die Frommen auch heute noch an den Ufern des Ganges. Helge Timmerberg hat vor wenigen Jahren das größte Fest der Welt – *Kumbh Mela* – in Haridwar (im Norden Indiens) besucht. Im 12-Jahres-Rhythmus treffen sich hier gleichzeitig 10 Millionen Hindus, um ihre Sünden im Ganges loszuwerden. Der deutsche Indien-Reisende konnte die »Friedenskraft« der Religion während dieses gigantischen Pilgertreffens hautnah studieren: »Ich durfte zusehen, wie zwei Sadhu-Orden aufeinander losgingen, weil sie sich nicht einigen konnten, wer zuerst im Ganges rituell baden darf. Echte Sadhus. Durchtrainierte Sadhus, keine Penner. Yoga macht stark, Askese macht hart, und jeder hat den Dreizack von Shiva dabei. […] Einer der beiden Orden war die Juna Akhara, und von dem waren viertausend Sadhus am Fluss, weil er in Haridwar sein Hauptquartier hat, den Namen des anderen Ordens weiß ich nicht mehr, der war mit zweitausend Leuten zur Stelle. Sechstausend wild gewordene heilige Männer begannen, sich zu massakrieren. Erst als Berittene dazwischengingen, vertrugen sie sich wieder und holten mit vereinten Kräften die Polizei von den Pferden.« (Shiva Moon, S. 91)

Kardinal Lehmann übertreibt keineswegs, wenn er sich über die »Rückkehr von massenhaften Christenverfolgungen« sorgt und davon spricht, dass die Lage in einigen Regionen Afrikas und Asiens dramatisch ist und noch dramatischer wird.[54] Wie das Politikmagazin *Cicero* schreibt, werden nach vorsichtigen Schätzungen der amerikanischen Kommission für internationale Religionsfreiheit jährlich rund 167 000 Christen weltweit umgebracht. Die Internationale Gesellschaft für Menschenrechte (IGFN) teilte mit, dass in mehr als 40 Staaten Christen wegen ihres Glaubens verfolgt und inhaftiert werden. In Saudi-Arabien beispielsweise versucht die Religionspolizei vor Festtagen, christliche Gebetsversammlungen aufzuspüren und in Wohnungen nach den verbotenen Bibeln zu fahnden. Der *Weltverfolgungsindex* von »Open Doors« beinhaltet ein »Ranking« jener zehn Länder, in denen Christen am stärksten verfolgt werden. Den Spitzenplatz des Jahres 2007 führt das kommunistische Nordkorea an, gefolgt vom wahhabitischen Königreich Saudi-Arabien und der islamischen Republik Iran.

In Indonesien schwelt seit 1998 zwischen der großen Mehrheit der Moslems und den Christen ein von Gewalt begleiteter Religionskonflikt. Damals im Mai starben 1 200 Menschen durch den Blutdurst des Glaubens. 6 000 Gebäude wurden zerstört. Mit dem Ruf *Allahu akbar* auf den Lippen, stürmten jugendliche Banden mit den Bannern des Islams durch die Straßen und es kam zu grauenhaften Lynchszenen. Mehrere Kirchen brannten aus und die anwesenden Soldaten schauten tatenlos zu. [55]

Den christlichen Indonesiern der unterschiedlichsten Ethnien des großen Landes wird immer wieder auch vorgeworfen, den verhassten, weil erfolgreichen, Chinesen im Land zu dienen. Deshalb lauten die Parolen des randalierenden muslimischen Pöbels meist: »Tod den Chinesen, Tod den Christen!« Wie bei der Tiroler Bauernhorde 1809, welche die »richtige« Religionszugehörigkeit der Passanten durch das Hersagen des katholischen Glaubensbekenntnisses prüften, werden Fremde auch in bestimmten Gebieten Indonesiens (wie 1999 während der Unruhen auf der Gewürzinsel Ambon) von jugendlichen Kämpfern umstellt und müssen zeigen, dass sie islamkonform beten können. Gelingt dies nicht, so berichtete der *Spiegel*, geben die »Prüfer« kein Pardon – der »Falschgläubige« endet zerhackt im Straßengraben.[56] Am 29. Oktober 2005 wurden drei christliche Schülerinnen auf der Insel Sulawesi enthauptet, einen der Köpfe legten die feigen Mörder vor einer Kirche ab.[57] Das nüchterne Resümee des *Spiegel*-Autors Jürgen Kremb: »Das Bild vom friedlichen Zusammenleben der gut 200 Millionen Muslime, Christen, Buddhisten und Hindus – diese friedliche Koexistenz ganz unterschiedlicher Religionen von Indonesien bis Burma, die Südostasien zu einem Vorbild für Toleranz gemacht hat – gibt es nur noch in der Tourismuswerbung.«[58]

Im Pakistan der achtziger Jahre wurden unter der Herrschaft des fundamentalistischen Diktators Zia ul-Haq die »Blasphemiegesetze« in das Strafrecht aufgenommen. Wer sich nun der »Befleckung« des Prophetennamens und des Korans schuldig macht, wird automatisch zum Tod verurteilt. Dieses menschenverachtende Gesetz, das weder von Benazir Bhutto noch von General Pervez Musharraf abgeschafft oder verändert wurde, eignet sich ideal, um missliebige Verwandte, Bekannte oder Nachbarn aus dem Verkehr ziehen zu lassen. Der Vorwurf, diese oder jener habe beleidigend über den Propheten oder den Islam gesprochen, ist rasch und einfach erhoben und kann – erschwert durch die gesellschaftlichen Denkschablonen – kaum jemals mehr entkräftet werden. Gegen die eigenen Glaubensbrüder, vor allem aber auch gegen Christen und andere *Ungläubige* in Pakistan, werden die Blasphemiegesetze gerne als Daumenschrauben bei alltäglichen Nötigungsversuchen (ein Grundstück abpressen, u. ä.) angewandt. Bei den Nichtmoslems kommt erschwerend hinzu, dass sich nur ein Muslim im Zusammenhang mit seiner Religion »beleidigt« fühlen darf. Ein Christ hingegen, über dessen Gott (oder den Sohn Gottes oder über die Mutter Maria) gelästert wird, darf keinen Prozess gegen einen Muslim in die Wege leiten. Betsy Udink zeigt an einem Fallbeispiel, wie einfach pakistanische Christen in das Netz der Blasphemiegesetze geraten: »Ein Eis war der Auslöser für die Verhaftung von Rashid und Selim. Der Eisverkäufer schob seinen Karren durch die Dorfstraßen und läutete dabei mit seiner Glocke. Selim hielt an und bestellte einen Becher Speiseeis. Der Eismann sagte: ›Hol dir zuerst deinen eigenen Becher und Löffel, meine gebe ich keinem Christen.‹ Der breitschultrige Rashid stellte sich daneben und fragte: ›Warum verkaufst du Christen kein Eis?‹ Es kam zu einem Wortgefecht und, so Rashid, der Eismann begann ihn zu schlagen. Rashid und Selim schlugen zurück. Einige Tage darauf kam die Polizei und holte die Brüder ab: Gegen sie war eine Anklage wegen beleidigender Äußerungen über den Propheten erhoben worden. Rashid und Selim haben die Vorwürfe immer zurückgewiesen. [...] Vier Jahre lang waren sie, beschuldigt wegen Gotteslästerung, in Haft gewesen, hatten all die Jahre auf ihren Gerichtstermin gewartet. Am Ende wurden sie freigesprochen, aber vier Jahre ihres Lebens waren ruiniert. Und noch viel mehr. Sie können nicht in ihr Dorf zurückkehren: Dort sieht man sie weiter als Gotteslästerer, und sie zu töten, ist Pflicht eines jeden Muslims.«[59]

Christen, die sich mit viel sozialem Engagement und Opfersinn für die von der pakistanischen Gesellschaft ignorierten Ärmsten der zu vielen Armen kümmern, befinden sich fortwährend im Visier der militanten muslimischen Frommen. Sieben Mitarbeiter der »Idara« wurden in ihrem Büro inmitten von Karatschi zugleich erschossen. Drei Monate vor diesem Blutbad wurde der Vorsitzende der »Idara« in einem anderen Stadtteil auf einen Stuhl gebunden und mit einer Giftspritze getötet. Das »Komitee für Frieden und Gerechtigkeit« (Idara-e Amn-o-Insaf) ist eine Entwicklungshilfeorganisation der pakistanischen und katholischen Kirchen und setzt sich seit mehr als dreißig Jahren für jene Menschen ein, die – nach der direkten Beobachtung von Betsy Udink – in Pakistan nicht als Mitmenschen gelten; die Ausgestoßenen, die Unreinen, die Leibeigenen und jene Pakistanis, die sich schon vor Generationen als hinduistische Parias zum Christentum bekehrt haben. Es kann wenig überraschen, dass die laue Fahndung nach den Mördern der christlichen Sozialhelfer erfolglos blieb.[60] Wie bedrohlich die Situation für »Westler«, die pauschal als *Ungläubige* gelten, innerhalb von Sekunden umschlagen kann, hat der Brite Richard Harrison, Mitarbeiter einer Hilfsorganisation, in aller Öffentlichkeit in Karatschi erlebt. Mit seiner Mutter, die ihn zu Weihnachten in Pakistan besuchte, spazierte er die Uferpromenade entlang, als die dort flanierende Menge sich urplötzlich in eine wütende Meute verwandelte, die Harrison und seine Mutter mit Steinwürfen zu Tode hetzen wollte. Die beiden überlebten schwerverletzt, nachdem zu Hilfe eilende Polizisten mit durchgeladenen Pumpguns die mordlustige Menge stoppten. Es gab keinerlei Anlass für den Ausbruch dieser Massengewalt.[61]

Pakistan ist schon lange näher, als die geografische Entfernung vermuten lässt. Als während einer Hausdurchsuchung bei einer muslimischen Familie in Süddeutschland ein wohlmeinender Polizist einem Fünfjährigen die zur Beruhigung gedachte Frage stellte, was er denn einmal werden wolle, wenn er groß ist, antwortete das Kind mit ernster Entschiedenheit: »Wenn ich groß bin, möchte ich ein Mudschahed werden wie mein Vater und Ungläubige Töten.«[62]

Religionshass im Schatten der Pyramiden

Die nach langer sprachlicher Transformation nun mehrheitlich arabisch sprechenden Christen Ägyptens hüten die ältesten Traditionen der Christenheit. In der historischen Erinnerung wird die Gründung der »Koptischen Kirche« – deren Hierarchie im Bischof von Alexandrien gipfelt – mit der Missionierung durch den Evangelisten Markus verbunden.[63] Für das christliche Ägypten gestaltete sich das Eindringen des Islams zur existenziellen Bedrohung. Jahrhunderte lang waren die Kopten nun den polymorphen Schikanen der Muslime ausgesetzt. Als Napoleons Truppen 1798 in das Nildelta vorstießen und Ägypten besetzten, fanden die Franzosen die Kopten als Menschen dritter Klasse vor. Koptische Männer durften nur verkehrt herum zu Pferde reiten, mit dem Gesicht nach hinten. Die koptischen Frauen mussten einen roten und einen blauen Schuh tragen. Bis vor wenigen Jahren galt noch ein Gesetz aus der Osmanenzeit, demzufolge die Zustimmung des Staatsoberhauptes notwendig war, um auch nur das Taufbecken in einem bestehenden Gotteshaus reparieren zu dürfen. Präsident Husni Mubarak kommt der späte Verdienst zu, dieses anachronistische Gesetz mit seinen diskriminierenden Regelungen abgeschafft zu haben.[64]

Erst im späteren 19. Jahrhundert fand die koptische Kirche wieder zu neuer Kraft, um in unserer Zeit nun wieder von den islamischen Eiferern bedrängt zu werden. Eine erste Welle der Gewalt schwappte 1981 über das Land am Nil. In Kairo und in zahlreichen oberägyptischen Städten steckten Muslime koptische Kirchen in Brand und erschlugen koptische Priester und Laien. Christliche Frauen wurden massenhaft vergewaltigt, und selbstredend wurden die koptischen Wohnungen und Geschäfte geplündert.

Für die muslimischen Führer und ihren geifernden Anhang ist es ein unerträglicher Zustand, dass die relativ moderne ägyptische Verfassung den christlichen Kopten (immerhin 8–10 Prozent der Bevölkerung) die gleichen Rechte einräumt – zumindest auf dem Papier – wie der muslimischen Mehrheit. Dies widerspricht entschieden dem Geist des Islams, den im *dar al-islam* haben sich andersgläubige Minderheiten hierarchisch unterzuordnen. Die religiösen Krawallmacher, die aus machtpolitischen Überlegungen vorwiegend die Ressentiments der ärmeren Bevölkerungsschichten bedienen, schüren unermüdlich den Sozialneid, da zum Missfallen der Muslime überproportional viele Kopten durch ihre Zielstrebigkeit und gute Bildung in berufliche Spitzenpositionen aufsteigen. Der von 1992 bis 1996 als Generalsekretär der Vereinten Nationen die Weltpolitik mitgestaltende Boutros Boutros-Ghali ist ein Kopte. Solche Erfolgsgeschichten christlicher Ägypter erregen beim »kleinen« muslimischen Mann auf der Straße keine Bewunderung, sondern Ablehnung und Hass. Da *Ungläubige* an ihren niedrigeren Rang erinnert und in diesen zurückverwiesen werden müssen, fällt es auch dem einfachen Polizisten schwer, zu verstehen, warum er einen Kopten vor gewaltbereiten und brandschatzenden Muslimen schützen soll. Benachteiligungen, Belästigungen und Übergriffe gegenüber der christlichen Minderheit gehören zwischen Alexandria im Norden und Assuan im Süden fast schon zur Tagesordnung. Im Jahr 2000 wurden in einem mehrere Tage dauernden Pogrom in dem Ort El-Kosheh 21 Christen umgebracht. Die Übergriffe auf Kopten besitzen für die westlichen Medien nur einen sehr dürftigen Nachrichtenwert. Es ist bisher ja nie der große Knall bei dem hundert und mehr ägyptische Christen pulverisiert werden. Ein beträchtlicher Teil der Fernsehkonsumenten und Zeitungsleser gähnt inzwischen – durch den Gewöhnungseffekt – schon bei den Horrormeldungen aus dem Irak, aus Pakistan und dem für alle Besserungsbemühungen verlorenen Afghanistan. In Ägypten sind es die weniger spektakulären, doch hartnäckig beständigen Bosheiten, die mürbe machen. Die »Gesellschaft für bedrohte Völker« (GfbV) mit Sitz in Göttingen bemüht sich redlich, auf diesen latenten Kleinkrieg aufmerksam zu machen. Unter der Überschrift »Nach Mord an vier Kopten eskalieren Angriffe radikaler Muslime gegen Christen« veröffentlichten die Göttinger Idealisten am 3. Juni 2008 eine Pressemitteilung, deren nachfolgender Inhalt einen bezeichnenden Blick auf den verderblichen ägyptischen Religionsgroll ermöglicht:

»Nach dem Mord an vier koptischen Christen in Kairo am vergangenen Mittwoch haben sich die Spannungen zwischen Muslimen und Christen in Ägypten verschärft. Die Gesellschaft für bedrohte Völker teilte am Dienstag mit, in der rund 210 Kilometer südlich von Kairo gelegenen Ortschaft Deir Abu Fana in der Provinz Minya hätten bewaffnete radikale Muslime am Samstag ein koptisches Kloster angegriffen. Drei Mönche wurden verschleppt, misshandelt und zum Teil schwer verletzt, bevor sie befreit werden konnten. Einen anschließenden friedlichen Protestmarsch von rund 300 Kopten habe die Polizei unter Einsatz ihrer Schusswaffen aufgelöst. Dabei soll ein Muslim getötet und vier Christen verletzt worden sein. Acht Kopten seien festgenommen worden, unter ihnen auch der koptische

Bauunternehmer, der mit der Restaurierung des Klosters Abu Fana beauftragt wurde. Die Muslime wollen die Instandsetzung des Klosters und die Wiedererrichtung der Klostermauer verhindern.

›Die ägyptischen Behörden leugnen den religiösen Hintergrund der Auseinandersetzungen und behaupten, der Konflikt habe privaten Charakter‹, sagte der GfbV-Nahostreferent Kamal Sido. ›Doch so soll vertuscht werden, dass die Lage zwischen Christen und Muslimen äußerst angespannt ist.‹ [...] In Deir Abu Fana hat es bereits im Oktober 2007 einen ähnlichen Vorfall gegeben, bei dem 20 Personen verletzt wurden. In der Stadt leben viele Christen und es gibt dort verschiedene Klöster, die von den Kopten als besonders heilig verehrt werden.

Bereits am Mittwoch waren in dem Stadtviertel Zeitouna im Nordosten von Kairo der 60 Jahre alte Makram Galil und drei seiner Angestellten erschossen worden. Die beiden Täter flüchteten nach der Tat auf einem Motorrad. Ersten Ermittlungen zufolge wurde nichts gestohlen. Der Stadtteil ist bekannt für seinen hohen christlichen Bevölkerungsanteil. Erst wenige Monate zuvor – im Herbst 2007 – waren die beiden koptischen Christen Sadak Jamak und Karam Andraus in dem christlichen Dorf El Kosheh südlich von Kairo ermordet worden.«

Der jüdische Historiker und Politologe Elie Barnavi vergleicht die bedrohliche Situation der Kopten in Ägypten mit jenen der Juden im russischen Zarenreich.[65]

Am gegenüberliegenden Ufer des Roten Meeres, in Saudi-Arabien, ist praktiziertes christliches Leben von vornherein so gut wie unmöglich. Im Zusammenhang mit der Religionsfreiheit und den Menschenrechten zählt der schwerreiche wahhabitische Wüstenstaat für *Amnesty International* und andere Menschenrechtsorganisationen schon lange als absoluter Schurkenstaat: »Hunderte von Christen, einschließlich Frauen und Kindern, sind im Laufe [von] drei Jahren festgenommen und verhaftet worden, ohne Anklage oder Verhandlung, einfach wegen der friedlichen Ausübung ihrer religiösen Überzeugungen. Dutzende von ihnen sind während ihrer Haft gefoltert worden, teilweise durch Auspeitschung. [...] Der

Besitz von nichtislamischen Devotionalien –Bibeln, Rosenkränzen, Kreuzen, Jesusbildern – ist verboten, und solche Gegenstände dürfen konfisziert werden.« Das Hilfswerk *Open Doors* berichtete am 21. August 2008 von einem saudi-arabischen Vater, der seiner Tochter die Zunge herausschnitt und sie anschließend bei lebendigem Leib verbrannte, da die Familie die junge Frau beschuldigte, heimlich zum Christentum konvertiert zu sein.[66]

Zu den »Guten« im islamischen Universum zählen für die Araber all jene geschichtlichen Helden, durch deren Wüten die *Ungläubigen* ein Maximum an Schaden erlitten. Obschon die zentralasiatischen Hirtenvölker in den Augen ihrer (ehemaligen) arabischen Berufskollegen rassisch weit unter deren Wert stehen, besitzen die Asiaten mit dem türkisierten Mongolen Tamerlan (auch »Timur der Lahme«) eine historische Figur, deren »Verdienste« um den Islam auch in Saudi-Arabien mit höchstem Respekt gewürdigt werden. Zur grausamen mongolischen Wildheit gesellte sich bei Tamerlan (so Ibn Warraq) noch das Gefallen am religiösen Mord. Bis zum Beginn des 15. Jahrhunderts mordeten die Mongolen, weil es zum instinktiven Verhalten nomadischer Hirten gegenüber niedergelassenen Bauernvölkern gehörte. Ibn Warraq zitiert Tamerlans zerstörerische Charakteristik aus *L'Empire des Steppes*: »Tamerlan stellt eine bisher historisch noch nie vorgekommene Synthese von mongolischer Barbarei und muslimischen Fanatismus dar, und er symbolisiert jene fortgeschrittene Art primitiven Abschlachtens – den im Dienste einer abstrakten Ideologie durchgeführten Mord als Pflicht und heilige Sendung«.[67]

1403 zerstörten die wilden Reiter dieses frommen Kriegers allein in Georgien siebenhundert christliche Dörfer und kleinere Städte und massakrierten deren Bewohner. In dem bis 1075 byzantinischen Sivas im östlichen Anatolien wurden viertausend Christen lebendig begraben. (In jüngerer Zeit erlangte diese Stadt mit dem *Sivas-Massaker* vom 2. Juli 1993 traurige Berühmtheit, als islamische Fundamentalisten nach dem Freitagsgebet das Madimak-Hotel in Brand setzten, in dem im Rahmen eines alevitischen Kultur-Festivals alevitische Musiker, Schriftsteller, Dichter und Verleger logierten. Durch den Steinhagel des wütenden Mobs auf der Straße wurde die Flucht der Aleviten aus dem Hotel verhindert und dreißig Menschen mussten hilflos verbrennen.)

Der glaubenseifrige Mongole Tamerlan verfuhr mit den Hindus um keinen Deut besser als mit den Christen. Unbekümmert und von keiner Gewissensqual belastet ordnete er die Hinrichtung von hunderttausend gefangenen Hindus in Delhi an.[68] Aus 90 000 abgeschlagenen Köpfen von Gefangenen ließ der große Hordenführer in Bagdad ein Siegesdenkmal errichten.

Fast schon bescheiden erscheint dagegen das Gewaltpotential jenes Massakers, das die Türken am 11. April 1822 auf der Insel Chios unter den Griechen anrichteten. Nach einer eher zurückhaltenden Empörung der Einheimischen gegen die osmanische Willkürherrschaft wurden bis zu 40 000 Christen (die Mehrheit der Inselbewohner) – teils wehrlose Greise, Frauen und Kinder – durch türkische Soldaten niedergemetzelt. Die meisten Überlebenden wurden in die Sklaverei verschleppt.

Die See der Angst

Peinlich genaue Zahlenangaben verliehen den »wissenschaftlichen« Werken des 16. Jahrhunderts die notwendige Seriosität, um bei den leichtgläubigen Lesern Anerkennung zu finden. Für sein 1564 erschienenes Werk *De praestigiis daemonum* ermittelte Johannes Wier die Menge der auf der Erde ihr Unwesen treibenden Teufel mit 7 409 127, unter dem Befehl von 79 Fürsten, die Luzifer direkt unterstehen. Die Exaktheit der »Forschungsarbeit« von Wier wurde siebzehn Jahre später mit dem in Frankreich verlegten Buch *Le Cabinet du roy* annähernd bestätigt. Der anonyme Autor dieses Werkes »errechnete« 7 405 920 Dämonen und 72 Fürsten, die alle gehorsame Befehlsempfänger des Satans sind.[70] Als die Johanniter 1522 durch die Osmanen von Rhodos bis nach Malta vertrieben wurden, zog ein Teil dieser Millionen, also ganze Armeen von Teufeln, über das Mittelmeer nach Westen, um die Christen nun auch dort mit der geballten Kraft der höllischen Armada zu terrorisieren. Gruselig anschaulich wussten Seeleute in ihren Heimathäfen über die Sichtung der Dämonenschar auf den Gewässern zwischen Kreta und Gibraltar zu berichten. Tatsächlich machten muselmanische Freibeuter und Sklavenjäger das Mittelmeer zu ihrem Jagdgebiet. Nachdem die nordafrikanischen Küsten und Territorien in den Herrschaftsbereich des dem Höhepunkt seiner imperialen Macht zustrebenden Osmanischen Reiches gerieten, wurde von Algerien, Tunesien und Tripolitanien aus – unter dem Banner des Islams – zu Wasser und zu Lande nach Christen gejagt, um diese mit viel Gewinn auf den afrikanischen, arabischen und türkischen Sklavenmärkten zu verkaufen. Die »Heere Luzifers«, über die in den Küstenstädten- und Dörfern hinter vorgehaltener Hand mit gehörigem Schrecken geflüstert wurde, besaßen ganz handfeste kommerzielle Interessen.

Im Umfang und als Wirtschaftsfaktor, auch im Ausmaß der Brutalität und Menschenverachtung, ist der im Mittelmeerraum zwischen dem 16. und 18. Jahrhundert sehr rege Handel mit christlichen Sklaven mit dem »Export« der schwarzen Sklaven nach Amerika ohne weiteres vergleichbar. Der US-Historiker Robert Davis von der Ohio State University hat das Ausmaß der Menschenjagd auf dem Mittelmeer (überfallen wurden hier viele Pilger- und Handelsschiffe) und an dessen Küsten akribisch erforscht und gelangte zu einem überraschenden, eine Lücke in Europas geschichtlichem Gedächtnis aufzeigenden Ergebnis: »Zwischen 1530 und 1780 landeten fast sicher eine Million und ziemlich wahrscheinlich bis zu 1,25 Millionen weiße christliche Gefangene auf den Sklavenmärkten Nordafrikas – kahl geschoren und in Eisen geschmiedet.«[71] In den Sklavenhändler-Metropolen Algier, Tunis und Tripolis entwickelte sich die Sklavenjagd zu einem äußerst lukrativen Wirtschaftszweig.

Erst der Glaube macht den Menschen zu einem moralisch integeren Wesen? – Oft gehört und nie geglaubt! – Gerade die großen Religionen besaßen gegenüber der Sklavenhalterei nicht die geringsten ethischen Skrupel. In den »heiligen« Bestsellern Koran und Bibel gehört der Sklave ganz selbstverständlich zum Inventar des Rechtgläubigen. »Zum allgemeinen Nutz und Frommen und für Einzelpersonen, die in dieser hehren Stadt Rom sich aufhalten und wohnen«,[72] gestattete Papst Paul III. in einer Verlautbarung im Jahr 1549 die Verwendung von Sklaven und Sklavinnen, die eindeutig muslimischer Herkunft waren. Muslime durften Gefangene und Sklaven machen soviel sie wollten, solange diese nicht denselben Gott, also Allah, anbeteten. Arabische Sudanesen bringen noch heute zahlreiche ihrer religiös animistisch oder christlich orientierten Landsleute in ihre Gewalt, um zu billigen Arbeits- oder Sexsklaven zu kommen.

Für die christlichen Seefahrer und die Bewohner der nördlichen Küstengestade des Mittelmeeres wurde dieses Gewässer für dreihundert Jahre zur *See der Angst*. Die Menschenjäger kaperten nicht nur unzählige Schiffe, sie überfielen immer wieder auch die Küstenstriche Italiens, Frankreichs und Spaniens und verschleppten die dort lebenden Bewohner in eine elende Sklaverei. Die Beutelust trieb die Korsaren bis an den englischen Kanal, und selbst in Island wurden noch 400 Personen ihrer Heimat entrissen.

In Spanien galten die »Morisken« als *fünfte* Kolonne, der die Küstenstriche bis weit ins Hinterland hinein attackierenden muselmanischen Räuber. Nachdem das maurische »al-Andalus« wieder zum christlichen Spanien wurde, beeilten sich die katholischen Herrscher – im Verbund mit den kirchlichen Autoritäten – die vielen auf der iberischen Halbinsel lebenden Muslime durch Zwangsbekehrungen und Zwangstaufen zu Christen zu machen. Der Loyalität dieser als *Morisken* den Weg in die Geschichtsbücher gefundenen »Konvertiten« wurde von vornherein misstraut. Diese weigerten sich ja weiterhin Speck zu essen und Wein zu trinken. Auch »echte« Christen oder Christinnen zu heiraten, war für die meisten spanischen Morisken undenkbar. Das Misstrauen war nur zu berechtigt. Immer wieder, wenn die Seeräuber und Sklavenjäger aus den nordafrikanischen »Barbareskenstaaten« (so genannt nach dem dortigen hohen Bevölkerungsanteil der Berber) an den spanischen Küsten landeten und Raubzüge bis weit in das Hinterland unternahmen, blieb die hilfreiche Unterstützung durch die heimlich immer noch zu Allah betenden Morisken nicht aus. Zwei lokale Ereignisse stehen stellvertretend für die damalige gewaltgetränkte Situation: »Am 23. August 1565 treffen 400 Berber mit Fahnen und Trommeln in Orjiva (am Südhang der Sierra Nevada) ein. Von den Morisken mit offenen Armen empfangen, zerstören sie die Häuser der Christen, machen sich über die Kirche her, treten das heilige Sakrament mit Füßen und ziehen sich am darauffolgenden Tag mit 15 Gefangenen zurück. Im September des folgenden Jahres gelangen 350 Piraten aus Tetuan nach Tabernas (nördlich von Almeria) und lösen eine Panik unter den Christen aus, während die Morisken sie brüderlich aufnehmen. Sie töten die Priester und Gastwirte und stechen mit 44 Gefangenen in See.«[73]

Die Furcht der Spanier vor den »irrgläubigen und blutsaufenden Mohammedanern« wuchs im Laufe des 16. Jahrhunderts, als sich die Seeherrschaft der Türken und Berber über das Mittelmeer zunehmend festigte und erreichte zu Weihnachten 1568 mit dem »Krieg von Granada« einen Höhepunkt. Jean Delumeau nennt den damaligen Aufruhr einen »Religionskrieg« und einen »Kampf der Kulturen«. Zwei Jahre zuvor begann die Regierung in Madrid, die Morisken zu zwingen, sich spanisch zu kleiden und kastilisch zu sprechen. Der Rummel in Granada breitete sich über die Sierra Nevada aus, und bald trieben 150 000 Morisken die in Todesangst fliehenden spanischen »Altchristen« vor sich her. Erst der Heerführer Don Juan de Austria konnte mit Truppen aus Neapel und der Lombardei dem Spuk ein Ende bereiten. Aus Sorge, dass die Morisken (»Moriscos«) in dem für das Christentum und für Europa durch die *Reconquista* zurückeroberten Spanien ein unleidlicher Fremdkörper bleiben, da sie »einer allem Christlichen feindlich gesonnenen Welt verbunden« sind, wurde zwischen 1608 und 1614 deren große Vertreibung eingeleitet. 275 000 Menschen (3,4 % der Bevölkerung) mussten das Land in Richtung Nordafrika verlassen.[74] (Italienische Historiker nennen noch deutlich höhere Zahlen.) Die Ankunft so vieler Vertriebener führte dort zu einer tiefgreifenden Veränderung der sozialen und wirtschaftlichen Struktur, die trotz des nach wie vor florierenden Sklavenhandels zum Ruin der nordafrikanischen Gebiete führte.

Auch auf der iberischen Halbinsel blieb die Vertreibung der Morisken nicht ohne einschneidende wirtschaftliche Folgen, da die Entvölkerung weiter Gebiete den Zusammenbruch des spanischen Gewerbes und der Landwirtschaft nach sich zog.[75]

Des inneren Feindes, der Moslems im Gewand von Christen, die sich in der vom Islam erlaubten Taktik der *Taqiya* (Täuschung) übten – der Möglichkeit also, den wahren Glauben und die wirkliche Meinung unter bestimmten Bedingungen zu verbergen – hatte man sich endlich entledigt, das Problem der zahllosen Überfälle auf christliche »westliche« Schiffe und Küstenregionen blieb allerdings noch lange aktuell. Die muslimischen Freibeuter und Korsaren wussten sich bei ihren Überfällen, Raubzügen, Brandschatzungen und Sklavenjagden einer doppelt guten Sache sicher. Zum einen wurde die eigene Kasse gefüllt und zum anderen tat man ein gottgefälliges Werk. Immerhin ist der Koran prall gefüllt mit Aufforderungen, den *Ungläubigen*, wenn immer möglich, das Leben möglichst schwer zu machen. Die Selbstverständlichkeit von Raubzügen wurde ja schon am Beginn der islamischen Religionswerdung vom Propheten höchstselbst vorexerziert.

Kurz nach der amerikanischen Unabhängigkeit hatten Thomas Jefferson und John Adams (beide waren Sklavenhalter auf ihren Besitzungen) den Botschafter von Tripoli in London gefragt, »was ihm das Recht gebe, amerikanische Seeleute und Passagiere von Schiffen, die durch die Straße von Gibraltar fuhren, gefangen zu nehmen und zu verkaufen«. Jefferson berichtete dem US-Kongress: »Der Botschafter antwortete uns, Grundlage seien die Gesetze des Propheten; in ihrem Koran stehe geschrieben, dass alle Nationen, die sich nicht seiner Autorität unterstellten, Sünder seien und dass es ihr Recht und ihre Pflicht sei, Krieg gegen sie zu führen, wann immer sie auf sie träfen, und alle, die sie gefangen nehmen könnten, zu versklaven.«[76]

Die von vielen Christen an den Mittelmeerküsten als *Agenten der Hölle* identifizierten nordafrikanischen Korsaren – deren beste Führer sehr oft in der türkischen Marine die Karriereleiter erklommen – organisierten generalstabsmäßig geplante »Fangaktionen« mit Dutzenden Galeeren und Tausenden von Bewaffneten, nach denen es jedesmal »Christen in Algier regnete«, wie Zeitgenossen launig bemerkten.[77]

Wohlsituierte Gefangene versprachen ein reiches Lösegeld und wurden von Spekulanten ersteigert, die ihr Kapital – heutigen Aktiengeschäften ähnlich – in vielversprechende »Titel« investierten.[78] Der zu Hause unbegüterte Sklave konnte sein bitteres Los als jämmerlich gehaltenes Arbeitstier nur dann etwas verbessern, wenn er zum Islam konvertierte. Doch dieser Schritt war mit einer enormen Gefahr für Leib und Leben verbunden. Der Abfall vom angestammten Glauben wurde auch auf Seite der Christen nicht selten mit dem Tod bestraft. Die Ankläger mussten nur auf eine bestimmte Textstelle im fünften Buch Mose hinweisen, wo der Gläubige aufgefordert wird, »selbst die eigene Familie oder den besten Freund zu töten, falls diese von dem *einen* Gott abfallen sollten«.[79] Der vom Christentum *abgefallene* und zur »satanischen islamischen Irrlehre« übergetretene Verräter wurde, sobald er in die Fänge seiner ehemaligen Glaubensgenossen geriet, gelegentlich auch bei lebendigem Leib »gepfählt«. Die Rächer des beleidigten christlichen Gottes ahmten hier nur die Gepflogenheiten ihres theologischen und machtpolitischen Feindes nach. Im Vers 37 der Koransure 7 findet sich ein richtungsgebender Hinweis: »Die aber, welche Unsere Zeichen verwerfen und sich mit Verachtung von ihnen abwenden, die sollen die Bewohner des Feuers sein; darin müssen sie bleiben.« Islamische Rechtsgelehrte zogen aus diesen Worten schon sehr früh den Schluss, dass jemand, der so dumm und ehrvergessen ist, den Islam – die einzige Wahrheit – zu verlassen, seines weiteren Lebens nicht mehr würdig ist. Er ist hinzurichten. Und diese Hinrichtung gestaltete man zur Abschreckung oft sehr bestialisch. Unter der osmanischen Herrschaft wurden jene Verurteilten, denen der Abfall vom Islam zur Last gelegt wurde, so »kunstvoll« auf einem Pfahl aufgespießt, dass das an diesem Schauspiel interessierte Publikum sich noch lange an den Qualen des Glaubensdissidenten ergötzen konnte.[80]

Auch bei Japanern, die zum Christentum konvertierten, verringerte sich vor wenigen Jahrhunderten die Lebenserwartung dramatisch. Nach hartnäckiger Missionierungsarbeit durch die Jesuiten beteten um 1600 an die 300 000 Söhne und Töchter Nippons zum christlichen Gott. Als sich katholische Japanerinnen weigerten, den erotischen Hunger des Shogun Taicosama zu stillen, entfesselte dieser die erste große Christenverfolgung im »Sonnenursprungsland«. Nachdem nun die Jesuiten das Land umgehend verlassen mussten, wurden die Konvertiten unter Androhung schärfster Sanktionen aufgefordert, dem Christentum abzuschwören. Es überraschte die Obrigkeit, dass viele Leute von dieser fremden Religion so innig durchdrungen waren, dass sie lieber in den Tod gingen, als auf den katholischen Glauben zu verzichten. Die Gewaltmaßnahmen verfehlten vorerst ihren eigentlichen Zweck, denn die Bereitschaft, für einen fremden, gekreuzigten (also hilflosen) Gott so unvorstellbare Foltern »mit einer nie gekannten Glückseligkeit« zu ertragen, weckten bei zahlreichen Japanerinnen und Japanern die Neugier für diese aus dem unbekannten Westen kommende Religion. Der spirituelle Hunger bleibt eine unerschöpfliche Fundgrube für die Forschungsarbeit der Psychologen. Trotz der massiven Verfolgungskampagne fanden viele Menschen gerade jetzt zum katholischen Glauben und drängten direkt danach, gemeinsam mit den Altkonvertiten von jubelnden Massen zur Hinrichtungsstätte begleitet zu werden, um dort als »Märtyrer« zu sterben. Selbst dem Kaiser war diese Todessucht nicht mehr geheuer, und er ließ von 7 000 Menschen, die sich angeboten hatten, für den schon mehr als eineinhalb Jahrtausende toten Jesus zu sterben, »nur« 1 700 hinrichten.[81]

Trotz dieses eigenartigen Phänomens einer überbordenden religiösen Begeisterung, gelang es dem Christentum nicht, nachhaltig in Japan Fuß zu fassen. Zu sehr bemühte sich die Staatsmacht, die immer wieder von den Jesuiten versuchten Missionierungsversuche mit allen zur Verfügung stehenden Mitteln zu unterbinden. Die Hartnäckigkeit des damals noch jungen, hochmotivierten Ordens beantworteten die Japaner mit Ausweisungen, Einreiseverboten und physischem Druck. Zahlreiche Jesuiten, die bei der heimlichen Einreise erwischt wurden, starben den Feuertod, nachdem man ihnen die Füße abgehackt hatte. Andere wurden auf dem Rost gebraten und einige stießen die Henker in Gruben voller Schlangen. Der sachbezogene asiatische Erfindungsreichtum stieß mit diesen Gräulichkeiten noch lange nicht an seine Grenzen. Die an einträglichen Geschäften in Fernost interessierten englischen und holländischen (nichtkatholischen) Kaufleute fühlten sich durch die jesuitischen Störenfriede in ihren kommerziellen Ambitionen behindert, daher waren sie gerne bereit, die japanischen Häscher bei deren Fahndung nach zivil und inkognito einreisenden Missionaren »beratend« zu unterstützen. Ohne die geringste Hemmung unterbreiteten sie den Vorschlag, dass alle von den einlaufenden Schiffen an Land gehenden Europäer auf einem am Boden liegenden Kruzifix herumtrampeln sollten. Christliche Priester und Missionare würden sich vor diesem Sakrileg scheuen und damit wäre ihr geistlicher Stand vor aller Augen enttarnt. Tatsächlich funktionierte dieses perfide Spiel, und im Jahr 1637 war ein Italiener namens Mastrilli der erste, der sich weigerte, auf das Kreuz zu trampeln. Sein wagemutiges Bemühen, als katholischer Geistlicher unerkannt nach Japan einzureisen, um dort trotz strengsten Verbotes zu missionieren, endete fatal – er wurde enthauptet, nachdem er sechzig Stunden mit dem Kopf nach unten über einer Grube aufgehängt war.[82]

Kriegsverbrecher Jahwe

Mord, Totschlag und Gewalt sind die treuen »Blutsbrüder« der Religion. Wären der Israelitengott Jahwe (auch Jahweh oder Yahweh) und sein übereifriger Befehlsempfänger Moses heute irgendwie greifbar, sie würden sofort an das Haager Kriegsverbrechertribunal überstellt. Akribisch recherchierte Peter Fürer im »Buch der Bücher«: »Die Bibel berichtet mehr als hundertmal von durch Gott befohlenen Mord und Völkermord sowie von 600 weiteren Morden und Massenmorden und rund 1 000 Zorn- und Strafaktionen eines blindwütigen Gottes.«[83] Besonders in den Texten zum Propheten Hosea zeichnet sich Jahwe durch eine extreme Leidenschaftlichkeit (Eifersucht) und einen fast dämonischen Vernichtungswillen aus.[84] Er *eiferte*, weil »seine« Israeliten gerne zu den sexualfreundlicheren Baal-Kulten schielten. Als die Juden wieder einmal mit den lebenslustigen Moabiterinnen tändelten und auch deren Gott *Baal-Peor* hochleben ließen, war es um die Kontenance von Jahwe und seines Bluthundes Moses sehr rasch geschehen. »Als sich Israel in Schiittim aufhielt, begann das Volk mit den Moabiterinnen Unzucht zu treiben. [...] So ließ sich Israel mit Baal-Peor ein. Da entbrannte der Zorn des Herrn gegen Israel« (Num 25, 1–3). Über *Baal-Peor* wusste Meyers Lexikon von 1890 (Band 32: »Biblische Real- und Verbal-Handkonkordanz«) nichts Gutes zu berichten: »Ein Abgott der Moabiter und Midianiter, der seinen Namen entweder vom Berge Peor hat, wo ihm ein Tempel, das Haus Peor, erbaut war, oder von aperire. sc. hymenem virgineum; mithin ein Priap, welchen die Heiden mit Fressen, Saufen und Unkeuschheit bedienten, also dass sie auch ihre Weiber und Töchter hingaben, Unkeuschheit mit ihnen zu treiben. Es hingen die Kinder Israel, sonderlich Ruben, Gad und der halbe Stamm Manasse ihm an, weshalb auch 24 000 umkamen.«

Moses befahl, alle Israeliten, die zu nahe an die stammesfremden Moabiterinnen und deren abwegiges Moral- und Religionsverständnis gerieten, umgehend wegen *Rassenschande* und »Abfall vom rechten Glauben« zu töten.

Der jüdische Gott stachelte sein *auserwähltes* Volk immer wieder dazu an – so lautet zumindest die »Kriegsberichterstattung« in der Bibel – alle die Israeliten umgebenden Völker, die ihre eigenen Götter besaßen, samt und sonders auszurotten, den Völkermord (*Genozid*) zu vollziehen. Als *seine* Juden die Männer der Midianiten töteten, war der HERR mit dieser stümperhaften »Arbeit« keineswegs zufrieden und sein Sprachrohr Moses zürnte: »Warum habt ihr alle Frauen am Leben gelassen? Gerade sie haben auf den Rat Bileams hin die Israeliten dazu verführt, vom Herrn abzufallen und dem Pegor [Peor] zu dienen, so dass die Plage über die Gemeinde des Herrn kam. Nun bringt alle männlichen Kinder um und ebenso alle Frauen, die schon einen Mann erkannt und mit einem Mann geschlafen haben. Aber alle weiblichen Kinder und die Frauen, die noch nicht mit einem Mann geschlafen haben, lasst für euch am Leben! Schlagt aber für sieben Tage eure Zelte außerhalb des Lagers auf! Jeder von euch, der einen Menschen umgebracht hat, und jeder, der einen Erschlagenen berührt hat, muss sich am dritten Tag der Entsündigung unterziehen, ihr selbst, wie eure Gefangenen. Auch alle Kleidungsstücke, alle Lederwaren, alle Erzeugnisse aus Ziegenhaaren und alle Holzgeräte müsst ihr entsündigen« (Num 31, 15–20). Vermutlich war die *Entsündigung* deshalb erforderlich, weil sich die biblischen Juden bei den orgiastischen Ausschweifungen mit den willigen »Ausländerinnen« im Rahmen des Baal-Peor-Kultes ein venerisches Übel – die »Plage Maggepha« – einfingen.[85] Die *Reinheit der Rasse* wurde von nun an zum Prinzip. Kein Hebräer sollte mehr mit einer Frau aus fremden Stamm schlafen.[86]

Wehe dem, der den Gott der Israeliten (= Hebräer/Juden) verlässt und andere zur Sünde und zur Untreue gegen diesen verleitet. Gegen einen solch abscheulichen Frevler zeigen Jahwe, Moses und mit ihnen die Autoren der Bibel nicht das geringste Erbarmen: »Wenn dein Bruder, der dieselbe Mutter hat wie du, oder dein Sohn oder deine Tochter oder deine Frau, mit der du schläfst, oder dein Freund, den du liebst wie dich selbst, dich heimlich verführen will und sagt: Gehen wir und dienen wir anderen Göttern, [...] dann sollst du nicht nachgeben und nicht auf ihn hören. Du sollst in dir kein Mitleid mit ihm aufsteigen lassen, sollst keine Nachsicht für ihn kennen und die Sache nicht vertuschen. Sondern du sollst ihn anzeigen. Wenn er hingerichtet wird, sollst du als Erster deine Hand gegen ihn erheben, dann erst das ganze Volk. Du sollst ihn steinigen und er soll sterben, denn er hat versucht, dich vom Herrn, deinem Gott, abzubringen, der dich aus Ägypten geführt hat, aus dem Sklavenhaus. Ganz Israel soll davon hören, damit sie sich fürchten und nicht noch einmal einen solchen Frevel in deiner Mitte begehen« (Dtn. 13, 7–12).[87] Die Israeliten konnten all jene Völker, die ihnen bei ihrer Landnahme im Weg standen oder als Nachbarn nicht passten, ruhigen Gewissens eliminieren. Ihr Gott befahl ihnen ja, im Blut der Stammesfremden zu waten. Sie konnten nicht anders, auch wenn sie dies wollten.

»Höre Israel! Heute wirst du den Jordan überschreiten, um in das Land von Völkern, die größer und mächtiger sind als du, hineinzuziehen und ihren Besitz zu übernehmen. [...] Heute wirst du erkennen, dass *der Herr, dein Gott,* wie ein verzehrendes Feuer *selbst* vor dir hinüberzieht. *Er* wird sie vernichten und *er* wird sie dir unterwerfen, so dass du sie unverzüglich vertreiben und *austilgen* kannst, wie es *der Herr* dir zugesagt hat« (Dtn. 9, 1–3). Moses selbst brachte die letzten Zauderer noch einmal auf Linie: »Wenn der Herr, dein Gott, dich in das Land geführt hat, in das du jetzt hineinziehst, um es in Besitz zu nehmen, wenn er dir viele Völker aus dem Weg räumt, [...] wenn der Herr, dein Gott, sie dir ausliefert und du sie schlägst, dann sollst du sie der *Vernichtung weihen.* Du sollst keinen Vertrag mit ihnen schließen, sie nicht verschonen [...] Du wirst alle Völker verzehren, die der Herr, dein Gott, für dich bestimmt. *Du sollst in dir kein Mitleid mit ihnen aufsteigen lassen* [...]; außerdem wird *der Herr, dein Gott,* Panik unter ihnen ausbrechen lassen, so lange bis auch die *ausgetilgt* sind, die überleben konnten und vor dir versteckt haben« (Dtn. 7; 1,2,16,20).[88]

»Dung für die Äcker!« – eine bessere Bestimmung war für die Feinde Israels nicht vorgesehen. Sobald sich die Hebräer ein kleines Stück Humanität erlaubten, stieg dem großen Propheten, »Führer« und Gesetzgeber Moses ob dieser Sünde gegen den HERRN die Zornesröte sofort wieder zu Kopf: *»Sie rotteten die Völker nicht aus, wie ihnen der Herr einst befahl«* (Ps. 106; 34).

»Samuel sprach zu Saul: ›Der Herr (Gott!) hat mich gesandt, dass ich dich zum König salben sollte über sein Volk Israel: So höre nun die Worte des Herrn! Ich habe bedacht, was Amalek Israel angetan und wie es ihm den Weg verlegt hat, als Israel aus Ägypten zog. So zieh nun hin und schlage Amalek und vollziehe den Bann an ihm und an allem, was es hat. Verschone sie nicht, sondern töte Mann und Frau, Kinder und Säuglinge, Rinder und Schafe, Kamele und Esel.‹« Saul und seine 10 000 Mitstreiter kämpften tapfer und töteten alle gegnerischen Männer, Frauen und Kinder. Was aber von »Wert« war, die besten Schafe und Rinder, das Mastvieh und die Lämmer – auch Agag, den König von Amalek – ließen sie am Leben. Diese eigenständige Abschwächung seines deutlichen und umfassenden Mordbefehles ließ Gott nicht ungestraft und daher versagte er Saul die schon sichere Königswürde: »Weil du Jahwes Wort verworfen hast, hat er dich auch verworfen, dass du nicht mehr König seist.«[89]

Trotz der exzessiven Ausrottungspraxis musste Gott Jahwe etwas widerwillig – doch unter dem Druck ökologischer und ökonomischer Interessen – für manche eroberte Gebiete empfehlen, dass dort gerade so viele bisherige Bewohner am Leben bleiben sollten, um den entvölkerten Raum nicht für zu viele wilde Tiere attraktiv werden zu lassen.[90] Dieser menschenverachtende »göttliche« Zynismus erinnert frappant an die späteren NS-Eroberungs- und Lebensraumfantasien.

Die unbekannten Autoren der Bibel wissen ohne Scheu zu berichten, dass sogar David, »der Gesalbte des Herrn«, höchstpersönlich an den wegen Gottes Ratschlag notwendigen *Selektionen* teilnahm: »Sie [die Gefangenen] mussten sich nebeneinander auf die Erde legen, und er [David!] maß die Reihe mit einer Messschnur ab: Jeweils zwei Schnurlängen wurden getötet, und jeweils eine volle Schnurlänge ließ er am Leben« (2 Sam. 8; 2).[91]

Die Gedankenwelt der heutigen religiösen Fanatiker, die ihre Terrorideale mit größtmöglicher zerstörerischer Breitenwirkung in die Tat umsetzen wollen, ähnelt in ihrer theologischen Einfalt und mörderischen Entschiedenheit jener der biblischen Israeliten. Vor etwas mehr als einem Jahrhundert kommentierte der französische Religionswissenschaftler und Orientalist Ernest Renan diese Verirrung des menschlichen Geistes ohne philosophische Beschönigung: »Die menschliche Grausamkeit nahm die Form eines Paktes mit der Göttlichkeit an. Man legte ein feierliches

Gelöbnis ab, alles zu töten, und verbot damit sich selbst, der Vernunft oder dem Mitleid Folge zu leisten. Man weihte eine Stadt oder ein Land der Vernichtung und glaubte, Gott zu beleidigen, wenn man den gräulichen Eid nicht hielt.«[92]

Der englische Deist Thomas Morgan (1680–1743) brandmarkte das *Alte Testament* als Dokument einer bornierten nationalen Religion der Juden. Mit der Religion als beruhigendes Psychopharmaka konnten die im Wege stehenden Vorbesitzer Palästinas und die lästigen Nachbarvölker ohne Schuldgefühle vernichtet werden. So wie die Nationalsozialisten die Juden als Sündenböcke für alle Übel der Welt missbrauchten, so galten für die alten Hebräer die Kanaaniter als Sinnbild des Bösen, der Unmoral und der falschen Götterverehrung. Die Ausrottung dieses minderwertigen Volkes wurde als Wohltat für die Menschheit erklärt.

Apologie oder Schutzschrift für die vernünftigen Verehrer Gottes nannte der Theologe und Orientalist Hermann Samuel Reimarus (1694–1768) sein interessantes Werk, das er sich jedoch nicht zu veröffentlichen traute. Der Hamburger Gelehrte erlaubte sich den Hinweis, dass die ständige Anschuldigung, die Kanaaniter seien bösartig und schlecht, vielleicht nur ein grandioser Propagandatrick von Moses und der biblischen Erzähler war, um die israelitischen Eroberungen mit all den begleitenden Kriegsverbrechen moralisch zu relativieren und ethisch in einem günstigeren Licht erscheinen zu lassen:

»Höret doch einmal, wie unsre Herrn Theologi das Verfahren des Josua beschönigen. Die Cananiter, sprechen sie, waren böse Leute, dem Götzendienst und allen unnatürlichen Sünden fleischlicher Lüste ergeben. Da sie nun das Maaß ihrer Sünden erfüllet hatten, so wollte der gerechte Gott ihrer Boßheit nicht länger zusehen, sondern sie von dem Erdboden vertilget wissen. Er ist ja Herr über der Menschen Leben und Güter, und niemand wird ihn der Ungerechtigkeit beschuldigen, wenn er auch die äusserste Strafen an solchen Ruchlosen ausüben läst, und ihr gantzes Land und alles Vermögen andern schenket. Das ist es aber, was zu dem hart scheinenden Verfahren Ursache gegeben. Gott hatte seinem Volke, den

Israeliten, aufgetragen, dass sie gleichsam seine Scharfrichter seyn, und niemand verschonen sollten, damit sie nicht auch dereinst von den Cananitern zu solchen Greueln [»Sünden des Fleisches« und »Götzenanbetung«] verführt würden; und dafür hatte er ihnen, so zu reden, alle confiscirte Güter derselben zum Besitz versprochen. Wie nun ein Scharfrichter dadurch kein Mörder wird, dass er auf Befehl des Regenten die Missethäter tödtet; noch ein Gerichtsbedienter dadurch ein Räuber wird, dass er sich confiscirte und ihm geschenkte Güter zueignet; so muss man auch den Josua und die Israeliten nach diesem Gesichtspunkt beurtheilen. Was anderen Völkern unerlaubt und höchst strafbar gewesen wäre, das war den Israeliten nicht allein erlaubt, sondern sogar ihre Pflicht.

Wohl! so kommt doch alle Beschönigung des sonst ungerechten und grausamen Verfahrens mit den Cananitern, auf einen unmittelbaren Befehl Gottes, und auf die ihnen [angelasteten] Verbrechen an. Zum Beweise des göttlichen Befehls muss denn die wunderthätige Hülfe dienen, welche Gott dem Josua in der Eroberung von Jericho und anderwerts geleistet haben soll. Den Beweis aber von den so strafbaren Verbrechen der Cananiter finden wir nirgends, als in der bloßen Beschuldigung Mosis und des Geschichtsschreibers.«[93]

Das Preussenpack katholisch machen

»Heiden erschlagen« – als spätmittelalterliche Sportart – konnte sehr lustig sein. Archaische Männerträume wurden im waffenstarrenden Kollektiv ausgelebt. Einige verwandte Grundmuster bei Herrenbünden gibt es auch heute noch. Mitglieder von Segelcrews kämpfen während ihrer harmlosen adriatischen Badetörns mit höchstem Einsatz gegen mörderische Meeresgewalten (so die drastische Nacherzählung zu Hause), während sie als gestandene Männer immer noch in der Lage sind, nach Bikinischönheiten Ausschau zu halten, um diese mit dümmlichen Machosprüchen verbal zu belästigen. Die primitiven Blödel- und »Tapferkeits«-

Rituale funktionieren bei Jagdgesellschaften und anderen Erwachsenen-Spielgruppen ähnlich. Geistesverwandt, doch in der ausgeübten Form etwas rauer, fanden sich auch im 13. und 14. Jahrhundert Gruppen von abenteuerlustigen Männern zusammen, die sich mehrere Jahre lang jeweils in den Sommermonaten eine »Auszeit« von ihren ehelichen, familiären und beruflichen Verpflichtungen gönnten, um im fernen Land der heidnischen *Pruzzen* eine fröhliche Jagd auf diese zu machen.

Nach der Vertreibung aus dem Heiligen Land durch die siegreichen Muslime eröffnete sich den Deutschen Ordensrittern gerade rechtzeitig ein neues Betätigungsfeld: Der polnische Herzog Konrad von Masowien und Kujawien bat die kühnen Männer mit dem schwarzen Kreuz auf weißen Mänteln um Hilfe gegen die kriegerischen Pruzzen, die sich jeder Missionierung mit Gewalt widersetzten. Die Herren des 1198 in Akkon gegründeten *Deutschen Ritterordens* ließen sich nicht zweimal bitten, und schon bald trieben sie die »Heiden« mit Frömmigkeit im Herzen und frischem Blut auf den Klingen heiter vor sich her. Dennoch blieben militärische Rückschläge in diesen weiten Wald- und Sumpfgebieten (im heutigen Ostpreußen und Baltikum) nicht aus. Die Personaldecke der hochmotivierten Ordensritter war gefährlich dünn. Hilfe tat not, und so rief Papst Urban IV. im Jahr 1262 mit einer Bulle zu einem Kreuzzug gegen die heidnischen Pruzzen (Preußen) auf:

»Urban IV., Knecht der Knechte Gottes, sendet Gruß und erteilt den apostolischen Segen seinen geliebten Söhnen, den Provinzial- und Klosterprioren sowie den Subprioren des Predigerordens in Deutschland, Dänemark, Böhmen und Polen, die dieses Schreiben lesen. Unsere geliebten Söhne, der Meister, die Gebietiger und alle Brüder vom Deutschen Hospital [der Gründungskern des Deutschen Ritterordens] der heiligen Maria zu Jerusalem haben sich vor einiger Zeit wehklagend an uns gewandt, weil in Livland, Kurland und Preußen für den Glauben, den sie daselbst zu Gottes Ehre herrlich fördern, fast fünfzig ihrer Brüder von den Händen der Ungläubigen grausam getötet worden seien. Dies Wehklagen hat sich wiederholt, und zahlreich fließen die Tränen, weil neuerdings in den genannten Gebieten viele Brüder grausam ermordet wurden und eine große Zahl Neugetaufter in ihren früheren Irrtum zurückgesunken ist. Infolgedessen wird der Rest der Brüder von den Ungläubigen und den abgefallenen Neugetauften aufs härteste bedrängt, bar jeden Schutzes sieht er Tag für Tag den Tod vor Augen, falls die apostolische Fürsorge und fromme Huld nicht schleunigst siegreiche Hilfe verschaffen. Diese Bedrängnis der Brüder geht uns alle um so tiefer zu Herzen, als es für unsere Ohren keine traurigere Kunde gibt als die, der katholische Glaube gehe in irgendeinem Teile der Welt zugrunde, und weil wir einst selbst als päpstlicher Legat in Preußen mit eigenen Augen gesehen haben, wie jene Brüder mit ungeheuren Kosten und in unermesslicher Drangsal mannhafter und erfolgreicher an ihren Aufgaben arbeiten, als man sich leichthin vorstellen oder in einem Schriftstück darlegen kann.

Da wir also mit der großen Not der Brüder von Livland, Kurland und Preußen gebührend innigstes Mitleid haben und frommen Herzens, soweit es an unserem Teile ist, verhindern wollen, dass dies unter so gewaltigen Blutopfern geförderte Werk völlig vernichtet werde, geben wir eurer Gemeinschaft durch dies apostolische Schreiben bei eurer Gehorsamspflicht den gemessenen Befehl und tragen euch zum Nachlass eurer Sünden auf, in den Königreichen Böhmen, Dänemark, Schweden und Norwegen, ferner in den Gegenden von Friesland, Polen, Pommern und Gotland, sowie in den Provinzen, Städten und Diözesen von Magdeburg, Bremen, Mainz, Köln und Salzburg [für Livland, Kurland und Preußen das Kreuz zu predigen]. Allen Teilnehmern an der Kreuzfahrt [in jene Gebiete] und allen, die hierfür Beiträge leisten, gewähren wir denselben Ablass und dasselbe Privilegium wie den Teilnehmern und Förderern eines Kreuzzuges in das Heilige Land.«[94]

Mit neuer Verstärkung konnte der Deutsche Ritterorden die Gebiete der Pruzzen erobern und mit Siedlern aus Deutschland kolonisieren. Die »Christianisierung« der Heiden war ein zähes Stück Arbeit – immer wieder fielen diese in ihre alten – götzendienerischen – religiösen Gewohnheiten zurück. *Schwertmission* wird die doppelte Aufgabenstellung der

Ordensritter von der heutigen Geschichtswissenschaft genannt. Die Unterwerfungsfeldzüge führten sehr bald zu einer eigenen Staatsorganisation der deutschen »Mönchsritter«, zu der Kaiser Friedrich II. mit seinem Privileg vom März 1226 in der Goldenen Bulle von Rimini die machtpolitischen, juridischen und besitzrechtlichen Voraussetzungen schuf. Gleichzeitig umschrieb der Staufer die Aktion gegen die Pruzzen als einen »Auftrag, den Gott dem Kaisertum zur Verherrlichung seines Namens erteilt habe«.[95] Acht Jahre später nahm Papst Gregor IX. alles erworbene, eroberte und noch zu erobernde *preußische* Land als »Eigentum des heiligen Petrus« in den Schutz des Apostolischen Stuhles.[96]

Nach erbarmungslosen Kämpfen kam es im Februar 1249 zur offiziellen Unterwerfung der heidnischen Pruzzen, die in der Folge – wenn auch widerwillig – das Christentum annahmen. Doch nicht alle Pruzzen arrangierten sich mit diesem Frieden und wollten zu dem komischen Gott der Deutschen beten. Besonders in den noch lange ungebändigten baltisch-schamaitischen Gebieten östlich der Memel – auch die Pruzzen waren baltischer Herkunft – wurde die religiöse und weltliche Autorität der deutschen Ritter mit dem schwarzen Balkenkreuz noch bis weit ins 14. Jahrhundert von den wilden Stämmen herausgefordert. Hier bildete sich nun die alljährliche »Prussenjagd« heraus, zu der achtbare Herren und Ritter mit ihrem Gefolge aus vielen Teilen Europas angereist kamen. Auf diese »Sommersafaris« freute sich die christliche Männerwelt – endlich für einige Wochen Ferien vom zänkischen Weib und vom grauen Alltag zuhause. Jetzt war man unter Freunden, welche den Suff, die rasche Vergewaltigung einer Heidin und den ehrlichen Zweikampf zu schätzen wussten.

Peter Suchenwirt, der Herzog Albrecht von Österreich im Jahr 1377 auf dessen *Preußenreise* begleitete, hat seine aufmerksamen Beobachtungen für die Daheimgebliebenen auf Pergament notiert: *»Darauf gebot man eine Reise in die Litau [d. h. zu den Litauern], denn darum waren wir aus fernem Land gekommen. Der Marschalk und die Führer verordneten, jeder müsse sich auf reichlich drei Wochen mit Kost versorgen, die auf*

Pferden und Schiffen fortgebracht werden sollte. [...] Das Heer zog durch Samland vor Insterburg und an die Suppe, dort schlug man vier Brücken über das Wasser [...], auf jeder drängte sich das Heer hinüber und zog von da bis an die Memel. [...] Das Heer war eifrig, an die Heiden zu kommen, und es waren da wohl tausend Mann, welche mit Äxten den Weg räumten durch die Hecken in der Wildnis, es ging über Graben und Feld, durch tiefes Wasser, Bruch und Bach, in Ungarn ist man auf ebener Heide nicht so böser Fahrt gewohnt. Großes Leid tat uns Moos und Moor. [...] In dem Gedränge hörte man oft den Schrei: ›Die Preußen [Pruzzen] überfallen uns!‹ Pferde und Saumtiere, die mit Kost und Getränk beladen waren, wurden vorwärts gezerrt, mancher war wund, den man zu sehr quetschte, Knie und Bein wurden verstaucht. Da hörte Spaß und Lachen auf, auch die Pferde wurden sehr verstaucht, und manches musste hinken.

So sank der Tag, die Nacht nahte, und man musste auf Herberge denken, aber gutes Gemach war dort nicht zu finden, die Pferde hatten nur Gras zu fressen. So verbrachte man die Nacht, aber am Morgen früh eilte man fröhlich in das Land der Heiden, man trieb die Rosse und rannte. Zuvorderst die Rennfahne Ragnit, nach Landessitte, darauf folgte St. Georgs Fähnle, dann das Panier von Steierland, dann die reich gezierte Fahne des Meisters, dabei das Banner von Österreich. Viele Banner flatterten in den Lüften; die stolzen Helden führten Kränze und Straußenfedern auf ihren Helmen; wer einer edlen Frau in Minnedienst gesellt war, dem hatte ihre Gunst Kleinode von Gold, Silber, Edelstein und Perlen geschenkt, die glänzten auf den Eisenhauben hell gegen die Sonne.

So führte das Heer die werten Gäste in das Land, welches Samaiten heißt: aber als ungebetene Gäste kamen sie zu der Hochzeit. Dort bei einem Dorf begann der erste Tanz mit den Heiden, es blieben ihrer wohl sechzig tot, das ganze Dorf wurde angesteckt, dass es hoch in den Lüften brannte. Da zog der Herr Graf Hermann von Cilly das Schwert aus der Scheide, schwenkte es in die Lüften und sprach zu Herzog Albrecht: ›Besser Herre denne Knecht‹, und schlug ihm den ehrenwerten Schlag [er schlug ihn zum Ritter]. Am selben Tag wurden vierundsiebzig Ritter gemacht; der Fürst nahm jetzt sein Schwert und schlug Ritter, sooft man das von ihm begehrte, der edlen Christenheit und Maria, der reinen Magd, zu Ehren. Darauf begann das Heer in dem Lande auf und ab zu verheeren. Den Christen gab Gott das Glück, dass die Heiden ungewarnt waren. Die Heiden büßten das; denn ritterlich jagte man ihnen nach, man fing, man stach und schlug; was ihnen weh tat, das tat uns wohl. Das Land war voll von Menschen und Gut, wir hatten unsere Lust daran, es war den Christen Gewinn, den Heiden Verlust. Das war frohe Zeit.«[97]

Über die eigenartigen Religionsvorstellungen der heidnischen Preußen (Pruzzen) wunderte sich der Deutschordenskaplan Nikolaus von Jeroschin in seiner »Kronike von Pruzinlant« (vollendet um 1335–41): »Und so war Gott ihnen unbekannt, daher kam ihr Irrtum, dass sie in ihrer Torheit jegliche Kreatur als Gott anbeteten: Donner, Sonne, Mond und Sterne, Vögel, Tiere und sogar die Kröten. Auch hatten sie Felder, Wälder und Gewässer, die ihnen heilig waren, so dass sie darin weder pflügten, noch fischten, noch Holz schlugen.

Die Preußen glaubten auch an eine Auferstehung, aber nicht richtig. Sie meinten, so wie der Mensch hier wäre, edel oder unedel, arm oder reich, mächtig oder nicht, genauso würde er auch nach der Auferstehung sein. Darum verbrannte man auch nach dem Tode eines Edlen mit ihm Waffen und Pferd, Knechte und Mägde, schöne Kleider, Jagdhunde und Falken und was sonst zur Ausstattung eines Herren gehört. Ebenso ward mit dem toten Unedlen verbrannt, was zu ihm gehörte, denn sie glaubten, das alles werde mit ihm wieder auferstehen und ihnen weiterhin dienen.

Bei solchem Todesfall war noch ein teuflischer Betrug, denn die Verwandten des Toten kamen zu dem Priester Kriwe und fragten ihn, ob er zu der oder der Zeit des Tages oder der Nacht jemanden an seinem Haus habe vorbeifahren sehen. Dann pflegte der Priester ihnen ganz genau des Toten Gestalt, seine Gebärden, die Waffen und Kleider, Gesinde und Pferde zu beschreiben. Und damit sie ihm mehr glaubten, wies er ihnen oft ein Zeichen, das der Tote im Vorbeifahren in seine Tür gehauen oder gestochen habe. Nach einem Siege opferten die Heiden gewöhnlich um ihres Heiles willen ihren Götzen den dritten Teil aller Beute, den sie dem Kriwe gaben, um ihn für die Götter zu verbrennen. Reichtum und Schmuck der Kleider achten sie sehr gering, so wie sie heute die Felle abziehen, legen sie sie morgen um. Weiche Betten und feine Speisen kennen sie nicht. Sie trinken seit alten Zeiten nur dreierlei: Wasser, Met und Stutenmilch. [...] Willig und freigebig teilen sie Speise und Trank. Sie meinen, sie hätten ihre Gäste nicht freundlich und wohl genug verpflegt, wenn diese nicht so voll des Trankes sind, dass sie speien. [...] So trinken sie einander zu und lassen den Napf ruhelos kreisen, bis Mann und Frau, Wirt und Hausgenossen, Große und Kleine, alle trunken sind; das ist ihnen Kurzweil und große Ehre, - mich dünkt das, keine Ehre zu sein.

Nach alter Gewohnheit kaufen sie ihre Weiber um Geld. Der Ehemann hält sie wie eine Magd, sie darf nicht an seinem Tisch essen und muss täglich dem Hausgesinde und den Gästen die Füße waschen. [...]

Manche Preußen baden ihren Göttern zu Ehren täglich, manche niemals. Mann und Weib spinnen Garn, die einen Wolle, die anderen Leinen, wie sie gerade glauben, dass es den Göttern am liebsten sei. Manche besteigen nie ein schwarzes Pferd, manche kein weißes oder ein andersfarbiges.«[98]

Anders als die weltlichen »Kriegstouristen« nahm die Mehrheit der Ritter des Deutschen Ordens ihr militärisches und »soziales« Engagement für die Weiterverbreitung des christlichen Glaubens – bei gleichzeitiger Landnahme und Errichtung einer machtpolitischen und ökonomischen Infrastruktur – in den eroberten und noch zu erobernden Territorien sehr ernst. In Verbindung mit ihren mönchsähnlichen Verhaltensregeln wurde von den Männern (zumindest in der Theorie) ein vorbildhaftes sittliches Verhalten erwartet. In der »Kronike von Pruzinlant« wurde die eiserne Beherrschung eines Ritters gewürdigt, der seine eigene religiös-moralische »Standfestigkeit« mit einer fabelhaften Methode prüfte, bevor er in den Deutschen Orden eintrat:

»Als Gott dem Berthold den Gedanken ins Herz gab, die Welt zu verlassen und geistlich zu werden, da überdachte Berthold, worin ein geistliches Leben bestehe, und ob er es werde erfüllen können. Und als er lange alles erwogen hatte, fand er Armut und Gehorsam erträglich, doch deuchte ihn das dritte, des Leibes Keuschheit, schrecklich; denn die trägt niemand ruhig, wenn Gott sich nicht seiner annimmt. Darum wollte Berthold erst versuchen, ob er dieser Forderung werde Genüge leisten können. Und nun fing er wunderlich genug seine Versuchung an; er nahm eine junge, zarte und hübsche Jungfrau zu sich, die schönste der ganzen Gegend, bei der lag er ein volles Jahr lang jede Nacht nackend im Bett, danach schwor er und sie bestätigte und bewies es, dass er sie unberührt gelassen habe … Und als der Held nun wusste, dass er fest sei gegen Unkeuschheit, trat er in den Orden ein.«[99]

Auf die Keuschheit fixierte sich das sittliche Denken. Hier waren (und sind) die Religionen sträflich eindimensional. Der kampf- und kriegsbedingte Tod von Menschen ist als moralische Kategorie meist zweitrangig. Das gewaltsame Ableben auch der eigenen Klientel für die »gute Sache« gilt als wenig aufregender Begleitschaden, der auch seine Vorzüge besitzt. Als der Papstkandidat und frühere Ordensgeneral der Dominikaner, Humbert von Romans, im Jahr 1270 vom Scheitern des zweiten und letzten Kreuzzuges des Heiligen Ludwig erfuhr (hauptberuflich war dieser König von Frankreich), konnte er im Tod so vieler Menschen nicht die geringste Tragödie erkennen, denn er war überzeugt, dass es nicht zum Zweck der christlichen Religion gehört, die Erde zu füllen, sondern den Himmel: »Warum sollten wir uns sorgen, dass sich die Erde um zahlreiche Christen vermindert, die für Gott starben? Mit diesem Tod finden viele den Weg in den Himmel, die ihn sonst niemals gefunden hätten.«[100]

Die »Bluthochzeit« von Paris

Den Himmel – und auch die Hölle – zu »füllen«, dazu fand die Christenheit in 2000 Jahren reichlich Gelegenheit. Die Geschichte dieser Religion strotzt vor Grausamkeiten, die Mitgliedern anderer Religionen, Glaubensabweichlern oder Religionsdissidenten angetan wurden. Auch Martin Luther stand seinen Kontrahenten im Gewalteifer kaum nach: »So wir Diebe mit Schwert, Mörder mit Strang, Ketzer mit Feuer strafen, warum greifen wir nicht vielmehr an diese schädlichen Lehrer des Verderbens, als Päpste, Kardinäle, Bischöfe und das [ganze] Geschwärm der römischen Sodoma mit allerlei Waffen und waschen unsere Hände in ihrem Blut?«[101]

Über die Unruhen in der Provence im 16. Jahrhundert hat ein Historiker vor etwas mehr als hundert Jahren zu Recht geschrieben: »Es gab keinen Aufstand, bei dem nicht die Franziskaner, Kapuziner, Karmeliter oder Dominikaner die schlimmsten Vorschläge machten und bei dem sie nicht die ersten waren, die das Signal zum Massaker gaben.«[102]

Die 1519 in Florenz geborene Katharina von Medici ging als die »Schlächterin der Protestanten« in die Geschichte ein. Katharina wurde von ihren politischen Gegnern oft als »Blutweib« bezeichnet. Ihr Charakter war durch Stolz, Rachsucht, Fanatismus und Mordlust geprägt. Wie Helmut Werner durch seine historischen Recherchen herausfand, war sie »sehr leidenschaftlich und von lüsternem Wesen und fand auch Gefallen daran, wenn sich Mädchen und Frauen in ihrer Gegenwart entkleideten, denen sie dann mit der flachen Hand auf die Hinterbacken schlug«. Das personelle Umfeld Katharinas kannte sie als Voyeuse, die auch der Flagellation nicht abgeneigt war. Dass sie ein besonderes Vergnügen daran fand, hingemordete Feinde zu betrachten, war kein Geheimnis. Um die Getöteten der Lächerlichkeit preiszugeben, befahl sie gerne, diesen die Hosen auszuziehen.[103]

Nachdem ihr Gemahl, der französische König Heinrich II. – den sie im zarten Alter von 13 Jahren heiratete – nach einem Turnierunfall starb, war sie frei, um sich als zielstrebige Regisseurin der Macht inmitten von Männern zu profilieren.

Die Florentinerin Katharina spielte noch mit den Puppen, als ein französischer Student namens Jean Cauvin, der spätere Johann Calvin, aufmerksam in den Hörsälen der Pariser Universität Sorbonne saß. Der durch die Lehre Luthers inspirierte Reformeifer dieses Studenten veränderte in den folgenden Jahren die Religionslandschaft Frankreichs und weiterer europäischer Gebiete. Calvins theologische Entwürfe fielen auf fruchtbaren Boden und immer mehr bisherige Katholiken wechselten ihr Glaubensfundament. Dabei war der »Reformator« Calvin alles andere als ein idealer Modernisierer des Glaubens. Der von ihm kreierte »Calvinismus« war reaktionär und prüde, und dieses unleidige Erbe pflegen viele Gläubige in Amerika – deren Religionsorientierung sich auf die calvinistischen Wurzeln beruft – immer noch durch ihre täglich gelebte Bigotterie. Calvin trieb den religiösen Fanatismus und die »Sündenschnüffelei« mit der im Jahr 1541 in Genf eingerichteten *Kirchenzucht* auf die Spitze. Er perfektionierte die Unterdrückung der Frauen und ängstigte sich zugleich vehement vor den Hexen, deren Vernichtung zu seinen vordringlichsten Zielen gehörte. Im Stadtstaat Genf, der wegen Calvins Flucht aus Frankreich zum Zentrum dieser neuen »christlich-protestantischen« Bewegung wurde, litten die Bürger bald unter dem theokratisch-autoritären System des Franzosen. Menschen wurden schon wegen der geringsten Kritik und Widersetzlichkeit hingerichtet. Sogar ein Kind ließ der »Reformator« enthaupten, weil dieses die Hand gegen den Vater erhob. Christliche amerikanische Fundamentalisten fordern auch heute – nach biblischem Vorbild – die Todesstrafe für ungehorsame und widerborstige Kinder – und zwar am besten durch Steinigung!

Die *hugenottische Ketzerei* breitete sich rasch über ganz Frankreich aus und drang als »Religionsvirus« in alle Bevölkerungsschichten ein. Vom weiterhin katholischen Teil der Franzosen wurden die »Reformierten« mit dem Spottnamen *les Huguenots* – die »Hugenotten« – belegt, in Anlehnung an den Namen des Genfer Bürgermeisters Hugues und in Abwandlung der Bezeichnung »Eidgenossen«.[104] Die neue Glaubensrivalität spaltete die französische Gesellschaft. Verhängnisvoll wurde die Zerrissenheit des Landes durch die Beschlagnahme der Religion für die egoistischen Ziele der Machtpolitik. Zwei Gruppen konkurrierten um die Führung Frankreichs, und beide vereinnahmten jeweils eine der rivalisierenden Religionsparteien für den eigenen Zweck. Als mächtigste Fürsten Frankreichs stellten sich die Guisen an die Spitze des im Land immer noch dominanten Katholizismus. Der junge, schwache und früh verstorbene König Franz II. stand völlig unter der »Fuchtel« der Guisen, mit denen sich die Mutter des Königs, Katharina von Medici, verbündete, um das katholische Herrscherhaus der Valois gegenüber der nach der Macht drängenden Konkurrenz, den zwischenzeitlich »reformierten« (protestantischen) Bourbonen, weiter an erster Stelle behaupten zu können.[105] An der Spitze der Hugenotten befand sich Ludwig von Bourbon, Bruder des von der rechtmäßigen Thronfolge ausgeschlossenen Anton von Bourbon und König von Navarra (1518–1562). Jede der beiden Parteien wollte die alleinige und absolute Macht in Frankreich für sich. 1560 standen die Zeichen auf Sturm. Das religiös zerrissene Land sollte nach den Absichten der Anführer in seiner Gesamtheit wieder katholisch werden (bei gleichzeitiger Machtfestigung der Guisen und des Hauses Valois) oder hugenottisch (und die Bourbonen würden das Szepter schwingen). Zum obersten Machtzirkel der Hugenotten gehörte der Herzog von Coligny (er war auch Admiral), der von seiner Residenz in der Champagne aus zum Bürgerkrieg gegen die Guisen aufrief. Ein erster Anschlag auf den jungen König und dessen Guisenfreunde schlug allerdings fehl, und die meisten der gefassten Verschwörer wurden nach ausreichender Folterung – »zur Unterhaltung der Damen« – am Schlossturm und den Erkern von Amboise »wie Marionetten nach der Vorstellung« aufgehängt. Alle restlichen Gefangenen warfen die »Verteidiger der Gerechtigkeit« in zugenähten Säcken lebend in die Loire.[106]

Die Kinder Katharinas mussten bei der Massenhinrichtung zusehen, da sie die Meinung vertrat, künftige Herrscher müssen sich an die Gegenwart des Todes gewöhnen. Diese spezielle Pädagogik wurde bei Karl noch um die Extravariante bereichert, ihn schon als Kleinkind an Tierblut zu gewöhnen. Die Früchte dieses kaltherzigen Verfahrens können kaum überraschen: Der Bengel, der mit zehn Jahren König von Frankreich wurde, entwickelte die Angewohnheit, Tieren, die ihm über den Weg liefen, den Kopf abzuschlagen.[107] Erst sechzehnjährig starb der französische König Franz II. im Jahr 1560. Der frühe Tod ihres kränklichen Sohnes kam den ehrgeizigen Machtambitionen der Königsmutter Katharina entgegen. Den neuerlichen Thronansprüchen der hugenottischen Bourbonen sich entschieden widersetzend, hievte sie den erst zehnjährigen Bruder des verstorbenen Franz auf den Königsstuhl. Der kleine neue König Karl IX. konnte vorerst noch weiter an seinen Daumen lutschen und die Gouvernanten traktieren, denn seine durchtriebene Mutter regierte als »Statthalterin von Frankreich« für ihn. War die religiös und moralisch indifferente Katharina in ihrer Haltung gegenüber den protestantischen Hugenotten bisher noch schwankend, so schlug sie nun den Weg der strikten Gegnerschaft ein. Jetzt empfand das frühere Ziehkind zweier Päpste die starke Position der Protestanten als unerträglichen Stachel im französischen Fleisch. Niemals durfte diese »verdammte Ketzerbrut« an die wichtigsten Schalthebel der Macht gelangen – Frankreich musste unter dem Einsatz aller Mittel katholisch bleiben. Es gab landesweit immerhin schon 2 500 Protestantengemeinden. König Philipp II. von Spanien drängte seine herrschsüchtige Schwiegermutter Katharina, Frankreich endlich von der »hugenottischen Pest« zu befreien und versprach ihr die bestmögliche Hilfe für dieses *dem Herrn gefällige Werk*.

Die vom spanischen König angemahnte Säuberungsaktion weckte sehr rasch die niedersten Instinkte bei Millionen Franzosen. Der Herzog Franz von Guise konnte sich rühmen, mit dem »Blutbad von Vassy« (Wassy) die Explosion der Gewalt entzündet zu haben. Am 1. März 1562 ritt er in dieses Dorf in der Champagne ein, als die im Ort lebenden Hugenotten gerade in einer großen Scheune – verbotenerweise – ihren Gottesdienst zelebrierten. Auf Intervention des katholischen Bürgermeisters machten sich Guise und seine Männer sofort an die »Arbeit«, um mit Waffengewalt die protestantischen »Ketzer« in ihrer gemeinschaftlichen Andacht zu stören. Von keinerlei Gewissensnöten geplagt und im Besitz der religiösen Wahrheit, ließ die katholische Seite ihren inneren Dämonen freien Lauf, wie der Bericht eines Augenzeugen unschwer erkennen lässt:

»Der Herzog und seine Leute, die in der Überzahl waren, legten Arkebusen und Pistolen an und schossen durch die offene kleine Tür auf die ihr am nächsten Stehenden, die getötet oder verwundet wurden. Sie wichen von der Tür zurück, und so war die Versammlung wehrlos preisgegeben. Da drangen der Herzog und viele andere ein, schossen wild in die dichte Volksmenge und töteten und verwundeten eine große Anzahl. Dann jagten sie die armen Männer, Frauen und kleinen Kinder mit derben Säbel- und Schwerthieben hinaus, und draußen mussten sie durch zwei Reihen von Soldaten und anderen Leuten seines Gefolges hindurch, wie durch eine Allee. Jeder versetzte ihnen harte Schläge mit Schwert und Säbel, so dass ein großer Teil von ihnen schon bald tot zusammenbrach. Immerhin kamen mit Gottes Gnade einige nur mit einer Verwundung oder auch ohne Verletzung davon. Diese jedoch wurden von einer anderen Gruppe aus der Begleitung sofort wieder auf die Beine gestellt und mit der gleichen unbarmherzigen Grausamkeit getötet oder verwundet.«[108]

Die böseste Form der menschlichen Streitlust, der Bürgerkrieg, überschattete nun für Jahre das Leben in Frankreich. Es gab Tausende Fronten, denn Städte kämpften gegen Städte, Dörfer gegen Dörfer und Nachbarn gegen Nachbarn. Nur durch die Konfession wurde bestimmt, wer Freund ist oder Feind. Dabei war jeder der Kontrahenten ein »guter Christ«. Doch die einen schielten zum Papst nach Rom und die anderen hatten was gegen die besondere Aufwertung der Gottesmutter Maria. Auch kleinste Glaubens-Divergenzen und theologische Lappalien waren Grund genug, sich wenig zögerlich die Köpfe einzuschlagen. Aus dem benachbarten Ausland wurden beide Seiten tatkräftig mit Geld, Waffen und Soldaten unterstützt. Schließlich erschöpft von den jahrelangen Metzeleien, einigten sich die beiden christlichen Streitparteien am 8. August 1570 zum »Frieden von St. Germain«. Entgegen dieser offiziellen Friedensmanifestation dachte die katholische Seite keineswegs daran, die Hugenotten künftig als gleichberechtigte Bewohner des gemeinsamen französischen Hauses zu dulden. Der momentane »Friede« sollte nur der

Regeneration der eigenen Kräfte dienen. Im katholischen Lager galt die Ausrottung der hugenottischen Ketzer als beschlossene Sache. Papst Pius V. verlangte in einem Brief an Katharina von Medici ganz offen, »dass sie fortfahren möge, öffentlich und glühend die Feinde der katholischen Religion zu bekämpfen, bis dass sie alle massakriert sind, dann würde ihr auch die göttliche Hilfe nicht fehlen«.[109]

Katharina inszenierte ein schmähliches Spiel. Sie arrangierte eine Ehe zwischen ihrer Tochter Margarethe von Valois und Heinrich von Bourbon, den Erben von Navarra, der zu dieser Zeit als Führer der Hugenotten galt. Diesem wollte man mit dem neuen Familienbund die Versöhnung der beiden Machtspitzen vorgaukeln. Der katholische Königshof lud die führenden Köpfe der Protestanten zur Hochzeit, die vom 17. bis 23. August 1572 mit großem Pomp gefeiert wurde. Die angeblichen erotischen Ausschweifungen während dieser Lustbarkeiten schockierten das Volk und waren dennoch als Gesprächsstoff beliebt: »Nun finden am Hof von Frankreich Ball, Tanz, Maskeraden und ähnliche eitel Vergnügungen, an denen der König ein besonderes Gefallen findet, meist des Nachts statt. [...] Alle anständigen Leute sind davon überzeugt, dass die jungen Fräulein hier nicht am richtigen Ort sind, um ihre Keuschheit zu bewahren.«[110] Die Hugenotten ließen sich täuschen. Die machtverliebte Katholikenclique um die Königsmutter konnte durch die konzentrierte Anwesenheit der ranghöchsten protestantischen Führer endlich zum entscheidenden Schlag gegen das über alles verhasste *Ketzerpack* ausholen. Am Abend des 23. August stimmte der bisher zaudernde König der Vernichtungsaktion zu und forderte die Getreuen der eigenen Religionsgruppierung auf, »die wichtigsten protestantischen Führer zu töten, da sie ja wohl einen Staatsstreich planten«. Ein *gereinigtes* Frankreich als ideale Zukunftsvision vor den Augen, präzisierte Karl IX. die königliche Erwartung nur wenig später um eine entscheidende Nuance: »Man soll sie alle totschlagen! Keiner soll übrig bleiben und mich nachher anklagen!«[111]

Mit dem Hugenottenadmiral Gaspar de Coligny wurde der Anfang gemacht. Schon verwundet, warfen ihn die mitleidlosen Verfolger aus dem Fenster und hieben ihm unten auf der Straße zuerst die Finger und nachher den Kopf ab. Den Rest des Leichnams riss die Menge in Stücke. Der »herrenlose« Kopf des Admirals wurde der erfreuten Katharina als Präsent überbracht.

Das ursprüngliche Vorhaben, *nur* die oberste protestantische Führungsgarnitur im Anschluss an die Hochzeitsfeierlichkeiten zu eliminieren, wurde von den sich begeistert der Mordaktion anschließenden katholischen Pariser Bürgern rasch in eine noch höllischere Richtung korrigiert. In der »Bartholomäusnacht« vom 23. auf den 24. August 1572 riefen die Sturmglocken zum »Gemetzel des Jahrhunderts«. Gekennzeichnet mit weißen Binden und weißen Kreuzen am Hut, stürmte die Bürgermiliz auf der Jagd nach den Protestanten durch die Straßen und Gassen. Der Bürgermiliz schlossen sich bald viele Frauen und Kinder an, die sich zur Freude der hohen kirchlichen und weltlichen Herren am allgemeinen Würgen, Hauen, Stechen und Töten mit frommen Eifer beteiligten. Bald wateten die Pariser im hugenottischen Blut. Ein italienischer Arzt am französischen Königshof notierte in seiner Denkschrift über diese Nacht: »Man sah nur Menschen, die flohen und andere, die sie verfolgten und schrien: ›Schlagt sie tot! Schlagt sie tot!‹ Weder Geschlecht noch Alter fanden Erbarmen. Es war wahrhaftig ein Schlachten. Die Straßen waren mit nackten, verstümmelten Leichen übersät; der Fluss war mit ihnen bedeckt.«[112]

Es floss auch reichlich katholisches Blut, denn diesen kollektiven Gewaltrausch nützten nicht wenige, um persönliche Rechnungen zu begleichen. Missliebige Nachbarn, lästige Gläubiger oder jemand, dessen Besitz verführerisch lockte – in dieser endlosen *Bartholomäusnacht* ließ sich einiges mit dem Messer oder dem Knüppel unkompliziert regeln. Wie die »Gunst der Stunde« zum eigenen Vorteil genutzt wurde, beobachtete der österreichische Student Lukas Geizkofler mit Schrecken: »Als dies alles gehandelt worden, ist ein Teil der mörderischen Zunft auch in fürnehmer Kaufleut Gewölber, so sonst gut papistisch, wegen des Raubs eingefallen; und darin viel fürnehme Eheweiber, Töchter, so nicht gleich mit barem Geld gefasst, ohne allen Unterschied der Religion geschändet und nach ihrem äußersten Vermögen rationieret (loskaufen) [...] Es hat bei dieser Gelegenheit ein jeder seinen Feind unter dem Schein, als wenn er ein Hugenott wär, ja ein Bruder den andern, damit er die Erbschaft allein erlangete, umbringen lassen – ja wohl auch etliche Papisten [Katholiken] ihres Glaubens Genossen aus Geiz, Neid und Feindschaft nit verschont.«[113]

Margarethe von Valois, die wenig glückliche Braut des Hugenottenführers, dem Bourbonen Heinrich von Navarra, deren »Hochzeit« mit dieser Menschenschlächterei ihren Abschluss fand, zog ihre eigene Bilanz dieser Ereignisse: »Das Gemetzel dauerte (in Paris) noch sechs Tage mit einer höllischen Blutgier fort; 500 Edelleute wurden ermordet und mehr als viertausend Personen jeden Geschlechts und Alters, von dem Kinde im Mutterleib bis zum achtzigjährigen Greis. Nicht Rang noch Wissenschaft, ja selber die Religion wurde in diesen unseligen Tagen verschont. Peter Ramus, ein berühmter Mathematiker und guter Katholik, starb durch einen seiner Neider, der den Tumult benutzte, ihn zu ermorden.«[114]

In der *Bartholomäusnacht* und in den darauffolgenden Tagen wurden in Frankreich bis zu 30 000 Menschen ermordet. Aus den religiösen, sozialen und machtpolitischen Animositäten wurde der Schlüssel gegossen, mit dessen Hilfe die Bestie aus dem Käfig entkam. Der spanische Gesandte übermittelte schon in der ersten Mordnacht einen Situationsbericht an seinen Herrn, den katholischen König von Spanien: »Während ich schreibe, töten sie alle, sie reißen ihnen die Kleider vom Leib [...] und verschonen nicht einmal die Kinder. Gepriesen sei Gott!« Nach dem Erhalt dieses Schreibens konnte auch der König in Madrid seine Freude über die Massaker an den Hugenotten nicht verhehlen: »Das ist eine der schönsten Vergnüglichkeiten meines Lebens.« Auch der neue Papst Gregor XIII. vernahm die Frohbotschaft über die Hinmetzelung der französischen Protestanten mit äußerstem Wohlgefallen. Er ließ Dankgottesdienste und Prozessionen abhalten, eine Gedenkmünze wurde geprägt, und mit ausgelassenen Freudenfesten im Vatikan wurde diese mörderische

Verhöhnung des christlichen Ideals gefeiert. Für Gregor XIII. besaß die Friedensliebe keinen vorrangigen Wert. Seinen Vorrat an »Liebe« verbrauchte er anderswo. Als Kardinal und auch als Papst zeugte er eine beachtliche Zahl an unehelichen Kindern. Seinen Sohn Giovanni ernannte der »Heilige Vater« zum Kardinal.[116]

In der Wahl ihrer Mittel waren auch die Hugenotten nicht zimperlich. Katholische Landsleute, die in deren Fänge gerieten, mussten erkennen, dass der Gegner bei der Folter- und Tötungsmethodik die eigene ausufernde Kreativität manchmal sogar noch übertraf:

»Den Leuten ganz ordinär den Hals abzuschneiden, wie es die Diebe machen, ist keine Arbeit für einen Hugenotten. Vielmehr muss man diesen Kopf langsam und womöglich mit einem marokkanischen Halsband abschneiden. Man kann ihnen die Zunge aus dem Schlund reißen. Man kann die Leiber 8 Tage lang schlagen und sie bis auf die Knochen prügeln. Schließlich kann man sie von neuem schinden und ihre früheren Wunden wieder öffnen. Man kann sie von Türmen in die Tiefe werfen, wo ein Wald von Speerspitzen ihrer wartet. Man kann sie mit einem Fuß an eine Planke ihres Gefängnisses hängen. Man kann zwei und zwei aneinanderfesseln und sie Hungers sterben lassen, bis einer den andern auffrisst. Man kann ihnen den Bauch öffnen und Hafer hineinfüllen, den dann die Pferde wie von einer Krippe fressen mögen. Man kann ihnen die Schamteile abschneiden, kann sie auf Grillen rösten; man kann ihnen auch etwas zu essen geben und dann ihren Leib öffnen, damit man sieht, wie die Verdauung vor sich geht. Man kann sie auf einen Tisch legen und eine Schüssel auf ihrem Bauch befestigen, unter der Ratten sind. Dann braucht man nur noch ein Feuer anzuzünden, damit die Ratten in ihrer Furcht und Not sich in die Eingeweide des Opfers verbeißen. [...]

Was soll man von denen sagen, denen man den Bauch öffnete, um ihre Eingeweide um einen Stab zu wickeln? Was von den Frauen, denen man Schießpulver in die Vagina schüttete, um sie dann in die Luft zu jagen?«[117] Richard Verstegan sammelte diese Beispiele der destruktiven Seite des menschlichen Erfindungsgeistes für seine im Jahr 1588 zu

Anvers veröffentlichte Schrift *Theater der Grausamkeiten der Ketzer unserer Tage.*

Der Calvinist und Hugenottenführer Heinrich von Navarra überlebte seine eigene Hochzeit (die *Bluthochzeit von Paris)* und wurde 22 Jahre später – nachdem er zum Katholizismus konvertierte – in Chartres sogar noch zum König von Frankreich gekrönt. Interkonfessionell kam Frankreich dennoch bis 1789 nie richtig zur Ruhe. Der seit Jahrhunderten das Land zerschneidende religiöse Graben wurde erst durch die neuen Prioritäten der großen französischen Revolution zugeschüttet.

Ein Jahrhundert vor diesem Umbruch lud der *Große Kurfürst* Friedrich Wilhelm mit dem »Edikt von Potsdam« (1685) die bedrängten französischen Protestanten zur Einwanderung nach Brandenburg ein. Im Jahr 1700 war schon jeder dritte Berliner ein Hugenotte. Diese Neubürger erwiesen sich sehr bald als fleißige und loyale Untertanen und halfen als Kaufleute, Wissenschaftler, Offiziere und Künstler tatkräftig mit, Brandenburg-Preußen nach vorne zu bringen.

Wegen ungleicher Meinungen über die Rituale und das Wesen des Christentums schlugen sich immerhin auch die Deutschen mehr als ein Jahrhundert lang die Köpfe blutig. Die Herabwürdigung der jeweils anderen Ideenrichtung hallte auf der propagandistischen Ebene noch sehr lange nach. Im achten Band der *Geschichte des Deutschen Volkes seit dem Ausgang des Mittelalters* von Johannes Janssen (fortgesetzt und ergänzt von Ludwig Freiherr von Pastor) konnten die Leser noch 1894 erfahren, dass Luthers Lehre ein übles geistiges Kuckucksei für die Menschheit sei: »Luther selbst ging es tief zu Herzen, dass alle Laster, insbesondere Ehebruch und Gotteslästerung mit solch unheimlicher Schnelle um sich fraßen. Das heranwachsende grauenvolle Geschlecht vor Augen, ergoss sich sein Herz in immer qualvolleren Klagen, und endlich sehnte er den jüngsten Tag herbei. In der gleichen melancholischen Verzagtheit schrieb Melanchthon: seine Trauer könne nicht gestillt werden, wollte er auch weinen so viel wie Elbe und Weser zusammen. Es kam den beiden großen Reformatoren wie all ihren Mitstreitern zum Bewusstsein, dass die Masse in der neuen Lehre nichts als die Entfesselung der thierischen Gelüste im Menschen fanden. […] Die wohlmeinenden protestantischen Prediger haben nicht einmal eine theilweise Besserung ihrer Gläubigen erzielt; nichts ist von ihrem Wirken geblieben, als ihr muthloses Zeugnis, wie die Zeit des Papstthums bei all ihren Gräueln doch so viel unendlich höher gestanden habe. Die Mehrzahl ihrer Amtsbrüder war unwissend und nachlässig und behaftet mit all den Lastern, welche die schrecklichen Kennzeichen des 16. Jahrhunderts sind: der Trunkenheit, der Unzucht, dem Fluchen und der Gotteslästerung. Damals schon begann, durch das beständige Verkünden des nahenden Gerichts nicht selten befördert, nackter Unglaube das Gemüth des protestantischen Volkes zu zerfressen.«[118] Die »Laster der Reformationszeit« mit ihrem »dämonischen Zug« waren für den Frankfurter Gymnasiallehrer, Theologen und Historiker Johannes Janssen, der 1880 zum persönlichen Prälaten von Papst Leo XIII. ernannt wurde, die unvermeidliche Folge des religiösen Fehltrittes der Protestanten: »Seitdem Luther die Grundlage der menschlichen Gesellschaft, die Ehe, ihres sakramentalen Charakters entkleidet hatte, war die Scheu vor dem sechsten Gebote dahin und die Heiligkeit des Weibes entwürdigt; es selber half nun den Schleier zu zerreißen, durch welchen die Kirche [das Weib] der sinnlichen Leidenschaft entrückt hatte.«[119]

Ketzer in der Wesermarsch

Die »Moralkeule« wurde gegen den Glaubensgegner seit jeher mit heftigster Wucht geschwungen. Wer religiös abwich, dem war alles zuzutrauen. Es gab keinen Zweifel, dass sich solche Schufte im Pfuhl der Unkeuschheit suhlen. Schon die frühchristlichen Gemeindevorsteher warnten vor diesem Geschwür: »Im Auge haben sie Ehebruch, sie versprechen Freiheit, ködern haltlose Seelen, verachten jegliche Obrigkeit, lästern die Ordnung. Hunde, die ihr Gespei verschlingen. Schweine!

Kaum hast du sie abgewaschen, wälzen sie sich schon wieder im Mist.«[120] Die verleumderische »Schmutzkübelrhetorik« beherrschten alle. Einige Religionsgemeinschaften üben sich noch heute mit großem Fleiß in dieser alten Kunst.

Die Römer, denen die neue Sekte der Christen anfänglich unheimlich erschien, erfuhren von den wildesten Ausschweifungen in den Gottesdiensten dieser Verrückten: »Hört man doch, dass sie den Kopf eines gemeinen Tieres, eines Esels, aus ich weiß nicht für einen Wahn heraus als heiligen Gegenstand verehren. Ein Kult, so recht angemessen, so recht gemacht für dieses ganze Unwesen! Andere wieder berichten, dass sie die Genitalien ihres Oberpriesters anbeten, also symbolisch die Zeugungskraft ihres Schöpfers verehren. Das mag vielleicht ein falscher Verdacht sein, immerhin passt er gut zu ihren nächtlichen Geheimriten. Und wenn es heißt, im Mittelpunkt ihrer Zeremonien stehe ein für seine Verbrechen mit dem Tode bestrafter Mensch samt den Kreuzeshölzern, dann wird damit diesen verlorenen, verbrecherischen Menschen eben das als Heiligtum zugeschrieben, was zu ihnen passt: Sie verehren, was ihnen selbst gebührt.[121] […] Auch über ihre Mähler weiß man Bescheid, man spricht allgemein davon. Sie kommen an ihrem Feiertag mit allen ihren Kindern, Schwestern und Müttern, mit Menschen beiderlei Geschlechts und jeglichen Alters, zu Mahlfeiern zusammen. Nach zahlreichen Gängen, wenn die Feier ihren Siedepunkt erreicht und die Lust zur Blutschande durch die Glut der Getränke geweckt ist, wird ein Hund, der an dem Deckenleuchter hängt, durch einen hingeworfenen Bissen angereizt, über die Grenze des Bereichs, in dem er gefesselt ist, hinaus zum Angriffssprung anzusetzen. Wenn auf diese Weise, mit ihrem Wissen, das Licht umgestürzt und ausgelöscht wird, geben sie sich unter dem Schutz der schamlosen Dunkelheit in unsagbarer Lust nach zufälligem Losentscheid der wechselseitigen Vereinigung hin.«[122]

Dieselben Verdächtigungen, unter denen die Christen in ihrer Frühzeit zu leiden hatten, wandten diese später fast wortgleich gegen andere an. Die Templer, Albigenser, Katharer, die *Ketzer* und (vermeintlichen) Glaubensabtrünnigen allgemein, allen wurden von der katholischen »Amtskirche« orgiastische Ausschweifungen bei ihren geheimen teuflischen Versammlungen angedichtet. Eucharistische Ketzereien und schändliche Rituale wurden am Beginn des 11. Jahrhunderts auch angesehenen Bürgern und Klerikern von Orlèons zum Vorwurf gemacht: »Sie versammelten sich nämlich in gewissen Nächten in dem genannten Hause, wobei alle Laternen in den Händen hielten, ebenso wie sie die Anrufungen der Dämonen-Litanei hersagten, bis sie plötzlich einen Dämon in Gestalt irgendeines Tieres unter sich herabsteigen sahen. Sogleich riss jeder – nachdem alle Lichter gelöscht waren, damit jene Vision allgemein sichtbar wurde – eine Frau, die ihm unter die Hände kam, zum Missbrauch an sich; ohne Rücksicht auf die Sünde, und ob Mutter oder Schwester oder Nonne besessen wurde, die Begattung wurde von ihnen als etwas für sie Heiliges und Religiöses geschätzt.«[123]

Als das niedersächsisch-friesische Bauernvolk der *Stedinger* 1232 gegen die Willkür der bischöflichen und gräflichen Pachtherren protestierte und dem Erzbischof von Bremen den »Zehnten« verweigerte, wurden sehr rasch auch diese als zügellose und wollüstige Glaubensverräter stigmatisiert. Der zeitgenössische Chronist Philippe Mousket bezeichnete die widerborstigen Bauern der Wesermarsch als *catiers*, die sich in geheimen Kellern träfen, um den Teufel in Gestalt eines Katers von hinten zu küssen und um verbotenen Sexualhandlungen zu frönen.[124]

Selbst Papst Gregor IX. wusste über die ketzerischen Ausschweifungen der ruchlosen Bauern Bescheid, und in einer eigenen Bulle im Jahr 1233 schilderte er mit aller Autorität seines Amtes die Ketzerei der Stedinger, die es auszurotten galt: »Die Verworfenen treffen sich regelmäßig mit dem Teufel, der ihnen bevorzugt als backofengroßer Frosch erscheint und sich auf Maul und Hintern küssen lässt. Darauf zeigt sich ein Mann von wunderbarer Blässe, der wieder einen Kuss erhält, und nach dem Kusse verschwindet alle Erinnerung an den katholischen Glauben. Nach einem gemeinsamen Mahl steigt durch eine hohle Statue ein schwarzer Kater mit zurückgebogenem Schwanz rückwärts herab und lässt sich den

Hintern küssen. Danach werden die Lichter gelöscht und man schreitet zur abscheulichsten Unzucht ohne Rücksicht auf Verwandtschaft. Findet sich nun, dass mehr Männer als Weiber zugegen sind, so befriedigen auch Männer mit Männern ihre schändliche Lust. Ebenso verwandeln auch Weiber durch solche Begehungen miteinander den natürlichen Geschlechtsverkehr in einen unnatürlichen. Nach der Orgie nimmt man bei Licht wieder Platz und verpflichtet sich dem Teufel zu Gehorsam und allerlei Schändlichkeiten.«[125]

Den *Stedinger* genannten Bauern der Wesermarsch standen die Erzbischöfe und Bischöfe von Bremen, Lübeck, Minden, Ratzeburg, Hildesheim, Osnabrück, Verden und Münster – zusammen mit den weltlichen Herren von Holland, Kleve, Berg, Jülich, Ravensberg, Geldern und Oldenburg gegenüber.[126] Den »verketzerten« Marschbewohnern wurde durch die Bremer Synode vom 21. März 1231 vorgeworfen, Dämonenbilder zu beschwören, Wachsbildzauber zu betreiben, Wahrsagerinnen um Rat zu fragen und sonstige Schandwerke der Dunkelheit zu betreiben.[127]

Der Papst war beeindruckt und rief zum Kreuzzug gegen die verlorenen norddeutschen Seelen auf. Zum kirchlichen Bann kam noch die »Reichsacht«, die der deutsche Kaiser Friedrich II. über die Stedinger Bauern verhängte. Der deutsche Inquisitor Konrad von Marburg, der mit seinem todstreuenden Verfolgungseifer als ideale »Heiligenfigur« der SS-Mordbanden verwendbar gewesen wäre, stellte eine – für die damalige Zeit – riesige Armee von 40 000 Berufssöldnern und Rittern aus allen Teilen des Reiches zusammen und fiel im Jahr 1233 mit diesem »frommen christlichen Kreuzzugsheer« über die Dörfer zwischen Delmenhorst und Oldenburg her. Tausende kamen ums Leben.

Der liberale *Tiroler Grenzbote* machte seine Leser im Dezember 1878 mit der tragischen Geschichte der Stedinger bekannt. Das Aufzeigen des absolut unchristlichen Verhaltens der Kirchenmacht war auch als kleiner literarischer Seitenhieb gegenüber dem in Tirol damals immer noch übermächtigen Klerus gedacht: »Die Stedinger, ein kleines Völkchen von friesischem Stamm, hatten sich an der Weser, unterhalb Bremen und Oldenburg angesiedelt und durch mühselige Arbeit und rastlosen Fleiß den Seen und Flüssen nicht bloß Wohnsitze abgerungen, sondern dieselben auch in so fruchtbares Land zu verwandeln gewusst, dass sie zu einem gewissen Wohlstande gelangten. Das reizte die Habsucht der anwohnenden Ritterschaft. Die Ansiedler waren freie, Niemand botmäßige Leute; es galt, sie aus ihren behäbigen Sitzen zu vertreiben oder wenigstens unter das feudale Joch zu bringen. Die Stedinger aber wehrten sich wacker; die Junker trugen nichts als blutige Köpfe davon. Nun trat die Geistlichkeit an ihre Stelle. Auch sie war mit den Stedingern sehr unzufrieden. Das fromme, aber verständige Volk mochte sich die immer greller hervortretende Sittenlosigkeit und Habgier des Klerus nicht gefallen lassen; und als die letztere sich einmal so weit verstieg, dass unter Anderem ein Geistlicher bei Spendung des Abendmahls einer Frau statt der Hostie, das von derselben gespendete Beichtgeld, das ihm zu gering erschien, in den Mund steckte, sprang man mit den Geistlichen, wie früher mit den Junkern um, jagte sie aus dem Lande und behalf sich ohne sie. ›Darob,‹ sagt Johann Spitzer, ›heiliger Zeter aus allen geistlichen Kehlen ringsum; - darob der Bannfluch des Bischofs von Bremen über das gottlose, d. h. das pfaffenlose Volk, - darob vom Papst Gregor IX. der Befehl, den Kreuzzug gegen dasselbe zu predigen, - darob endlich trotz tapferer Gegenwehr gegen eine vierfache Uebermacht die Niederlage der armen Stedinger und der Triumph des Fanatismus, ein Hinmetzeln von Männern, Weibern und Kindern, ein Sengen und Brennen und zum Schluss eine Theilung der eroberten Ländereien unter die siegreichen geistlichen und weltlichen Herren – alles dies zur größeren Ehre Gottes.‹

Dasselbe Kunststück, das man gegen die Albigenser mit so glänzendem Erfolge angewendet, hatte zur Fanatisierung der Massen auch gegen die Stedinger seine Dienste nicht versagt; die Bulle Gregor's IX. bezichtigte sie eines Bündnisses mit dem Teufel und gab alle Details eines solchen so präcis an, dass Papst Johann XXII., einer seiner Nachfolger, in seiner auf die Erkennung und Behandlung der Zauberer und Teufelsbündler bezüglichen Bulle nicht viel hinzuzusetzen, sondern hauptsächlich nur die Hinrichtung derselben und die Einziehung ihres Vermögens, so wie bei Ketzern üblich, zu befehlen hatte.«[128]

Orgien als Gottesdienst

In den Tiefen der Geschichte finden sich zahlreiche Sekten und religiöse Gruppen, die im Unterschied zu den Stedingern und anderen Beschuldigten *tatsächlich* ihre kultischen Riten mit tabufreien körperlichen Aktivitäten ergänzten. Oft genug führte geistig-spirituelle Orientierungslosigkeit zum religiös gefärbten Sexualexperiment. Gott offenbart sich im Eros – für manche gilt diese Überlegung auch heute noch. Religiöse und erotische Erregung fallen zusammen. Dieses Gedankenerbe aus der Zeit der Naturreligionen wurde mit konvenablen Elementen des Christentums vermischt und somit theologisch legitimiert.[129] Es war der Glaube, die Gottheit selbst treibe zur Wollust an. Nichts kann Sünde sein, was der erregte menschliche Körper erlaubt und verlangt – hätte Gott ihn sonst mit all diesen Möglichkeiten erschaffen?

Als junger Mann war der damalige Kirchenlehrer und spätere zyprische Bischof Epiphanios, genannt »Patriarch der Rechtgläubigkeit«, durch Ägypten gereist, um die frommen Bußbrüder des Landes zu besuchen. Während dieser kirchlichen »Dienstreise« im Jahr 335 kam er mit einer christlichen Gruppe in Berührung, deren eigenwillige gottesdienstliche Praktiken ihn für einige Zeit aus dem geistigen Gleichgewicht brachten. Die *Phibioniten*, ursprünglich eine in Syrien entstandene Sekte, breiteten sich sowohl nach Armenien, als auch nach Ägypten aus. Wie Gerhard Zacharias schreibt, »drangen um das Jahr 200 herum Phibioniten-Kreise in die christliche Kirche ein, und aus der Verschmelzung ihrer ursprünglichen Riten mit der christlichen Eucharistiefeier bildete sich das Phibionitenmahl.«[130]

Die »theologischen« Zielsetzungen der Phibioniten waren ziemlich ungewöhnlich, denn die Gläubigen strebten ein »reichliches Überfließen«

des Samens an und Fasten war für alle tabu. Es war die absolute Umkehrung der zu jener Zeit bei vielen Gottsuchenden sehr populären Mönchsideale. Da der Same, wie die vielen »Wüstenheiligen« glaubten, durch einen Überfluss an Säften entsteht, die durch eine üppige Nahrungsaufnahme zustande kommen, muss sich die eigene Askese auf eine »ausgetrocknete« Lebensweise konzentrieren: »Dank eines ausgetrockneten Körpers kann der Mönch seine Seele aus den tiefsten Abgründen erheben. Das Fasten trocknet die Quellen der Lust aus. [...] Je trockener der Körper ist, um so mehr kann die Seele aufblühen.«[131]

Gänzlich anders zeigte sich die Frömmigkeitsidee der Phibioniten – sie beschmierten sich mit Sperma, um dann in voller Nacktheit zu beten. Epiphanius, der die Schriften und den Kult dieser außergewöhnlichen Glaubensgemeinschaft studierte, hätte sich beinahe überreden lassen, der Sekte, deren Mitglieder Angehörige der christlichen Gemeinden waren, beizutreten.[132] Doch die »theologische Vernunft« blieb schließlich siegreich und er zeigte die Phibioniten bei der Kirchenführung an, worauf viele dieser Nacktbeter und Spermaliebhaber aus der christlichen Gemeinschaft ausgestoßen wurden. Der detailgenaue Bericht von Epiphanius, dem »Patriarchen der Rechtgläubigkeit«, über die *heiligen Verrichtungen* der Phibioniten weisen den Kirchenlehrer als direkten Beobachter (oder Mitspieler?) aus:

»Sie haben ihre Frauen gemeinsam, und wenn einer dazukommt, dem ihre Lehre fremd ist, so haben die Männer gegenüber den Frauen und die Frauen bei den Männern ein Erkennungszeichen in der Art, wie sie die Hand zum Gruße geben, indem sie unter der Handfläche eine Art kitzelnder Berührung verursachen, wodurch sie herausbekommen, ob der Ankömmling zu ihrem Dienst gehört. Nachdem sie nun einander erkannt haben, gehen sie darauf sofort zur Mahlzeit. Üppige Speisen tragen sie auf, essen Fleisch und trinken Wein, auch wenn sie arm sind. Wenn sie so miteinander getafelt und sozusagen die Adern mit ihrem Überschuss an Kraft angefüllt haben, gehen sie zur Anreizung über. Und der Mann verlässt den Platz an der Seite seiner Frau und spricht zu seinem eigenen

Weibe: Stehe auf und vollziehe die Agape mit dem Bruder [der Geschlechtsverkehr wurde mit wechselnden Partnern vollzogen]. Die Unseligen aber vereinen sich miteinander, und wie ich mich in Wahrheit schäme, ihre schimpflichen Handlungen zu erzählen, [...] so werde ich mich dennoch nicht scheuen, das zu sagen, was sie zu tun sich nicht scheuen, damit ich in jeder Hinsicht bei den Lesern der von ihnen verübten Unzüchtigkeiten einen Schauder errege. Nachdem sie sich nämlich vereint haben, erheben sie, nicht genug an dem Laster der Hurerei, noch ihre eigene Schande gen Himmel: Weib und Mann nehmen das, was aus dem Manne geflossen ist, in ihre eigenen Hände, treten hin, richten sich mit dem Schmutz an den Händen nach dem Himmel zu auf und beten als sogenannte Stratiotiker und Gnostiker, indem sie dem Vater, der Allnatur, das, was sie an den Händen haben, selbst darbringen mit den Worten: ›Wir bringen dir diese Gabe dar, den Leib des Christus.‹ Und dann essen sie es, kommunizieren ihre eigene Schande und sagen: ›Das ist der Leib des Christus, und das ist das Passah, um dessentwillen unsere Leiber leiden und gezwungen werden, das Leiden des Christus zu bekennen.‹ So machen sie es auch mit dem Abgang des Weibes, wenn es in den Zustand des Blutflusses gerät. Das von ihrer Unreinheit gesammelte Menstrualblut nehmen sie ebenso und essen es gemeinsam. Und sie sagen: ›Das ist das Blut Christi.‹ [...]

Wenn sie sich aber auch miteinander vermischen, so lehren sie doch, dass man keine Kinder zeugen dürfe. Denn nicht zur Kinderzeugung wird bei ihnen die Schändung betrieben, sondern um der Lust willen, da der Teufel mit ihnen sein Spiel treibt und das von Gott geschaffene Gebilde verhöhnt. Sie treiben aber die Wollust bis zur Vollendung, nehmen den Samen ihrer Unreinheit für sich und lassen ihn nicht zur Kindererzeugung tiefer eindringen, sondern essen die Frucht ihrer Schande selbst. Wenn aber einer von ihnen dabei ertappt wird, dass er den natürlichen Samenerguss tiefer einströmen ließ und das Weib schwanger wurde, so höre, was sie noch Schlimmeres unternehmen: Sie reißen nämlich den Embryo heraus zu dem Zeitpunkt, wo sie ihn mit den Händen fassen können, nehmen diese Fehlgeburt und zerstoßen sie in einer Art Mörser mit der Mörserkeule, und hierein mengen sie Honig und Pfeffer und andere bestimmte Gewürze und wohlriechende Öle, damit es sie nicht ekelt, und dann versammeln sie sich alle, diese Genossenschaft von Schweinen und Hunden, und jeder kommuniziert mit dem Finger von dem zerstampften Kinde. Und nachdem sie diesen Menschenfraß vollbracht haben, beten sie schließlich zu Gott: ›Wir ließen nicht Spiel mit uns treiben vom Archon der Lust, sondern sammelten die Verfehlung des Bruders.‹ Auch das halten sie nämlich für das vollkommene Passah.

Noch vielerlei anderes Abscheuliche wird von ihnen unternommen. Wenn sie nämlich wieder einmal unter sich in Ekstase geraten sind, besudeln sie ihre Hände mit der Schande ihres Samenergusses, strecken sie aus und beten mit den befleckten Händen und nackt am ganzen Körper, um durch diese Handlung eine freie Aussprache mit Gott zu finden.«[133]

Im Schatten und in Opposition zur dogmatisch strengen Amtskirche entstanden auch im Mittelalter und in der frühen Neuzeit zahlreiche christliche Sekten, deren religiöses Programm die Nacktheit in den Mittelpunkt stellte. Diese »geistlichen Nudistenclubs« (Wolfgang Ronner) – Adamiten, Valesianer, Ranters, Karpokraten, Dualisten, Brüder des Freien Geistes, Turlupins, Täufer, u. a. – entstanden oft durchaus in der edlen Absicht, durch die ständige Präsenz der allseitigen Nacktheit die Abtötung der Begierde zu üben. Doch meist wurde dieses seriöse Bemühen durch die Unwägbarkeiten der Natur vereitelt, und überaus pragmatisch erklärte man deshalb die Not zur Tugend.

Die radikale adamitische Sekte der tschechischen Picarden [Pikarten], deren Mitglieder in der ersten Hälfte des 15. Jahrhunderts glaubten, das Ende der Tage stehe kurz bevor, lebten ihre vermeintliche Sündenfreiheit mit sexueller Anarchie und ungezügelter Mordlust exzessiv aus. Alte tschechische Quellen (z. B. die »Kronika o Kneziech tàborskùch«) berichten über den aus allen Fugen geratenen Glaubenswahn der von den Taboriten abgespaltenen Adamiten mit kaum verhohlenem Abscheu:

»Sie sagten, die Sense sei bereits auf die ganze Welt gesandt und bezeichneten sich selbst als die Engel des Herrn, die der Welt zu Hilfe kämen, um aus dem Königreich Gottes alle Ärgernis auszutreiben. Sie schonten niemanden, sondern mordeten durchgängig Männer, Weiber und Kinder, zündeten Dörfer und Städte in der Nacht an, wobei sie sich auf das Schriftwort beriefen: ›Zur Mitternacht aber ward ein Geschrei‹ (Matth. 25, 6). Während des Tages huldigten sie libertinischen Praktiken. Sie gingen alle nackt, Männer und Weiber. Sie gruppierten sich dann, legten sich zusammen nieder und tanzten nackt miteinander. Es gab schöne Jungfrauen und Frauen unter ihnen. Ihr Gesetz begründeten sie mit dem Schriftwort vom Zöllner, wie geschrieben steht: ›Die Zöllner und Huren mögen wohl eher ins Himmelreich kommen‹ (Matth. 21, 31). Deshalb nahmen sie keinen in ihre Gemeinschaft auf, der nicht ein Zöllner (Sünder) oder eine Hure war und selbst das kleinste Mädchen, das sie annahmen, musste entjungfert sein und mit ihnen Unzucht treiben. Ihren Kult übten sie folgendermaßen aus: Alle Männer und Weiber entkleideten sich und tanzten um ein Feuer, wobei sie die 10 Gebote Gottes singend vortrugen. Dann blieben sie beim Feuer stehen, blickten sich gegenseitig an, und hatte ein Mann einen Lendenschurz um, rissen ihn die Weiber ab, indem sie sagten: Verlasse dein Gefängnis, gib mir deinen Geist und empfange meinen, worauf jeder und jede mit jedem sündigte. Vorher verletzten oder verbrannten sie sich in sodomitischer Gier. Eine derartige Tat nannten sie göttliche Liebe und göttlichen Willen. [...] So mordeten sie nachts und trieben tags Unzucht, fürchteten weder Kälte noch Hitze und hofften, über die ganze Erde nackt wie Adam und Eva im Paradies wandern zu können. Ihren Kampf bezeichneten sie als heilig, die hussitischen und katholischen Priester waren ihnen Verkörperungen des Satans.«[134]

Wie allen *Chiliasten* (Menschen, die an die Wiederkunft Christi und dessen »Tausendjähriges Reich« glauben), ging auch den *Adamiten* das Gnadenmotiv völlig ab. Liebesgebote galten nur innerhalb der Gemeinde. Der Hass gegenüber den Mitmenschen – außerhalb der eigenen Gruppe – war die »vornehmste« Pflicht jedes Frommen. Militärisch ausgebildete Taboriten bereiteten dem adamitischen Irrsinn im Oktober 1421 ein unrühmliches Ende. Auf ihrer Insel im Nezarka-Fluss verschanzt, glaubten die Adamiten, ihre Feinde würden von Gott mit Blindheit geschlagen. Dieser Trugschluss kostete sie fast alle das Leben.[135]

*

Der im 17. Jahrhundert lebende französische Mathematiker, Physiker, Literat und Philosoph Blaise Pascal hat eines der Hauptelemente der religiösen Übel sehr präzise bestimmt: »Nie tut man vollkommener das Böse, als wenn man es mit gutem Gewissen tut« – oder, was dasselbe ist, »um Gottes und des Guten willen«.[136]

Und es bleibt dabei: Ohne das Wahngebilde der Religionen hätte es die Menschheit in ihrer Geschichte besser gehabt. Würden nur alle auf die Frage nach der religiösen Orientierung so souverän antworten wie Marcel Reich-Ranicki gegenüber dem *Spiegel*: »Ich glaube an Shakespeare und Goethe, an Mozart und Beethoven« – die Welt wäre mit Sicherheit um ein gutes Stück besser.

ANMERKUNGEN

Kapitel I – Der Preis des Glaubens

1 Rousselle, Aline: Der Ursprung der Keuschheit. Stuttgart 1989, S. 157 f.
Schubart, Walter: Religion und Eros. München 2001, S. 14
2 Tiroler Grenzbote, Kufstein, 5. September 1914, S. 2
3 Ebenda, S. 1
4 Müller, Anton: Der heilige Kampf. Neue Kriegslieder von Bruder Willram. Innsbruck 1916, S. 55
5 Villeneuve, Roland: Grausamkeit und Sexualität. Berlin 1988, S. 194
6 Trimondi, Victor und Victoria: Krieg der Religionen. Politik, Glaube und Terror im Zeichen der Apokalypse. München 2006, S. 478
7 Naipaul, V. S.: Jenseits des Glaubens. Eine Reise in den anderen Islam. Berlin 2004, S. 349f.
Schirra, Bruno: Iran. Sprengstoff für Europa. Berlin 2006, S. 129
8 Profil, Wien 2006, Ausgabe 29, S. 83
9 Kissel, Theodor: Kaiser zwischen Genie und Wahn. Caligula, Nero, Elagabal. Düsseldorf 2006, S. 181, 184
10 Rousselle, S. 164
11 Villeneuve, S. 197
12 Ebenda
13 Hammoudi, Abdellah: Saison in Mekka. Geschichte einer Pilgerfahrt. München 2007, S. 230f.
14 Kelek, Necla: Die verlorenen Söhne. Plädoyer für die Befreiung des türkisch-mulimischen Mannes. Köln 2006, S. 164
15 Ebenda, S. 166
16 Ebenda, S. 169
17 Ebenda, S. 167f.
18 Ebenda. S. 168
19 Der Spiegel, Hamburg 2002, Ausgabe 4, S. 186
20 Weischedel, Wilhelm (Hrg.): Denken mit Kant. Ein philosophisches Lesebuch. Frankfurt und Leipzig 2004, S. 13
21 Ebenda, S. 13f.
22 Der Spiegel, 2003, Ausgabe 9, S. 14
23 Der Spiegel, 2003, Ausgabe 7, S. 136
24 Krakauer, Jon: Mord im Auftrag Gottes. Religiöser Fundamentalismus unter Mormonen. München 2003, S. 21
25 Die Neue, Innsbruck, 30.3.2005, S. 6
26 Cawthorne, Nigel: Das Sexleben der Päpste. Die Skandalchronik des Vatikans. Köln 1999, S. 176ff.
Corvin, Otto von: Pfaffenspiegel. Rudolstadt 1885, S. 208f.
27 Oeser, Erhard: Katze und Mensch. Die Geschichte einer Beziehung. Darmstadt 2005, S. 101
28 Ebenda, S. 101
29 Bothe für Tirol und Vorarlberg, Innsbruck 1857, Ausgabe 203, S. 3
30 Allgemeine Zeitung, Augsburg 1857, Ausgabe 234, S. 11
31 Ebenda, S. 11
32 Allgemeine Zeitung, Augsburg 1857. Ausgabe 202, S. 1f.
33 Bothe für Tirol und Vorarlberg, Innsbruck 1857, Ausgabe 203, S. 3
34 Allgemeine Zeitung, Augsburg 1857, Ausgabe 214, S. 8
35 Villeneuve, S. 198f.
36 Bothe für Tirol und Vorarlberg, Innsbruck 1857, Ausgabe 161, S. 2
37 Stang, Friedrich: Indien. Darmstadt 2002, S. 368f.
38 Der Spiegel, 2005, Ausgabe 21, S. 128
39 Bowker, John (Hrg.): Das Oxford-Lexikon der Weltreligionen. Frankfurt am Main 2003, S. 514
40 Klostermaier, Klaus: Hinduismus. Köln 1965, S. 250
41 Bowker, S. 996
Krack, Rainer: Hinduismus erleben. Bielefeld 2001, S. 44
42 Ebenda, S. 45
43 Messadié, Gerald: Die Geschichte Gottes. Über den Ursprung der Religionen. Berlin 1998, S. 393
44 Heinsohn, Gunnar: Die Erschaffung der Götter. Das Opfer als Ursprung der Religion. Reinbek bei Hamburg 1997, S. 100f.
45 Rind, S. 90
46 Harenberg, Bodo (Hrg.): Chronik der Menschheit. Dortmund 1984, S. 356
47 Holl, Adolf: Im Keller des Heiligtums. Geschlecht und Gewalt in der Religion. Stuttgart 1991, S. 76f.
50 Zierer, Otto: Neue Weltgeschichte. Band 2, Stuttgart, S. 321
51 Ebenda, S. 321
52 Ions, Veronica: Die Welt der Mythologien. Wien 2001, S. 52
53 Golowin, Sergius; Eliade, Mircea; Campbell, Joseph: Die großen Mythen der Menschheit. München 2002, S. 280
Weber, Hartwig: Lexikon Religion. Reinbek 2001, S. 52
54 Ions, S. 161
55 Messadié, Gerald: Die Geschichte Gottes. Über den Ursprung der Religionen. Berlin 1998, S. 397
56 Delumeau, Jean: Angst im Abendland. Die Geschichte kollektiver Ängste im Europa des 14. bis 18. Jahrhundert. Reinbek 1989, S. 56
57 Gopal, Jaya: Gabriels Einflüsterungen. Eine historisch-kritische Bestandsaufnahme des

Islam. 2. Auflage, Freiburg 2006, S. 39
58 Trojanow, Ilija: Zu den heiligen Quellen des Islam. Als Pilger nach Mekka und Medina. München 2004, S. 67
59 Hammoudi, S. 49
60 Trojanow, S. 114f.
61 Ebenda, S. 115
62 Müller-Kaspar, Ulrike (Hrg.): Handbuch des Aberglaubens. Band 1, Wien 1996, S. 119f.
63 Weber, S. 11
64 Caesar, Gaius Julius: Sämtliche Werke. Der Gallische Krieg. Phaidon, Essen und Stuttgart, S. 166f.
Herm, Gerhard: Die Kelten. Das Volk, das aus dem Dunkel kam. Herrsching 1990, S. 233f..
65 Heinsohn, S. 125
Rind, S. 65
66 Ohler, Norbert: Sterben und Tod im Mittelalter. 2. Auflage, München 1994, S. 192f.
Rind, S. 58
67 Ebenda, S. 28
68 Ebenda, S. 28
69 Andrews, Richard: Tempel der Verheißung. Das Geheimnis des heiligen Berges von Jerusalem. Bergisch Gladbach 1999, S. 390
70 Sailer Walter: »Das heilige Herz des Zorns«, in: GEO, Februar 2004, S. 78f.
71 Frischler, Kurt: Das Abenteuer der Kreuzzüge. Heilige, Sünder und Narren. 2. Auflage, München 2002, S. 131
72 Bernhardt, Reinhold: Zwischen Größenwahn, Fanatismus und Bekennermut. Für ein Christentum ohne Absolutheitsanspruch. Stuttgart 1994, S. 134
73 Konstam, Angus: Atlas der Kreuzfahrer. Vom Krieg im Morgenland bis zum 13. Jahrhundert. Wien 2002, S. 76
74 Sailer, in: GEO, Februar 2004, S. 94
75 Ebenda, S. 80
76 Goodwin, Jan: Der Himmel der Frau ist unter den Füßen des Mannes. Muslimische Frauen erzählen. 5. Auflage, Frankfurt a. M. 2002, S. 384f.
77 Trimondi, S. 486
78 Bowker, S. 132
79 Rosenbaum, Julius: Geschichte der Lustseuche im Altertum. Berlin 1904, S. 340
80 Davis, Kenneth C.: Was dachte sich Gott, als er den Menschen erschuf. Alles was Sie über die Bibel wissen sollten, aber nie erfahren haben. Bergisch Gladbach 2000, S. 187
81 Eskapa, Roy D.: Die dunkle Seite der Sexualität. Ein Kinsey-Report von unten. München 1991, S. 54
82 Langbein, Walter-Jörg: Lexikon der biblischen Irrtümer. München 2003, S. 60
83 Kelek, S. 122
84 Ebenda, S. 116f.
85 Akashe-Böhme, Farideh: Sexualität und Körperpraxis im Islam. Frankfurt a. M. 2006, S. 94
86 Duerr, Hans Peter: Die Tatsachen des Lebens. Der Mythos vom Zivilisationsprozess. Frankfurt a. M. 2002, S. 291
87 Ebenda
88 Ebenda, S. 292
89 Eskapa, S. 55f.
90 Müller, A. v.: Die hochheilige Vorhaut Christi in Kult und Theologie der Papstkirche. Berlin 1907, S. 28f.
91 Wolf, Hans-Jürgen: Neuer Pfaffenspiegel. Sünden der Kirche. Herrsching 1990, S. 213
92 Hermann, Horst: Lexikon der kuriosesten Reliquien. Vom Atem Jesu bis zum Zahn Mohammeds. Berlin 2004, S. 218
93 Wolf, S. 213
94 Hermann, S. 220
95 Walker, Alice; Parmar, Pratibha: Narben oder Die Beschneidung der weiblichen Sexualität. Reinbek 1996, S. 230
96 Gopal, S. 148
97 Akashe-Böhme, S. 93
98 Ebenda, S. 42
99 Ebenda, S. 151
100 Heller, Erdmute; Mosbahi, Hassouna: Hinter den Schleiern des Islam. Erotik und Sexualität in der arabischen Kultur. München 1997, S. 78
Gopal, S. 248
101 Heller/Mosbahi, S. 79
102 Warraq, Ibn: Warum ich kein Moslem bin. 2. Auflage, Berlin 2007, S. 394
103 Heller/Mosbahi, S. 98
104 Goodwin, Jan: Der Himmel der Frau ist unter den Füßen der Männer. Muslimische Frauen erzählen. 5. Auflage, Frankfurt a. M. 2002, S. 442
105 Walker / Parmar, S. 325f.
106 Ebenda, S. 315f.
Gopal, S. 151
107 Walker/Parmar, S. 173
108 Goodwin, S. 425
109 Schirrmacher, Christine; Spuler-Stegemann, Ursula: Frauen und die Scharia. Die Menschenrechte im Islam. Kreuzlingen/München 2004, S. 203
110 Dirie, Waris: Wüstenblume. 13. Auflage, Berlin 2004, S. 65
111 Akashe-Böhme, S. 92
112 Dirie, Waris: Schmerzenskinder. Berlin 2005, S. 29
113 Dirie, Wüstenblume. S. 57
114 Ebenda, S. 59
115 Ebenda, S. 61
116 Ebenda, S. 54
117 Duerr, Hans-Peter: Obszönität und Gewalt. Der Mythos vom Zivilisationsprozess. 2. Auflage, Frankfurt a. M. 1993, S. 285
118 Duerr, Die Tatsachen des Lebens. S. 284
119 Duerr, Hans-Peter: Nacktheit und Scham. Der Mythos vom Zivilisationsprozess. Frankfurt a. M. 1988, S. 260
120 Duerr, Die Tatsachen des Lebens. S. 348
121 Ranke-Heinemann, Uta: Eunuchen für das Himmelreich. Katholische Kirche und Sexualität. 6. Auflage, Hamburg 1988, S.

329f.
122 Ebenda, S. 331
123 Ebenda, S. 332
124 Ebenda, S. 328f.
125 Naphy, William: Verbotene Leidenschaft. Gesellschaft und Sexualität von der Renaissance zur Aufklärung. Essen 2003, S. 167
126 Duerr, Die Tatsachen des Lebens. S. 249f.

Kapitel II – Heilige Reinheit, Tabu und Begierde

1 Bellinger, Gerhard J.: Im Himmel wie auf Erden. Sexualität in den Religionen der Welt. München 1993, S. 68
2 Gottschalk, Gisela: Die großen Pharaonen. Ihr Leben. Ihre Zeit. Ihre Kunstwerke. Herrsching 1984, S. 161, 167
3 Bellinger. S. 176
4 Ebenda
5 Ebenda, S. 270
6 Ihlau, Olaf: Weltmacht Indien. Die neue Herausforderung des Westens. München 2006, S. 104
7 Ebenda, S. 103. Petersen, Britta: Wo die Götter leben. Alltag und Religion in Indien. Freiburg 2006, S. 130–154. Weber, Lexikon Religion, S. 22, 365ff.
8 Masters, R. E. L.: Sexuelle Tabus und Moral. Hamburg 1965, S. 18
9 Ebenda, S. 21, S. 300
10 Ebenda, S. 24
11 Ebenda
12 Heller/Mosbahi, S. 103
13 Der Spiegel, Hamburg 2005, Ausgabe 20, S. 134
14 Stern, Hamburg 2005, Ausgabe 1, S. 80ff.
15 Profil, Wien 2008, Ausgabe 4, S. 29
16 Lutterbach, Hubertus: Sexualität im Mittelalter. Eine Kulturstudie anhand von Bußbüchern des 6. bis 12. Jahrhunderts. Köln–Weimar–Wien 1999, S. 164f.
17 Naphy, S. 193
18 Eskapa, S. 307
19 Duerr, Die Tatsachen des Lebens. S. 385
20 Masters, S. 63
21 Ruthven, Malise: Der göttliche Supermarkt. Auf der Suche nach der Seele Amerikas. Frankfurt a. M. 1991, S. 294
22 Ebenda, S. 296
23 Pickering, David: Lexikon der Magie und Hexerei. Augsburg 1999, S. 319
24 Hallinger, Agnes: »Die Hex' muss brennen!« Volksglaube und Glaubenseifer des Mittelalters. Augsburg 1999, S. 90
25 Wolf, Hans-Jürgen: Hexenwahn. Hexen in Geschichte und Gegenwart. Herrsching 1990, S, 418
26 Diwald, Helmut: Geschichte der Deutschen. 3. Auflage, Frankfurt a. M. 1979, S. 579
27 Wolf, Hexenwahn. S. 418
28 Dvorak, Josef: Satanismus. Schwarze Rituale, Teufelswahn und Exorzismus. Geschichte und Gegenwart. München 2001, S. 221f.
29 Ebenda, S. 222
30 Neumayr, Anton: Vom historischen Jesus zum päpstlichen Absolutismus. Wien 2003, S. 327
31 Dvorak, Satanismus. S. 179
32 Ebenda
33 Ebenda, S. 177
34 Ebenda, S. 179
35 Eskapa, S. 309
36 Hagemann, Ludwig: Christentum contra Islam. Eine Geschichte gescheiterter Beziehungen. Darmstadt 1999, S. 36
37 Ebenda, S. 88, S. 94
38 Warraq, S. 75
39 Gopal, S. 129
40 Hammoudi, S. 82f., S. 112
41 Trojanow, S. 104
42 Ebenda, S. 104ff.
43 Trimondi, S. 379
44 Warraq, S. 83
45 Ebenda, S. 84
46 Naipaul, S. 47
47 Kristof, Nicholas D.; WuDunn, Sheryl: Ferner Donner. Der neue Aufstieg Asiens. Berlin 2002, S. 13
48 Ebenda, S. 19
49 Wolf, Hexenwahn. S. 141
50 Kristof/WuDunn, Ferner Donner. S. 24
51 Signer, David: »Afrika. Groß, reich und voller Möglichkeiten« In: P. M., Dezember 2002, S. 63–70
52 Der Spiegel, 1997, Ausgabe 25, S. 160f.
53 Thielke, Thilo: »Müllkippe der verlorenen Seelen« In: Der Spiegel, Hamburg 2006, Ausgabe 48, S. 154
54 Kakar, Sudhier: Die Gewalt der Frommen. Zur Psychologie religiöser und ethnischer Konflikte. München 1997, S. 209
55 Raddatz, Hans-Peter: Allah und die Juden. Die islamische Renaissance des Antisemitismus. Berlin 2007, S. 139f.
56 Graus, Frantisek: Pest – Geissler – Judenmorde. Das 14. Jahrhundert als Krisenzeit. Göttingen 1987, S. 227
57 Delumeau, S. 419
58 Cawthorne, S. 110
59 Herrmann, Horst: Die sieben Todsünden der Kirche. Ein Plädoyer gegen die Menschenverachtung. 2. Auflage, München 1992, S. 151
60 Sturzflüge, Innsbruck 1986, Nummer 15/16, S. 6
61 Tiroler Tagblatt, Innsbruck 1896, Ausgabe 220. S. 4
62 Kakar, S. 206f.
63 Der Spiegel, 2002, Ausgabe 27, S. 173
64 Ihlau, S. 53f.
65 Ebenda, S. 49
66 Krack, S. 50
67 Ihlau, S. 54
68 Geistliches Seelen-Manuet, Brixen 1707, S. 70f. (TLF)
69 Galura, Bernhard: Lehrbuch der christlichen Wohlgezogenheit. Ein Beitrag zur allgemei-

nen Volksbildung. Kempten 1841, S. 134ff., S. 169 (TLF)
70 Bote für Tirol und Vorarlberg, Innsbruck 1867, Ausgabe 91, S. 12
71 Peters, Klaus: Friedrich Engels über Religion und Freiheit. Gütersloh 1978, S. 17
72 Geiss, Imanuel (Hrg.): Chronik des 19. Jahrhunderts. Dortmund 1993, S. 326
73 Wagner'sche Buchhandlung: Lesebuch für Schüler der deutschen Schulen in den Städten und Märkten der kaiserl. königl. Staaten. Innsbruck 1820, S. 8, 57, 99 (TLF)
74 Fontana, Josef: Geschichte des Landes Tirol. Band 3, 1848–1918, Bozen 1987, S. 126
75 Der Spiegel, 2006, Ausgabe 17, S. 128
76 Der Spiegel, 1998, Ausgabe 16, S. 119
77 Lutterbeck, Claus; Ziegler Matthias: »Der fromme Wilde Westen«, in: Stern, Hamburg 2006, Ausgabe 13, S. 80
78 Trimondi, Victor und Victoria: Hitler–Buddha–Krishna. Eine unheilige Allianz vom Dritten Reich bis heute. Wien 2002, S. 515
79 Profil, 2007, Ausgabe 9, S. 113
80 Ohler, S. 148
81 Ebenda, S. 146
82 Mahlknecht, Bruno: Von großen und kleinen Übeltätern. Hundert „Fälle" und „Geschichten" aus Südtiroler Gerichtsakten des 16. Jahrhunderts. Schlern-Schriften 327, Innsbruck 2005, S. 325
83 Ebenda
84 Wenninger, Markus J. (Hrg.): du guoter tot. Sterben im Mittelalter - Ideal und Realität; Akten der Akademie Friesach »Stadt und Kultur im Mittelalter«. Klagenfurt 1998, S. 317
85 Ebenda, S. 318
86 Triumph Cron Marter Und Grabschrift des Heil. Unschuldigen Kindts Andreae von Rinn. Innsbruck 1642 (TLF)
87 Ramelsberger, Annette: Der Deutsche Dschihad. Islamistische Terroristen planen den Anschlag. Berlin 2008, S. 109
88 Bellinger, S. 271f.
89 Ebenda, S. 273, S. 364
90 Der Spiegel, 2002, Ausgabe 12, Seite 228
91 Ebenda
92 Ebenda
93 Ranke-Heinemann, S. 25f.
94 Ebenda
95 Ebenda, S. 27
96 Schuri, Gudrun: Lebensflut. Eine Kulturgeschichte des Blutes. Leipzig 2001, S. 36
97 Ebenda, S. 37
98 Ebenda
99 Heller/Mosbahi, S. 104
100 Gopal, S. 107
101 Heller/Mosbahi, S. 105
102 Akashe-Böhme, S. 20
103 Schubart, Walter: Religion und Eros. München 2001, S. 224
104 Bellinger, S. 367
105 Schubart, S. 223

Kapitel III – Große Würde und kleiner Geist

1 Tiroler Volksblatt, Bozen, 9. September 1896, S. 2f.
2 Tiroler Volksblatt, 12. September 1896, S. 3f.
3 Gößling, Andreas: Die Freimaurer. Weltverschwörer oder Menschenfreunde? München 2007, S. 207
4 Tiroler Volksblatt, 3. Oktober 1896, S. 5 (Beilage)
5 Tiroler Post, Innsbruck, 12. April 1907, S. 12
6 Gößling, S. 211
7 Ebenda
8 Hodapp, Christopher: Freimaurer für Dummies. Weinheim 2006, S. 170
9 Baigent, Michael/Leigh, Richard: Als die Kirche Gott verriet. Die Schreckensherrschaft der Inquisition. Bergisch Gladbach 2000, S. 232
10 Ebenda, S. 233
11 Tiroler Tagblatt, Innsbruck, 3. Oktober 1896, S. 1
12 Ebenda
13 Tiroler Volksblatt, 23. September 1896, S. 5 (Beilage)
14 Tiroler Tagblatt, 2. Oktober 1896, S. 1
15 Ebenda
16 Ebenda
17 Ebenda
18 Hodapp, S. 252
19 Baigent/Leigh, S. 233f.
20 Gößling, S. 204
21 Tiroler Volksblatt, 26. September 1896, S. 6 (Beilage)
22 Allgemeiner Tiroler Anzeiger, Innsbruck, 4. Februar 1920, S. 4
23 Kraus, Michael (Hrg.): Die Freimaurer. Salzburg 2007, S. 124f.
24 Ebenda, S. 125
25 Hodapp, S. 98f.
26 Ebenda, S. 206
27 Ebenda, S. 247, 250
28 Corvin, S. 205
29 Cawthorne, S. 125
30 Rosa, Peter de: Gottes erste Diener. Die dunkle Seite des Papsttums. München 1989, S. 95
31 Wolf, Hubert: Index. Der Vatikan und die verbotenen Bücher. München 2006, S. 155f.
32 Stern, 2005, Ausgabe 17, S. 130
33 Neumayr, S. 309
34 de Rosa, S. 241
35 Format, Wien 2000, Ausgabe 36, S. 147
36 Der Scherer, 1906, Ausgabe 7, S. 10
37 Neumayr, S. 311
38 Die Presse, Wien, 31. 8. 2000, S. 3
Format, 2000, Ausgabe 36, S. 147
39 Der Scherer, 1906, Ausgabe 8, S. 2
40 Die Presse, 31. 8. 2000, S. 3
41 de Rosa, S. 306f.
42 Ebenda
43 Der Scherer, 1905, April-Ausgabe, S. 7
44 Rettenwander, Matthias: Der Krieg als Seelsorge. Katholische Kirche und Volksfröm-

migkeit in Tirol im Ersten Weltkrieg. Innsbruck 2005, S. 43
45 Ebenda
46 Galura, S. 181, 183
47 Der Scherer, 1905, 1. Septemberheft, S. 12
48 Kemmerich, Max: Kultur-Kuriosa. Zweiter Band, München 1926, S. 156ff.
49 Ebenda
50 Gatterer, Michael: Mutter, versteh und belehre deine Kinder. 2. Auflage, Innsbruck-Leipzig 1937, S. 3
51 Ebenda, S. 11f.
52 Giesen, Karl Maria: Das sechste Gebot in moralischer und pädagogischer Sicht. Donauwörth 1960, S. 26
53 Burket, Elinor/Bruni, Frank: Das Buch der Schande. Kinder, sexueller Missbrauch und die katholische Kirche. Wien-München 1995, S. 290
54 Corvin, S. 295
55 Largier, Niklas: Lob der Peitsche. Eine Kulturgeschichte der Erregung. München 2001, S. 224
56 Corvin, S. 386
57 Largier, S.
58 Bellinger, S. 409
59 Erasmus von Rotterdam: Lob der Torheit. Basel 1515, übersetzt von Alfred Hartmann. Herausgegeben von Emil Major, S. 113f.
60 Rogalla von Bieberstein, Johannes: Die These von der Verschwörung 1776 – 1945. Philosophen, Freimaurer, Juden, Liberale und Sozialisten als Verschwörer gegen die Sozialordnung. 2. Auflage, Frankfurt am Main 1978, S. 190f.
61 Ebenda
62 Ebenda, S. 191
63 Katholische Volksschule, Innsbruck, 5. 4. 1895, S. 1
65 Sturzflüge, 1986, Nummer 15/16, S. 44
66 Katholische Volksschule, 5. 4. 1895, S. 3
67 Waitz, Sigmund: Der christliche Staat. Mit Anhang – Die dritte Zunge (Etwas über das Unheil der jüdischen Presse). Innsbruck-Wien-München-Bozen 1920, S. 33–38
68 http://de.wikipedia.org/wiki/Sigismund Waitz-1. 8. 08
69 Hitler, Adolf: Mein Kampf. 519. Auflage, München 1940, S. 355
70 Ebenda, S. 629f.
71 Ebenda, S. 512f.
72 Ebenda, S. 127
73 Trimondi: Hitler-Buddha-Krishna, S. 546
74 Volks-Zeitung. Sozialdemokratisches Tagblatt für Tirol. Innsbruck, 21. 8. 1933, S. 4
75 Ebenda, 19. 8. 1933, S. 9
76 Scholder, Klaus: Die Kirchen und das Dritte Reich. Das Jahr der Ernüchterung 1934. München 2000, S. 157
77 Jakowlew, Alexander: Ein Jahrhundert der Gewalt in Russland. Berlin 2004, S. 248
78 Ebenda, S. 3
79 Ebenda, S. 236
80 ZDF, 7. 11. 2006, Die großen Diktatoren

Kapitel IV – Alpentaliban

1 Bücking, Jürgen: Kultur und Gesellschaft in Tirol um 1600. Des Hippolytus Guarinonius' „Grewel der Verwüstung Menschlichen Geschlechts" (1610) als kulturgeschichtliche Quelle des frühen 17. Jahrhunderts. Lübeck und Hamburg 1968, S. 148, 173
2 Königl. Baierisches Regierungsblatt, München, 28. 11. 1807, S. 2
3 Ebenda, S. 1f.
4 Rohrer, Joseph: Uiber die Tiroler. Ein Beytrag zur Oesterreichischen Völkerkunde. Wien 1796, S. 77, 102f.
5 Arbeiter-Zeitung, Wien, 10. 7. 1980, S. 4
6 Tiroler Tageszeitung, Innsbruck, 25. 1. 2003, S. 3
7 Profil, Wien 2003, Ausgabe 17, S. 31
8 Die Zeit, Hamburg 2006, Ausgabe 41, S. 13
9 Der Standard, Wien, 21. 7. 2006, S. 4
10 Der Scherer, Wien-Leipzig 1907, Ausgabe 2, S. 10
11 Blaas, Mercedes (Hrg.): Der Aufstand der Tiroler nach den Aufzeichnungen des Zeitgenossen Josef Daney. Schlern-Schriften 328. Innsbruck 2005, S. 64
12 Ebenda
13 Ebenda, S. 68
14 Ebenda, S. 69
15 Ebenda, S. 74
16 Ebenda
17 Tiroler Volksblatt, 5. 9. 1896, S. 6
18 Blaas, S. 187
19 Ebenda, S. 188
20 Innsbrucker Zeitung, 7. 9. 1807, S. 6
21 Zeitschrift des Ferdinandeums, Innsbruck 1880, Vierundzwanzigstes Heft, S. 42
22 Kolb, Joh. Christoph: Kurtze doch zulängliche Nachricht, von dem Salzburgischen Emigrations-Geschäfte. Augsburg-Frankfurt 1732
23 Herbig, Friedrich August: Die Evangelischgesinnten im Zillerthal. Berlin 1837
24 Katholische Blätter aus Tirol, Innsbruck, 12. 1. 1849, S. 62
25 Herbig
26 Ebenda
27 Ebenda
28 Seeböck, Philibert: Der ehrwürdige Diener Gottes P. Engelbert Holland von Ramsau im Zillerthale. Innsbruck 1879, S. 34f.
29 Vossische Zeitung, Berlin, 31. 7. 1904
30 Ebenda
31 Seeböck, S. 26
32 Ebenda, S. 6
33 Ebenda, S. 48
34 Bote für Tirol und Vorarlberg, 5.2.1876, S. 3
35 Tiroler Grenzbote, 1. 10. 1937, S. 4
36 Volksblatt, 19. 4. 1849, S. 1f.
37 Der Erzähler, Nummer 7, Beilage zum Innsbrucker Tagblatt, Nummer 39, Jg. 1872
38 Ladurner, Josef: Hülfruf an unsere Landleute in Tirol. Beilage zum Volksblatt für Tirol und Vorarlberg, Innsbruck, 28. 12. 1848

39 Katholische Blätter aus Tirol, 26. 12. 1848, S. 2
40 Ebenda, S. 4
41 Volksblatt, 26. 4 .1849, S. 8; 22. 5., S. 3; 4. 8., S. 3
42 Rettenwander, S. 67
43 Neue Tiroler Stimmen, Innsbruck, 17. 6. 1871, S. 2
44 Ebenda, 17. 1. 1868, S. 3
45 Tiroler Grenzbote, 1. 7. 1877, S. 3
46 Martin, Peter N./Hollnagel, Bruno: Die großen Spekulationen der Weltgeschichte. München 2002, S. 160
47 Salzburger Nachrichten, 22. 4. 2005, S. 2
48 Innsbrucker Tagblatt, 9. 7. 1878, S. 2f.
49 Ebenda, 8. 3. 1873, S. 1
50 Ebenda, 4. 3. 1874
51 Bote für Tirol und Vorarlberg, 13. 12. 1872, S. 1f.
52 Andreas Hofer, Wochenblatt für das Tyroler Volk, Innsbruck, September 1878
53 Ebenda
54 Ebenda
55 Ebenda, 3. April 1884 (Beilage)
56 Ebenda
57 Neue Tiroler Stimmen, 21. 3. 1896, S. 1f.
58 Der Scherer, 6. 7. 1902, S. 3
59 Hirtenwort des Fürstbischofs von Brixen betreffend die Sonnwendfeier, Brixen, 30. 6. 1899
60 Tiroler Tagblatt, 23. 6. 1899, S. 2
61 Ebenda
62 Hirtenwort, 30. 6. 1899
63 Tiroler Tagblatt, 7. 7. 1899, S. 1
64 Ebenda, 9. 7. 1899, S. 1
65 Ebenda, 3. 8. 1899, S. 3
66 Tiroler Grenzbote, 6. 8. 1899, S. 1f.
67 Flugblatt der Deutschfreiheitlichen Partei für Tirol, Innsbruck, Februar 1919

Kapitel V – Religion und Gewalt

1 Delumeau, S. 408f.
2 Neue Tiroler Stimmen, 31.8.1896, S. 2f.
3 Bozner Zeitung (Südtiroler Tagblatt), Bozen, 11.9.1896, S. 2
4 Geiss, S. 212
5 Neue Tiroler Stimmen, 31.8.1896, S. 2f. Tiroler Tagblatt, 30.8.1896, S. 2
6 Tiroler Volksblatt, 5.9.1896, S. 2
7 Tiroler Tagblatt, 11.9.1896, S. 3
8 Dülffei, Jost: »Niemand hörte auf die Proteste«. In: Die Zeit, Hamburg, 12. 12. 1986
9 Ebenda
10 Ates, S. 263
11 Volks-Zeitung, 1. 12. 1911, S. 3
12 Hagemann, S. 82
13 Ebenda, S. 81
14 Delumeau, S. 409
15 Ebenda
16 Stern, 2001, Ausgabe 45, S. 94
17 Hagemann, S. 87
18 Delumeau, S. 410
19 Ebenda, S. 407
20 Ebenda, S. 403
21 Hirsch, Rudolf / Schuder, Rosemarie: Der gelbe Fleck. Wurzeln und Wirkungen des Judenhasses in der deutschen Geschichte. Köln 1999, S. 373
22 Ebenda, S. 461
23 Ebenda, S. 639f.
24 Schweizer, Gerhard: Ungläubig sind immer die anderen. Weltreligionen zwischen Toleranz und Fanatismus. Stuttgart 1990, S. 120
25 Geiss, S. 644
26 Tiroler Grenzbote, 8.7.1877, S. 1ff.
27 Profil, 2007, Ausgabe 17, S. 71
28 Der Spiegel, 2007, Ausgabe 17, S. 114
29 Ebenda
30 Ebenda, S. 116
31 Ebenda
32 Stern, 2006, Ausgabe 49, S. 76
33 Messadié, S. 13
34 Kakar, S. 57f.
35 Ebenda, S. 168
36 Ihlau, S. 38
37 Krack, S. 99
38 Süddeutsche Zeitung, München, 19. 5. 2007, S. 9
39 Kakar, S. 33f.
40 Ebenda, S. 34
41 Ebenda, S. 35
42 Westphal, Wilfried: Shivas Töchter. Geschichte der Frau in Indien. Ostfildern 2006, S. 289
43 Ebenda, S. 287
44 Kakar, S. 194
45 Der Spiegel, 2002, Ausgabe 19, S. 160
46 Petersen, S. 37 f., Profil, 2002, Ausgabe 11, S. 92
47 Ebenda
48 Kakar, S. 36
49 Petersen, S. 73
50 Klostermaier, S. 45
51 Stern, 1999, Ausgabe 11, S. 96f.
52 Klostermaier, S. 45
53 Ebenda
54 Cicero, Berlin 2004, Ausgabe 8, S. 35
55 Stern, 1998, Ausgabe 49, S. 268f.
56 Der Spiegel, 1999, Ausgabe 11, S. 218
57 Der Spiegel, 2005, Ausgabe 47, S. 172
58 Ebenda, S. 171
59 Udink, S. 128
60 Ebenda, S. 93ff.
61 Der Spiegel, 2002, Ausgabe 41, S. 168
62 Mekhennet, Souad / Sautter, Claudia / Hanfeld, Michael: Die Kinder des Dschihad. Die neue Generation des islamistischen Terrors in Europa. München 2006, S. 7
63 Weber, S. 191f.
64 Der Spiegel, 2007, Ausgabe 1, S. 86
65 Barnavi, Elie: Mörderische Religion. Eine Streitschrift. Berlin 2008, S. 120.
Schweizer, Gerhard: Islam und Abendland. Geschichte eines Dauerkonflikts. Stuttgart 2003, S. 184ff.
Hottinger, Arnold: Islamischer Fundamenta-

lismus. München 1993, S. 68f. Die Tagespost, Würzburg, 5. 10. 2004
66 Warraq, S. 245; www.gegenwind.com/modules/news/article, 8. 9. 2008
67 Warraq, S. 324
68 Ebenda, S. 325
70 Delumeau, S. 383
71 Der Spiegel, 2004, Ausgabe 19, S. 216
72 Gabrieli, Francesco: Mohammed in Europa. 1300 Jahre Geschichte, Kunst und Kultur. München 1983, S. 193
73 Delumeau, S. 403f.
74 Ebenda, S. 404f.
75 Gabrieli, S. 76f.
76 Hitchens, S. 222
77 Der Spiegel, 2004, Ausgabe 19, S. 218
78 Ebenda
79 Schweizer, Ungläubig sind immer die anderen, S. 99
80 Ebenda
81 Paczensky, Gert von: Verbrechen im Namen Christi. Mission und Kolonialismus. München 2000, S. 409f.
82 Ebenda, S. 411
83 Stamm, Hugo: Im Bann der Apokalypse. Endzeitvorstellungen in Kirchen, Sekten und Kulten. Zürich 1998, S. 38
84 Balz-Chochois, Helgard: Gomer. Der Höhenkult Israels im Selbstverständnis der Volksfrömmigkeit. Frankfurt a. M. 1982, S. 176
85 Winkle, Stefan: Geisseln der Menschheit. Kulturgeschichte der Seuchen. 2. Auflage, Düsseldorf-Zürich 1997, S. 522f.
86 Konzelmann, Gerhard: Die Hebräer. Ursprung und Aufbruch des biblischen Volkes. München 1993, S. 85
87 Tessore, Dag: Der Heilige Krieg im Christentum und Islam. Düsseldorf 2004, S. 23f.
88 Buggle, Franz: Denn sie wissen nicht, was sie glauben. Oder warum man redlicherweise nicht mehr Christ sein kann. Hamburg 1992, S. 38f.
89 Langbein, S. 35
Lüdemann, Gerd: Das Unheilige in der Heiligen Schrift. Die dunkle Seite der Bibel. 3. Auflage, Springer 2004, S. 46
90 Buggle, S. 39
91 Ebenda, S. 327
92 Renan, Ernest: Geschichte des Volkes Israel. Band I, Berlin 1894, S. 232
93 Lüdemann, S. 55f.
Reimarus, Hermann Samuel: Apologie oder Schutzschrift für die vernünftigen Verehrer Gottes. Im Auftrag der Joachim-Jungius-Gesellschaft der Wissenschaften hrsg. von Gerhard Alexander, Band 1, 1972 a; Seite 481f.
94 Pollmann, Bernhard (Hrg.): Lesebuch zur Deutschen Geschichte. Texte und Dokumente aus zwei Jahrtausenden. Band 1: Von den Germanen bis zum Beginn der Neuzeit. Dortmund 1984, S. 301f.
95 Pleticha, Heinrich (Hrg.): Deutsche Geschichte. Band 4: Vom Interregnum zu Karl IV. 1254–1378. Gütersloh 1987, S. 102f.
96 Ebenda
97 Ebenda, S. 110f.
98 Pollmann, S. 298f.
99 Ebenda, S. 300
100 Tessore, S. 64
101 Peters, S. 286
102 Delumeau, S. 259
103 Werner, Helmut: Tyranninnen. Grausame Frauen in der Weltgeschichte. Erfstadt 2005, S. 164; Villeneuve, S. 230;
Thiele, Johannes: Verflucht sinnlich. Die erogenen Zonen der Religion. München 2000, S. 337ff.
104 Dollinger, Hans: Schwarzbuch der Weltgeschichte. 5000 Jahre der Mensch des Menschen Feind. Frechen und München 1999. S. 251
105 Ebenda, S. 253
106 Ebenda
107 Werner, S. 165
108 Dollinger, S. 255
109 Ebenda, S. 256
110 Ebenda, S. 258
111 Ebenda, S. 259
112 Ebenda, S. 262
113 Ebenda
114 Ebenda, S. 263
116 Cawthorne, S. 262
117 Villeneuve, S. 231
118 Neue Tiroler Stimmen, 19. 12. 1894, S. 1f.
119 Ebenda
120 Holl, Adolf: Der Fisch aus der Tiefe oder Die Freuden der Keuschheit. Reinbek bei Hamburg 1990, S. 45
121 Rouselle, S. 150f.
122 Hergemöller, Bernd-Ulrich: Krötenkuss und schwarzer Kater. Ketzerei, Götzendienst und Unzucht in der inquisitorischen Phantasie des 13. Jahrhunderts. Warendorf 1996, S. 138
123 Ebenda, S. 139
124 Ebenda, S. 9
125 Ronner, S. 204f.
126 Hergemöller, S. 8
127 Ebenda, S. 9
128 Tiroler Grenzbote, 1. 12. 1872, S. 2f.
129 Schubart, S. 66
130 Zacharias, Gerhard: Satanskult und Schwarze Messe. München 1990, S. 29
131 Rousselle, S. 229
132 Zacharias, S. 29
133 Ebenda, S. 30f.
134 Büttner, Theodora / Werner, Ernst: Circumcellionen und Adamiten. Zwei Formen mittelalterlicher Häresie. Berlin 1959, S. 81ff.
135 Thomson, Damian: Das Ende der Zeiten. Apokalyptik und Jahrtausendwende. Hildesheim 1997, S. 109
136 Ronner, S. 319

BIBLIOGRAPHIE

Akashe-Böhme, Farideh: Sexualität und Körperpraxis im Islam. Frankfurt a. M. 2006
Andrews, Richard: Tempel der Verheißung. Das Geheimnis des heiligen Berges von Jerusalem. Bergisch Gladbach 1999
Ates, Seyran: Der Multikulti-Irrtum. Wie wir in Deutschland besser zusammenleben können. 4. Auflage, Berlin 2007
Baigent, Michael / Leigh, Richard: Als die Kirche Gott verriet. Die Schreckensherrschaft der Inquisition. Bergisch Gladbach 2000
Balz-Cochois, Helgard: Gomer. Der Höhenkult Israels im Selbstverständnis der Volksfrömmigkeit. Untersuchungen zu Hosea 4,1–5,7. Frankfurt a. M. 1982
Barnavie, Elie: Mörderische Religion. Eine Streitschrift. Berlin 2008
Bellinger, Gerhard J.: Im Himmel wie auf Erden. Sexualität in den Religionen der Welt. München 1993
Bernhardt, Reinhold: Zwischen Größenwahn, Fanatismus und Bekennermut. Für ein Christentum ohne Absolutheitsanspruch. Stuttgart 1994
Blaas, Mercedes (Hrg.): Der Aufstand der Tiroler gegen die bayerische Regierung 1809. Nach den Aufzeichnungen des Zeitgenossen Josef Daney. Schlern-Schriften 328, Innsbruck 2005
Bowker, John (Hrg.): Das Oxford-Lexikon der Weltreligionen. Frankfurt a. M. 2003
Broder, Henryk M.: Hurra, wir kapitulieren! Von der Lust am Einknicken. Berlin 2006
Brooks, Geraldine: Die Töchter Allahs. München 2002
Bücking, Jürgen: Kultur und Gesellschaft in Tirol um 1600. Des Hippolytus Guarinonius' »Grewel der Verwüstung des Menschlichen Geschlechts« als kulturgeschichtliche Quelle des frühen 17. Jahrhunderts. Lübeck, Hamburg 1968
Buggle, Franz: Denn sie wissen nicht, was sie glauben. Oder warum man redlicherweise nicht mehr Christ sein kann. Hamburg 1992
Burket, Elinor / Bruni, Frank: Das Buch der Schande. Kinder, sexueller Missbrauch und die katholische Kirche. Wien, München 1995
Büttner, Theodora / Werner, Ernst: Circumcellionen und Adamiten. Zwei Formen mittelalterlicher Häresie. Berlin 1959
Cäsar, Gaius Julius: Der Gallische Krieg. Essen, Stuttgart (ohne Jahresangabe)
Cawthorne, Nigel: Das Sexleben der Päpste. Die Skandalchronik des Vatikans. Köln 1999
Corvin, Otto von: Pfaffenspiegel. Historische Denkmale des Fanatismus in der römisch-katholischen Kirche. 5. Auflage, Rudolstadt 1885
Danesch, Mostafa: Wer Allahs Wort missbraucht. Krisenherd islamische Welt. Hamburg 2002
Davis, Kenneth C.: Was dachte sich Gott, als er den Menschen erschuf? Alles, was Sie über die Bibel wissen sollten, aber nie erfahren haben. Bergisch Gladbach 2000
Delumeau, Jean: Angst im Abendland. Die Geschichte kollektiver Ängste im Europa des 14. bis 18. Jahrhundert. Reinbeck bei Hamburg 1989
Deschner, Karlheinz: Das Kreuz mit der Kirche. Eine Sexualgeschichte des Christentums. Berlin, Darmstadt, Wien 1987
Dirie, Waris: Schmerzenskinder. Berlin 2005
Dirie, Waris: Wüstenblume. 13. Auflage, Berlin 2004
Dirnbeck, Josef: Die Inquisition. Eine Chronik des Schreckens. München 2001
Diwald, Helmut: Geschichte der Deutschen. 3. Auflage, Frankfurt a. M. 1979
Dollinger, Hans: Schwarzbuch der Weltgeschichte. 5000 Jahre der Mensch des Menschen Feind. Frechen, München 1999
Duerr, Hans Peter: Nacktheit und Scham. Der Mythos vom Zivilisationsprozess. Frankfurt a. M. 1988
Duerr, Hans Peter: Die Tatsachen des Lebens. Der Mythos vom Zivilisationsprozess. Frankfurt a. M. 2002
Duerr, Hans Peter: Obszönität und Gewalt. Der Mythos vom Zivilisationsprozess. Frankfurt a. M. 1993
Dvorak, Josef: Satanismus. Schwarze Rituale, Teufelswahn und Exorzismus. Geschichte und Gegenwart. München 2001
Ehrenreich, Barbara: Blutrituale. Ursprung und Geschichte der Lust am Krieg. München 1997
Erasmus von Rotterdam: Das Lob der Torheit. Basel 1515, übersetzt von Alfred Hartmann, herausgegeben von Emil Major; Basel, Wiesbaden
Eskapa, Roy D.: Die dunkle Seite der Sexualität. Ein Kinsey-Report von unten. München 1991
Fontana, Josef: Geschichte des Landes Tirol. Band 3, 1848–1918, Bozen 1987
Frischler, Kurt: Das Abenteuer der Kreuzzüge. Heilige, Sünder und Narren. 2. Auflage, München 2002
Gabriel, Mark A.: Islam und Terrorismus. Was der Koran wirklich über Christentum, Gewalt und die Ziele des Djihad lehrt. 3. Auflage, Gräfelfing 2005

Gabrieli, Francesco: Mohammed in Europa. 1300 Jahre Geschichte, Kunst, Kultur. München 1983
Galura, Bernhard: Lehrbuch der christlichen Wohlgezogenheit. Ein Beitrag zur allgemeinen Volksbildung. Kempten 1841 (TLF)
Gatterer, Michael: Mutter, versteh und belehre deine Kinder. 2. Auflage, Innsbruck, Leipzig 1937 (TLF)
Geiss, Imanuel (Hrg.): Chronik des 19. Jahrhundert. Dortmund 1993
Geistliches Seelen-Manuet. Brixen 1707 (TLF)
Giesen, Karl Maria: Das sechste Gebot in moralischer und pädagogischer Sicht. Donauwörth 1960
Golowin, Sergius / Eliade, Mircea / Campbell, Joseph: Die großen Mythen der Menschheit. München 2002
Goodwin, Jan: Der Himmel der Frau ist unter den Füßen ihres Mannes. Muslimische Frauen erzählen. 5. Auflage, Frankfurt a. M. 2002
Gopal, Jaya: Gabriels Einflüsterungen. Eine historisch-kritische Bestandsaufnahme des Islam. Freiburg 2006
Gößling, Andreas: Die Freimaurer. Weltverschwörer oder Menschenfreunde? München 2007
Gottschalk, Gisela: Die großen Pharaonen. Ihr Leben. Ihre Zeit. Ihre Kunstwerke. Herrsching 1984
Graupmann, Jürgen: Lexikon der Tabus. Bergisch Gladbach 1998
Graus, Frantisek: Pest – Geissler – Judenmorde. Das 14. Jahrhundert als Krisenzeit. Göttingen 1987
Hagemann, Ludwig: Christentum contra Islam. Eine Geschichte gescheiterter Beziehungen. Darmstadt 1999
Hallinger, Agnes: »Die Hex' muss brennen!« Volksglaube und Glaubenseifer des Mittelalters. Augsburg 1999
Hammoudi, Abdellah: Saison in Mekka. Geschichte einer Pilgerfahrt. München 2007
Harenberg, Bodo (Hrg.): Chronik der Menschheit. Dortmund 1984
Heinsohn, Gunnar: Die Erschaffung der Götter. Das Opfer als Ursprung der Religion. Reinbek bei Hamburg 1997
Heller, Erdmute / Mosbahi, Hassouna: Hinter den Schleiern des Islam. Ero tik und Sexualität in der arabischen Kultur. München 1997
Herbig, Friedrich August: Die Evangelischgesinnten im Zillertal. Berlin 1837
Hergemöller, Bernd-Ulrich: Krötenkuss und schwarzer Kater. Ketzerei, Götzendienst und Unzucht in der inquisitorischen Phantasie des 13. Jahrhundert. Warendorf 1996
Herm, Gerhard: Die Kelten. Das Volk, das aus dem Dunkel kam. Herrsching 1990
Herrmann, Horst: Die sieben Todsünden der Kirche. Ein Plädoyer gegen die Menschenverachtung. 2. Auflage, München 1992
Herrmann, Horst: Lexikon der kuriosesten Reliquien. Vom Atem Jesu bis zum Zahn Mohammeds. Berlin 2003
Herrmann, Horst: Sex und Folter in der Kirche. 2000 Jahre Folter im Namen Gottes. Berlin 2005
Hirsch, Rudolf / Schuder, Rosemarie: Der gelbe Fleck. Wurzeln und Wirkungen des Judenhasses in der deutschen Geschichte. Köln 1999
Hitchens, Christopher: Der Herr ist kein Hirte. Wie Religion die Welt vergiftet. München 2007
Hitler, Adolf: Mein Kampf. 519. Auflage, München 1940
Hodapp, Christopher: Freimaurer für Dummies. Weinheim 2006
Holl, Adolf: Der Fisch aus der Tiefe oder Die Freuden der Keuschheit. Reinbek bei Hamburg 1990
Holl, Adolf: Im Keller des Heiligtums. Geschlecht und Gewalt in der Religion. Stuttgart 1991
Hottinger, Arnold: Islamischer Fundamentalismus. München 1993
Ihlau, Olaf: Weltmacht Indien. Die neue Herausforderung des Westens. München 2006
I Millenari: Wir klagen an. Zwanzig römische Prälaten über die dunklen Seiten des Vatikans. Berlin 1999
Ions, Veronica: Die Welt der Mythologien. Wien 2001
Jakowlew, Alexander N.: Ein Jahrhundert der Gewalt in Russland. Berlin 2004
Kakar, Sudhir: Die Gewalt der Frommen. Zur Psychologie religiöser und ethnischer Konflikte. München 1997
Kelek, Necla: Die fremde Braut. Ein Bericht aus dem Inneren des türkischen Lebens in Deutschland. 7. Auflage, München 2006
Kelek, Necla: Die verlorenen Söhne. Plädoyer für die Befreiung des türkisch-muslimischen Mannes. Köln 2006
Kemmerich, Max: Kultur-Kuriosa. Zweiter Band, München 1926
Kissel, Theodor: Kaiser zwischen Genie und Wahn. Caligula. Nero. Elagabal. Düsseldorf 2006
Klostermaier, Klaus: Hinduismus. Köln 1965
Kolb, Joh. Christoph: Kurtze doch zulängliche Nachricht, von dem Salzburgischen Emigrations-Geschäfte. Augsburg, Frankfurt 1732 (TLF)
Konstam, Angus: Atlas der Kreuzfahrer. Vom Krieg im Morgenland bis zum 13. Jahrhundert. Wien 2002
Konzelmann, Gerhard: Die Hebräer. Ursprung und Aufbruch des biblischen Volkes. München 1993
Krack, Rainer: Hinduismus erleben. Bielefeld 2001

Kraus, Michael (Hrg.): Die Freimaurer. Salzburg 2007
Kristof, Nicholas D. / WuDunn, Sheryl: Ferner Donner. Der neue Aufstieg Asiens. Berlin 2002
Lachmann, Günther: Tödliche Toleranz. Die Muslime und unsere offene Gesellschaft. München 2006
Langbein, Walter-Jörg: Lexikon der biblischen Irrtümer. München 2003
Largier, Niklaus: Lob der Peitsche. Eine Kulturgeschichte der Erregung. München 2001
Lüdemann, Gerd: Das Unheilige in der Heiligen Schrift. Die dunkle Seite der Bibel. 3. Auflage, Springe 2004
Lutterbach, Hubertus: Sexualität im Mittelalter. Eine Kulturstudie anhand von Bußbüchern des 6. bis 12. Jahrhunderts. Köln, Weimar, Wien 1999
Machfus, Nagib: Die Reise des Ibn Fattuma. Zürich 2004
Mahlknecht, Bruno: Von großen und kleinen Übeltätern. Hundert »Fälle« und »Geschichten« aus Südtiroler Gerichtsakten des 16. Jahrhundert. Schlern-Schriften 327, Innsbruck 2005
Martin, Peter N. / Hollnagel, Bruno: Die großen Spekulationen der Weltgeschichte. Vom Altertum bis zur New Economy. München 2002
Masters, R.E.L.: Sexuelle Tabus und Moral. Hamburg 1965
Mekhennet, Souad / Sautter, Claudia / Hanfeld, Michael: Die Kinder des Dschihad. Die neue Generation des islamistischen Terrors in Europa. München 2006
Messadié, Gerald: Die Geschichte Gottes. Über den Ursprung der Religionen. Berlin 1998
Müller, Anton: Der heilige Kampf. Neue Kriegslieder von Bruder Willram. Innsbruck 1916
Müller, A. v.: Die hochheilige Vorhaut Christi in Kult und Theologie der Papstkirche. Berlin 1907
Müller-Kaspar, Ulrike (Hrg.): Handbuch des Aberglaubens. Band 1, Wien 1996
Naipaul, V. S.: Jenseits des Glaubens. Eine Reise in den anderen Islam. Berlin 2004
Naphy, William: Verbotene Leidenschaft. Gesellschaft und Sexualität von der Renaissance zur Aufklärung. Essen 2003
Neumayr, Anton: Vom historischen Jesus zum päpstlichen Absolutismus. Wien 2003
Oeser, Erhard: Katze und Mensch. Die Geschichte einer Beziehung. Darmstadt 2005
Ohler, Norbert: Sterben und Tod im Mittelalter. 2. Auflage, München 1994
Paczensky, Gert v.: Verbrechen im Namen Christi. Mission und Kolonialismus. München 2000
Peters, Klaus: Friedrich Engels über Religion und Freiheit. Gütersloh 1978
Petersen, Britta: Wo die Götter leben. Alltag und Religion in Indien. Freiburg 2006
Pickering, David: Lexikon der Magie und Hexerei. Augsburg 1999
Pleticha, Heinrich (Hrg.): Deutsche Geschichte. Band 4: Vom Interregnum zu Karl IV. 1254–1378. Gütersloh 1987
Pollmann, Bernhard (Hrg.): Lesebuch zur Deutschen Geschichte. Texte und Dokumente aus zwei Jahrtausenden. Band 1: Von den Germanen bis zum Beginn der Neuzeit. Dortmund 1984
Raddatz, Hans-Peter: Allah und die Juden. Die islamische Renaissance des Antisemitismus. Berlin 2007
Ramelsberger, Annette: Der Deutsche Dschihad. Islamistische Terroristen planen den Anschlag. Berlin 2008
Ranke-Heinemann, Uta: Eunuchen für das Himmelreich. Katholische Kirche und Sexualität. 6. Auflage, Hamburg 1988
Ranke-Heinemann, Uta: Nein und Amen. Mein Abschied vom traditionellen Christentum. 4. Auflage, Hamburg 2004
Reimarus, Hermann Samuel: Apologie oder Schutzschrift für die vernünftigen Verehrer Gottes. Im Auftrag der Joachim-Jungius-Gesellschaft der Wissenschaften hrsg. v. Gerhard Alexander, Band I 1972a; Band II. 1972b
Renan, Ernest: Geschichte des Volkes Israel. Band 1, Berlin 1894
Rettenwander, Matthias: Der Krieg als Seelsorge. Katholische Kirche und Volksfrömmigkeit in Tirol im Ersten Weltkrieg. Innsbruck 2005
Rind, Michael M.: Menschenopfer. Vom Kult der Grausamkeit. Regensburg 1996
Rogalla von Bieberstein, Johannes: Die These von der Verschwörung 1776–1945. Philosophen, Freimaurer, Juden, Liberale und Sozialisten als Verschwörer gegen die Sozialordnung. 2. Auflage, Frankfurt a. M. 1978
Röhl, Klaus Rainer: Die verteufelte Lust. Die Geschichte der Prüderie und die Unterdrückung der Frau. Hamburg 1983
Rohrer, Joseph: Uiber die Tiroler. Ein Beytrag zur Oesterreichischen Völkerkunde. Wien, 1796 (TLF)
Ronner, Wolfgang: Die Kirche und der Keuschheitswahn. Christentum und Sexualität. München 1971
Rosa, Peter de: Gottes erste Diener. Die dunkle Seite des Papsttums. München 1989
Rosenbaum, Julius: Geschichte der Lustseuche im Altertum. Berlin 1904
Rouselle, Aline: Der Ursprung der Keuschheit. Stuttgart 1989
Ruthven, Malise: Der göttliche Supermarkt. Auf der Suche nach der Seele Amerikas. Frankfurt a. M. 1991
Schirra, Bruno: Iran. Sprengstoff für Europa. Berlin 2006
Schirrmacher, Christine / Spuler-Stegemann, Ursula: Frauen und die Scharia. Die Menschenrechte im Islam. Kreuzlingen, München 2004

Scholder, Klaus: Die Kirchen und das Dritte Reich. Das Jahr der Ernüchterung 1934. Barmen und Rom. München 2000
Schröter, Hiltrud: Das Gesetz Allahs. Menschenrechte, Geschlecht, Islam und Christentum. Königstein/Taunus 2007
Schweizer, Gerhard: Islam und Abendland. Geschichte eines Dauerkonflikts. Stuttgart 2003
Schweizer, Gerhard: Ungläubig sind immer die anderen. Weltreligionen zwischen Toleranz und Fanatismus. Stuttgart 1990
Schubart, Walter: Religion und Eros. München 2001
Schury, Gudrun: Lebensflut. Eine Kulturgeschichte des Blutes. Leipzig 2001
Schwarzer, Alice (Hrg.): Die Gotteskrieger und die falsche Toleranz. 2. Auflage, Köln 2002
Seeböck, Philibert: Der ehrwürdige Diener Gottes P. Engelbert Holland von Ramsau im Zillerthale. Innsbruck 1879 (TLF)
Stamm, Hugo: Im Bann der Apokalypse. Endzeitvorstellungen in Kirchen, Sekten und Kulturen. Zürich 1998
Stang, Friedrich: Indien. Darmstadt 2002
Tessore, Dag: Der Heilige Krieg im Christentum und Islam. Düsseldorf 2004
Thiede, Carsten Peter / Stingelin, Urs: Die Wurzeln des Antisemitismus. Judenfeindschaft in der Antike, im frühen Christentum und im Koran. 2. Auflage, Basel 2002
Thiele, Johannes: Verflucht sinnlich. Die erogenen Zonen der Religion. München 2000
Thomson, Damian: Das Ende der Zeiten. Apokalyptik und Jahrtausendwende. Hildesheim 1997
Timmerberg, Helge: Shiva Moon. Eine Reise durch Indien. 3. Auflage, Berlin 2006
Trimondi, Victor und Victoria: Hitler – Buddha – Krishna. Eine unheilige Allianz vom Dritten Reich bis heute. Wien 2002
Trimondi, Victor und Victoria: Krieg der Religionen: Politik, Glaube und Terror im Zeichen der Apokalypse. München 2006
Triumph Cron Marter Und Grabschrift des Heilig. Unschuldigen Kindts Andreae von Rinn. Innsbruck 1642 (TLF)
Trojanow, Ilija: Zu den heiligen Quellen des Islam. Als Pilger nach Mekka und Medina. München 2004
Udink, Betsy: Allah & Eva. Der Islam und die Frauen. 2. Auflage, München 2007
Urban, Martin: Warum der Mensch glaubt. Von der Suche nach dem Sinn. Frankfurt a. M. 2005
Villeneuve, Roland: Grausamkeit und Sexualität. Berlin 1988
Wagner'sche Buchhandlung: Lesebuch für Schüler der deutschen Schulen in den Städten und größeren Märkten der kaiserl. königl. Staaten. Innsbruck 1820
Waitz, Sigmund: Der christliche Staat. Mit Anhang – Die dritte Zunge (Etwas über das Unheil der jüdischen Presse). Innsbruck, Wien, München, Bozen 1920
Walker, Alice / Parmar, Pratibha: Narben oder Die Beschneidung der weiblichen Sexualität. Reinbek bei Hamburg 1996
Warraq, Ibn: Warum ich kein Moslem bin. 2. Auflage, Berlin 2007
Weber, Hartwig: Lexikon Religion. Reinbeck bei Hamburg 2001
Weischedel, Wilhelm: Denken mit Kant. Ein philosophisches Lesebuch. Frankfurt a. M., Leipzig 2004
Wenninger, Markus (Hrg.): du guoter tot. Sterben im Mittelalter – Ideal und Realität; Akten der Akademie Friesach »Stadt und Kultur im Mittelalter«. Klagenfurt 1998
Werner, Helmut: Tyranninnen. Grausame Frauen der Weltgeschichte. Erftstadt 2005
Westphal, Wilfried: Shivas Töchter. Geschichte der Frau in Indien. Ostfildern 2006
Winkle, Stefan: Geißeln der Menschheit. Kulturgeschichte der Seuchen. 2. Auflage, Düsseldorf, Zürich 1997
Wolf, Hans-Jürgen: Hexenwahn. Hexen in Geschichte und Gegenwart. Herrsching 1990
Wolf, Hans-Jürgen: Neuer Pfaffenspiegel. Sünden der Kirche. Herrsching 1990
Wolf, Hubert: Index. Der Vatikan und die verbotenen Bücher. München 2006
Zacharias, Gerhard: Satanskult und Schwarze Messe. München 1990
Zierer, Otto: Neue Weltgeschichte. Band 2, Stuttgart (ohne Jahresangabe)

Dieses Verzeichnis enthält nur die zitierten Monographien. Sämtliche Angaben zu Zeitungs- und Zeitschriftenbeiträgen finden sich im Anmerkungsteil.